Hammerfest
Murmansk
Narvik
Weißes Meer
Archangelsk
FINNLAND
SCHWEDEN
Ladoga-See
SOWJETUNION
Turku
Helsinki
Leningrad
Reval
Stockholm
Wolga
Wolga
Riga
OSTLAND
Moskau
Ostsee
almö
Wilna
Smolensk
Danzig
Königsberg
Minsk
Bransk
Weißrußland
Woronesch
Posen
Warschau
Oder
Lódź
Kiew
Prag
Krakau
Stalingrad
Karpaten
Ukraine
SLOWAKEI
en
Pressburg
Wien
Rostow
Budapest
UNGARN
Asowsches Meer
Odessa
Krasnodar
Krim
Kaukasus
agreb
RUMÄNIEN
KROATIEN
Bukarest
Belgrad
Constanta
SERBIEN
Donau
Schwarzes Meer
Split
BULGARIEN
MONTENEGRO
iatisches Meer
Sofia
Samsun
Tirana
Istanbul
ALBANIEN
Thessaloniki
Ankara
GRIECHENLAND
TÜRKEI
Diyarbak
Ägäisches Meer
Athen
Izmir
Ionisches Meer
SYRIEN

Dez. 98

Lieber Heini,

zum Geburtstag alles Gute und ein wenig Nostalgie.

Michael Walsh

FÜR IMMER CASABLANCA

Roman

Aus dem Amerikanischen
von Wulf Bergner

Schneekluth

Die Deutsche Bibliothek – CIP Einheitsaufnahme
Walsh, Michael: Für immer Casablanca
Roman / Michael Walsh
Aus dem Amerikan. von Wulf Bergner
München: Schneekluth, 1998
Einheitssacht.: As time goes by <dt.>
ISBN 3-7951-1657-0

Die amerikanische Originalausgabe erscheint
unter dem Titel
AS TIME GOES BY
bei Warner Books Inc., New York

ISBN 3-7951-1657-0

Ein Unternehmen der Verlagsgruppe Weltbild
Gesetzt aus der 10/13 Punkt Stempel Garamond
Satz: FIBO Lichtsatz München
Druck und Bindung: Wiener Verlag, Himberg
Printed in Austria 1998

Für Kathleen, Alexandra und Clare

VORWORT

Movietone-Nachrichten vom 7. Dezember 1941

(Einblendung: kriegerische Musik)

Europa taumelt unter dem Hunnensturm!
Briten hocken im Bombenhagel in Luftschutzkellern!
Hitler herrscht, so weit sein Auge reicht:
Kann irgend jemand ihn aufhalten?

(Einblendung: Stimme des Reporters)

Krieg! Von der Sahara bis zu den Steppen Zentralasiens steht Europa in Flammen. Adolf Hitlers von Berlin aus befehligte Legionen haben Polen, Dänemark, Norwegen, die Niederlande und Frankreich überrannt, sind tief in die Sowjetunion hinein vorgestoßen und haben den oberen Rand Nordafrikas abgeschnitten. Einheiten der Wehrmacht beschießen Moskau und marschieren die Avenue des Champs-Élysées hinunter, während die Luftwaffe jede Nacht die Londoner Docks in Brand setzt und tödliche Nazi-U-Boote die Schiffahrtsrouten des Nordatlantiks in einen nassen Friedhof verwandeln.
Das leidende Europa blickt gen Himmel und hat nur eine Frage auf den Lippen: Kann irgend jemand die Deutschen aufhalten?
Tapfere Männer und Frauen versuchen es. Überall im besetzten Europa haben sich Widerstandsbewegungen gebildet. Von seinem Hauptquartier in Brazzaville aus führt General Charles de Gaulle ein Nachhutgefecht gegen die Nazi-Bestie in la belle France. *Trotz der Bedrohung durch Görings Bomber haben*

tschechische und norwegische Patrioten sich in London neu formiert und planen gewaltsame Vergeltungsschläge gegen die Besatzungsmacht in ihren Heimatländern. Der Widerstand – sei es durch politische Aktionen oder regelrechte Sabotage- und Terrorakte – wächst ständig.

Aber der scheinbar unaufhaltsame Siegeszug der Wehrmacht durch den europäischen Kontinent hat Millionen von Menschen aus ihrer Heimat vertrieben. Eine Zugstraße für Flüchtlinge ist entstanden: von Paris nach Marseille, übers Mittelmeer nach Oran, dann mit dem Zug, per Auto oder zu Fuß den Nordrand Afrikas entlang nach Französisch-Marokko und zuletzt hierher – nach Casablanca.

Casablanca! Schon sein Name klingt magisch und geheimnisvoll.

Ein windumbrauster Ort zwischen Meer und Wüste, an dem alles geschehen kann – und jeden Tag geschieht. Wo Menschen einander wie Rinder oder Schafe verkaufen. Wo Gold billig, Schmuck wertlos und der einzige Wertgegenstand ein Transitvisum ist. Wo das Flugzeug nach Lissabon ein Halbgott und der Clipper nach Amerika Gott selbst ist. Ein Ort, an dem Verzweiflung herrscht, Ungewißheit König ist und der Fall eines Würfels, eine ausgespielte Karte oder die Drehung eines Rouletterades über Leben und Tod entscheiden können. Ein Ort, an dem der Spanier den Kopf mit dem Franzosen zusammensteckt, wo der Russe mit dem Engländer trinkt, wo der Amerikaner im Exil seine Intelligenz mit der des Deutschen mißt.

Casablanca, das aller Leben in seiner Handfläche hält und nur fragt: Wieviel ist's euch wert?

Im Schutz seiner beiden Weltmeere sieht das neutrale Amerika untätig zu. Wie lange noch?

Hier spricht Casey Robinson aus Casablanca.

(laute atmosphärische Störungen)
(Abstimmgeräusche des französischen Polizeifunks)

20.00 Uhr. Attention, attention! An alle: Der tschechische Widerstandskämpfer Viktor Laszlo, nach dem die Gestapo wegen Verbrechen gegen das Dritte Reich fahndet, ist mit dem Flugzeug nach Lissabon entkommen. Er reist mit Transitvisa, die von den vor drei Tagen im Zug aus Oran ermordeten deutschen Kurieren erbeutet wurden.

20.10 Uhr. Attention, attention! Major Heinrich Strasser von der Gestapo ist auf dem Flugplatz Casablanca niedergeschossen worden! Auf Befehl von Capitaine Louis Renault sind die üblichen Verdächtigen zu verhaften.

20.15 Uhr. An alle: Major Strasser ist auf dem Transport ins Krankenhaus seinen Verletzungen erlegen. Capitaine Renault, bitte melden! Ich rufe Capitaine Renault. Wo sind Sie?

20.35 Uhr. Attention, an alle: Polizeipräfekt Louis Renault ist verschwunden. Er ist zuletzt mit Richard Blaine, dem Besitzer von Rick's Café Américain gesehen worden. Könnte das Opfer einer Gewalttat geworden sein. Monsieur Blaine ist sofort zu verhaften. Vorsicht, er ist bewaffnet und äußerst gefährlich!

20.45 Uhr. Attention, an alle: Capitaine Renault ist mit Rick Blaine zu Fuß in der Umgebung des Flugplatzes gesichtet worden. Beide sind sofort zu verhaften. Möglicherweise sind sie zur Garnison der Freien Franzosen in Brazzaville unterwegs. Alle nach Süden führenden Straßen sind sofort zu sperren.

20.46 Uhr. Attention, attention! Herr Heinze, der deutsche Konsul, teilt mit, daß die Gestapo-Dienststelle eigene Leute ent-

sandt hat, den Flüchtigen den Weg abzuschneiden. Für weitere Maßnahmen sind jetzt die Deutschen zuständig. Ende der Durchsage.

(Ende des Funkverkehrs)

Einblendung:
Flugplatz Casablanca
Nacht

KAPITEL EINS

Das Flugzeug nach Lissabon stieg aus den dichten, vom Wind über den Platz getriebenen Nebelschwaden, die Casablanca einhüllten, in den Nachthimmel auf. Unten lag der Flugplatz in tiefster nordafrikanischer Dunkelheit; die einzige Beleuchtung war der Drehscheinwerfer auf dem Kontrollturm. Die Sirenen der Wagen der französischen Kolonialpolizei waren in der Nacht verhallt. Das einzige Geräusch war das leise Brausen des Windes.

Die beiden Männer gingen, im Nebel nur schemenhaft sichtbar, nebeneinander her – weg vom Flugplatz, weg von der Stadt und hinein in eine ungewisse Zukunft.

»... der Beginn einer wunderbaren Freundschaft«, sagte Richard Blaine, der im Gehen eine Zigarette rauchte. Er trug seinen Hut tief in die Stirn gezogen und hatte seinen Trenchcoat als Schutz gegen die Feuchtigkeit ganz zugeknöpft. Rick fühlte sich so ruhig wie seit Jahren nicht. Tatsächlich versuchte er, sich daran zu erinnern, wann er sich ähnlich sicher gewesen war, das Richtige getan zu haben und auf dem rechten Weg zu sein. Aber das gelang ihm nicht.

Der kleinere Mann neben ihm nickte. »Nun, mein Freund, Sie haben unsere Wette gewonnen. Victor Laszlo und Ilsa Lund sind nach Lissabon unterwegs. Ich hätte mir denken können, daß Sie Ihren neuentdeckten Patriotismus mit einem kleinen Diebstahl vermengen würden.« Louis Renault angelte zehntausend Francs in Scheinen aus seiner Tasche und gab sie Rick. »Das muß Ihnen sehr schwergefallen sein, Ricky«, sagte er dabei. »Miss Lund ist eine ungewöhnlich schöne Frau. Ich glaube nicht, daß ich trotz des auf dem Spiel stehenden Geldes so ritterlich gewesen wäre.«

»Das ist wahrscheinlich der Unterschied zwischen Ihnen und mir, Louie«, antwortete Rick. Ilsa Lund! War es wirklich erst zwei Tage her, daß sie wieder in sein Leben getreten war? Rick kam es wie ein Jahr vor. Wie konnte eine Frau das Schicksal eines Mannes in so kurzer Zeit so entscheidend beeinflussen? Jetzt war es seine Pflicht, diesem Schicksal zu folgen, wohin es ihn auch führen mochte.
»Jedenfalls sind Sie ritterlich genug gewesen, mich nicht verhaften zu lassen, obwohl ich die Transitvisa gerade dem meistgesuchten Verbrecher des Dritten Reichs gegeben und einen Gestapo-Offizier erschossen habe. Von Rechts wegen müßte ich in Ihrem Kittchen sitzen und mich darauf gefaßt machen, vor ein Erschießungskommando gestellt zu werden. Woher dieser plötzliche Sinneswandel? So viel habe ich Sie am Roulettetisch nie gewinnen lassen.«
Der kleine Mann neben Rick Blaine, eine elegante Erscheinung in der maßgeschneiderten schwarzen Uniform der Kolonialpolizei, trat so leise auf, daß seine Schritte selbst in der Stille der Nacht nicht zu hören waren.
»Das weiß ich selbst nicht so genau«, erwiderte Renault. »Vielleicht, weil ich Sie gern habe. Vielleicht, weil ich den verstorbenen Heinrich Strasser nicht leiden konnte. Vielleicht, weil Sie mich um die Gunst zweier schöner Frauen gebracht haben, die meine Dienste dringend gebraucht hätten, um Ausreisevisa zu erhalten, und ich auf angemessener Wiedergutmachung bestehe. Vielleicht, weil Sie unsere Wette gewonnen haben und ich eine Chance möchte, mein Geld zurückzugewinnen.«
»Und vielleicht, weil Sie ein billiger kleiner Ganove sind«, sagte Rick. »Aber welchen Unterschied macht das schon? Sie haben fair und anständig verloren.« Er nahm den letzten Zug von seiner Zigarette und schnippte die glühende Kippe funkenstiebend über den Asphalt. Dann suchte er den Himmel

ab, aber das Flugzeug war längst nicht mehr zu sehen. »Ich allerdings auch.«
Renault blieb abrupt stehen und packte Rick am Arm. »Ich habe recht gehabt: Sie sind hoffnungslos sentimental!« rief er aus. »Sie lieben sie noch immer, oder?«
»Warum kümmern Sie sich nicht um Ihre eigenen Angelegenheiten?« wehrte Rick ab.
»Das sind meine Angelegenheiten – sogar meine beiden liebsten: Geld und Frauen«, antwortete Renault. »Ein weniger gutmütiger Mann als ich könnte behaupten, er sei betrogen worden. Sie haben von Anfang an gewußt, daß Sie die beiden Transitvisa Viktor Laszlo und seiner Frau geben würden. Mich würd's nicht wundern, wenn die Lady das auch gewußt hat.«
»Schwer zu beurteilen, was Frauen wissen, nicht wahr?« meinte Rick. Er setzte sich wieder in Bewegung und beschleunigte das Tempo. »Noch schwerer zu beurteilen ist, woher sie's vor uns wissen.«
Ihr Weg führte sie noch tiefer ins Dunkel. »Wohin gehen wir, wenn ich fragen darf?« erkundigte sich Renault. Seine Beteiligung am Tode Major Strassers war so wenig geplant gewesen, daß er nun kaum mehr als seine Uniform und das Geld in seiner Brieftasche besaß. Er konnte nur hoffen, daß sein Freund wußte, was er tat. »Falls wir wirklich zu den Freien Franzosen in Brazzaville wollen, sollten wir lieber versuchen, uns eine Maschine für den Flug dorthin zu sichern, bevor die Deutschen aufwachen. Bis zum Kongo ist es weit – mindestens fünftausend Kilometer.«
Rick scharrte mit der Spitze eines Schuhs im Sand. »Vergessen Sie Brazzaville. Ich weiß eine bessere Verwendung für Ihr Geld.« Er strengte sich an, die Dunkelheit zu durchdringen. Dort vorn stand er! In der Ferne konnte er eben die verschwommenen Umrisse eines am anderen Ende des Flug-

platzes geparkten großen Wagens erkennen. Sascha und Sam waren rechtzeitig am rechten Ort.

Louis nickte anerkennend, als Ricks Buick-Kabriolett 91C nun deutlicher in Sicht kam. Er zupfte an seinem *képi* und strich seine schwarze Uniform glatt. Nach Renaults Überzeugung paßte es nicht zu einem Franzosen, anders als möglichst gut auszusehen. Vor allem nicht zu einem neuen Freien Franzosen. Vor allem nicht zu einem wirklich freien Franzosen. »Sie überlassen nichts dem Zufall, was? Haben Sie von Anfang an vorgehabt, Major Strasser zu erschießen, oder ist das nur eine geistesgegenwärtige Improvisation gewesen?«

»Sagen wir einfach, daß ich Glück gehabt habe, als er seine Waffe als erster gezogen hat«, antwortete Rick, während er die hintere Tür öffnete und Renault einsteigen ließ.

»Darf ich fragen, wo Sie gelernt haben, so mit Schußwaffen umzugehen? Man könnte glauben, Sie hätten Kriegserfahrung.«

»Ich habe in New York in vielen kleinen Kriegen mitgekämpft«, sagte Rick.

»Sie wollten mich vorhin nicht wirklich erschießen, nicht wahr, Rick?«

»Nur wenn Sie mich dazu gezwungen hätten«, sagte Rick. »Ich versuche, die Ermordung von Freunden nicht zur Gewohnheit werden zu lassen. Aber das gelingt mir nicht immer.«

»Alles okay, Mister Rick?« erkundigte sich Sam vom Fahrersitz aus besorgt.

»Alles bestens«, bestätigte Rick. »Los, gib Gas! Wir müssen Port Lyautey vor Tagesanbruch erreichen.«

»Okay, Boß«, sagte Sam und trat das Gaspedal durch.

Port Lyautey, nördlich von Rabat, war ungefähr dreihundert Kilometer entfernt. Die 1912 von den Franzosen bei der Errichtung des Schutzgebiets gegründete Stadt am Fluß Sebou

war ein großer Verkehrsknotenpunkt mit dem Seehafen Mehdia, einer Eisenbahn und vor allem einem Flugplatz. Irgendwie würden sie es schaffen. Sie würden Victor Laszlo und Ilsa Lund nach Lissabon folgen.
Leider war jeder einzelne dieser dreihundert Straßenkilometer schlecht. Nun, deswegen läßt Gott Buicks bauen und so teuer verkaufen, sagte sich Rick. Sein aus den Staaten importierter und nach Casablanca geschmuggelter Wagen hatte ihn über zweitausend Dollar gekostet.
Sam Waters gab so ruckartig Gas, daß Rick und Louis hinten im Wagen wie bei einem Flugzeugstart in die Lederpolster gedrückt wurden. Sascha Jurtschenko, der vorn auf dem Beifahrersitz saß, lachte und spielte mit dem Revolver Smith & Wesson Kaliber 38, den Rick ihm letztes Jahr als Bonus geschenkt hatte.
»Was ist, soll ich ihn erschießen, Boß?« rief Sascha, der russische Barkeeper aus *Rick's Café Américain*. Außer Yvonne, seiner von Rick geerbten Freundin, konnte Sascha keine Franzosen leiden. Tatsächlich konnte Sascha kaum einen Menschen gut leiden, und dieses Gefühl beruhte auf Gegenseitigkeit.
»Noch nicht«, sagte Rick. »Vielleicht später. Vielleicht nie. Mal sehen, was sich ergibt.«
»Hm!« murrte Sascha enttäuscht.
Renault atmete langsam tief aus. Jetzt wurde es Zeit, etwas von dem berühmten französischen *savoir-faire* zu demonstrieren.
»Ein schöner Wagen gleicht einer schönen Frau, finden Sie nicht auch, Ricky?« fragte er. »Die Linien, die Kurven, die unter der Haube verborgene Kraft.« Renault bewunderte amerikanische Autos, was gut war, weil die europäischen Autofirmen längst auf Kriegsproduktion umgestellt hatten. »So viele Ausreisevisa, so wenig Zeit.« Er schüttelte leicht bedauernd den Kopf.

»Was Ausreisevisa betrifft«, sagte Rick, »werden wir selbst ein paar brauchen. Glauben Sie, daß Sie uns da helfen können?«

»Ich denke, daß ich hierzulande noch gewisse Autorität habe«, sagte Renault, indem er in die Brusttasche seiner Uniformjacke griff. Er wußte aus langer Erfahrung, daß man niemals unterwegs sein sollte, ohne irgendwo an sich versteckt einen gültigen Passierschein zu einem sicheren Ort mitzuführen. »Bitte sehr: zwei Ausreisevisa.«

»Geben Sie mir drei.«

»Drei?«

»Eines für mich, eines für Sie und eines für Sam.«

»Verstehe«, sagte Renault. Er zählte die Visa ab, als seien sie ein gesetzliches Zahlungsmittel, nur viel wertvoller. »Jetzt fehlt nur noch eine rechtskräftige Unterschrift, die zum Glück – zumindest vorläufig noch – meine ist.« Er schraubte seinen Füller auf und setzte seine schwungvolle Unterschrift unter die drei Visa.

Rick zog eine Taschenflasche mit Bourbon hervor, trank einen Schluck und bot sie Renault an. Der kleine Franzose nahm sie dankbar entgegen. Sam bot Rick den Bourbon nicht an. Er wußte, daß Sam abgelehnt hätte. Sam trank nicht mit Gästen, und Sam trank nicht mit Rick. Sam trank nicht einmal sehr oft mit sich selbst.

»Hoffentlich ist Ihre Unterschrift bis morgen früh gültig«, meinte Rick.

In dem Buick war es warm und trocken. Renault spürte, wie die Nachtkälte allmählich aus seinen Gliedern wich. Besonders gut hatte es ihm in Marokko ohnehin nie gefallen. Er würde es ohne großes Bedauern verlassen. »Jetzt wird mir die Sache allmählich klarer. Laszlo und Sie haben gewußt, wie alles ausgehen würde, bevor einer von Ihnen vorhin den Mund aufgemacht hat.« Er wünschte sich, er hätte etwas zu rauchen. »Wann haben Sie diesen Plan ausgeheckt?«

»Natürlich während Laszlo bei Ihnen im Kittchen gesessen hat.« Rick zündete sich eine Zigarette an und bot auch dem Capitaine eine an. »Nachdem Sie ihn hatten verhaften lassen, weil er an dem Geheimtreffen teilgenommen hatte. Ich habe Ihnen gleich gesagt, daß Sie ihn wegen dieser Bagatelle nicht lange einsperren können.«

»Und Sie haben mir versprochen, ihn für mich in die Falle zu locken, indem Sie die Transitvisa mir aushändigen«, warf Renault ein.

»Für Sie sind die Umstände ideal gewesen«, fuhr Rick fort. »Als Sie gesehen haben, wie Laszlo und Ilsa mein Café betreten haben, müssen Sie sich im siebten Himmel gefühlt haben, weil die beiden nun an dem einzigen Ort waren, an dem Sie der Herr über Leben und Tod waren. Ich habe Ihnen Gelegenheit gegeben, Laszlo zu schnappen und bei Major Strasser als Held dazustehen, und Sie sind prompt darauf reingefallen.«

»Ja, das stimmt«, gab Renault zu. »Ich verstehe nur eines nicht: Wieso haben Sie die Transitvisa Laszlo und seiner Frau gegeben? Warum haben Sie sich die Sache anders überlegt und den beiden geholfen, aus Casablanca über Lissabon nach Amerika zu entkommen? Ausgerechnet Sie, der immer stolz darauf gewesen ist, für keinen Menschen etwas zu riskieren. Das muß Ihnen doch mehr eingebracht haben, als den verhältnismäßig geringen Betrag von zehntausend Francs.«

Rick starrte aus dem Fenster in die Nacht. »Man könnte sagen, die potentielle Belohnung habe mir gefallen. Oder man könnte sagen, ich hätte es satt gehabt, die Quellen von Casablanca zu suchen und überall nur Sand zu finden.« Er nahm einen langen Zug aus seiner Chesterfield und stieß den Rauch aus. »Oder man könnte einfach sagen, mein Schicksal habe mich endlich eingeholt.«

Ihr Brief steckte in der Innentasche seiner Jacke. Sam hatte ihm den Brief im Café übergeben, bevor Rick zum Flugplatz und zu seiner schicksalhaften Begegnung mit Major Strasser gefahren war. Er war in Sams Klavier versteckt gewesen – genau dort, wo Rick die gestohlenen Transitvisa versteckt hatte, mit denen Laszlo und Ilsa hatten ausreisen können.

Mein liebster Richard,
wenn Du diesen Brief liest, bedeutet das, daß mir mit Victor die Flucht geglückt ist.
Ich habe geglaubt, nach Paris niemals mehr auf diese Weise von Dir Abschied nehmen zu müssen. Trotzdem ist es wieder soweit, daß wir zweimal Lebewohl sagen müssen – einmal mit unseren Lippen und noch einmal mit unseren Herzen.
Du mußt mir glauben, wenn ich Dir sage, daß ich zum Zeitpunkt unserer ersten Begegnung der Überzeugung gewesen bin, Victor sei tot. Wir wollten einander keine Fragen stellen, und ich habe nie daran gezweifelt, frei zu sein und Dich lieben zu können. Manche Frauen verbringen ihr ganzes Leben auf der Suche nach einem Mann, den sie lieben können. Ich habe zwei gefunden.
Während ich diese Zeilen schreibe, weiß ich nicht, was heute nacht auf dem Flugplatz geschehen wird. Wie bei unserem letzten Abschied kann ich nicht sicher sein, daß wir uns wiedersehen werden. Aber im Gegensatz zum letzten Mal kann ich hoffen.
In Lissabon werden wir im Hotel Aviz wohnen. Wohin es von dort aus geht, weiß Gott allein. Bitte komm, wenn Du kannst. Wenn nicht um meinetwillen, dann um Victors willen. Wir brauchen Dich beide.

Ilsa

Der schwere Wagen glitt durch die nebelverhangene Nacht wie ein Ozeandampfer durch ruhige See und beschleunigte seine Fahrt trotz der schlechten Straßenverhältnisse. Sam lenkte ihn so gekonnt, wie er sonst Klavier spielte. Die Abzweigungen schien er mehr zu ahnen, als zu sehen; er las sie, wie ein Blinder Brailleschrift liest. Die Stadt lag schon weit hinter ihnen.

»Stell das Radio an, okay, Sascha?« bat Rick. Er wollte nicht mehr reden und lieber noch etwas Musik hören, bevor sie den Empfangsbereich verließen. Vielleicht irgendein Stück von Benny Goodman und seiner Band. Außerdem interessierte ihn, ob die Nachricht von Major Strassers Tod schon im Rundfunk verbreitet wurde.

»Klar, Boß«, sagte Sascha. Er streckte die linke Hand aus und fummelte an den Knöpfen des Autoradios herum, bis es ihm gelang, einen Sender zu finden. »Blablabla, sonst bringt er nichts.«

»Dann stell das Blablabla lauter, damit wir's wenigstens hören können«, wies Rick ihn an. Obwohl er lange in Casablanca und zuvor in Paris gelebt hatte, war sein Französisch noch immer nur passabel, und es fiel ihm manchmal schwer, Stimmen am Telefon oder im Rundfunk zu verstehen. Falls etwas Wichtiges gemeldet wurde, würde Louis es ihm bestimmt gleich sagen. Oder Sam, der Sprachen lernte, wie er das Klavierspielen gelernt hatte – rein nach Gehör.

Renault wollte gerade etwas sagen, als etwas anderes seine Aufmerksamkeit erweckte. »Ruhe!« rief er in einem Tonfall, der jeden Wortwechsel verhinderte.

Als Sascha die Lautstärke aufdrehte, erfüllte plötzlich eine aufgeregte Stimme den Wagen. Sogar Rick verstand genau, was der Nachrichtensprecher sagte. Er wollte es nur nicht glauben. Im fernen Hawaii hatten die Japaner soeben Pearl Harbor bombardiert.

»Boß, jetzt gibt's Schwierigkeiten«, sagte Sam vom Fahrersitz aus.

»Das weiß ich«, knurrte Rick, der weitere Einzelheiten der Rundfunkmeldung mitzubekommen versuchte. Er begegnete Sams Blick im Innenspiegel.
»Wir haben Gesellschaft, mein' ich«, sagte Sam ruhig, während er den nächsthöheren Gang einlegte.
Rick drehte sich um. Ein gelbes Scheinwerferpaar schloß zu ihnen auf.
In der Stille war das unverkennbare Hämmern automatischer Waffen zu hören. Ein Geschoß traf den Kofferraum des Buicks und surrte als Querschläger davon.
»Gib mir ein Magazin, Sascha«, verlangte Rick.
»Schon da, Boß«, sagte der Russe, der nun endlich zufrieden wirkte.
Rick rammte das Magazin in den Griff seiner Fünfundvierziger. Er hatte schon immer sehen wollen, ob ein offener Buick mit 141-PS-Motor einen Mercedes-Benz abhängen konnte, und nun würde er es erfahren.

KAPITEL ZWEI

Ilsa Lund wandte sich ihrem Mann zu, während ihr Flugzeug in den Nachthimmel aufstieg. Anfangs flogen sie direkt über die Stadt hinweg, bevor sie steil in Richtung Meer wegkurvten. Das letzte, was sie von Casablanca sah, war *Rick's Café Américain*. Nur von Straßenlaternen beleuchtet, wirkte es still und verlassen.

Auf ihren Wangen standen noch Spuren ihrer Tränen. Aber sie wollte sie nicht wegwischen. Sie waren alles, was sie noch hatte. »Alles ist so schnell passiert«, murmelte sie. Zu schnell. Die Überraschung, der Schock, die Aufregung, die Gefahr und jetzt die Erleichterung – eine Erleichterung, die so sehr mit Traurigkeit und Bedauern vermengt war.

»Ich habe nicht gewußt, daß er in Casablanca sein würde!« flüsterte sie. Ihre Worte schienen mehr für sie selbst als für Victor bestimmt zu sein. »Woher denn auch? Welches Schicksal hat uns zu ihm geführt – zu ihm als demjenigen, der die Transitvisa hatte? Ich weiß, daß dich kränkt, was in Paris zwischen Rick und mir geschehen ist, aber darüber mußt du bitte hinwegkommen. Hat sich nicht alles zum Besten gewendet? Wo wären wir ohne diese Visa? Was hätten wir ohne sie getan?«

Sie umklammerte seinen Arm und bildete sich ein, das Pochen ihres Herzens müsse über das Dröhnen der Flugzeugmotoren hinweg zu hören sein. »Oh, Victor«, sagte sie, »verstehst du das denn nicht? Ich dachte, du seist tot, und ich dachte, auch mein Leben sei zu Ende. Ich bin einsam gewesen. Ich hatte nichts, nicht einmal mehr Hoffnung. Ach, ich weiß nichts. Ich weiß überhaupt nichts mehr!« Sie begann wieder zu weinen, ohne selbst recht zu wissen, weshalb oder um wen. Sie trocknete die Tränen mit ihrem Taschentuch, während das Flugzeug in unruhigem Flug durch die Wolken dahinzog.

»Dann habe ich erfahren, daß du noch lebst und wie dringend du meine Hilfe bei deinem Kampf brauchst«, sagte sie, als sie ihre Beherrschung zurückgewann. »In den vergangenen eineinhalb Jahren hättest du mich ein dutzendmal im Stich lassen können – in Lille, als ich Schwierigkeiten mit den Behörden hatte, in Marseille, als ich zwei Wochen krank gewesen bin und du mich gesund gepflegt hast, und in Casablanca, wo du nur eines dieser Transitvisa hättest kaufen und damit flüchten können. Aber du hast es nicht getan. Jetzt verstehe ich, warum du unsere Heirat selbst vor unseren Freunden geheimgehalten hast – damit die Gestapo niemals auf den Verdacht kommen konnte, ich sei deine Ehefrau.«

Ilsa überwand sich, zu Victor hinüberzusehen, aber er starrte wieder geradeaus, als sei er tief in Gedanken versunken. Sie fragte sich nicht zum erstenmal, ob er überhaupt ein Wort von dem verstanden hatte, was sie gesagt hatte. Er hatte soviel im Kopf. »Sag mir ... sag mir, daß du nicht allzu verärgert bist«, schloß sie.

Er streckte eine Hand aus und tätschelte ihren Arm liebevoll und ein bißchen geistesabwesend. »Zorn und Eifersucht sind zwei Gefühle, die ich bewußt aus meinem Leben verbannt habe«, sagte er. »Wie könnte ich außerdem jemals böse auf dich sein, wenn so wichtige Arbeit vor uns liegt?«

»Ja, Victor«, antwortete Ilsa. Verstand er nicht, was sie zu sagen versuchte, oder war er außerstande, das zu begreifen? »Wie könntest du auch.«

Die beiden saßen eine Zeitlang schweigend nebeneinander. Falls den anderen Fluggästen in der Maschine irgend etwas an dem attraktiven Paar aufgefallen war, ließen sie sich ihre Neugier nicht anmerken. In dem vom Krieg geschüttelten Europa war es immer ratsam, seine Neugier für sich zu behalten.

Victor beugte sich zu Ilsa hinüber. »Wenn wir nach Lissabon kommen, mein Liebes, möchte ich, daß du dich genau an meine Anweisungen hältst.«

»Wann hätte ich das jemals nicht getan?« fragte sie, aber Victor sprach bereits weiter.

»Das geringste Zögern könnte für uns beide tödlich sein. Bis heute habe ich dir nicht sehr viel über meinen Auftrag erzählen können.« Sein Tonfall wurde etwas weicher. »In Casablanca habe ich keinem Menschen ein Wort davon anvertrauen dürfen – nicht einmal dir. Das verstehst du sicher.«

»Natürlich«, antwortete Ilsa.

Das Flugzeug stieg, von Böen durchgerüttelt, über den Atlantik hinaus. Ilsa fühlte ihren Magen einige Male rebellieren, aber Victor blieb unerschütterlich ruhig. Er hatte weit größeren Gefahren getrotzt als einer einfachen Flugreise, das wußte sie, und sie beneidete ihn um seine Gelassenheit. Sie fragte sich, ob sie selbst jemals so mutig sein würde.

»Auch jetzt darf ich dir noch nicht alle Einzelheiten unseres Plans anvertrauen«, fuhr Victor fort. »Tatsächlich kenne ich sie selbst noch nicht alle.«

Ilsa unterbrach ihn, indem sie ihm eine Hand auf den Unterarm legte. Als er leicht zusammenzuckte, erinnerte sie sich an die Verletzung, die er in Casablanca davongetragen hatte, als die Polizei unmittelbar vor seiner Verhaftung das Geheimtreffen aufgelöst hatte. »Der Auftrag ist sehr gefährlich, nicht wahr?« fragte sie.

»Gefährlicher als alles, was ich jemals gemacht habe«, sagte Victor. »Aber sei unbesorgt, diesmal geht alles gut. Unsere Sache ist gerecht, aber ihre nicht, und wir werden letztlich siegen. Wenn selbst ein Mann, der dem Schicksal von Nationen so blind gegenübersteht wie Richard Blaine, den Unterschied zwischen uns und den Deutschen erkennt, muß der Wert unserer Sache jedem klar sein.«

»Wie meinst du das, Victor?«
Laszlo bedachte seine Frau mit einem schwachen Lächeln. »Damit meine ich nur, daß sein Entschluß, die Transitvisa uns zu geben, die Tat eines Mannes war, der aufgehört hat, vor sich selbst zu flüchten. Der endlich erkannt hat, wie du und ich es schon lange getan haben, daß es im Leben weit wichtigere Dinge gibt als das eigene Ich oder das eigene Glück. Weshalb hat er deiner Meinung nach so gehandelt? Weshalb hat er die Transitvisa uns gegeben, obwohl er sie für sich selbst hätte behalten können?«
»Keine Ahnung«, behauptete Ilsa. Sie erinnerte sich an ihre letzte Begegnung mit Rick am Abend zuvor in seinem Apartment über dem Café. Sie war bereit gewesen, mit ihm zu schlafen oder ihn zu erschießen – je nachdem, was erforderlich war, um die Transitvisa zu bekommen, die für ihren Mann den Passierschein in die Freiheit bedeuteten. Sie hatte ihn nicht erschossen.
»Obwohl er mich Major Strasser ebenso lässig hätte ausliefern können, wie man eine Fliege erschlägt«, fuhr Victor fort. »Obwohl ...«, seine Miene verfinsterte sich etwas, »... er hätte versuchen können, dich ins Ausland mitzunehmen.«
»Warum, Victor?« flüsterte Ilsa.
»Weil unser Barbesitzer endlich ein Mann geworden ist und seine Bereitschaft erklärt hat, sich an unserem Kampf zu beteiligen«, sagte ihr Mann. »Er hat gewußt, daß ich aus Casablanca flüchten mußte, und er hat gewußt, daß ich darauf angewiesen war, daß du mitkommst. Unabhängig davon, wie seine wahren Gefühle für dich aussehen mögen, haben sie keine Rolle gespielt. Weil nur die Sache zählt.«
Ihr Flugzeug landete ohne Zwischenfall in Lissabon. Victor und Ilsa passierten die Zoll- und Paßkontrolle mühelos. Im Hotel Aviz bekamen sie ohne Schwierigkeiten ihre Zimmer. In dieser Nacht schliefen sie ohne Leidenschaft miteinander.

Am nächsten Morgen schreckte Ilsa durch ein leises Klopfen an die äußere Tür auf. Vor zwei Jahren hätte sie es nicht einmal wahrgenommen, so leise und so weit entfernt war es. Seit 1939 schlief im besetzten Europa niemand mehr gut oder tief. Sie tastete instinktiv nach ihrem Mann, aber Victor lag nicht mehr neben ihr. Er war aufgestanden, hatte sich angezogen und schloß eben die Schlafzimmertür hinter sich.

Draußen waren Stimmen zu hören. Sie sprachen manchmal lauter, ohne erregt oder zornig zu klingen. Ilsa ging in ihrem Nachthemd barfuß durchs Schlafzimmer und versuchte, die Tür zu öffnen, aber sie war abgeschlossen. Victor hatte sie von außen abgesperrt. Zu ihrem Schutz? Oder zu seinem?

Sie bückte sich und sah durchs Schlüsselloch. Der Raum nebenan lag noch im Dunkel, die Wintersonnenwende stand noch bevor. Durch angestrengtes Horchen gelang es ihr, ab und zu einige Satzfetzen zu verstehen. Den Stimmen nach zu urteilen, waren nebenan zwei Besucher bei ihrem Mann.

»... damit ändert sich alles ...«, sagte Victor gerade.

»... britischer Geheimdienst ...«, sagte eine andere Stimme.

»... Gefahr ... keine Chance, lebend davonzukommen ...«, sagte der zweite Unbekannte.

»... der Henker ...«

»... Prag ...«

»Sobald wie möglich!« sagte Victor nachdrücklich und beendete damit die Diskussion.

Ilsa hörte, wie die Tür zum Flur leise geschlossen wurde. Sie schlüpfte rasch wieder unter die Bettdecke, als der Schlüssel im Schloß der Schlafzimmertür gedreht wurde.

»Bist du's, Victor?« Sie spielte die Schlaftrunkene.

»Ja, meine Liebe«, sagte er.

Sie rieb sich imaginären Schlaf aus den Augen. »Warum bist du so früh auf?«

»Ich habe einen Morgenspaziergang gemacht«, behauptete

Laszlo. »Du kannst dir nicht vorstellen, wie schön es ist, wieder in Freiheit atmen zu können. Nach Mauthausen hätte ich nie geglaubt, das noch einmal erleben zu dürfen.«

Ilsa setzte sich langsam auf und räkelte sich gähnend. »Ich kann nur ahnen, wie das ist«, sagte sie.

»Natürlich kannst du das nur.« Victor strich ihr leicht, fast unwillkürlich übers Haar. »Es gibt sensationelle Nachrichten, mein Liebes. Die Japaner haben die Amerikaner in Pearl Harbor auf Hawaii angegriffen.«

Ilsa setzte sich ruckartig ganz auf; jetzt brauchte sie nicht mehr die Verschlafene zu spielen.

»Was?« rief sie aus.

»Es ist gestern morgen passiert – ein Überraschungsangriff japanischer Trägerflugzeuge auf die U.S. Navy in Pearl Harbor bei Honolulu. Die meisten Schiffe sind im Hafen zerstört worden, und es hat viele Tote gegeben. Präsident Roosevelt hat dem Kongreß eine Kriegserklärung gegen Japan vorgelegt.« Victor wirkte geradezu begeistert. »Jetzt müssen die Amerikaner sich unserem Kampf endlich anschließen.«

Er stand auf und ging aufgeregt im Raum auf und ab. »Verstehst du denn nicht, Ilsa?« rief er aus. »Darauf haben wir gehofft. Darauf habe *ich* in all den langen Monaten in den Lagern gehofft, als uns scheinbar niemand zu Hilfe kommen wollte. Die Engländer wirken geschlagen. Die Russen wanken an drei Fronten. Aber damit ändert sich alles! Alles!«

Er schloß seine Frau impulsiv in die Arme.

»Mit den Amerikanern auf unserer Seite können wir nicht mehr verlieren! Oh, wir werden nicht gleich siegen; es wird Jahre dauern, die Deutschen zurückzuwerfen, ihre Heere zu vernichten und Europa wieder zu befreien. Aber jetzt sind die Würfel gefallen, jetzt gibt es kein Zurück mehr. In Amerika gibt es keine Männer wie Rick Blaine mehr, die sich hinter ihrer Feigheit verstecken und sie als Neutralität bezeichnen können. Es wird lange dauern, aber ab diesem Augenblick ist Deutschland erledigt.«

Er ließ sie ebenso abrupt los, wie er sie umarmt hatte. »Wir müssen uns beeilen – mehr als je zuvor. Schnell!« Er griff ihren Koffer und warf ihn aufs Bett. »Das Taxi wartet unten, und unser Flugzeug startet in weniger als einer Stunde.«

Ilsa stand auf und lief ins Bad. Sie kam angezogen heraus und begann zu packen. »Ich wollte schon immer mal nach New York«, sagte sie dabei. »Nachdem die Amerikaner jetzt auf unserer Seite stehen ...«

»Eine Reise nach Amerika hat keinen Sinn mehr«, wehrte Victor ab. Sein Koffer war bereits gepackt, und er stand ungeduldig an der Tür. Er war kaum imstande, seine Aufregung zu beherrschen. »Die Zeit der Reden und des Spendensammelns ist vorbei, Gott sei Dank. Jetzt ist's Zeit, zu handeln!«

»Wohin wollen wir also?« fragte Ilsa.

»Dorthin, wo die tschechische Exilregierung seit der Besetzung Frankreichs ihren Sitz hat«, sagte er, als er die Tür hinter ihnen schloß. »Nach London.«

»London!« rief Ilsa aus. Dort hatten auch König Haakon VII. und die norwegische Exilregierung Zuflucht gefunden, nachdem Vidkun Quisling und seine *Nasjonal Samling* mit Unterstützung einiger verräterischer Offiziere den Deutschen geholfen hatten, ihr Vaterland zu besetzen.

In London lebte ihre Mutter.

Während Victor die Rechnung bezahlte, flogen ihre Gedanken zu Rick zurück. Sie hatte ihn gebeten nachzukommen; also mußte sie ihn wissen lassen, wo sie zu finden war. Unbeobachtet schrieb sie impulsiv ein paar Zeilen für Mr. Richard Blaine, steckte sie in einen Umschlag und vertraute ihn dem Empfangschef an, der sie so bewundernd angestarrt hatte, als sie nachts angekommen waren. Ihre Mitteilung bestand aus wenigen hingekritzelten Worten: *Nach London, britischer Ge-*

heimdienst, der Henker(?), Gefahr, Prag und *komm schnell!* Unterzeichnet war sie lediglich mit *I.*
Das war alles. Sie konnte nur hoffen, daß Rick besser als sie verstehen würde, was diese Worte bedeuteten.
Sie lächelte dem Empfangschef zu, als sie ihm ihren Brief in die Hand drückte. Er erwiderte ihren Blick mit der typischen Mischung aus Ehrfurcht, Bewunderung und Begierde, die Ilsa seit ihrem vierzehnten Lebensjahr immer wieder auf Männergesichtern gesehen hatte.
»Nur für Mr. Blaine persönlich«, erklärte sie ihm. »Haben Sie verstanden?«
»Mein Wort darauf, Madame«, sagte der Empfangschef.
Dann hatte sie die Stimme ihres Mannes ihm Ohr, fühlte seine Hand auf ihrem Arm – »Schnell, Ilsa, schnell!« – und wurde eilig weggeführt.
Das wartende Taxi brachte sie in rascher Fahrt zum Flughafen. Sie bestiegen das Flugzeug nach London und nahmen ihre Plätze ein. Zwei junge, soldatisch wirkende Männer, ihrem Aussehen nach Slawen, kamen mit ihnen an Bord. Sie sprachen Victor nicht an, aber Ilsa spürte, daß die beiden sie beobachteten.
Als das Flugzeug gestartet war, brachte sie ihre Lippen dicht ans Ohr ihres Mannes. »Victor«, sagte sie, »laß mich dir diesmal helfen. Bitte.« Aber Laszlo starrte geradeaus und war in Gedanken nicht in der Gegenwart, sondern in der Zukunft.

KAPITEL DREI

Rick streckte einen Arm aus und drückte Renault tiefer. »Runter mit Ihnen, Louie!« blaffte er. »Ich habe schon mal gesehen, wie ein Mann den Kopf runtergeschossen gekriegt hat, und glauben Sie mir, das ist kein schöner Anblick.«
Renault duckte sich tief. »Ich füge mich gern Ihrer offenbar größeren Erfahrung in solchen Dingen«, sagte er.
Vom Rücksitz aus konnte Rick sehen, daß der Abstand zwischen den beiden Wagen ungefähr dreihundert Meter betrug. Während der Buick dahinraste, schien der Mercedes nicht mehr näherzukommen – aber er blieb auch nicht zurück.
»Was haben sie, Sam? Tommies?« fragte Rick, als die Geschosse der Verfolger an ihnen vorbeizischten.
»Vermutlich deutsche MP-40«, antwortete Sam, der das Lenkrad mit beiden Händen umklammert hielt. »Tommies sind veraltet, Boß, oder haben Sie das noch nicht gemerkt?«
»Wirklich? Ich wollte trotzdem, ich hätte eine.«
»Da sind wir schon zu zweit«, sagte Sam, ohne den Blick von der Straße zu nehmen.
»Was haben wir?«
»Ihre Fünfundvierziger, Saschas Achtunddreißiger, meine Zweiundzwanziger ... was haben Sie, Mr. Louis?«
Renault zog seine Waffe aus dem Halfter und betrachtete sie, als sehe er sie zum erstenmal. »Eine Neun-Millimeter-Pistole«, antwortete er. »Nicht, daß ich sie jemals hätte benützen müssen.«
»Außer um den Frauen zu imponieren«, sagte Rick.
Sascha lehnte sich aus seinem Fenster und gab einige Schüsse ab.
»Schluß damit, du Idiot!« brüllte Rick. »Man läßt die anderen

nie vorzeitig wissen, was man hat. Kriegen sie mit, daß wir nur Pistolen haben, schießen sie uns in Stücke.«

»Sorry, Boß«, murmelte Sascha.

Ein Geschoßhagel zischte an ihnen vorbei. Ein Zufallstreffer schlug einen Splitter aus der Heckscheibe, aber das Glas in doppelter Stärke verhinderte weitere Schäden.

»Tut mir leid, Boß«, sagte Sam.

Die Fernstraße nach Rabat lag in tiefster Dunkelheit. Der Küstennebel ließ kein Mondlicht durchdringen. Das einzige Problem war, daß der Buick sich im Scheinwerferlicht des Mercedes befand – nicht umgekehrt.

»Ich will 'nen kleinen Vorsprung, okay, Sam?« wies Rick ihn an. »Ich möchte sehen, ob wir die Pferdestärken haben, für die ich bezahlt habe.«

»Wird gemacht, Boß.«

Als Sam mehr Gas gab, vergrößerte der Buick seinen Vorsprung langsam, aber unaufhaltsam. Dreihundertfünfzig Meter, vierhundert Meter ... Jetzt hielt Rick es für ungefährlich, seinen Kopf aus dem Fenster zu stecken.

»Kommt hier bald eine Abzweigung?« rief er, um den Fahrtwind zu überschreien. Vielleicht konnten sie den Mercedes abhängen; vielleicht aber auch nicht – eine Reifenpanne, ein Unfall ... bestimmt war es besser, die Deutschen zu überraschen und die Sache zu einem Ende zu bringen.

»Eine Abzweigung gibt's immer, wenn einen der Dschungel nicht stört«, sagte Sam.

»Dann bieg ab, verdammt noch mal!«

Sam riß den Wagen so scharf nach links, daß Renault fürchtete, aus dem Fenster zu fliegen. Zu seiner Verblüffung blieb Rick aufrecht sitzen und beugte sich so gelassen aus seinem Fenster, als sei er an einem Sonntagnachmittag auf der Trabrennbahn und studiere einen Tippzettel. Allerdings hatte er keinen Bleistift, sondern eine Pistole in der Hand.

»Zähl die Sekunden mit, Sam«, verlangte Rick, als der Wagen zu kreiseln begann.

»Eins Mississippi, zwei Mississippi ...«

Der von Sam meisterhaft gelenkte und gebremste Buick drehte sich in einer kontrollierten Schleuderbewegung um volle 360 Grad und kehrte in dem Augenblick, in dem der Mercedes sie einholte, zu seiner ursprünglichen Fahrtrichtung zurück.

»... drei!«

Der Mercedes war genau neben ihnen. Für einen Augenblick sah Rick das verblüffte Gesicht des Fahrers.

»*Laissez le bon temps rouler*«, sagte Sam.

»Jetzt, Sascha!« brüllte Rick.

Der Russe und der Amerikaner eröffneten das Feuer auf die Deutschen. Saschas Schuß ließ das Fahrerfenster zersplittern. Ricks Schuß durchschlug das linke Auge des Fahrers.

Rick sah den Bewaffneten auf dem Rücksitz, als der steuerlose Mercedes nach rechts und in die Bäume raste. Der Nazi schaffte es noch, einige ungezielte Schüsse abzugeben, bevor der Wagen in einem Mangowäldchen zerschellte.

Die Explosion ließ einen orangeroten Feuerball in den Nachthimmel steigen, der die Blätter der Bäume versengte. Sam bremste scharf, damit sie ihre Arbeit begutachten konnten.

»Kleinigkeit, Boß«, behauptete er, während er mit dem Buick zurückstieß.

Als sie den Unfallort erreichten, hüllte der Feuerball den großen Mercedes schon fast vollständig ein. Über den beiden Scheinwerfern waren kleine Hakenkreuzwimpel angebracht, die jetzt lebhaft brannten. Rick stellte fest, daß in der Limousine drei Männer gesessen hatten, denen jedoch längst nicht mehr zu helfen war. »Prima geschossen, Boß«, meinte Sascha anerkennend.

»Wie auf Fische in 'nem Faß«, wehrte Rick ab.

»Ich hab' noch nie Fische in 'nem Faß gesehen, Boß.« Sascha fiel Rick um den Hals. »Darf ich Sie küssen?«

»Laß mich in Ruhe, du verrückter Russe!« sagte Rick.

Das Feuer schien ewig zu brennen. Renault fragte sich im stillen, warum sie sich nicht einfach ins Auto setzten und weiterfuhren, aber Rick schien den Unfallort nicht verlassen zu wollen. Er stand mit gesenktem Kopf da; seine Lippen bewegten sich, ohne daß ein Laut zu hören gewesen wäre. Betete er? Rick Blaine war in dieser Nacht ein Mann voller Überraschungen.

»Okay, wir müssen weiter«, sagte Rick plötzlich. »Wir müssen ein Flugzeug erwischen.«

Der Buick fuhr wieder auf die Straße zurück. Der Feuerschein des brennenden Mercedes in Sams Rückspiegel wurde rasch kleiner, was ihn glücklich machte. Sam haßte Gewalt, selbst wenn sie nötig war. Er hatte genug von ihr.

»Sehr eindrucksvoll, Ricky«, sagte Renault. »Und ich habe Sie die ganze Zeit über für einen einfachen Barbesitzer gehalten. Das nenne ich in der Tat stille Wasser.«

»Genau das will ich eines Tages wieder sein«, sagte Rick. Er schraubte seine Taschenflasche auf und nahm noch einen Schluck. »Sobald dieser Krieg vorbei ist.«

»Irgendwie bezweifle ich, daß das Schicksal da mitspielen wird, mein Freund«, wandte Renault ein. »Sie sind zu Größerem bestimmt.«

»Verlassen Sie sich nicht darauf«, sagte Rick.

Renault lehnte sich in die Lederpolster zurück. Nachdem die Aufregung vorüber war, konnte er sich jetzt auf wichtigere Dinge konzentrieren. Amerika angegriffen! Er ahnte, daß Rick wie vor den Kopf geschlagen war. Renault vermutete seit langem, Ricks Nonchalance sei nur eine Maske, eine rauhe Schale, unter der sich ein weiches Herz verbarg. Gewiß, er hatte Amerika aus unbekannten Gründen schon vor Jahren verlassen und schien nicht dorthin zurückkehren zu wollen, aber Renault erinnerte sich daran, wie Rick den angeberhaften Major Strasser und den kriecherischen Konsul Heinze angestarrt hatte, als er den beiden geraten hatte, nicht in bestimmte New Yorker Stadtviertel einzumarschieren. Als jemand, dessen Land schon von den Nazis besetzt war, gehörten Renaults Sympathien den Amerikanern und sein ganzes Mitgefühl jetzt seinem Freund.

Was bedeutete das für ihn selbst? Seit seinem ersten Besuch der Spielbank Deauville, der durch einen glücklichen Zufall im Alter von zwölf Jahren mit seiner Entdeckung von *la différence* zusammengefallen war, war Louis Renault der Überzeugung, Glücksspiel sei kein Zeitvertreib, sondern ein Beruf, und er betrachtete seinen Polizeidienst als leider notwendiges Übel, das ihm finanzielle Sicherheit und die Möglichkeit gab, höhere Ziele zu verfolgen. Trotzdem zog er ein manipulierbares Rouletterad wirklichen Glücksspielen allemal vor. Er hatte den größten Teil seines Erwachsenenlebens damit verbracht, Chancen auszurechnen und sich entsprechend zu verhalten, und war bis vor ein paar Stunden durchaus damit zufrieden gewesen, seine Jetons auf dem Feld der Nazis zu lassen und zuzusehen, wie seine Gewinne weiter anwuchsen. Aber jetzt war er sich seiner Sache plötzlich nicht mehr so sicher. Vermutlich war das einer der Gründe dafür, daß er in diesem Wagen saß, anstatt noch in Casablanca zu sein und sich der Gunst irgendeiner entzückenden jungen Dame zu erfreuen, deren Freiheitsdurst mit seiner Lust auf ihren Körper zusammenfiel. Ein fairer Tausch, hatte Renault immer gefunden, und daraus seinen Lebenszweck gemacht.

Als sie Rabat erreichten, umfuhr Sam die Innenstadt in großem Bogen. Sie durften nicht riskieren, von einem übereifrigen Polizisten angehalten zu werden. Nicht in einem amerikanischen Wagen mit einem Russen auf dem Beifahrersitz und einem hohen Polizeibeamten der Vichy-Regierung auf dem Rücksitz neben Rick Blaine, der bald Persona non grata sein würde. Aber wegen des Kriegs lag die Hauptstadt Französisch-Marokkos in tiefem Dunkel, und falls jemand den Buick vorbeifahren sah, behielt er seine Beobachtung klugerweise für sich.

Von Rabat nach Port Lyautey waren es nur noch ungefähr achtzig Kilometer, die sie in gut einer Stunde schafften.

Jean-Claude Chausson erwartete sie bei Tagesanbruch auf dem winzigen Flugplatz einige Kilometer außerhalb der Stadt. Er stand neben seiner Fokker 500, die einen Piloten, mehrere Fluggäste und alles an Waren transportieren konnte, was eines Schmugglers Herz begehrte – und schon oft befördert hatte.

»*Allo, Monsieur Rick*«, sagte Chausson.

»Na, wie geht's, Jean-Claude?« fragte Rick und schüttelte dem Piloten die Hand.

»Mir ist langweilig«, antwortete der Pilot.

»Mal sehen, was sich dagegen tun läßt«, sagte Rick.

Chausson war ein Freier Franzose, ein entschiedener Gegner der Nazis. Rick hatte ihn in Spanien kennengelernt, wo Jean-Claude Waffen für die Republikaner geschmuggelt hatte. Nach deren Niederlage hatte er sich auf wesentlich einträglichere Geschäfte spezialisiert, indem er unverzollten Schnaps nach Französisch-Marokko schmuggelte – häufig für Ricks Café – und Waffen dorthin brachte, wo sie sich mit höchstem Gewinn absetzen ließen. In Afrika war das fast überall.

»Gib Sascha die Autoschlüssel, Sam«, wies Rick ihn an, als sie das Flugzeug bestiegen. »Paß gut auf sie auf, Sascha.«

»Meinen Sie die Karre oder Yvonne, Boß?« fragte Sascha lüstern grinsend.

»Such's dir aus«, antwortete Rick, bevor die Flugzeugtür sich schloß. »Teuer sind sie beide.«

Der Flug nach Lissabon verlief ohne Zwischenfälle. Portugal

hatte in diesem Konflikt frühzeitig erkannt, daß es erheblich lukrativer war, sich nicht für das Kommen und Gehen von Durchreisenden zu interessieren, als sich Sorgen wegen ihrer Vergangenheit oder ihrer Zukunft zu machen. Irgendeine Stadt mußte der Ausreisehafen Europas sein, und Lissabon war nur allzu gern bereit, diese Rolle zu spielen. Da Francos neutrales Spanien als Pufferzone fungierte, liefen die Geschäfte sehr gut.

Sie fuhren geradewegs ins Hotel Aviz, wo Rick als erstes nach Mr. und Mrs. Victor Laszlo fragte. Da sie jetzt vor den Nazis sicher waren, nahm er an, die beiden würden endlich als Ehepaar reisen.

Aber er hatte sich getäuscht. Der Empfangschef, auf dessen Namensschild der Familienname Medeiros stand, schüttelte bedauernd den Kopf. »Tut mir leid, bei uns sind die Herrschaften nicht abgestiegen«, erklärte er Rick.

»Wissen Sie das bestimmt?« fragte Rick so höflich wie möglich.

»Ganz bestimmt«, beteuerte Medeiros. Er dachte nicht daran, das Vertrauen, das eine Dame in ihn setzte, leichtfertig zu enttäuschen.

»Schließlich ist es mein Beruf, zu wissen, wer hier ein- und ausgeht.«

Nun, einen Señor Ferrari gibt's überall, dachte Rick.

»Versuchen Sie's mit einem anderen Namen – Miss Ilsa Lund«, schlug er vor. »Denken Sie an die schönste Frau, die Sie jemals hier ...«

Medeiros ließ Rick nicht ausreden. »O ja, Miss Lund!« rief er begeistert aus, und Rick sah in seinem Blick die Erinnerung an Ilsa. Ein Gesicht oder eine Figur wie ihre vergaß kein Mann so leicht. »Sind Sie Mr. Richard Blaine?« fragte der Empfangschef.

»Der einzige, der sich dazu bekennt«, antwortete Rick.

»Dann ist das hier für Sie«, sagte Medeiros stolz und übergab ihm Ilsas Brief.
Rick überflog die kurze Mitteilung und stopfte sie in seine Tasche. Während er Ilsas Spur folgte, kam er sich allmählich wie eines der Kinder in Grimms Märchen *Hänsel und Gretel* vor. Er konnte nur hoffen, daß keine böse Hexe irgendwo in den finsteren deutschen Wäldern auf sie beide wartete.

KAPITEL VIER

In London wurde Victor Laszlo, allerdings unter Ausschluß der Öffentlichkeit, wie ein Held empfangen. An diesem 8. Dezember 1941 wurden Ilsa und er auf dem Vorfeld des Flughafens Luton von keinem Begrüßungskomitee, sondern nur von einem einzelnen Mann mit schroffem soldatischen Auftreten erwartet, der sich als Major Sir Harold Miles vorstellte und ihnen geschäftsmäßig rasch die Hand schüttelte. Nachdem er kurz mit Laszlo gesprochen hatte, packte der Major sie in einen bereitstehenden Lancia und fuhr sie in schnellem Tempo in die Stadt. Eine Stunde später hielt der Wagen vor einem großen, aber unscheinbaren Haus in einem Wohnviertel, und die beiden wurden rasch die Vordertreppe hinauf und ins Haus geführt. Ilsa wurde aufgefordert, ihren Mantelkragen hochzuschlagen und ihren Hut tief ins Gesicht zu ziehen.

Drinnen war jedoch alles anders. Ilsa, die nicht recht gewußt hatte, was sie erwarten sollte, war angenehm überrascht.

Das Wohnzimmer war warm und behaglich. Die Wände verschwanden unter eleganten William-Morris-Tapeten, und die schweren Polstermöbel waren mit buntem Chintz überzogen. An den Fenstern hingen Brokatvorhänge, und die Decken trugen Stuckverzierungen. Im offenen Kamin brannte ein Kohlefeuer, das willkommene Wärme spendete, und auf beiden Seiten des Kamins standen einladende Sessel. Das Ensemble wirkte wie ein gemütliches Heim – jedenfalls behaglicher als jeder Raum, in dem sie sich in den letzten eineinhalb Jahren aufgehalten hatte.

Eine freundliche Frau, schon etwas ältlich, aber geistig und körperlich offenbar noch im Vollbesitz ihrer Kräfte, nahm ihr das Gepäck ab und servierte ihr ein Glas Tee. »Ich bin Mrs.

Bunton«, stellte sie sich vor. »Sie haben bestimmt eine lange und schwierige Reise hinter sich. Der Tee wird Ihnen helfen, wieder warm zu werden.«

Am anderen Ende des Raums sah Ilsa ihren Mann mit Major Miles und einem weiteren Mann sprechen, der den feierlichen Cut eines Diplomaten trug. Die drei Männer waren zu weit entfernt und sprachen zu leise, als daß sie ihre Worte hätte verstehen können.

Sie nahm Mrs. Buntons Tee dankbar entgegen und fühlte wohlige Wärme, als sie ihn trank. Einige Minuten später unterbrach Victor sein Gespräch mit den beiden Männern und kam zu ihr. »Du bist sicher sehr müde, mein Liebes«, sagte er. »Willst du nicht nach oben gehen und dich ein bißchen ausruhen? Ich komme gleich nach.«

»Oh, Victor«, sagte sie, «kann ich nicht noch ein paar Minuten hier unten bleiben?«

Victor sah sich nach den beiden anderen Männern um. »Tut mir leid, aber ich muß darauf bestehen.«

Es hatte keinen Zweck, sich dagegen aufzulehnen. »Also gut«, sagte sie resigniert. Mrs. Bunton führte sie die Treppe hinauf und in ein hübsch eingerichtetes Schlafzimmer mit Doppelbett. »Hier haben Sie's bestimmt gemütlich«, sagte sie, bevor sie die Tür hinter sich schloß.

Obwohl Ilsa todmüde war, lag sie lange schlaflos im Bett. Sie kannte den wahren Grund für Victors scheinbare Besorgnis um sie: Sein Gespräch mit den beiden Männern war nicht für ihre Ohren bestimmt. Ähnliche Szenen hatte sie schon Dutzende von Malen erlebt. Geheimtreffen mitten in der Nacht. Fremde im Wohnzimmer, einige mit vermummten Gesichtern, um nicht erkannt zu werden. Und dann unvermeidbar Victors an sie gerichtete Aufforderung, den Raum zu verlassen, worauf er die Tür hinter ihr schloß. Damit wollte sie sich nicht mehr abfinden.

Zum erstenmal seit einem Vierteljahr fühlte sie sich sicher – sicher und trotzdem sehr, sehr einsam. Das, so überlegte sie sich, war die Geschichte ihres Ehelebens mit Victor Laszlo. Sie war nur dann seine Frau, wenn er es für ungefährlich hielt, sich zu ihr zu bekennen. Sie war, wenn irgend möglich, an seiner Seite, aber nie richtig *bei* ihm. Teil seiner Sache, aber letztlich nicht seine Sache. Mehr eine Handlangerin, weniger eine Gefährtin.

Aber während sie Victor in den vergangenen Tagen beobachtet hatte, hatte sie ihn unwillkürlich wieder bewundern müssen. Dies war der Mann, in den sie sich als leicht zu beeindruckendes Mädchen verliebt hatte; dies war der Mann, mit dem sie nun als reife Frau verheiratet war. Victor war groß und schlank; er hatte ein gutgeschnittenes Gesicht mit freundlichen Augen, die mehr Leid gesehen hatten, als sie sich auch nur vorstellen konnte. Er hielt und bewegte sich so würdevoll, als laste die Verantwortung für das Schicksal der Welt auf seinen Schultern. Wer hätte sagen können, das täte sie in diesem Augenblick der Geschichte nicht? Wie sie ihn bewunderte!

Ilsa war sich jedoch auch bewußt, wieviel sie ihm bedeutete. Hatte er nicht wieder und wieder sein Leben für sie riskiert? Versicherte er ihr nicht immer wieder, wie wichtig sie für seine Arbeit sei, auch wenn er sie nicht daran teilnehmen ließ? Sagte er ihr nicht von Zeit zu Zeit, wie sehr er sie liebe? Ihr Herz schlug vor Stolz rascher, wenn sie ihn beobachtete: so vornehm und würdig, aber zugleich auch so konzentriert und dominierend.

Dann dachte sie an Rick Blaine.

Hatte sie richtig gehandelt, als sie erst in Casablanca, dann in Lissabon kurze Mitteilungen für ihn hinterlassen hatte? Hatte er sie überhaupt erhalten? War er Victor und ihr gefolgt, wie sie hoffte? War er jetzt hier? Was würde Victor sagen, wenn er davon erfuhr? Wie würde er reagieren? Worauf hoffte sie ei-

gentlich? Daß Rick ihnen gefolgt war – oder daß er es nicht getan hatte?
Ilsa merkte, wie sie unruhig wurde, und versuchte, sich wieder zu entspannen. Sie redete sich ein, daß Rick die in Lissabon hinterlassene Nachricht nie erhalten habe. Daß er noch immer in Casablanca oder, noch besser, an irgendeinem fernen Ort sei. Daß ihr zufälliges Wiedersehen und die Tatsache, daß Rick ihnen die Transitvisa gegeben hatte, eben nur ein Zufall gewesen sei – sozusagen der Beweis dafür, daß Victors Sache gerecht war, und der Beweis dafür, daß ihr Platz jetzt und für immer an Victors Seite war, daß ... So, das war besser, nicht wahr?
Nein, das war es nicht. Rick hatte ihr etwas gegeben, das sie zuvor noch nie empfunden hatte. Nicht nur die Erregung, die sie beim Zusammensein mit ihm empfand, sondern eine Nähe, eine Zärtlichkeit, eine Leidenschaft und eine Hingabe, die weit über das hinausging, was andere Männer zu geben fähig waren.
Eine plötzliche Einsicht ließ sie die Wahrheit erkennen: Was sie in bezug auf Rick empfand, entsprach genau dem, was Victor in bezug auf seine Sache empfand. Allerdings war es etwas völlig anderes, eine Sache oder einen Mann zu lieben. Aber welchen Mann liebte sie? Sie versuchte, sich über ihre Gefühle Rechenschaft abzulegen. Ihr Verstand sagte ihr, selbst wenn ihr Herz einen Zwiespalt empfinde, sei ihre Pflicht klar. Auch wenn sie Rick liebte, war ihr Platz an der Seite ihres Ehemanns. Sie mußte Victor beweisen, daß sie seiner und – noch wichtiger – seiner Sache würdig war. Außerdem würde sie Rick niemals mehr wiedersehen.
Deshalb, so entschied Ilsa, würde sie eine wichtigere Rolle in dieser Sache spielen. Sie hatte es satt, nur eine Schachfigur in einem von Männern gespielten Spiel zu sein; schließlich ging dieser Krieg nicht nur die Männer, sondern alle an. Verschon-

ten die Nazis bei ihrem Sturmangriff auf die Zivilisation die Frauen? Sie wußte aus eigener Erfahrung, daß sie das nicht taten. Von nun an war dieser Krieg auch Ilsa Lunds Krieg.
Im nächsten Augenblick wurde die Schlafzimmertür geöffnet, und jemand kam herein. Sie hatte Mrs. Bunton erwartet, aber es war Victor. »Alles in Ordnung, mein Liebes?« fragte er, indem er sich neben sie auf die Bettkante setzte.
»Ja, Victor«, erwiderte sie. »Mir geht's gut. So gut wie schon lange nicht mehr.«
»Wunderbar«, sagte Victor. »Ich habe mir schon Sorgen um dich gemacht. Im Flugzeug hast du so blaß, so müde ausgesehen, daß ich Angst hatte, du seist krank. Die ganze Aufregung ...«
»Victor«, unterbrach Ilsa ihn, «ich muß etwas anderes mit dir besprechen.« Sie setzte sich auf und sah ihren Mann an. Er strich die Bettdecke glatt.
»Ich weiß nicht, warum wir hier sind oder was du vorhast«, begann sie.
»Das dient zu deinem eigenen Schutz«, warf er ein.
Sie legte ihm ihre rechte Hand auf den Arm. »Aber das ist es doch gerade!« rief sie aus. »Ich will, daß dieser Zustand ein Ende hat! Ich bin nicht mehr das Schulmädchen, in das du dich verliebt hast. Ich bin deine Frau. Überall in Europa sterben Mädchen, die kaum halb so alt sind wie ich, für ihre Überzeugungen. Wie kann ich weniger tun?«
»Ich weiß nicht, was du meinst, Ilsa«, erwiderte Victor.
»Damit meine ich, daß ich an allem beteiligt sein will, woran du beteiligt bist!« Die Worte sprudelten nur so aus ihr hervor. »Wenn du in Gefahr gerätst, will ich sie mit dir teilen. Wenn du zu Ruhm kommen kannst, will ich gemeinsam mit dir danach streben.«
Victor schüttelte den Kopf »Das ist unmöglich.«
»Nein, das stimmt nicht«, widersprach Ilsa. Sie hielt Victors

Arm umklammert. »Du sagst, daß du mir für alles dankbar bist, was ich für dich getan habe. Doch ich habe bisher nur das getan, was du mir gestattet hast. Aber ich will mehr tun! Du sagst, daß du mich liebst. Dann beweise es mir, indem du mich nicht wie ein Kind, sondern wie eine Erwachsene behandelst, indem du mich nicht wie deine Tochter, sondern wie deine Ehefrau behandelst.«
Zum erstenmal, seit sie ihn kannte, wirkte Victor verwirrt und unsicher. »Das geht nicht«, sagte er schließlich. »Ich darf dich nicht in solche Gefahr bringen.«
Sie starrte ihren Mann an. »Das hast du längst getan. Haben wir in den vergangenen eineinhalb Jahren nicht unzählige Gefahren miteinander geteilt? Wenn ich diese Risiken schon eingehe, will ich jetzt auch am Ruhm teilhaben.«
Victor befreite sich aus ihrem Griff frei und stand auf. »Weißt du bestimmt, daß du das willst?«
»Ich will, was du willst. Nicht mehr und nicht weniger.«
Victor hatte seine Selbstbeherrschung zurückgewonnen. »Also gut«, sagte er nach kurzem Zögern. »Laß uns zu den anderen runtergehen.«
Als sie gemeinsam ins Wohnzimmer zurückkamen, stellte Ilsa fest, daß die beiden jungen Männer, die ihr im Flugzeug nach London aufgefallen waren, sich zu der Gruppe dazugesellt hatten. »Willst du mich nicht mit deinen Mitkämpfern bekannt machen?« schlug sie vor.
»Gentlemen«, sagte Victor laut, »ich habe die Ehre, Sie mit meiner Frau, Miss Ilsa Lund, bekannt zu machen. Ilsa, dies ist Sir Ernest Spencer, der englische Kriegsminister. Major Miles kennst du bereits. Und diese beiden tapferen Männer sind Jan Kubiš und Josef Gabčík, freie tschechische Bürger und gute Kameraden.«
Ilsa gab allen die Hand. Sir Ernest war ein großer, asketisch wirkender Mann mit aristokratisch schmalem Gesicht und ei-

nem Menjoubärtchen. Major Miles war ein kräftig gebauter soldatischer Typ. Im Gegensatz zu ihm schienen Kubiš und Gabčík kaum mehr als große Jungen zu sein. »Freut mich sehr, Sie alle kennenzulernen«, sagte Ilsa.
»Bevor wir fortfahren, hat meine Frau Ihnen etwas mitzuteilen«, kündigte Victor an.
Ilsa machte eine leichte Verbeugung. »Gentlemen«, sagte sie, »für meinen Mann und mich sind die beiden letzten Jahre besonders schwierig gewesen. Es hat Zeiten gegeben, in denen ich ehrlich gesagt verzweifelt gewesen bin. Eine Zeitlang habe ich geglaubt, Victor sei tot. Später bin ich selbst schwer krank gewesen. Aber wie Sie sehen, haben wir beide überlebt.«
Ilsa war eine strahlende Erscheinung. Voller Bewunderung verfolgte Victor ihren Auftritt. Er war sehr stolz darauf, sie seine Frau nennen zu dürfen – und hier in London, wo sie in Sicherheit waren, konnte er das endlich.
»Und weil wir beide überlebt haben«, fuhr Ilsa fort, »ist es nun Zeit, unsere Partnerschaft zu vervollkommnen.«
Sie lächelte ihrem Mann zu – mit dem Lächeln, das erst seine Aufmerksamkeit geweckt und dann sein Herz gewonnen hatte.
»Deshalb habe ich die Ehre und das Vergnügen, Ihnen mitzuteilen, daß ich von diesem Augenblick an eine vollwertige Partnerin bei diesem Unternehmen sein werde. Was in Victors Gegenwart besprochen werden kann, kann auch in meiner besprochen werden.«
Sir Ernest räusperte sich. »Gut gesagt, Mrs. Laszlo«, meinte er. »Aber Sie sind sich hoffentlich darüber im klaren, welche außergewöhnlichen Gefahren ...«
»Darüber haben mein Mann und ich schon gesprochen. Was es an Gefahren zu bestehen gibt, wollen wir gemeinsam bestehen.«
Major Miles sah zu Victor hinüber. »Gratuliere, Mr. Laszlo.

Mit einer tapferen, heldenmütigen Frau wie dieser sind Sie kaum auf unsere Unterstützung angewiesen.«
Victor strahlte innerlich. Er wußte, daß Ilsa wunderbar war, aber bis zu diesem Augenblick hatte er nicht einmal geahnt, wie wundervoll sie wirklich war.
»Gentlemen«, sagte er, um den Faden aufzugreifen, »Sie sehen selbst, wie hingebungsvoll meine Frau und ich unserer Sache dienen. Wir sind beide bereit, für unsere Überzeugung zu sterben, wie auch unsere beiden tschechischen Kameraden bereit sind, ihr Leben für unser edles Werk zu opfern.« Er nickte zu Jan und Josef hinüber. »Von Ihnen verlangen wir kein ähnliches Opfer. Wir bitten Sie nur, im entscheidenden Augenblick für uns dazusein – so zuverlässig, wie wir jetzt für Sie hier sind.«
Ilsa stand auf. »Ich möchte Sie bitten, mich zu entschuldigen, Gentlemen. Ich muß einen sehr wichtigen Menschen besuchen. Jemanden, den ich schon sehr lange nicht mehr gesehen habe.«
Es entstand eine kurze Pause, bis Major Miles das Wort ergriff. »Entschuldigen Sie bitte, Madam, aber ich muß fragen, wer dieser Jemand ist.«
»Was ist los, Sir Harold?« lautete ihre Gegenfrage. »Trauen Sie mir nicht?«
»Nichts dergleichen. Aber bei einem Unternehmen dieser Art muß strikte Geheimhaltung gewährleistet sein. Deshalb muß ich Sie mit größtem Bedauern fragen, wen ...«
»Ich will meine Mutter besuchen«, sagte Ilsa freimütig. »Ich hoffe, daß dagegen keine Einwände bestehen, Gentlemen. Ich habe sie seit zwei Jahren nicht mehr gesehen. Sie werden mir sicher zustimmen, daß es höchste Zeit ist, daß ich sie wieder einmal besuche.«
Drei der Männer wußten, wer Ilsas Mutter war und was sie in den Händen ihres Feindes erlitten hatte. »Es wird mir eine

Ehre sein, Sie persönlich zu dieser großartigen Frau zu begleiten«, sagte Major Miles.

»Sehr freundlich von Ihnen, Sir Harold«, wehrte Ilsa ab, »aber ich finde bestimmt allein hin.«

Sie ließ sich von Mrs. Bunton ihren Mantel geben und trat aus dem Haus. Zufällig kam ein Taxi vorbei. Sie hielt es an, nannte dem Fahrer die Adresse und stieg in den Wagen.

KAPITEL FÜNF

Ilsa Lund saß in Gedanken versunken auf dem Rücksitz des Londoner Taxis. Sie atmete unwillkürlich tief aus und fühlte die Spannung aus ihrem Körper weichen. Es war das erste Mal seit vielen Monaten, daß sie allein war und sich trotzdem sicher fühlte. Ihr kam es vor, als sei ein ganzes Leben vergangen, oder es sei erst gestern gewesen, daß sie sich im Herbst 1938 vor ihrem Elternhaus in Oslo von ihren Eltern verabschiedet hatte, um nach Paris zu reisen und an der Sorbonne Sprachen zu studieren. Wer hätte sich vorstellen können, daß die Welt, die sie verließ, so bald verschwinden würde? Oder daß die schüchterne, leicht naive Studentin, die vor der Abreise nach Frankreich stand, ebenfalls verschwinden und durch die resolute, erfahrene Frau ersetzt werden würde, die jetzt quer durch London unterwegs war? Niemand, am allerwenigsten sie selbst.

Ilsa griff instinktiv über den Rücksitz des Taxis, um Victors Hand zu ergreifen, und war einen Augenblick lang überrascht, als er nicht da war.

Wegen ihrer angeborenen Sprachbegabung hatte sie in Paris slawische Sprachen, vor allem jedoch Russisch studiert. Ihr Vater hatte sie dazu ermutigt. »Wir Skandinavier können nicht erwarten, daß die Völker Europas unsere Sprachen lernen, Ilsa, folglich müssen wir ihre lernen«, hatte er ihr erklärt. Sie konzentrierte sich ganz auf ihr Studium und verzichtete auf das Nachtleben am Boulevard Saint-Michel, um russische Grammatik zu pauken und als Belohnung Tolstoi im Original lesen zu können. Zum Feiern würde sie später Zeit haben, überlegte sie sich. Reichlich Zeit.

Dann lernte sie am 1. Mai 1939 Victor Laszlo kennen. »Zieh

dich um, Ilsa!« sagte Angelique Casselle, ihre beste Freundin, während sie Ilsas bestes Sommerkleid aus dem Kleiderschrank holte und der vor einem Lehrbuch Sitzenden zuwarf. »Du kannst nicht dauernd in deinem Zimmer hocken und lernen. Willst du als alte Jungfer sterben?«

»Aber die Prüfung«, protestierte Ilsa.

Angelique stieß die Luft durch zusammengepreßte Lippen aus – ein typisch französischer abwertender Laut. »Pah!« sagte sie. »Du sprichst schon besser Russisch als Stalin. Was willst du mehr? Los, komm schon! Ich möchte, daß du jemanden kennenlernst.«

Ilsa würde die Adresse nie vergessen: 150, Boulevard Saint-Germain. Unterwegs hatte sie bei den Marktständen auf der Rue du Seine haltgemacht, um Käse und eine Flasche Bordeaux als Gastgeschenk zu kaufen. Als sie an der Wohnungstür klingelte, wurde ihr von dem elegantesten Mann geöffnet, den sie je gesehen hatte und der sie mit kontinentalem Charme in perfektem Französisch begrüßte.

»Mademoiselle Ilsa Lund, nicht wahr?« sagte er, indem er ihr die Hand küßte. »Mein Name ist Victor Laszlo.« Er suchte ihren Blick. »Angelique hat mir erzählt, Sie seien das schönste Mädchen von ganz Paris. Aber sie hat gelogen. Sie sind die schönste Frau Europas.«

Ilsa hielt unwillkürlich den Atem an. Ganz Paris kannte Victor Laszlo, den tschechischen Patrioten, der in seiner Tageszeitung *Pravo* bis zum Münchner Abkommen von 1938 so energisch vor einer Beschwichtigungspolitik gegenüber Hitler gewarnt hatte. Laszlo hatte die Brutalität der Nazis furchtlos angeprangert und seine Anstrengungen verdoppelt, nachdem Deutschland das Sudetenland zugesprochen bekommen hatte. Als Hitler am 15. März 1939 das Reichsprotektorat Böhmen und Mähren errichtete, wurde Laszlo steckbrieflich gesucht. Er ging eine Zeitlang in den Untergrund und gab von dort aus seine Zeitung weiter heraus. Als diese Existenz schließlich zu gefährlich wurde, flüchtete er nach Paris, wo er sich der tschechischen Exilregierung anschloß und seinen Kampf gegen die Nazis fortsetzte.

Von diesem Augenblick an waren sie praktisch unzertrennlich. Victor verliebte sich nicht nur in Ilsas Schönheit, sondern auch in ihre Intelligenz und ihre Stärke; er betrachtete sie als Mitstreiterin in seinem großen Kreuzzug. Für Ilsa eröffnete sich durch Laszlo eine ganz neue Welt des Wissens, des Denkens und der Ideale; sie blickte zu ihm auf und verehrte ihn mit einem Gefühl, das sie für Liebe hielt. Sie arbeiteten unermüdlich zusammen – nicht für sich selbst, sondern für die unterjochten Völker Europas.

Ilsa Lund, die von seiner selbstlosen Hingabe tief beeindruckt war, heiratete Victor Laszlo heimlich im Juni 1939. Nicht einmal ihre engsten Freunde wußten von ihrer Hochzeit.

Gegen ihren Rat kehrte Victor im Juli 1939 in seine Heimat zurück, um den Kampf in die Reihen des Feindes zu tragen. Ilsa warnte ihn, das sei zu gefährlich, aber er ließ sich nicht davon abbringen. »Ilsa, ich muß wieder hin«, sagte er. »Wie kann ich von anderen etwas verlangen, das ich selbst nicht zu tun bereit bin?«

Die Gestapo erwartete ihn jedoch bereits; Victor wurde wenige Tage nach seiner Rückkehr nach Prag verhaftet und ins Konzentrationslager Mauthausen in der Ostmark, wie Österreich seit dem Anschluß hieß, gebracht. Kurze Zeit später wurde gemeldet, er sei tot – auf der Flucht erschossen.

Ilsa war verzweifelt. Sie dachte eine Zeitlang daran, nach Oslo zurückzukehren, kam aber bald wieder von dieser Idee ab. Victor hätte gewollt, daß sie in Paris blieb und ihren Kampf weiterführte. Außerdem hatte sie durch die Arbeit im Untergrund das Spiel kennengelernt, das die Männer spielten, und Gefallen daran gefunden. Auch als die Kriegsgerüchte so laut wurden, daß niemand sie mehr überhören konnte, auch als Hitlers Säbelrasseln Europa von Warschau bis Paris erzittern ließ, blieb Ilsa weiter in Frankreich. Und als die Wehrmacht im September 1939 in Polen einfiel, wußte Ilsa, daß ihre Entscheidung richtig gewesen war.

Um ihre Angehörigen machte sie sich keine Sorgen. In seiner Lage am Nordrand Europas war Skandinavien nicht bedroht. Außer schwedischem Eisenerz gab es dort nichts, was die Deutschen wollten oder brauchten. Briefe von zu Hause gaben keinen Grund zur Besorgnis. Im April 1940 besetzten die Deutschen jedoch Dänemark und Norwegen. König Haakon VII. flüchtete nach London, und von zu Hause kamen plötzlich keine Briefe mehr. Als Ilsa vier Wochen später endlich wieder von ihrer Mutter hörte, kam eine wahrhaft niederschmetternde Nachricht: Ihr Vater war tot.

Ilsa beobachtete, wie draußen die Stadt vorbeizog, während ihr Taxi auf regennassen, verwinkelten Straßen nach Nordosten fuhr. Sie hatte den Eindruck, die grauen, imposanten Bauten Londons ragten auf beiden Straßenseiten wie Ableger von Stonehenge auf: stumm, gebieterisch und sogar leicht bedrohlich. An diesem Tag entsprachen sie ihrer eigenen Stimmung.

London hatte nichts mit Oslo oder Paris gemeinsam, überlegte sie sich. Ihre Heimatstadt war klein und hügelig; sie lag am Meer zusammengedrängt, wie um jederzeit ihre Fischernetze auswerfen zu können. Die Gebäude in Oslo waren kleiner als die Londons – weniger reglementiert, freundlicher. Sie waren schmal, spitzgieblig und aus Holz errichtet. In den kurzen Sommern waren sie von Grün und leuchtenden Blumen umrankt, deren Vergänglichkeit sie um so fröhlicher wirken ließ; in den langen, dunklen Wintern war es in den gegen die Elemente abgeschotteten Häusern warm und gemütlich. Paris lag in heiterer Ruhe an beiden Ufern der Seine und hatte den Fluß

so vollständig integriert, als habe der Mensch, nicht Gott, das Wasser zum Vergnügen der Pariser durch die Stadt geleitet. Oslo ließ die Natur freudig dominieren; Paris gestattete ihr, Bestandteil eines Gesamtkunstwerks zu sein.
Die Themse war Londons Lebensader zum Meer, aber wer kein Hafenarbeiter oder Unterhausabgeordneter war, bekam den Fluß oft tagelang nicht zu sehen. Die Gebäude waren imposanter und zugleich weniger elegant als vergleichbare Bauten in Paris, und die Londoner bewegten sich zielstrebiger. Regenwolken und rußiger Nebel verdeckten oft die Sonne, aber London zog es vor, die Elemente zu ignorieren, statt sich ihnen anzupassen oder vor ihnen zu kuschen. Das Geschäft Londons war nicht Handel, sondern Macht, zu deren Erhaltung das Land sich in diesem Krieg erneut zusammengeschlossen hatte. Wußte Hitler, was für zähe Gegner die Briten waren? Ilsa bezweifelte es.
»Hier, Fahrer, hier!« rief sie, als sie in Islington auf den Myddleton Square abbogen. Sie drückte dem Taxifahrer einige Münzen in die Hand, sprang aus dem Wagen und lief mit jagendem Herzen die Stufen zur Wohnung ihrer Mutter hinauf.
Inghild Lund stand auf, als sie die Klingel hörte. Sie öffnete die schwere Haustür und hatte ihre Tochter vor sich, die sie befürchtet hatte, nie wiederzusehen.
Bevor sie ein Wort herausbrachte, fiel Ilsa ihr in die Arme, und die beiden Frauen blieben innig umarmt auf dem Treppenabsatz stehen.
»Ich kann nicht glauben, daß du's bist«, flüsterte Inghild unter Freudentränen.
»Ich bin hier, Mama!« rief Ilsa aus. »Ich bin hier.«
Sie hielten sich endlos lange umarmt, ohne auf die Passanten oder den Regen zu achten, bis Inghild schließlich ihre Tochter freigab. »Komm rein und erzähl mir, welches Wunder dich endlich zu mir zurückgebracht hat.«

Ihre kleine Wohnung war hübsch und behaglich eingerichtet, und obwohl sie weit von Norwegen entfernt lag, erschien sie Ilsa wie ein Stück Heimat. An einer Wand hing ein Bild König Haakons VII., und auf einem Tischchen stand ein gerahmtes Foto, das Edvard und Inghild Lund an ihrem Hochzeitstag im Jahre 1912 zeigte. Wie blendend ihr Vater im Frack aussah, wie er den linken Arm um die Taille seiner jungen Frau legte, während er in der rechten Hand eine Zigarette hielt. Ilsa erwartete fast, ihn jeden Augenblick, von einer Besprechung mit dem König kommend, eintreten zu sehen; sie konnte noch immer nicht glauben, daß sie ihn nie wiedersehen würde.

Ilsa Lund war am 29. August 1915 in Oslo zur Welt gekommen – nur zehn Jahre nach der Unabhängigkeitserklärung Norwegens von Schweden. Oslo hatte früher Christiana geheißen, und Edvard Lund, Ilsas Vater, war Abgeordneter des Stortings, der norwegischen Volksvertretung, gewesen, das dem schwedischen König Oskar II. die Gefolgschaft verweigert und den modernen norwegischen Staat begründet hatte. »Denen, die an der Ernsthaftigkeit unseres Strebens zweifeln«, hatte er in einer feurigen Rede gesagt, »erwidere ich: Wir sind bereit, es zu untermauern, indem wir unsere Heime und unser Leben opfern – aber niemals unsere Ehre!« Ilsas Vater stieg rasch ins Kabinett auf und gehörte ihm bis zum April 1940 an, als die Nazis Norwegen im Namen des Großdeutschen Reichs besetzten.

Inghild hatte nur wenige Habseligkeiten mitnehmen können, als sie mit dem König und seiner Exilregierung heimlich nach London gebracht worden war. Ilsa bemerkte sie sofort. Eine geklöppelte Tischdecke, die auf einem Refektoriumstisch mit gedrechselten Beinen gelegen hatte, unter dem sie sich als Kind gern versteckt hatte. Etwas Geschirr und Familiensilber. Einige Orientteppiche, davon einer mit dem Fleck, der entstanden war, als sie in einem kindlichen Wutanfall ein Tintenfaß vom Tisch geworfen hatte. Eine kleine Wanduhr, die seit Generationen im Besitz der Familie ihrer Mutter gewesen war. Sie hing leise tickend in einer Ecke, und jede Sekunde war eine bittere Erinnerung an die Katastrophe, die über ihr Heimatland hereingebrochen war.

Nein, so darfst du nicht denken! sagte Ilsa sich. Jedes Ticken bedeutete, daß die Befreiung, die allen die Freiheit wiedergeben würde, einen Augenblick nähergerückt war. Sie war bereit, ihren Teil zu dieser Befreiung beizutragen.

Inghild war eben dabei gewesen, sich Tee zu machen, aber jetzt goß sie mehr Wasser in die Kanne und ließ den Tee ziehen, um ihn später zu servieren. Sie bot Plätzchen an, wie es Mütter immer tun, und schenkte ihnen zwei Schnäpse ein, was Mütter manchmal tun.

»Ich habe mir schreckliche Sorgen um dich gemacht«, erklärte sie ihrer Tochter. Freude und Erleichterung ließen ihre Stimme jugendlich lebhaft klingen. »Aus dem Untergrund ist gemeldet worden, daß du lebst, aber sonst habe ich fast nichts erfahren. Ich habe gehört, daß du im besetzten Frankreich warst, aber nie gewußt, wo du dort lebst. Als es dann geheißen hat, du seist nach Casablanca unterwegs, durfte ich nicht nach dem Grund dafür fragen, aber ich konnte wenigstens etwas tun, um dir zu helfen.« Sie lachte. »Und jetzt bist du hier – ganz erwachsen! Ich wollte, Vater könnte dich so sehen.«

»Dann hast also du vorgeschlagen, ich solle mich an Berger wenden?« rief Ilsa aus. In diesem Augenblick der Freude wollte sie nicht an ihren Vater denken; sie würden später gemeinsam um ihn trauern – nachdem sie ihn gerächt hatte. »Ich hätte wissen müssen, daß meine Mutter weiter über mich wacht.«

»Ja, Liebes«, sagte Inghild. »Auch als alleinstehende Frau kann ich weiter für mein Land kämpfen – und für mein Kind.

Der neue Kriegsminister des Königs informiert mich jede Woche persönlich. Die Regierung scheint meinen Rat wirklich zu schätzen, auch wenn ich mir das weiß Gott nicht erklären kann.«

Ilsa ergriff die noch immer jugendliche Hand ihrer Mutter, an die sie sich aus Kindertagen so gut erinnerte. »Du weißt genau, warum, Mama«, sagte sie dabei. »Vater und du sind immer gleichberechtigte Partner gewesen. Er hat dich als sein anderes Ich bezeichnet und dir wie keinem anderen Menschen vertraut. Was er gewußt hat, hast auch du gewußt, und unser Land hat davon stets nur profitiert.«

Inghilds Blick trübte sich bei der Erinnerung an Edvard Lund, aber sie machte sich davon frei, um sich ihr momentanes Glück nicht verderben zu lassen. »Der Kriegsminister hat mir erklärt, Berger sei möglicherweise imstande, dir einen Passierschein oder ein Transitvisum zu beschaffen, mit dem du Marokko verlassen könntest. Deshalb habe ich dir bestellen lassen, du solltest dich in einem Café mit ihm treffen. Den Namen habe ich allerdings vergessen.«

»*Rick's Café Américain*«, warf Ilsa ein. »In Casablanca kommt jeder früher oder später zu *Rick's*.«

»Ja«, sagte ihre Mutter. »Ich bin so glücklich, daß es Berger gelungen ist, dich sicher aus Casablanca rauszubekommen. Ole ist ein guter Junge gewesen, aber immer so nervös und unstet. Wer hätte gedacht, daß so ein mutiger Kerl in ihm steckt? Das zeigt eben, daß Helden nicht immer wie Helden aussehen müssen.«

Die Erwähnung der Heimat rief in Ilsa Erinnerungen wach. Wenn sie die Augen schloß, auf die Stimme ihrer Mutter horchte und die Düfte aus der Küche ihrer Mutter einatmete, konnte sie sich fast einbilden, wieder in Oslo zu sein.

»Erzähl mir von daheim, Mutter«, verlangte Ilsa.

Inghild strich ihr Kleid glatt. »Manche von uns sind natürlich hier in London«, begann sie. »Liv Olsen, die in unserer Straße gewohnt hat, und ihr Mann und Birgit Aasen – du erinnerst dich an Birgit, ihr habt als kleine Mädchen miteinander gespielt – lebt jetzt in Amerika. In Bay Ridge, glaub' ich.«

»Ich erinnere mich an sie«, sage Ilsa. »Wir sind manchmal zum Parlamentsgebäude hinuntergegangen und haben gespielt, wir seien die wichtigsten Ratgeberinnen des Königs.«

»Vielleicht wirst du das noch«, meinte Inghild. »Wir sind alle im Juni 1940 rübergekommen, als der König erkannt hat, weiterer Widerstand gegen die Nazis sei zwecklos und die Regierung könne ihren Kampf wirkungsvoller von London aus fortführen. Allerdings sind viele zurückgeblieben, die jetzt Tag und Nacht gegen die Deutschen arbeiten. Du erinnerst dich an Arne Bjørnov?«

»An den kleinen Arne, der gefragt hat, ob er mit mir ins Kino gehen dürfe?« fragte Ilsa lachend. »Wie aufgeregt er gewesen ist! Er muß gefürchtet haben, Vater wolle ihm den Kopf abreißen. Ich wäre sogar mitgegangen, wenn er nicht plötzlich weggerannt wäre, als sei der Teufel hinter ihm her. Und das nur, weil Vater ihn gefragt hat: ›Junger Mann, was sind Ihre Absichten?‹ Dabei ist er erst dreizehn gewesen!«

»Dieser ängstliche kleine Junge ist zu einem sehr tapferen Mann herangewachsen, Ilsa«, sagte Inghild. »Dank Arne weigern unsere Landsleute sich, Anordnungen des deutschen Statthalters Josef Terboven zu befolgen, und ignorieren die Proklamationen der als einzige Partei zugelassenen *Nasjonal Samling* einfach. Seit der Verräter Quisling im September das Kriegsrecht verhängt hat, ist ihr Widerstandswille nur gewachsen, und die Reihen der patriotischen Spione und Saboteure erhalten täglich Zulauf. Die Deutschen sind frustriert und wütend, aber was sollen sie tun? Sie können uns nicht alle umbringen – und das müßten sie tun, um Norwegen wirklich zu erobern.«

Ilsa hatte es genossen, wieder von ihren Freunden zu hören; jetzt wurde es Zeit, ihrer Mutter über ihre eigenen Aktivitäten zu berichten. »Berger ist leider nicht der Mann gewesen, der uns die Transitvisa verschafft hat, Mama. Ein anderer hat mir ... hat uns geholfen, aus Casablanca rauszukommen.«
Inghild nahm die Veränderung im Tonfall ihrer Tochter wahr. »Uns?«
»Ja, uns«, gab Ilsa zu. »Ich bin seit zwei Jahren mit Victor Laszlo verheiratet.«
»Verheiratet!« rief ihre Mutter und war nicht mehr in der Lage, noch an irgend etwas anderes zu denken. »Und mit Victor Laszlo! Ganz Europa kennt und verehrt diesen Namen. Eine wundervolle Nachricht.« Inghild küßte ihre Tochter. Wie stolz sie auf ihr Kind war! Wenn Edvard das nur hätte erleben können.
»Ich habe nicht schreiben können, daß wir geheiratet hatten«, fuhr Ilsa fort. »Zu Victors und meinem Schutz haben wir unsere Hochzeit geheimgehalten. Eine Bekanntgabe wäre zu gefährlich gewesen – für uns beide. Aber es ist auch nicht Victor gewesen, der uns aus Casablanca rausgebracht hat. Das ist ein anderer Mann gewesen. Ein Mann, über den ich mit dir reden muß.«
Ilsa machte eine Pause, weil sie nicht wußte, wo sie anfangen sollte. »Mutter«, begann sie schließlich, »ist es möglich, zwei Männer gleichzeitig zu lieben? Beide wirklich zu lieben, von ganzem Herzen und mit ganzer Seele, als ob das eigene Leben von ihrer Existenz abhinge? Und wie entscheidet man sich in diesem Fall? Muß man sich überhaupt entscheiden?«
Ilsa faltete krampfhaft ihre Hände. Sie saß sehr nahe bei ihrer Mutter und fühlte sich ihr noch näher. »Ist das möglich, wenn die beiden so völlig verschieden sind?« fuhr sie fort. »Wenn der eine die besten Seiten deines Wesens anspricht und der andere an den eigentlichen Kern deines Wesens rührt?«

Sie saß erwartungsvoll da, wünschte sich eine Antwort und fürchtete sie zugleich, weil sie nicht wußte, was sie hören wollte.
Inghild wählte ihre Worte sorgfältig. Falls sie überrascht war, von der Ehe ihrer Tochter und unmittelbar darauf von diesem Dilemma zu hören, ließ sie sich nichts anmerken. »Willst du mir nicht von ihm erzählen, Ilsa?« fragte sie.
Nun war es Zeit für die kleine Rede, die Ilsa sich unterwegs im Taxi zurechtgelegt hatte, ohne es recht zu bemerken. »Er heißt Richard«, begann sie, »Richard Blaine. Er ist ein Amerikaner aus New York.«
Sie erzählte Inghild, wie sie Victor kennengelernt hatte. Sie berichtete von ihrem kurzen gemeinsamen Leben in Paris. Von der Meldung von seinem angeblichen Tod. Von ihrer ersten Begegnung mit Rick.
»Ich habe an einem Frühlingstag im *Les Deux Magots* gesessen und Zeitungen gelesen. Überall ist von Krieg die Rede gewesen. Ein Windstoß hat meine Zeitung erfaßt. Der Mann am Nebentisch hat sie aufgehoben, bevor sie auf die Straße geweht wurde. ›Ich denke, die gehört Ihnen, Miss‹, hat er auf Englisch gesagt. Ich habe ihn seiner Aussprache nach für einen Amerikaner gehalten. Er hat sich an meinen Tisch gesetzt. Ich hatte ihn nicht eingeladen, aber er hat's trotzdem getan. Da habe ich gewußt, daß er ein Amerikaner war. ›Von hier ist die Aussicht viel besser‹, hat er behauptet und uns im gräßlichsten Französisch, das ich je gehört hatte, zwei Kaffee bestellt. Darüber habe ich lachen müssen. ›Was ist komischer‹, hat er mich gefragt, ›mein Akzent oder mein Gesicht?‹ Wie hätte ich ihn danach noch wegschicken können?«
»Bringt eine Mann eine Frau zum Lachen«, sagte Inghild, »hat er den ersten Schritt getan, um ihr Herz zu erobern.«
»Mein Herz!« rief Ilsa aus. »Ich habe geglaubt, es sei tot – mit Victor gestorben. Ich bin allein und sehr einsam gewesen. Ich

habe nicht gewußt, was ich tun und wohin ich mich wenden sollte. Nach Oslo konnte ich nicht zurück, weil ...«
»Weil Quisling unser Land den Deutschen ausgeliefert hatte«, ergänzte ihre Mutter.
»Weil du es verlassen hattest«, stellte Ilsa richtig. »Weil Vater tot war.« Ihre Stimme bebte vor kaum unterdrücktem Kummer. »Er hat mich für den gleichen Abend ins Restaurant *La Tour d'Argent* eingeladen. Ich habe ja gesagt. Das ist mir ungefährlich vorgekommen. Wir haben diniert. Am nächsten Abend sind wir zum Tanzen gegangen. Wir sind mit seinem Auto spazierengefahren und waren Segeln auf der Seine. Wir haben seinen Nachtclub *La Belle Aurore* besucht. Wir haben gemeinsam den Sonnenaufgang beobachtet, und das ist wunderschön gewesen.«
»Du hast dich verliebt«, stellte Inghild fest.
»Ich habe mich verliebt«, gab Ilsa zu. »Diesmal nicht in eine Idee, sondern in einen Mann. Richard hat mir eine Welt eröffnet, deren Existenz ich nie vermutet hatte, eine Welt voller Romantik und Leidenschaft und ...«
»Die Welt der körperlichen Liebe zwischen Mann und Frau«, ergänzte ihre Mutter.
Ilsa nickte. »Rick hat mich ins Leben zurückgebracht. Und dann ist Victor von den Toten auferstanden.«
»Wie das?«
Ilsa fühlte ihre Erregung wachsen und zwang sich, ruhig zu bleiben.
Nachdem Victor an jenem stürmischen Regentag im Juni 1940 erschöpft und zum Skelett abgemagert in Paris aufgetaucht war, war ihr gemeinsames Leben kaum mehr als ein verzweifeltes Versteckspiel und eine endlose Flucht vor der Gestapo gewesen, die sie durch ganz Frankreich gehetzt hatte. Wäre der wackere algerische Fischer nicht gewesen, der sie auf seiner Slup unter einer stinkenden Fischladung versteckt

von Marseille aus übers Mittelmeer nach Algerien geschmuggelt hatte ... Ihr schauderte bei der Erinnerung daran.

»Die Deutschen waren auf dem Vormarsch«, sagte sie. »Jedermann hat gewußt, daß es nur eine Frage der Zeit war, wann sie Paris einnehmen würden. Die tschechische Exilregierung war nach London gegangen. Rick wollte Paris trotz meiner Bitten nicht verlassen. Ich habe gewußt, daß er nicht der gefühllose Zyniker war, als der er sich ausgegeben hat. Er hatte in Äthiopien gegen Mussolini und in Spanien gegen Franco gekämpft. Das haben auch die Deutschen gewußt; wäre er in Paris geblieben, hätte man ihn bestimmt verhaftet. Ich durfte nicht zulassen, daß ein weiterer Mann in meinem Leben ein Opfer der Nazis wurde. Ohne mich wollte er Paris jedoch nicht verlassen. Also haben wir beschlossen, gemeinsam zu fliehen.«

»Aber du hast es nicht getan.«

»Ich konnte nicht«, sagte Ilsa und schlug die Augen nieder. »Am Tag vor unserer geplanten Abreise nach Marseille habe ich erfahren, daß Victor noch lebte und sich in einem Güterwagen am Stadtrand von Paris versteckt hielt. Er war krank und brauchte mich. Oh, Mutter, wie hätte ich ihn im Stich lassen können? Er war doch mein Ehemann!«

Ilsa weinte jetzt und ließ ihren lange zurückgehaltenen Tränen freien Lauf. »Ich habe gewußt, daß Victor zurückgekommen war, als ich mich zum letztenmal mit Rick getroffen habe. Wir waren in seinem Club und haben seinen letzten Champagner getrunken, damit die Deutschen ihn nicht bekamen. Ich habe mich mit einer Ausrede verabschiedet und ihm versprochen, abends auf dem Gare de Lyon zu sein. Aber ich bin nicht hingegangen. Als Richard in den Zug nach Marseille gestiegen ist, hatte er nur einen kurzen Abschiedsbrief von mir. Ich konnte ihm nichts erklären. Ich konnte ihm überhaupt nichts sagen. Das ist die schwerste Entscheidung meines Lebens gewesen. Aber was hätte ich sonst tun sollen? Unsere Arbeit war wichtiger als meine Gefühle. Sogar meine Gefühle für Richard Blaine. Was bedeutet das Glück zweier Menschen, wenn das Leben von Millionen auf dem Spiel steht?«

Über das Gesicht ihrer Mutter zog ein Ausdruck unaussprechlicher Trauer. »Du sprichst nicht von deinem Ehemann«, bemerkte sie, »sondern von seiner Arbeit. Das ist nicht dasselbe.«

Diese Unterscheidung hatte Ilsa bisher nie gemacht. »Ja«, gab sie zu, »von seiner Arbeit. Ich habe Victors Arbeit bewundert, lange bevor ich ihn persönlich kannte. Als wir uns kennengelernt haben, habe ich nicht glauben wollen, daß ein großer Mann wie er ein unerfahrenes Mädchen wie mich lieben könnte. Er hat Großes für sein Vaterland geleistet, und was habe ich getan? Sprachen studiert.«

Inghild wählte ihre nächsten Worte sorgfältig. »Leider kenne ich keinen dieser beiden Gentlemen, Ilsa. Sag mir, was liebst du an ihnen?«

Ilsa erzählte es ihr. Daß erst Victor sie gelehrt hatte, was Liebe war: Vaterlandsliebe, Prinzipienliebe, Freiheitsliebe, Menschenliebe. Daß sie alles, was sie war oder jemals sein würde, ihm verdankte. Er sei leicht zu lieben, und sie habe geglaubt, ihn zu lieben.

»Was ist mit diesem anderen Mann? Richard Blaine?«

Ilsa erklärte ihrer Mutter, Rick sei alles, was Victor nicht sei. Er sei zynisch, wo Victor ernst sei, und menschenfeindlich, wo Victor selbstlos sei. Er spreche knapp und handle notfalls brutal. Er spotte, wo Victor lobe, und höhne, wo Victor preise. Er sei selbst im Smoking von einer Aura der Gewalt umgeben. Er sei schwer zu lieben, aber sie wisse, daß sie ihn liebe.

Auch Rick hatte sie gelehrt, was Liebe war – eine andere Art Liebe: fleischliche, körperliche, alles verzehrende Liebe, die sie vor Lust und Wonne aufschreien ließ. Für Victor war sie nur einer von vielen Menschen, denen seine Sorge galt; bei

Rick verschwanden diese vielen anderen, und sie war die einzige Frau der Welt.

»Welchen Mann liebst du mehr?«

War das nicht offenkundig? Ilsa warf sich ihrer Mutter in die Arme und schluchzte an ihrer Brust. Inghild strich ihr zärtlich übers Haar und flüsterte ihr mit sanfter Stimme die Kosenamen ihrer Kindheit zu.

»Ich liebe Victor, Mutter. Was auch immer er und seine Arbeit fordern mögen, bin ich bereit zu geben – auch mein Leben. Kann man als Frau mehr lieben?«

»Und Rick?«

»Rick liebe ich auch. Er gibt mir das Gefühl, eine Frau zu sein. Wenn wir zusammen sind, lassen seine Küsse meine Sinne dahinschwinden, vertreiben alle anderen Überlegungen und wecken in mir den Wunsch, für immer bei ihm zu bleiben. Kann es eine größere Liebe geben?«

Inghild drückte ihre Tochter fest an sich. »Ich habe dich zwei Jahre lang nicht gesehen und kann nur ahnen, was du durchgemacht hast. Aber ich kenne meine Tochter. Ich weiß, daß sie stark und aufrichtig ist, daß sie nie etwas tun würde, das sie als unrecht empfindet. Außerdem glaube ich, daß du deine Wahl schon getroffen hast.«

»Das habe ich auch gedacht«, sagte Ilsa. Als die den Kopf hob, wischte Inghild ihrer Tochter mit ihrer freien Hand die Tränen aus den Augen. »Bis ich Rick in Casablanca wiedergesehen habe. Rick ist der Mann gewesen, der Victor und mir die Transitvisa verschafft hat. Er hat uns das Leben gerettet.« Sie erzählte von ihren drei Tagen in Marokko, dem Wiedersehen mit Rick, seiner anfänglichen Verbitterung, dem Wiederaufflammen ihrer Liebe und seinem Opfer auf dem Flugplatz.

»Du willst, daß ich dir sage, was du tun sollst«, stellte Inghild fest, und Ilsa nickte.

»Aber das tue ich nicht.«

Ilsa war sichtlich enttäuscht. »Warum nicht, Mutter?« fragte sie bittend.
»Weil ich das nicht kann. Dies ist dein Leben, Ilsa, nicht meines. Wofür du dich auch entscheidest, meinen Segen hast du. Ich rate dir nur eines: Blick in dein Herz. Dort liegt die Antwort.«
Ilsa wußte, daß das stimmte. Rick zu lieben, wäre Verrat an ihrem Eheversprechen und der ganzen Widerstandsbewegung gewesen. Rick riskierte für niemanden seinen Hals. Aber sie würde es ihm zeigen: Sie würde ihren Hals für alle riskieren, für Victor, für Europa. Sogar für Rick Blaine, ob ihm das nun paßte oder nicht.

KAPITEL SECHS

New York, Juni 1931

Yitzik Baline, den alle nur Rick nannten, lernte Lois Horowitz kennen, als er downtown fuhr, um eine jüdische Delikatesse, einen *knish* für seine Mutter zu kaufen. Und er lernte Solomon Horowitz auf dem Rückweg uptown kennen, als er Lois bei ihrem Vater ablieferte.

Er fuhr mit der Hochbahn die Second Avenue entlang, nachdem er seine Mutter besucht hatte, die in der East 116th Street wohnte und zu der er aus seiner möblierten Bude in Washington Heights zu Fuß hinübergegangen war. Er ging gern zu Fuß durch New York und hatte nichts gegen lange Fußmärsche. Außerdem hatte er kein Auto. Er konnte sich kein Auto leisten. Es machte ihm auch nichts aus, von Zeit zu Zeit seine Mutter zu besuchen, obwohl das bedeutete, daß er an ihrem Eßtisch sitzen und sich anhören mußte, wie sie von seinem guten Aussehen schwatzte, sein jiddisches Köpfchen lobte und darüber jammerte, daß er keinen Job hatte.

Strenggenommen hatte sie damit unrecht, denn er hatte einen Job – eigentlich sogar mehrere. Das Dumme war nur, daß keiner sehr anständig oder sehr gut war. Er verbrachte den größten Teil seiner Zeit damit, darüber nachzugrübeln, warum ein Kerl, der so clever war wie er, so arm sein konnte.

Hier ein paar Würfelspiele mit geringem Einsatz, dort ein bißchen Alkoholschmuggel, sogar Boß einer Gruppe von *schtarkers,* die in Harlem dafür sorgten, daß die Zeitungsverkäufer Pulitzers *World* statt Hearsts *Journal* anboten. Die *schtarkers* waren damals ein fester Bestandteil des Zeitungsgeschäfts. Sie sollten die Besitzer von Zeitungskiosken dazu überreden, ihre Zeitung statt des Konkurrenzblatts zu führen, und ihre Überredungsmittel waren im allgemeinen Baseballschläger und Brandstiftung. Er war nicht stolz auf diese Arbeit, aber sie war halbwegs lukrativ – selbst nachdem er einen Teil seiner Einnahmen für die Cops ausgeben mußte, damit sie weiterhin wegsahen, bis sie ein besseres Angebot bekamen –, gerade lukrativ genug, um zu verhindern, daß er wie ein Stadtstreicher aussah, obwohl er sich oft wie einer fühlte.

Am liebsten hätte er ein Speakeasy, eine dieser typischen Prohibitionskneipen geführt. Am Nachtleben faszinierte ihn alles, vor allem die Arbeitszeit: Rick war eine Nachteule, die in einer Welt von Frühaufstehern lebte. Obwohl er selbst kein Instrument spielte, hatte die ganze Familie eine musikalische Ader, woran seine Mutter ihn immer wieder erinnerte. Das Klirren von Gläsern, das Gluckern, mit dem Schnaps aus einer Flasche floß, und das befriedigende Zischen eines frisch angestochenen Bierfasses – das waren seine Instrumente.

Und das Geld! Andere Kerle in seinem Alter, die Speakeasies führten, fuhren in Duesenbergs herum und hatten an jedem Arm eine Mieze hängen. Er dagegen hatte Mühe, das Geld für eine Taxifahrt zusammenzukratzen. Dafür hätte er gern die Weltwirtschaftskrise verantwortlich gemacht, aber er wußte, daß er das nicht konnte. Das war ausschließlich seine Schuld.

Sein Ziel, *Ruby's Appetizing & Delicatessen*, stand in ihrem alten Wohnviertel an der Kreuzung zwischen Hester Street und Allen Street, ganz in der Nähe der dortigen Hochbahnstation. Das war seine wöchentliche *mizwe*, seine wöchentliche gute Tat: in die Stadt zu fahren und seiner Mutter einen *knish* zu kaufen, obwohl es überall entlang der Second Avenue ausgezeichnete *knishes* gab. Miriam bestand darauf, die besten *knishes* – und die besten *latkes* und den besten *gefilte fish* und überhaupt von allem das Beste – gebe es nach wie vor auf der Lower East Side.

Er hielt sich gern für einen harten Burschen, aber jetzt fuhr er mit der Hochbahn in die Stadt, um einer alten Lady einen *knish* zu kaufen.

Die Lower East Side war das Viertel, in dem er den größten Teil seiner Kindheit verbracht hatte. Das alte Viertel, nannten es die Alten, die dabei in denselben Tonfall verfielen – eine Mischung aus Nostalgie und hörbarer Erleichterung darüber, daß sie dort nicht mehr zu leben brauchten –, in dem sie über die alte Heimat sprachen. Für die Familie Baline war das wie für die meisten anderen jüdischen Familien in East Harlem Rußland, die Ukraine oder Polen. In East Harlem lebten neunzigtausend Juden, zu denen im eigentlichen Harlem weitere achtzigtausend kamen, womit das Gebiet nördlich des Central Parks nach der Lower East Side das zweitgrößte jüdische Viertel Amerikas war.

In New York gab es massenhaft deutsche Juden, die *dajtschn jechidim,* aber viele von ihnen waren etablierte, sich rasch anpassende Snobs, die einen Blick auf ihre peinlich schmuddeligen Glaubensbrüder warfen, die aus Osteuropa ins Land strömten, und prompt ihren Namen änderten. Man brauchte sich nur diesen Fatzke August Belmont, den großen Macher an der Metropolitan Opera anzusehen: Er hatte früher Schönberg geheißen.

Rick schwor sich, seinen Namen niemals zu ändern. Aus »Yitzik« konnte vielleicht »Rick« werden; aber er war ein geborener Baline und würde ein Baline bleiben.

Das war der Einfluß seiner Mutter. Sein Vater hätte vielleicht auch Einfluß haben können, aber Rick hatte ihn nie gekannt; Morris Baline war vor Ricks Geburt gestorben. Miriam wollte, daß ihr Sohn es einmal besser haben sollte, aber er sollte sich auch daran erinnern, wo er herkam. Sie hielt sich auf dem laufenden, indem sie die jiddische Tageszeitung *Daily Vorwärts* las, eines der größten und wichtigsten New Yorker Blätter, und ließ keine Gelegenheit aus, Rick an die Wichtigkeit sozialer Gerechtigkeit zu erinnern.

Miriam war eine Expertin für soziale Gerechtigkeit, von der sie in ihrer Jugend in der alten Heimat nicht viel abbekommen hatte, und besaß einen angeborenen Sinn für Vornehmheit, der eindeutig belmontisch war; wenn die Juden den Füßen der Christen keine Lampe sein konnten, wer sollte es dann sein können? Wenn sie ihren Sohn eines gelehrt habe, pflegte sie stolz zu sagen, sei es Toleranz. In ihren Augen war Toleranz eine Kardinaltugend, denn war man tolerant zu anderen, behandelten sie einen bestimmt ebenso tolerant. Das war eine Art Rückversicherung gegen Pogrome, und aus diesem Grund war sie stolz darauf, eine Amerikanerin zu sein und hier in der *goldenen medine*, im goldenen Land zu leben, obwohl sie kaum Englisch sprach, kein Wort davon lesen konnte und in ihrem Alter auch nicht mehr damit anfangen wollte.

Die Hochbahn und ihre jüngere Schwester, die U-Bahn, hatten es den Einwanderern, die in den am dichtesten besiedelten Bezirken Manhattans zusammengedrängt lebten, erst ermöglicht, der Lower East Side zu entkommen. Miriam Baline fürchtete, ihren vaterlosen Sohn an die Straßen zu verlieren, und die Straßen der Lower East Side waren schlimmer als alle anderen – das beste Anwerbegebiet für einige der brutalsten Gangsterbanden der Stadt. Wie Mütter überall in New York betete sie darum, ihr Sohn solle nicht in die Fänge der Unterwelt geraten, sich keiner Gruppe entsprechend gesinnter Jugendlicher anschließen, die lieber Straßenhändler überfielen oder Stußspieler beraubten, statt von ehrlicher Arbeit zu leben, und nicht bewundernd zu Gangstern wie Dopey Benny und Gyp the Blood aufblicken, die modische Anzüge und Lackschuhe trugen, ein Mädchen am Arm und eine Pistole in der Tasche hatten und jeden anstarrten, als wollten sie ihn herausfordern, eine freche Bemerkung zu machen.

Aber wie viele andere Mütter überall in New York war Miriam leider enttäuscht worden. Ihr Sohn war nach Süden, nicht nach Norden unterwegs.
Auf der langen Fahrt in die Stadt hatte er reichlich Zeit, über seinen deprimierenden Lebensweg nachzudenken. Für ihn stand fest, daß er unter einem Unglücksstern geboren war. Er war zu jung, um Weltkriegsteilnehmer gewesen sein zu können; zu arm, um sich mehr als das City College leisten zu können, wo er ein mittelmäßiger Student gewesen war und sein Studium schließlich abgebrochen hatte; zu wenig an Wissen um seiner selbst willen interessiert, um in den Vorlesungen wirklich aufzupassen, und zu leicht durch Mädchen abzulenken, um etwas Brauchbares anzufangen. Er hatte keine Motivation und – abgesehen von seiner wachsenden Vorliebe für die Flasche – auch keine Interessen. Sah man von der Geschwindigkeit der Hochbahn ab, trieb er langsam und ziellos dahin. Er brauchte eine Sache, für die es sich zu kämpfen lohnte.
Es war ein heißer Sommertag, wie es sie in New York immer gab, nur heißer. Alle Männer trugen Anzug und Krawatte, und darunter lief ihnen der Schweiß in kleinen Bächen die Arme hinab. Rick fragte sich oft, ob das Wasser irgendwann hoch genug in den Schuhen stehen würde, um auf den Fußboden rauszuplatschen und einen vor den Ladies in Verlegenheit zu bringen. War die Hochbahn in der Hauptverkehrszeit überfüllt und man eng zwischen seinen ebenso verschwitzten Nachbarn eingekeilt, war die Fahrt kein Vergnügen, aber sie war billig und viel schneller als ein Fußmarsch. Mit etwas Glück konnte Rick in die Stadt fahren und in weniger als einer Stunde mit einer Einkaufstasche voller Köstlichkeiten aus den Vitrinen des alten Ruby wieder zurück sein.
An diesem speziellen Nachmittag war der Zug jedoch fast leer. Als Rick auf die Stadt hinunterblickte, hatte er den Eindruck,

die einzigen New Yorker, die nicht auf Haustürschwellen saßen, auf Feuertreppen ein Nickerchen machten oder ihren Kopf in den Eisschrank gesteckt hielten, seien er selbst und der einzige weitere Fahrgast in diesem Wagen: eine außergewöhnlich hübsche junge Frau, die ihm gegenübersaß.

Die Aussage, sie sei das schönste Wesen, das er je gesehen hatte, wäre eine Untertreibung gewesen. Ihr Haar war pechschwarz, ihre Haut durchscheinend weiß. Ihre Figur war nur teilweise unter ihrer Kleidung verborgen, und was davon sichtbar war, fesselte seine Aufmerksamkeit mehrere Haltestellen lang. Obwohl sie einen langen Rock trug, waren ihre Knöchel zu sehen, und wie jeder junge Mann es getan hätte, hatte Rick sofort den Rest aufaddiert, indem er aus dem Knöchelumfang den sanften Schwung ihrer Waden, die Länge ihrer Schenkel und so weiter bis zum Scheitel hinauf ableitete. Schon bevor er dort angelangt war, wußte er, daß ihm gefiel, was er sah.

Das Mädchen, das er auf achtzehn Jahre schätzte, hielt seine Hände im Schoß gefaltet, wie es vermutlich von seiner Mutter gelernt hatte, und seinen Blick gesenkt, wie es vermutlich schon aus eigener Erfahrung gelernt hatte. Aber trotz bester Erziehung konnte jede Frau ein Opfer der Hitze werden, wenn es heiß genug war – oder wenn sie nur wollte. Rick war kaum überrascht, als die junge Dame plötzlich mit dem zartesten Seufzer zu Boden sank: ein hingehauchter Atemzug, dann kenterte sie wie ein Hafenschlepper, der sich gerade den Rumpf unterhalb der Wasserlinie an einem Felsen aufgerissen hat.

Rick hätte aussteigen müssen, aber das war vergessen, als er sich beeilte, ihr zur Hilfe zu kommen. Der Zug ratterte an etwa zehn weiteren Straßenblocks mit Fenstern im zweiten Stock vorbei, bevor sie ihre Augen aufschlug, die in dem reinsten Blau leuchteten, das Rick Baline je gesehen hatte. Er half

ihr langsam aufstehen, aber ihr war nach dieser Überdosis der zweifelhaften Luft Manhattans noch immer ein bißchen schwindlig, so daß er sie wieder hinsetzte – diesmal neben sich. »Alles okay, Miss?« fragte er besorgt.
Sie antwortete nicht gleich. Dann drehte sie ihren Kopf nach rechts und sah ihm ins Gesicht. »Danke, Mister«, sagte sie. »Das war echt prima von Ihnen, daß Sie mir aufgeholfen haben.«
Dabei lächelte sie ein schüchternes, fast entschuldigendes kleines Lächeln, das nicht zu einem so wundervollen Gesicht zu passen schien. Er dachte angestrengt darüber nach, was er sagen könnte, als sie nach seinem Arm griff und heftig daran zerrte.
»Wir haben sie verpaßt!« rief sie aufgeregt aus. »Wir haben sie verpaßt!«
»Was verpaßt?« fragte Rick.
»Meine Station«, sagte sie. »Er ist für meinen Vater.« Als ob damit alles erklärt sei.
»Was denn?« fragte Rick, dem weibliche Logik nicht zum ersten Mal Rätsel aufgab.
»Der *gefilte fish*«, sagte sie. »Bei *Ruby's*.« Sie lächelte. »Der ist der beste.«
Und dabei hatte er sie für ein irisches Mädchen aus Morrisania gehalten! »Machen Sie sich keine Sorgen«, sagte er beruhigend. »Wir fahren gleich zurück. Der Schaffner ist ein guter Freund von mir.«
Darüber mußte sie lachen. »Ich heiße Lois«, sagte sie und streckte ihm ihre Hand hin.
»Und ich Yitzik«, sagte er, »aber meine Freunde nennen mich Rick.« Er bemühte sich, ihr verführerisch zuzublinzeln. »Du kannst mich auch Rick nennen.«
»Das ist prima«, sagte Lois. «Aber mein Vater sagt, daß ich keine Freunde haben darf, bis er's mir erlaubt.«

Sie stiegen an der nächsten Station aus und gingen zu *Ruby's* zurück. »Was machst du so, Rick?« fragte Lois.
»Dies und das«, antwortete er ausweichend.
»Oh, arbeitslos, was?« sagte Lois, und sein Herz sank, denn er wollte nicht, daß sie ihn für den Versager hielt, für den er sich selbst hielt. »Aber das ist keine Schande. Das sind viele Jungs. Vielleicht solltest du mich heimbringen und Daddy kennenlernen. Er verteilt Jobs, als wären's Bonbons.«
»Yeah, klar«, sagte Rick. Vor seinem inneren Auge stand ein Einstein mit wild zerzauster Mähne wie die Professoren am City College oder ein Sklaventreiber in einem Ausbeutungsbetrieb mit einer Bullenpeitsche und cholerischem Temperament. »Wie heißt er denn?«
»Solomon Horowitz«, sagte sie. »Schon mal von ihm gehört?«
Rick hörte zu reden auf, und dann hörte er zu gehen auf. Von ihm gehört? Solomon Horowitz, der Verrückte Russe. Solomon Horowitz, der Gangsterkönig von Upper Manhattan und der Bronx. Vom Zahlenlotto in Wohnvierteln wie Harlem, Washington Heights und Inwood bis hin zu Krediten gegen Wucherzinsen in Riverdale, von Brandstiftung für Auftraggeber in East Tremont bis hin zu ein paar Würfelspielen unter Nachbarn in Marble Hill hatte Solly sein Territorium fest im Griff. Von ihm gehört? Teufel, Rick wollte eines Tages Solomon Horowitz *sein.*
Lois nahm ihn mit nach Hause, um ihn ihrem Daddy vorzustellen und den *gefilte fish* abzuliefern – mehr oder weniger in dieser Reihenfolge. Rick war für einen Augenblick enttäuscht, als sie in der 127th Street unmittelbar westlich der Lennox Avenue vor einem neuen Block mit Sozialwohnungen stehenblieb und sagte: »Nun, das ist sie – die Villa der Familie Horowitz!« Sie lachte spöttisch. »Hast du vielleicht den Landsitz der Vanderbilts erwartet?«

Einige Apartmentgebäude auf der West Side hatten Namen. Dieses hier nicht. Das anonyme Gebäude war nicht besser oder schlechter als seine Nachbarn, und es tat ganz bestimmt nicht vornehm. Im Erdgeschoß befand sich ein Geigengeschäft, und darüber lagen vier Wohngeschosse. Im Haus nebenan gab es einen koscheren Weinladen – trotz der Prohibition weiterhin legal. Gleich um die Ecke lagen ein Filmtheater und ein Lebensmittelgeschäft.

»Es ist nett«, sagte Rick. Das war nicht ganz gelogen; es war netter als seine Bruchbude.

Sie standen einen Augenblick nebeneinander auf dem Gehsteig und hatten ähnliche Gedanken. Solomon Horowitz' Tochter hat was Besseres als das hier verdient, dachte Rick überrascht; Solomon Horowitz' Tochter kriegt was Besseres als das hier, dachte Lois entschlossen.

Dann stiegen sie die zwei Treppen in den zweiten Stock hinauf. Später erfuhr Rick, daß Solomon Horowitz eine Abneigung dagegen hatte, in den unteren Geschossen zu wohnen, wo unerwünschter Besuch durchs Fenster einsteigen konnte, oder ganz oben zu leben, wo ebenso unerwünschter Besuch vom Dach herunterkommen konnte. Bei seinen Geschäften wählte er meist den goldenen Mittelweg, und so wohnte er auch.

Lois klopfte an eine Tür in der Nähe des Treppenabsatzes. »Ich bin's!« sagte sie. »Ich bin wieder da.«

Rick fühlte sich für einen kurzen Augenblick durch den Spion beobachtet, dann wurde die Wohnungstür geöffnet, und Lois trat über die Schwelle. »Das ist Mr. Baline«, sagte sie. »Ich bin im Zug umgekippt. Er hat mir aufgeholfen. Sei nett zu ihm.«

Im nächsten Moment stand er Solomon Horowitz, dem Bierbaron der Bronx, von Angesicht zu Angesicht gegenüber. Ein kleiner, stämmiger Mann mit dem eisernen Händedruck eines Stahlarbeiters musterte ihn prüfend, als begutachte er einen

Biergaul. Horowitz war nur etwa einen Meter fünfundsechzig groß und wog bestimmt fast hundert Kilo, ohne viel Fett am Leib zu haben. Er trug einen verknitterten blauen Sergeanzug, ein weißes Hemd mit aufgeknöpftem Kragen und eine grellbunte Krawatte mit Blumenmuster. Da er seine Schuhe ausgezogen hatte, fiel Rick unwillkürlich auf, daß die Socken mehrmals gestopft waren. Wer ihn so vor sich sah, hätte nie geahnt, daß Horowitz einer der erfolgreichsten Gangster New Yorks war.

»Ein Mann, der den Meinigen was Gutes tut, hat mir was Gutes getan«, sagte er. »Und ihn belohne ich. Bist du verheiratet?«

»Nein.«

»Magst du Musik?«

»Wenn sie gut ist.«

»Trinkst du?«

»Nicht mehr als jeder andere.«

»Bist du ein Säufer?«

»Noch nicht.«

»Hast du Talent fürs Geschäft?«

»Kommt darauf an, für welches.«

»Kannst du dich wehren, wenn's Zoff gibt?«

»Klar.«

»Schon mal geschossen?«

»Nein, aber das kann ich lernen.«

»Bist du ein Feigling oder ein *fejgele*, ein Vögelchen?«

»Nein.«

»Willst du meine Tochter *schtupn?«*

»Daddy!« rief Lois. Rick sah sie an. Ihr Blick forderte ihn auf, das nicht zu tun, deshalb konzentrierte er sich wieder auf Mr. Horowitz.

»Nein«, log er.

»Gut, denn das kannst du vergessen. Sie soll später 'ne gute

Partie machen.« Horowitz setzte sein Verhör fort. »Was ist dein Vater?«
»Den hab' ich nie gekannt.«
»Tot?«
»So heißt's jedenfalls.«
»Mutter?«
»Nur eine.«
»Hast du außer vor ihr noch vor sonst was Angst?«
»Bloß davor, ein Verlierer zu sein.«
»Kommst du mit die *shvartzers* zurecht?«
»Ziemlich gut«, sagte er.
»Bist du auf der Suche nach 'nem Job?«
»Darüber ließe sich reden«, sagte Rick.
»Nachtclubarbeit okay?«
»Klar doch.«
Solomon Horowitz musterte Yitzik Baline nochmals prüfend von oben bis unten.
»Wie der aussieht, gefällt mir«, verkündete er schließlich. »Arbeitslose kann ich immer brauchen. Besuch mich morgen hier.« Damit begann er, Rick die Tür vor der Nase zuzumachen.
Hinter dem Rücken ihres Vaters warf Lois ihm eine Kußhand zu. »Gute Nacht, Ricky«, sagte sie. »Vielleicht sehen wir uns bald mal wieder.«
Als er ihr zum Abschied zuwinkte, fiel ihm ein, daß er den *knish* für seine Mutter ganz vergessen hatte. Da wußte er gleich, daß er verliebt war.

KAPITEL SIEBEN

New York, Juli 1931

Die Milchlaster kamen bei Tagesanbruch über die Bedford Hills, genau wie Tick-Tock es vorausgesagt hatte.

»Der ist für dich, Kleiner«, sagte Solly zu Rick und gab ihm einen Revolver. Die Kanone war ein brünierter Smith & Wesson, Kaliber 38, sein Hammer schußbereit gespannt, seine Trommel mit sechs Schuß geladen, und wie er bei Tageslicht blitzte, hätte man sich praktisch darin rasieren können.

Rick nickte zuversichtlich. »Danke, Solly«, sagte er. Dies war sein erster bewaffneter Einsatz, und er war bereit dazu.

Es war 6.15 Uhr am Morgen des 4. Juli 1931, und der Tag war bereits warm und drückend schwül. Die Milchlaster gehörten Dion O'Hanlon, nur transportierten sie keine Milch, sondern brachten Whiskey aus Kanada nach Süden ins durstige zentrale Manhattan. Solly hatte die Absicht, dafür zu sorgen, daß zuerst der Durst uptown und in der Bronx gelöscht wurde.

Dieser Teil von Westchester sollte ihr *Cordon sanitaire* sein, ein Gebiet, das sie durchfahren konnten, ohne fürchten zu müssen, angehalten oder beraubt zu werden. Dafür bezahlte O'Hanlon den Cops in Westchester sein Schutzgeld, und genau das erwartete er als Gegenleistung. Die Jungs, die seine Lastwagen fuhren, waren jedoch nachlässig geworden. Heute waren sie so ahnungslos wie die herumtobenden Schulkinder in der P.S. 31 in der Bronx. Heute war O'Hanlons Geld hier nichts wert. Solomon Horowitz hatte ihn überboten. Das hielt er für seine Bürgerpflicht.

Ganz zu schweigen davon, daß er das hatte tun müssen. Solly brauchte den Whiskey für seine Clubs, und O'Hanlon hatte ihn vor kurzem droben in Montreal bei einen prima Deal ausgestochen, den Horowitz schon in der Tasche zu haben geglaubt hatte.

»Saj gesunt, Ricky, leb wohl«, sagte Solly. »Denk daran, zieh nie deine Kanone, wenn du nicht vorhast, auf jemand zu schießen. Schieß nie, wenn du nicht vorhast, jemand zu treffen. Sonst werden sie vielleicht böse und schießen zurück.«

Rick beobachtete, wie der Boß sich rasch entfernte. Für einen stämmigen Mann war Solly erstaunlich leichtfüßig.

Rick begann zu zielen, sobald er das Fahrerhaus des ersten Lastwagens ins Visier bekam. Tick-Tock Schapiro, Sollys rechte Hand und sein Cousin dritten Grades, in dieser Reihenfolge, schlug ihm grob den Arm herunter. »Paß auf, Anfänger«, knurrte er. »Sonst richtest du mit dem Ding noch was an.«

Rick widersprach ihm nicht. Tick-Tock Schapiro war über einen Meter neunzig groß und durch und durch bösartig. Eigentlich hieß er Emmanuel, aber so nannte ihn kein Mensch. Seinen Spitznamen hatte er als Dreizehnjähriger bekommen: Das Ticken der Standuhr in der winzigen Diele der elterlichen Wohnung in der Little Water Street machte ihn verrückt, deshalb ging er los, besorgte sich bei einem Pfandleiher drüben in der Anthony Street sein erstes Schießeisen, brachte es quietschfidel nach Hause und durchsiebte das ganze Zifferblatt, wobei er besonderen Spaß daran hatte, die Türverglasung zersplittern, die Zeiger wegfliegen und das Werk in tausend Teile explodieren zu sehen, die kein Schweizer Uhrmacher jemals wieder zusammenfügen konnte.

Als seine Oma sich darüber beschwerte, was er mit ihrer aus Deutschland mitgebrachten Uhr angestellt hatte, warf ihr Enkel sie die Treppe hinunter. Den Cops erzählte Tick-Tock, sie sei ausgerutscht. Seine Mutter, die alles gesehen hatte, bestätigte seine Aussage. So wirkte Tick-Tock auf die meisten Leute.

Tick-Tock war auch Solomon Horowitz' wichtigster Verbündeter in seinem neuerlich eskalierenden Kampf gegen O'Hanlon. Schapiro war zwar groß, aber nicht dumm. Er verstand es, erstklassige Insiderinformationen über die Schmuggeltransporte des Iren zu beschaffen. Wie er das anstellte, blieb sein Geheimnis. Tick-Tock redete nie viel.

»Komm, ich zeig's dir«, sagte er. Tick-Tock zielte mit seiner Pistole gelassen auf den vordersten Lastwagen und zerschoß ihm die Vorderreifen. Das Fahrzeug schlingerte gefährlich, als seine Reifen in tausend Fetzen davonflogen. Schapiro war ein verdammt guter Schütze, wie sogar Kinsella, der Fahrer dieses speziellen Lastwagens, hätte zugeben müssen. Da das Fahrzeug sich nicht mehr steuern ließ, war er hilflos, als es von der Straße abkam, einen Baum streifte und umkippte. Schweiß, Kordit und brennender Gummi vermischten sich in der Morgenluft wie ein widerliches Parfüm, das bestimmt nicht so bald als Sonderangebot in dem großen neuen Kaufhaus *Bloomingdale's* in der 59th Street erhältlich sein würde.

Deshalb hatte die Bande Feuerlöscher dabei. Pinky Tannenbaum, Abie Cohen und Laz Lowenstein rannten zu dem brennenden Wagen und deckten ihn mehr oder weniger gleichzeitig mit einem Kugelhagel und mit Löschschaum ein. Unterdessen nahmen die übrigen Jungs den Konvoi unter Feuer und durchsiebten die Fahrerhäuser der anderen drei Lastwagen, als seien sie die Blechtruthähne im Luna Park, die man abschießen konnte, um seinem Mädchen zu imponieren, ein Plüschtier zu gewinnen und vielleicht sogar bei der Kleinen Glück zu haben.

Angesichts dieses Hinterhalts sprangen die Iren aus ihren Lastwagen wie Fischer von den Aran Islands, die im Sturm ihre Fischerboote aufgeben. Die Fahrer und ihre bewaffneten Beifahrer schossen, als sie sich von ihren Plätzen fallen ließen, und erwiderten das Feuer, während sie sich in Sicherheit zu bringen versuchten, aber sie hatten keine Chance. Horowitz' Männer waren ebenso kampfstark und diszipliniert wie ihr Anführer, und sie vergeudeten keine Munition. Die Schlacht von Bedford Hills war in weniger als einer Minute vorüber, weil selbst der begriffsstutzigste von O'Hanlons Gangstern einsah, daß es sich nicht lohnte, für ein paar tausend Gallonen Canadian Club zu sterben. Sie warfen ihre Schießeisen weg und ergaben sich.

Tick-Tock wollte sie alle auf der Stelle erschießen, aber da machte Solly nicht mit. »Wir sind Schmuggler, keine Indianer«, sagte er. »Wir ziehen niemand den Skalp ab.« Er drehte sich nach O'Hanlons Männern um, fuchtelte mit seiner Pistole in der Luft herum und brüllte: »Haut ab, ihr Hundesöhne-Bastarde!«

Das ließen O'Hanlons Jungs sich nicht zweimal sagen. Sie machten kehrt und rannten los. Wie sie nach New York zurückkamen, war ihr Problem.

Obwohl Solly Horowitz wußte, daß O'Hanlon das anders sehen würde, gehörte diese Ladung Schnaps seiner Überzeugung nach ihm. Er hatte schon immer eine direkte Pipeline von der Brennerei der Familie Michaelson in Quebec gehabt; er war dort seit vielen Jahren Kunde – seitdem der Kongreß ihm mit dem Volstead-Gesetz ein Geschenk gemacht hatte. In letzter Zeit strapazierte O'Hanlon jedoch ihre Vereinbarung darüber, wer was und von welchen Lieferanten bezog, und hatte sie eigentlich schon gebrochen. Er hatte versucht, ihn bei den Michaelsons auszustechen, seinen Preis zu überbieten und sich größere Lieferungen zu sichern. So konnte man keine Geschäfte machen, es sei denn, Dion versuchte, Solly aus dem Geschäft zu drängen.

Normalerweise war die Überlandstraße über die Bedford Hills ein O'Hanlon-Highway, während Solly seine Ware im allgemeinen auf dem anderen Flußufer herunterbrachte:

durch die Catskills, über Newburgh und den Hudson. Nach Sollys Überzeugung hatte er sich nur zurückgeholt, was ihm ohnehin zugestanden hätte. Solomon Horowitz konnte es nicht leiden, wenn ein anderer sich etwas aneignete, das ihm gehörte.

O'Hanlon würde wütend sein, darüber war Solly sich im klaren, aber das war eben Pech. Er hatte nicht die Absicht, sich von dem Iren und seinen neuen Verbündeten Salucci und Weinberg aus dem Geschäft drängen zu lassen. Immerhin war Solomon Horowitz schon Bandenchef in New York gewesen, als dieser kleine *pischer* Irving Weinberg noch in seine kurze Hose gemacht hatte. Und wenn jemals der Tag kam, an dem ein eben erst vom Dampfer gekommener Itaker wie Salucci ihn ungestraft herumschubsen durfte ... nun, dieser Tag würde niemals kommen.

Das hier würde ihnen eine Lehre sein.

Horowitz schlenderte zu dem jetzt verlassenen Konvoi hinüber. Rick wollte gerade seine Kanone wegstecken, als er aus dem Augenwinkel heraus einen Arm, eine Hand, einen Finger und einen Abzug wahrnahm, die sich alle bewegten. Ohne lange nachzudenken, stieß er Solly auf die Knie und kam schießend hoch.

O'Hanlons Mann hob seine Waffe gleichzeitig mit Rick, aber Rick war schneller. Seine Kugel Kaliber 38 traf das Handgelenk des anderen und zertrümmerte es. Er hatte instinktiv geschossen, genau wie Solly ihn bei ihren stundenlangen Schießübungen auf Harlemer Hinterhöfen gelehrt hatte. Als Scharfschütze war Yitzik Baline ein Naturtalent.

Solly drehte sich um und nickte Rick bewundernd zu. »Prima Schuß«, sagte er. Falls er nervös war, weil er dem Tod nur knapp entgangen war, ließ er sich nichts anmerken. Solomon Horowitz ließ andere niemals sehen, daß er schwitzte.

»Yeah, Lois wird echt stolz auf dich sein, du Held«, höhnte

Tick-Tock, der nach dem Kampf wütend war, weil er niemanden hatte erschießen können. Er trat an den Verletzten heran und schoß ihm in den Kopf. So, jetzt fühlte er sich gleich viel besser. »Weißt du«, sagte er, indem er sich wieder an Rick wandte, »ich denke, daß sie ein bißchen in dich verliebt ist.« Solly äußerte sich nicht dazu, sondern funkelte seinen Cousin nur an. Was Lois Horowitz betraf, hatte ihr Vater Großes mit ihr vor, und dabei spielten die Ganoven und schweren Jungs seiner Bande keine Rolle. In seiner Gegenwart riß man keine Witze darüber, daß Lois in jemanden verliebt sei. Tatsächlich erwähnte man sie nicht einmal. Jedenfalls nicht, wenn man ein langes, reiches und gesundes Leben führen wollte. Das galt für alle, und für Tick-Tock galt es erst recht, weil Tick-Tock schließlich zur Familie gehörte. Gewissermaßen.

KAPITEL ACHT

23. Januar 1942. Hier spricht London. Während Tausende von Meilen entfernt der Kampf um die Sowjetunion tobt, fallen hier an der Westfront fast allnächtlich weiter die Bomben der Luftwaffe, mit denen Adolf Hitler Großbritannien in die Knie zu zwingen versucht. Letzte Nacht haben Generalfeldmarschall Görings Verbände den Docks im Londoner East End schwere Schläge versetzt. Bei den nächtlichen Luftangriffen sind Bomben auch in so weit westlich gelegenen Stadtteilen wie Cheapside und Whitechapel gefallen. Nicht einmal die majestätische Kuppel von Christopher Wrens architektonischem Meisterwerk, der St.-Pauls-Kathedrale, ist von diesen Angriffen verschont geblieben.

Aber selbst zwischen den Trümmern sprießt noch Hoffnung, denn London beherbergt alle Widerstandsbewegungen, die in Europa gegen die Nazis kämpfen und deren Zahl täglich wächst. Unter dem Befehl des ins Exil gegangenen Generals Charles de Gaulle führen die Freien Franzosen erbitterte Nachhutgefechte gegen die Deutschen in ganz Nordafrika und dem Nahen Osten, wo sie zuerst – leider erfolglos – in Dakar und dann in Syrien zugeschlagen haben. Auch die norwegische Exilregierung ist hier und arbeitet Tag und Nacht auf den Sturz der Kollaborationsregierung Vidkun Quislings hin. Ebenso betrachten tschechische Partisanen die Stadt jetzt als ihre neue Heimat. Nachdem sie erlebt haben, wie ihr Staat 1938 durch die deutsche Annexion des Sudetenlands erst geteilt und dann 1939 durch die Errichtung des Reichsprotektorats Böhmen und Mähren vernichtet wurde, haben sie sich geschworen, sowohl das Protektorat als auch die Slowakei, diesen Trabantenstaat der Nazis, zu beseitigen.

»Die Drahtzieher in Berlin sollen wissen«, hat ihr im Exil lebender Präsident Eduard Beneš erklärt, »daß wir nicht ruhen werden,

bis unser geliebtes tschechisches Vaterland völlig wiederhergestellt ist.«

»Stell's ab, Sam.«

»Wollen Sie keine Nachrichten hören?« fragte Sam.

»Nur, wenn sie gut sind«, sagte Rick.

»Heutzutage gibt's keine guten Nachrichten«, wandte Sam ein.

»Sag' ich doch«, knurrte Rick.

Sam stellte das Radio ab, ließ sich in einen Sessel fallen und griff nach seinem Buch. Er las *Bleak House* von Dickens, das er in der Hotelbibliothek entdeckt hatte. Von Weißen zu lesen, denen es noch schlechter ging als ihm, munterte ihn etwas auf. In den vergangenen sechs Jahren hatte er sich gelegentlich gefragt, ob es richtig gewesen war, mit Rick Hals über Kopf vor ihren Verfolgern übers Meer zu flüchten, anstatt den Schlamassel in New York auszusitzen und abzuwarten, bis der Pulverdampf sich verzogen hatte; in Manhattan gab es immer Jobs für einen guten Sänger und Pianisten ... von einem erstklassigen Fahrer ganz zu schweigen. Er hatte Sehnsucht nach seinem Lieblingssee in den Catskills oder, wenn er seine Gedanken so weit zurückschweifen ließ, nach seiner Kindheit in den Ozarks in Missouri, wo die Fische immer gesprungen waren, oder seinem Leben als junger Mann in New Orleans, wo der Lake Pontchartrain immer gelockt hatte.

Dann erinnerte er sich an Paris und all die französischen Mädchen mit ihren kleinen Busen, ihren großen Nasen und ihrer unersättlichen Neugier in bezug auf alles, was mit *nègres* zusammenhing, und das war das Ende dieser speziellen Träumerei. Wer konnte behaupten, daß er nicht auch wie Horowitz und Meredith und alle anderen geendet hätte, wenn er in New York geblieben wäre? Insgesamt hatte er's gar nicht so schlecht getroffen. Nur aus London machte er sich nicht viel. Die meisten Gebäude waren einfarbig, der Himmel war bleigrau, und auf der Straße war kaum ein schwarzes Gesicht zu sehen. Er vertiefte sich wieder in sein Buch.

Auch Rick hing seinen Gedanken nach. Mit dem Erlös aus dem Verkauf seines Cafés an Ferrari hatte er sich eine Suite im *Brown's Hotel* genommen. Er gab sich hier als Theateragent aus, wobei zu dieser Fiktion gehörte, daß Sam sein Kammerdiener war. Das Geld würde nicht ewig reichen, aber es würde vorhalten, so hoffte Rick jedenfalls, bis sie Victor und Ilsa Lund gefunden hatten. Allerdings war seit ihrer Ankunft in London schon über ein Monat vergangen; obwohl sie sich alle Mühe gegeben hatten, war es weder Rick noch Renault gelungen, Laszlo aufzuspüren.

Was war, wenn Laszlo sie reingelegt hatte? Rick bildete sich gern ein, im Lauf der Jahre einige Erfahrungen mit Verrätern gesammelt zu haben, aber dies wäre nicht sein erster Reinfall gewesen. Was war, wenn Laszlo erkannt hatte, daß Rick außerstande sein würde, Laszlos Appellen an seinen Patriotismus oder seiner Liebe für Ilsa zu widerstehen, und sich mit diesem Wissen die Transitvisa erschwindelt hatte? Laszlo war stur genug, um sich einzubilden, er könne es allein mit dem gesamten Dritten Reich aufnehmen. Was war, wenn der Brief in Lissabon dazu gedient hatte, ihn auf eine falsche Fährte zu locken ... wenn Ilsa ihn unter Zwang geschrieben hatte, weil ihr Ehemann den Verdacht hegte, Ricks Großzügigkeit sei nicht nur altruistisch, und mit ihr nach New York gegangen war, wohin Rick nicht folgen konnte? Was war, wenn das Ehepaar Laszlo tatsächlich nicht in London war? Wenn es tatsächlich nach Amerika gegangen war? Dann mußte Rick aufgeben; er konnte nicht dorthin zurück, außer er wollte auf dem kürzesten Weg auf den Feuerstuhl in Sing-Sing. Aber wohin sollte er sonst gehen? Allmählich wurden die Orte knapp.

»Wie lange bleiben wir noch hier, Boß?« fragte Sam, der wie üblich seine Gedanken las.

»Bis wir Victor Laszlo finden.«
»Falls wir Mr. Laszlo finden«, verbesserte Sam ihn.
»Wir finden ihn«, antwortete Rick, der eine Zigarette rauchte und auf die Dover Street hinabsah. »Das müssen wir.«
»Wenn Sie's sagen«, murmelte Sam. »Hier ist's echt nicht wie in Paris. Oder in New York. Ich meine, hier kriegt man kaum was Anständiges zu essen.«
Rick drehte sich nach seinem Freund um. »Du weißt, daß das zwei Städte sind, von denen du nicht reden sollst«, knurrte er.
»Ach Quatsch, Boß, Sie können doch nicht ewig Ihren schlimmen Erinnerungen nachhängen. Was passiert ist, ist passiert; was daheim geschehen ist, läßt sich nicht mehr ändern.« Sam biß sich auf die Unterlippe. »Außerdem ist's nicht Ihre Schuld gewesen, wie alles ausgegangen ist.«
»Natürlich ist es meine Schuld gewesen«, fauchte Rick. »Wessen Schuld denn sonst?«
Sam war jetzt so aufgebracht wie Rick. »Wenn Sie's so sehen wollen, meinetwegen«, sagte er. »Wenn Sie diese Sache für den Rest Ihres Lebens mit sich rumschleppen wollen, dann nur zu. Aber was mich betrifft, werd' ich mich bei jedem Biß in eine dieser scheußlichen Steak-und-Nierenpasteten an die Lammkoteletts im *Tootsie-Wootsie* erinnern ...«
»Halt die Klappe, ja?«
»... und an Steak *frites* im *La Belle Aurore* in Paris und ...«
»Du sollst die Klappe halten!« Ein Klopfen an der Zimmertür unterbrach ihre Auseinandersetzung. »Mach auf, okay?«
Sam trottete zur Tür und machte auf.
»Hallo, Sam«, sagte Renault, als er eintrat. »Ah, Ricky, Sie führen noch immer das Leben eines reichen Müßiggängers, wie ich sehe.« Der adrette kleine Franzose hatte seine Vichy-Uniform mit einem Anzug aus der Savile Row vertauscht, zu dem er einen eleganten Homburg trug. Er sah wie ein untergeordneter Diplomat aus, und als solcher gab er sich auch

gern aus – besonders den englischen Damen gegenüber. »Während ich hart gearbeitet und nützliche Informationen gesammelt habe.«
»Der Tag, an dem Sie Ihren Lebensunterhalt durch harte Arbeit verdienen müssen, wird nie kommen, Louie«, stellte Rick fest. »Nicht ohne Gegenwehr.«
»Arbeit liegt im Auge des Betrachters«, antwortete Renault. »Sollte ich mich dafür entscheiden, sie nicht zu betrachten, ist das ausschließlich meine Sache.« Er zog schwungvoll ein silbernes Zigarettenetui heraus und klappte es auf. »Ein Geschenk von einer meiner neuen Bewunderinnen.«
»Was genau hat sie bewundert?«
Renault blies sich auf. »Findigkeit kennzeichnet den wahren Gentleman«, sagte er.
»Klar doch.« Rick nahm eine der angebotenen Zigaretten. »Was gibt's Neues?«
Renault zündete sich selbst eine Zigarette an, nahm einen Zug und sammelte seine Gedanken. Er rauchte wie ein Vogel, der nach Würmern pickt, indem er die Zigarette bei jedem Zug kaum mit den Lippen berührte, während Rick langsame, tiefe Züge bevorzugte. Sam dagegen rauchte gar nicht. Das war ein weiteres Laster der Weißen, ohne das er auszukommen gelernt hatte.
»Nun, unter anderem glaube ich, eine Möglichkeit gefunden zu haben, den gegenwärtigen Aufenthaltsort unseres Freundes Victor Laszlo herauszubekommen – und natürlich auch den Ihrer Freundin Miss Lund.« Renault machte eine Pause, um die Wirkung dieser speziellen Mitteilung auf seine Zuhörer auszukosten.
Rick nickte jedoch nur kaum wahrnehmbar. »Bitte weiter«, sagte er.
Louis Renault lächelte. »Nicht einmal Victor Laszlo, dessen Rücksichtnahme auf das Wohlergehen und die Gefühle seiner

Mitmenschen nur von seinem Geschick im Umgang mit dem schöneren Geschlecht übertroffen wird, kann uns zumuten, hier ewig zu warten. Außerdem hat mein Pflichtgefühl als Franzose und als Patriot mich dazu bewogen, am heutigen Tag Verbindung mit de Gaulles Hauptquartier aufzunehmen und meine Dienste im Kampf gegen Hitler anzubieten.«
Das war von Anfang an ihr Plan gewesen.
»Wurde auch Zeit«, sagte Rick.
Renault machte es sich in einem Sessel bequem. Eine der Eigenschaften, die er bei den Amerikanern am meisten vermißte, war ein Sinn für Stil, für Präsentation, für *savoir-faire*. Er räusperte sich gewichtig. »Ganz im Ernst, Ricky, ein Gentleman, auf den Monsieur Laszlos Personenbeschreibung paßt, scheint in letzter Zeit von einigen meiner, äh, Kollegen im Stadtteil South Kensington beobachtet worden zu sein.«
Jetzt hatte er Ricks Aufmerksamkeit. »Haben Sie eine Adresse?«
»Noch nicht«, log Renault. Er wußte selbst nicht recht, warum er log. Vielleicht nur aus alter Gewohnheit. Vielleicht wollte er die Adresse erst selbst kontrollieren, um sich zu vergewissern, daß seine Informationen zutrafen. Ein bis zwei Tage mehr konnten nicht schaden.
»Nun, dann beschaffen Sie eine, aber dalli!« sagte Rick. »Wer sind übrigens diese neuen ›Kollegen‹ von Ihnen?«
»Aber, aber, Ricky, wir sollten ein paar kleine Geheimnisse voreinander haben dürfen.« Er nahm mit fahrigen Bewegungen eine weitere Zigarette aus dem Etui und zündete sie sich an. »Unsere Länder mögen jetzt Verbündete sein, aber das bedeutet nicht, daß wir sämtliche Erkenntnisse miteinander teilen müssen. Lassen Sie mir ein bißchen Zeit.«
»Was meinen Sie mit ›unseren‹ Ländern? Sie wissen, daß ich kein Land habe und wahrscheinlich nie eines haben werde.«
Rick sah zu Sam hinüber, der wortlos mit den Schultern zuck-

te. »Und was Sie betrifft, ist Frankreich wie eine altbackene Baguette in der Mitte durchgeschnitten gewesen, als ich zuletzt hingesehen habe. Die eine Hälfte wird direkt aus Berlin regiert, und die andere Hälfte gibt nur vor, nicht von dort aus regiert zu werden. Mit anderen Worten«, schloß er, »hat keiner von uns beiden ein Land – zumindest nicht, bis wir die Deutschen aus Paris rauskriegen.«

»*Vive la France!*« sagte Renault.

»Los, erzählen Sie endlich. Wir haben keine Zeit zu vergeuden.«

»Der Stand der Dinge scheint der folgende zu sein«, begann Renault, der sich fragte, wieviel er erzählen sollte. Es ging nicht darum, wirklich zu lügen, sondern geschickt auszulassen und zu hoffen, daß diese Auslassungen sich später nicht als Bumerang erweisen würden. »Daß die *Résistance* den Briten nicht ganz traut, dürfte Sie nicht überraschen. Zum Teil ist dieses Mißtrauen natürlich Gewohnheitssache, aber zum Teil hat es auch mit unseren unterschiedlichen Kriegszielen zu tun. Für England ist der Sieg erkämpft, wenn Hitler niedergerungen ist. Was mit Frankreich geschieht, interessiert die Briten nicht. Tatsächlich haben wir den Verdacht, daß die Wiederherstellung der *gloire de la France* für Mr. Churchill einen sehr geringen Stellenwert hat.«

»Damit haben Sie vermutlich recht«, bestätigte Rick.

Renault nickte dankbar. »*Monsieur le Général* sieht die Dinge allerdings ein wenig anders«, fuhr er fort. »Für ihn hat die Wiederherstellung französischen Ruhms und französischer Ehre absoluten Vorrang. Sobald Deutschland besiegt ist, muß und wird Frankreich die stärkste Kontinentalmacht sein. Kein anderes Ergebnis wäre akzeptabel.«

»Von mir aus«, sagte Rick. »Tatsächlich haben Sam und ich gerade von Paris in der guten alten Zeit geschwärmt, bevor Sie aufgetaucht sind, stimmt's, Sam?«

»Wenn Sie's so nennen wollen«, sagte Sam.
»Wo liegt also das Problem?« fragte Rick.
»Das Problem liegt darin«, antwortete Renault, »daß alle Unternehmen, die mit Unterstützung des britischen Geheimdiensts in Mitteleuropa durchgeführt werden, auch für Frankreich von größtem Interesse sind. Daher haben Agenten der *Résistance* alle uns bekannten MI-6-Leute in London beschattet.«
Rick lachte. »Mit anderen Worten bespitzelt Ihre Seite genau die Männer, die versuchen, die Deutschen von den Champs-Élysées weg und nach Unter den Linden zurückzutreiben.«
»So könnte man's ausdrücken«, gab Renault zu.
»Klingt wie die gute alte Zeit in New York«, murmelte Sam.
»Wie sagen die Franzosen, Louie? *Plus ça change ...«*
»Ricky, Sie enttäuschen mich«, sagte Renault. »Nach so langer Zeit in Paris und Casablanca läßt Ihr französischer Akzent sehr zu wünschen übrig.«
»Merci vielmals«, sagte Rick.
Trotz ihrer Neckerei begann Renault zappelig zu werden. Auf beiden Schultern zu tragen, war gewiß nichts, was ihm fremd war, aber er zog es vor, klar abgegrenzte Loyalitäten zu pflegen, statt wie in diesem Fall erleben zu müssen, daß sie ständig miteinander in Konflikt gerieten. »Meine Güte, wie die Zeit vergeht!« rief er aus und stand auf. »Ich bin leider indiskret genug gewesen, für heute nachmittag ein kleines Stelldichein zu vereinbaren. Im Savoy zum Tee.«
Ricks Lächeln war mehr eine Grimasse, als ein Ausdruck seines Vergnügens. »Bestimmt nicht nur mit Teegebäck.«
»Falls es sich so ergibt«, antwortete Renault mit leicht lüsternem Grinsen. »Das weiß man nie.«
»Mehr Informationen, Louie. Wir brauchen mehr Informationen«, sagte Rick, bevor er die Tür hinter ihm schloß.
Draußen auf der Straße hielt Renault ein Taxi an und dachte

unterwegs über ihr Gespräch nach. Als Folge seines Wiedersehens mit Ilsa Lund in Casablanca ließ sein Freund eine alarmierende Neigung zu moralischen Skrupeln erkennen. Aber Frauen brachten Männer dazu, merkwürdige Dinge zu tun, und außerdem war niemand vollkommen.

Er selbst machte jedoch Fortschritte. Obwohl einige Angehörige der *Résistance* seine kürzliche Bekehrung zum Freiheitskämpfer mit verständlicher Skepsis beurteilten, hatten seine Beteiligung an der Ermordung Major Strassers und seine dramatische Flucht aus Casablanca sie von seinen ehrlichen Absichten überzeugt. Viel mehr, als einen Gestapo-Major zu erschießen und einen Wagen mit seinen Schergen zu vernichten, konnte man nicht tun, und obwohl Renault nicht wahrheitsgemäß behaupten konnte, das eine oder das andere getan zu haben, reichte es schon aus, mit dieser Tat in Verbindung gebracht zu werden.

Die Nachricht von Victor Laszlos Eintreffen in London hatte auch die *Résistance* erreicht, und als sich zeigte, daß Renault Laszlo in Casablanca gekannt hatte – daß er dem Freiheitskämpfer sogar zur Flucht verholfen hatte –, hatte sich ein Auftrag für ihn ergeben.

»Monsieur Renault, Sie sind uns höchst willkommen«, hatte der Untergrundführer mit dem Decknamen Raoul gesagt. »Dank Ihrer Kenntnis der Aktivitäten der Vichy-Verbrecher in Nordafrika haben Sie uns bereits wichtige Informationen gebracht. Es freut Sie bestimmt, jetzt zu hören, daß mehrere dieser Verräter schon mit ihrem Leben bezahlt haben; unser Arm ist lang, und unsere Rache ist schrecklich.«

Raoul nahm einen tiefen Zug von seiner schon kurzen Gauloise. Er trug sein Haar nach Art eines Rive-Gauche-Intellektuellen ziemlich lang, und Renault konnte ihn sich leicht vorstellen, wie er kettenrauchend im *Le Procope* saß und mit Jean-Paul Sartre diskutierte. Dann fiel ihm ein, daß Raoul ein

Scharfschütze und meisterhafter Bombenbauer war; er bezweifelte, daß sich das auch von Sartre behaupten ließ.

»Victor Laszlo ist uns ein Rätsel«, sagte Raoul. »Natürlich kennen wir ihn und seine Arbeit. Laszlos Behandlung durch die Deutschen im KZ Mauthausen und seine kühne Flucht haben bewirkt, daß er noch mehr bewundert wird – und daß die Nazis ihn noch mehr fürchten. Wir müssen unbedingt Verbindung mit ihm aufnehmen, bevor die Deutschen ihn finden.«

»Seinetwillen oder unseretwillen?« warf Renault ein.

»Was glauben Sie?« fragte Raoul. »Gerüchteweise hört man, daß die Tschechen mit aktiver Unterstützung durch den britischen Geheimdienst ein großes Unternehmen planen – einen spektakulären Terroranschlag oder Sabotageakt, der die Augen der Weltöffentlichkeit auf sie lenken soll. Natürlich hätte solch ein *coup de théatre* ernsteste Auswirkungen auf alle Widerstandsbewegungen.« Er machte eine kurze Pause, um wieder zu Atem zu kommen. »Das Problem ist nur, daß wir nicht wissen, was die Tschechen vorhaben.«

Raoul steckte sich eine neue Gauloise zwischen die Lippen, riß mit einer gewalttätigen Geste ein Zündholz an der Wand an und hielt die Flamme an seine Zigarette. »Natürlich wünschen wir unseren Waffenbrüdern im Kampf gegen Hitler alles Gute. Aber selbst für einen Begriff, der dem Herzen der Franzosen so teuer ist wie *fraternité,* muß es Grenzen geben.«

Er begann in dem Raum, der im Obergeschoß eines viktorianischen Lagerhauses im Hafen lag, auf und ab zu gehen. Dieses Gebiet wurde Nacht für Nacht von der deutschen Luftwaffe schwer bombardiert, aber Raoul schien das kaum wahrzunehmen und sich erst recht nicht davon beeindrucken zu lassen.

»Wie meinen Sie das?« fragte Renault.

Raoul schnaubte. »Die Welt ist voller Mitgefühl, aber selbst Mitgefühl hat seine Grenzen. Ein Bettler weckt das Mitleid

der Leute; ein Dutzend Bettler erzeugen nur Abscheu und Verachtung. In Europa gibt es heute mehr als genügend Bettler – alle von den Deutschen eroberten und besetzten Staaten. Wer weiß, vielleicht kommen auch bald die Sowjetunion und sogar England dazu.« Sein Verhalten zeigte, daß er die Idee, England könnte unters Nazijoch geraten, nicht besonders tragisch zu finden schien.
»Aber es kann nur eine Widerstandsbewegung in Europa geben. Nur eine Bewegung, auf die die freien Augen und Ohren aller freien Menschen fixiert sind. Eine Bewegung, der das Mitgefühl der Welt von selbst zuströmt. Und sie muß und wird französisch sein. *Vive la Résistance!*«
»*Vive la Résistance!*« wiederholte Renault.
Raoul machte eine Pause, um einen kleinen Schluck Bordeaux zu trinken. »Deshalb müssen wir unbedingt herausbekommen, was die Tschechen vorhaben. Möglicherweise tangieren ihre Absichten uns nicht im geringsten. Andererseits haben sie vielleicht etwas vor, das unsere eigenen Unternehmen ernstlich beeinträchtigen könnte.«
»Ich dachte, wir hätten einen gemeinsamen Feind«, wandte Renault ein.
»Einen gemeinsamen Feind, ja«, bestätigte Raoul, »aber keine gemeinsamen Ziele. Die Gestalt Europas nach Hitler ist etwas, das uns alle angeht – aber nicht alle von uns sehen sie auf genau gleiche Weise.« Er drückte seine Gauloise aus und zündete sich sofort eine neue an. »Was aus Polen, der Tschechoslowakei oder sogar England wird, betrifft uns nicht. Wichtig ist nur, daß die Zukunft Frankreichs sichergestellt wird. Ich brauche Sie nicht daran zu erinnern, daß die Bedürfnisse und der Ruhm Frankreichs allem anderen vorgehen, *n'est-ce pas?*«
»Natürlich«, stimmte Renault zu.
»Also gut«, sagte Raoul. »Sie haben Ihren Auftrag. Beschaffen Sie uns Informationen über diesen Laszlo. Was hat der Mann

vor? Welches Unternehmen planen die Tschechen? Kennen Sie den Mann so gut, wie Sie behaupten, dürfte das kein Problem sein. Wir würden sogar erwarten, daß Sie imstande wären, sein Unternehmen bis zu einem gewissen Grad zu unterwandern. Solche Informationen wären natürlich unbezahlbar, und Frankreich würde Sie durch den General persönlich für Ihre Dienste belohnen.«

Raoul umarmte Renault abrupt und küßte ihn auf beide Wangen. Dann trat er zurück und starrte ihn an. »Sollten Sie andererseits bei diesem Auftrag versagen, würden wir daraus schließen, daß Ihr Bekenntnis zur historischen Mission des Generals ein Schwindel ist und daß Sie vielleicht sogar noch immer ein Agent des Vichy-Regimes sind, der uns unterwandern soll.« Raouls Augen glichen zwei kleinen schwarzen Kohlestücken, Steinkohlestücken. »Und in diesem Fall wäre Ihre Nützlichkeit für unsere Sache zwangsläufig zu Ende. Drücke ich mich klar genug aus?«

Renault schluckte trocken. »Völlig«, sagte er.

»Gut«, sagte Raoul. »Hier ist die Adresse des Hauses in South Kensington, in dem ein Mann, auf den Victor Laszlos Beschreibung paßt, gestern gesehen worden ist.« Er schrieb sie auf einen Zettel, den er Renault gab.

»Oder vielleicht sollte ich sagen, daß dort eine Frau gesehen worden ist, auf die Mademoiselle Lunds Beschreibung paßt. Unser Mann scheint sich weit mehr für die Dame interessiert zu haben.«

»Von einem Franzosen würde ich nicht weniger erwarten«, sagte Renault.

»Außer wenn die Vorliebe dieses Franzosen für Frauen ihn daran hinderte, seine Pflicht fürs Vaterland zu tun.« Damit entließ Raoul ihn.

Louis Renault hatte vor, möglichst schnell herauszubekommen, wo Victor Laszlo sich aufhielt und was er vorhatte.

Renault war immer der Auffassung gewesen, das eigene Überleben solle die erste Priorität haben, damit man die zweiten und dritten Prioritäten des Lebens genießen könne. Aber im Augenblick schienen seine Prioritäten, wie bei Raoul, verkehrt herum angeordnet.

»Wie war die Adresse gleich wieder, Gov'nor?« fragte der Taxifahrer.

»Nummer zweiundvierzig, Clareville Street«, sagte Renault.

KAPITEL NEUN

Als Renault gegangen war, blieb Rick noch lange tief in Gedanken versunken in seinem Sessel sitzen.

»Was ist los, Boß?« fragte Sam, als ob er das nicht gewußt hätte. Er kannte diese Träumereien. »Ich dachte, Sie denken nicht gern über alte Zeiten nach.«

»Manchmal denken die alten Zeiten über einen nach«, murmelte Rick. Er wollte nach der Zeitung greifen, aber dann fiel ihm ein, daß englische Zeitungen sich aus unerfindlichen Gründen strikt weigerten, über Baseball zu berichten.

Er sehnte sich nach etwas, das er tun konnte, nach irgendeiner Aktivität, die dazu beitragen würde, ihn seinem Ziel, Ilsa zu finden, näherzubringen. Diese Untätigkeit machte ihn verrückt. Er zog ihre Mitteilung aus der Tasche und las sie zum tausendsten Mal durch.

Nach London, britischer Geheimdienst, der Henker(?), Gefahr, Prag und *komm schnell.*

Er hatte die letzten Wochen mit dem Versuch zugebracht, diesen Text zu enträtseln. *Nach London* war ohne weiteres verständlich; deshalb waren sie hier. Auch *britischer Geheimdienst, Gefahr* und *komm schnell* brauchten keine weitere Erklärung. Aber wer war mit *der Henker* gemeint? Und was hatte *Prag* mit allem anderen zu tun? Andererseits wußte er natürlich, daß Victor Laszlo ein Tscheche war ...

»Sam«, fragte er, »wer ist *der Henker?*«

»Keine Ahnung, Boß.«

Rick war enttäuscht. Er verließ sich schon so lange auf Sam, daß er aufgeschmissen war, wenn Sam einmal etwas nicht wußte. Er erwartete, daß Sam alles wußte.

Er stand aus dem Sessel auf. Untätigkeit hatte ihn schon immer reizbar gemacht. Ein Spaziergang durch London, selbst durch das noch unter den fast allnächtlichen Bombenangriffen der Luftwaffe taumelnde London, war besser, als hier herumzuhocken. Gefahr drohte ihnen dabei nicht; dank der britischen Pionierarbeit bei der Entwicklung der Funkmeßtechnik kamen die deutschen Bomber nur nachts.

»Wohin wollen wir?« fragte Sam, als er seinen Mantel anzog.

»Dorthin, wo ich seit Jahren nicht mehr gewesen bin«, sagte Rick. »In die Bibliothek.«

Für die Fahrt durch London – die Dover Street entlang zum Piccadilly, über den Piccadilly Circus zum Leicester Square, die Charing Cross Road hinauf und rechts in die Great Russell Street hinein – nahmen sie sich ein Taxi, das an mehreren Stellen um den Trümmerschutt zerbombter Gebäude herumfahren mußte. Obwohl das Hauptziel der Deutschen die Hafenanlagen der East End Docks waren – das Herz der britischen Handelsschiffahrt –, schienen ihre Bomberbesatzungen zu unerfahren oder zu ängstlich zu sein, um ihre Nutzlasten besonders präzise abzuwerfen. Das vernichtend treffsichere englische Flakfeuer sowie die Tapferkeit und der hohe Ausbildungsstand der RAF-Piloten brachten den Angreifern so schwere Verluste bei, daß die deutschen Jungs froh waren, London zu sichten, ihre Bomben auszuklinken und schnellstens wieder abzuhauen.

Auf der Fahrt über den Leicester Square stellten Rick und Sam überrascht fest, daß das Londoner Vergnügungsviertel trotz des Krieges weiterhin florierte: die Tanzlokale waren voll, in den Kinos liefen Filme. Rick sah, daß das Astor *High Sierra* zeigte. MIT HUMPHREY BOGART UND IDA LUPINO IN DEN HAUPTROLLEN. REGIE: RAOUL WALSH, stand auf der Markise. Aus Filmen machte Rick sich nicht sonderlich viel. Er ging lieber ins Theater, vor allem in Musicals.

Das British Museum und die British Library nahmen den ge-

samten Russell Square ein. »Bist du schon mal in einem Museum gewesen, Sam?« fragte Rick, als sie die Treppe zum Eingang hinaufstiegen.
»Nein, Sir«, antwortete Sam. »Hab' nie Zeit dafür gehabt. Ich wollte schon, aber dann ist immer was dazwischengekommen.«
»*Bergman's Billardsalon*?« erkundigte Rick sich. *Bergman's* war eine Harlemer Institution, in der Rick als Jugendlicher manchmal sein Taschengeld aufgebessert hatte.
»Nein, Sir«, stellte Sam richtig. »*Bergman's* hat damals im weißen Teil der Stadt gelegen. Oder haben Sie das vergessen?«
»Erinner mich lieber nicht daran«, sagte Rick, während er das schwere Portal aufzog.
Ihre Schritte hallten über den Marmorfußboden. Rick steuerte geradewegs auf einen uniformierten Aufseher zu.
»Beherrscht hier jemand Fremdsprachen?« erkundigte er sich.
Der Aufseher ließ sich nicht aus der Ruhe bringen. »Das tun bestimmt viele, Sir«, antwortete er.
»Yeah, schön, nennen Sie mir einen«, sagte Rick. Bei solchen Gelegenheiten war ihm seine fehlende Schulbildung peinlich.
»Mr. Robbins wäre Ihr Mann, Sir«, sagte der Aufseher. »Soll ich ihn für Sie anrufen?«
»Das wäre nett«, sagte Rick.
Fünf Minuten später wurden Rick und Sam in das beengte Büro von Jonathan Robbins geführt, der stellvertretender Kurator für alte Sprachen war.
»Mr. Blaine«, sagte Robbins, indem er Rick begeistert die Hand schüttelte. »Was kann ich für Sie tun?«
»Ich möchte Sie etwas fragen«, sagte Rick. »Wie viele Sprachen sprechen Sie?«
»Wie viele möchten Sie denn?« erkundigte Robbins sich lebhaft.
Die einzige Gelegenheit, bei der die Engländer jemals eine Ge-

fühlsregung erkennen ließen, das wußte Rick aus Erfahrung, war im Gespräch mit wildfremden Menschen über irgend etwas, das völlig unpersönlich und irrelevant war. »Ich spreche fließend Altägyptisch, Altgriechisch, Sumerisch, Sanskrit und Akkadisch. Am Etruskischen arbeite ich allerdings noch.« Er schmunzelte. »Tun wir das nicht alle?«

»Großartig«, sagte Rick. Irgendwie bezweifelte er, daß Robbins auch das Jiddische beherrschte. Er hielt ihm einen Zettel hin, auf den er das Wort *Henker* geschrieben hatte.

Robbins warf einen flüchtigen Blick darauf. »Wie unhöflich von mir«, sagte er entschuldigend. »Wollen Sie nicht beide Platz nehmen? Tut mir leid, daß hier alles so eng ist. Aber Sie wissen schon, das Geld ...« Er brachte den Satz nicht zu Ende.

»Ich weiß schon, das Geld«, bestätigte Rick. »Was bin ich Ihnen dafür schuldig?«

Robbins lachte. »Oh, deswegen brauchen Sie sich keine Sorgen zu machen«, versicherte er Rick. »Wir sind hier eine staatliche Bibliothek, die britische Nationalbibliothek, eine öffentliche Einrichtung zum Nutzen aller. Die Antwort auf Ihre Frage gebe ich Ihnen kostenlos.« Er holte tief Luft. »*Der Henker,* maskulin, bezeichnet im Deutschen den ›Scharfrichter‹, den Vollstrecker der Todesstrafe. Also jemanden, dessen Bekanntschaft man gewiß nie zu machen hofft.«

»Das weiß ich«, sagte Rick. »Aber wer ist damit gemeint?«

Robbins schüttelte den Kopf. »Dazu fällt mir kein bestimmter Name ein«, sagte er. In Gedanken ging er rasch die Jahrhunderte durch. Deutsche Geschichte war nicht gerade sein Spezialgebiet, aber er war stolz darauf, bei jeder Diskussion über die anglo-normannische Dichtung des zwölften Jahrhunderts mit allen außer den besten Gelehrten mithalten zu können. »Nein«, sagte er nach einiger Zeit. »Ich habe mir von Karl dem Großen bis Bismarck alle durch den Kopf gehen lassen, ohne auf jemanden zu kommen. Sorry.«

Rick wollte aufstehen, aber Sam hielt ihn zurück. »Ich denke, daß Mr. Rick mehr oder weniger Leute von heute meint.«
Allein der Gedanke an eine Person der Zeitgeschichte schien Robbins zu verblüffen. »Aus der Gegenwart, meinen Sie?«
»Genau das meine ich«, bestätigte Rick.
»Außer Reinhard Heydrich, meinen Sie?« fragte Robbins.
»Reinhard *wer?*« fragte Rick.
»Heydrich. Der deutsche Reichsprotektor für Böhmen und Mähren. Er hat den Spitznamen *der Henker.*«
Der Mann mußte es sein! Rick bemühte sich, seine Aufregung zu verbergen. »Wo kann ich mehr über diesen Kerl erfahren?« fragte er.
Robbins wirkte erstaunt. »Nun, gleich hier, Mr. Blaine«, sagte er. »Wir sind schließlich eine Bibliothek.«
»Wohin muß ich?« fragte Rick und stand auf.
Robbins gab ihnen seine Karte mit, auf deren Rückseite er einige Anweisungen gekritzelt hatte. »Die zeigen Sie einfach dem Bibliothekar«, erklärte er Rick. »Er hilft Ihnen weiter.«
Rick las, was Robbins hinten auf die Karte geschrieben hatte: *Reinhard Heydrich – neuere Zeitungsausschnitte.*
»Danke.«
Im Lesesaal übergab Rick Robbins' Karte wie angewiesen einem Bibliothekar namens Fullerton, einem affektiert, sogar geziert wirkenden Mann, der ein Sportsakko mit Hahnentrittmuster trug. Fullerton studierte die Karte einen Augenblick, als handle es sich um ein Ausstellungsstück aus einer anderen Abteilung des Museums. »Bitte kommen Sie mit, Sir. Oh, und sagen Sie Ihrem Mann, daß er draußen warten soll. Der Leseraum ist nur für Besucher da, die mit Recherchen beschäftigt sind.«
Rick wollte protestieren, aber Sam legte ihm eine Hand auf den Arm. »Ich bin dann unten, Boß«, sagte er. »Vielleicht finde ich irgendwo ein gutes Buch.«

Fullerton führte Rick in einen abgetrennten Raum und ließ ihn dort allein. Zehn Minuten später brachte er ihm einen Stapel Zeitungsausschnitte. Rick griff nach dem obersten, der zugleich der neueste war.

HEYDRICH VERFÜGT BESCHRÄNKTE ZUTEILUNG IN BÖHMEN, lautete die Schlagzeile der *Times.*

Der Kern der Meldung war, daß Reinhard Tristan Eugen Heydrich, der vor kurzem ernannte Reichsprotektor für Böhmen und Mähren, die Ausgabe von Lebensmittel- und Kleiderkarten durch mehrere neue Erlasse nach Produktivität geregelt hatte. Arbeiten oder verhungern – eine typisch deutsche Idee. Aber die tschechische Bevölkerung fand sich anscheinend damit ab; nach anfänglichen Widerständen, die Heydrich brutal niedergeschlagen hatte, hatte sie widerstrebend einen Waffenstillstand mit den Nazi-Herrschern geschlossen. Der Londoner *Times*-Korrespondent Stewart Burnham war der Auffassung, der tschechische Widerstand gegen Hitler lasse nach, und die von den Deutschen erzwungene Ordnung sei in den Augen vieler Tschechen der relativen Anarchie vorzuziehen, die sie während ihres kurzen Experiments in Demokratie unter Masaryk und Beneš erlebt hatten. Dafür hatten sie dem Henker zu danken: Reinhard Heydrich, dem Henker von Prag.

Rick haßte ihn bereits.

Der Artikel enthielt auch einen Hinweis auf eine Konferenz, die Heydrich für den 20. Januar 1942 in einer Villa am Berliner Wannsee einberufen hatte. Die Informationen darüber waren jedoch spärlich:

Obwohl der eigentliche Zweck der Wannsee-Konferenz, an der viele führende Nazis, darunter auch Heinrich Himmler, teilgenommen haben, vorläufig noch unklar bleibt, berichten Quellen aus Whitehall, tatsächlich sei die sogenannte »Judenfrage« das

Hauptthema der Besprechung gewesen, und die deutsche Regierung beabsichtige, über die Nürnberger Gesetze hinausgehende Maßnahmen gegen die Juden in Deutschland und im besetzten Europa zu ergreifen.

Kriegsminister Spencer wollte keinen Kommentar zu der Konferenz abgeben, hat aber eine scharfe Warnung ausgesprochen. »Seiner Majestät Regierung läßt sich von niemandem in ihrem Abscheu vor Herrn Hitler übertreffen«, sagte er. »Trotzdem hoffen und erwarten wir, daß die Reichsregierung in der Frage ihrer Behandlung von Zivilisten und Nichtkombattanten verantwortungsvoll handeln wird. Wir brauchen sie nicht daran zu erinnern, daß die ganze Welt sie beobachtet.«

Na, das wird viel nützen, sagte Rick sich. Seiner beschränkten Erfahrung nach dachten die Nazis gar nicht daran, sich von einer Kleinigkeit wie der Meinung der Weltöffentlichkeit von etwas abhalten zu lassen, das sie tun wollten.
Genau das, erkannte Rick jetzt, war der Fehler gewesen, den Major Strasser in bezug auf Laszlo gemacht hatte: Er hatte sich durch Renaults Meinung davon abhalten lassen, das zu tun, was er gleich hätte tun sollen. Ein richtiger Nazi hätte Victor Laszlo auf der Stelle erschossen, als er mit Ilsa am Arm in Ricks Café kam. Hatte Strasser nicht eben gesehen, was mit Ugarte passiert war? Der kleine Mann, der zwei deutsche Kuriere ermordet und die kostbaren Transitvisa gestohlen hatte, war auf Renaults Befehl dort im *Café Americain* verhaftet, hinausgeschleppt und erschossen worden. Jesus, sein Freund Louis war skrupelloser als Strasser. Der Major war dummerweise ein zu großer Gentleman gewesen. Ein richtiger Gangster ließ seine Feinde niemals laufen.
Rick las weiter. Er erfuhr, daß Heydrich mitgeholfen hatte, überall in Deutschland, Österreich und dem besetzten Osteu-

ropa die Konzentrationslager zu errichten, in denen Hitler seine Gegner, deren Zahl täglich zu wachsen schien, einsperren und häufig auch ermorden ließ. Zu seiner Überraschung erfuhr er, daß Heydrich, wie viele führende Nazis, darunter auch Hitler, fürchtete, teilweise jüdischer Abstammung zu sein. Daß sein Vater, der das Konservatorium Halle gegründet hatte, möglicherweise Süß geheißen habe, was ein jüdischer Name gewesen sein könnte – zumindest nach Auffassung der NS-Hierarchie. Daß Heydrich, der in der NSDAP Karriere zu machen hoffte, den Namen seiner Großmutter von ihrem Grabstein wegmeißeln ließ, weil sie Sarah geheißen hatte.

Er erfuhr auch, daß Heydrich als junger Mann eine Ausbildung als Geiger erhalten hatte und dann Offizier geworden war, nur um wegen einer Affäre mit einem minderjährigen Mädchen kassiert zu werden. Heute leitete Heydrich das Reichssicherheitshauptamt – ein typisch deutsches Zehndollarwort, das den Sicherheitsdienst der NSDAP bezeichnete. Mit anderen Worten den Schlägertrupp. Von Schlägertrupps verstand Rick etwas.

In dem Stapel fand sich sogar ein Foto von Heydrich. Er war ein Bild von einem deutschen Mann: groß, schlank, athletisch. Er hatte ein schmales Gesicht mit leicht habichtartigen Zügen – unverkennbar ein Räuber. Seine Nase war aristokratisch, seine Augen klar und kalt, sein Haar aschblond. Er hatte große Hände mit breiten Handflächen und langen Fingern, die in gutgeformte Nägel ausliefen. Seine Uniform war frisch gebügelt, sein Kragen fleckenlos weiß, seine Schaftstiefel auf Hochglanz poliert. Rick kannte dieses Gesicht. Er hatte es schon einmal gesehen – bei einem anderen Mann daheim in New York, der vielleicht nicht so groß, aber ebenso elegant und ebenso tödlich gewesen war.

Heydrich war außerdem ein Gangster und Schläger, der Karriere gemacht hatte, wie Schläger es immer taten: Indem sie anderen Leuten den Schädel einschlugen. Er war intelligent, und er war gefährlich, und manche behaupteten, Hitler ziehe ihn zu seinem Nachfolger heran. Bis und falls dieser Tag irgendwann eintrat, herrschte er in Böhmen und Mähren, wie die Nazis den Rest der Tschechoslowakei nannten, seit sie diesen Staat zerschlagen hatten. Heydrich hatte sich dort durch eine monatelange brutale Kampagne gegen die Tschechen eingeführt, die ihm den Schimpfnamen »Henker Heydrich« eingebracht hatte, während er das Protektorat befriedet hatte. Damit hatte er Erfolg gehabt: Bei schönem Wetter konnte Heydrich in einem offenen Wagen durch Prag fahren, ohne das geringste befürchten zu müssen. Damit bewies er überragendes Selbstbewußtsein oder überragende Dummheit.

Die Teile des Puzzlespiels paßten allmählich zusammen. Das Fragezeichen, das Ilsa in ihrer Mitteilung nach dem Wort *Henker* gemacht hatte, bedeutete vermutlich, daß sie es nicht deutlich verstanden hatte oder nichts mit diesem Hinweis hatte anfangen können.

Aber hier war er: der Henker von Prag. Der Mann, der Victor Laszlo – zumindest indirekt – ins Konzentrationslager gebracht hatte und ihn mit Vergnügen erneut dort hätte einliefern lassen. Würde er das Ziel eines kühnen und sehr gefährlichen britisch-tschechischen Unternehmens unter Führung von Victor Laszlo sein? Falls es jemals einen Kandidaten für ein Attentat gegeben hatte, mußte dieser Mann Heydrich sein. Die Ausführung wirkte nicht allzu schwierig. Wie Rick schon gesehen hatte, waren die Deutschen so von sich selbst überzeugt, daß sie auf Vorsichtsmaßnahmen verzichteten, die zu Hause in New York selbst der dämlichste Gangster im Schlaf beachtete. Falls Heydrich in einem offenen Wagen durch Prag fuhr, forderte er irgendeinen armen trauernden Vater praktisch heraus, den Tod eines Sohnes mit Pistole, Gewehr oder Bombe zu rächen. Teufel, in der Lower East Side oder Hell's

Kitchen hätte ihm jeder sagen können, daß es verrückt war, das zu riskieren.
Im Augenblick fühlten Heydrich und der Rest der Herrenrasse sich unverwundbar und unbesiegbar, und alles, was sie seit 1939 getan hatten, schien ihnen recht zu geben. Sie waren durch Polen gerollt, die Franzosen waren wie ein billiger Pappkoffer vor ihnen zusammengeklappt, und sie waren tief nach Rußland hinein vorgestoßen. Bisher hatten sie's allerdings noch nicht mit den Vereinigten Staaten zu tun gehabt.
Deutschland und Italien hatten Amerika vier Tage nach Pearl Harbor den Krieg erklärt – drei Tage nach der Kriegserklärung Amerikas an Japan. Rick Blaine war das nur recht. Mit Deutschen oder Italienern konnte er nichts anfangen. In der ungeheizten Bibliothek sitzend dachte er an die Italiener zurück, die seinen Lebensweg gekreuzt hatten: natürlich Ferrari und in Äthiopien Mussolinis Truppen. Daheim war es Salucci gewesen. Und was die Deutschen betraf – mußte man nach Major Heinrich Strasser nicht lebenslänglich die Nase von ihnen vollhaben?
Rick sah auf das arrogante Raubvogelgesicht Reinhard Tristan Eugen Heydrichs hinab und gelangte zu dem Schluß, falls dies der Mann war, den Laszlo ermorden wollte, habe Victor Laszlo seinen Segen. *Komm schnell,* hatte Ilsa geschrieben. Hilfe war bereits unterwegs.
Rick machte Fullerton auf sich aufmerksam . »Hören Sie, Sie wissen nicht zufällig etwas über diesen Spencer-Typ, was?« fragte er ihn.
»Sir Ernest ist der Kriegsminister.«
»Das weiß ich«, sagte Rick geduldig. »Aber ich meine, wo kann ich ihn finden?«
»Der Kriegsminister ist gewöhnlich nicht für die Allgemeinheit zu sprechen, Sir«, erwiderte Fullerton.
»Nun, wer denn sonst?«

»Das weiß ich ganz sicher nicht, Sir«, antwortete Fullerton und kehrte ihm den Rücken zu. Rick hatte die Geduld mit Höflichkeit verloren. Es wurde Zeit, direkter zu werden. »Ich möchte hier Auskünfte, keine hochnäsige Abfuhr.«

Irgend etwas in seinem Tonfall warnte Fullerton davor, Rick weiterhin zu ignorieren. »Vielleicht Mr. Reginald Lumley, sein Privatsekretär«, schlug er vor.

»Schon besser. Wissen Sie, wo er zu finden ist?«

»Ja, das weiß ich zufällig«, sagte Fullerton. »Als Theatermann ist Mr. Lumley Clubmitglied im Garrick.«

»Was ist der Garrick Club?« fragte Rick.

»Das Garrick, Sir. Niemals der Garrick Club. Das Garrick ist der berühmteste Theaterclub Englands. Solange Sie in der Stadt sind, müssen Sie wirklich versuchen, *The Importance of Being Earnest* zu sehen, Sir. Polly Nevins, die Hauptdarstellerin, ist sehr gut mit Mr. Lumley befreundet.« Er sah Rick an. »Damit ist Ihnen hoffentlich gedient, Sir?«

»Sehr.«

Sam wartete vor der Tür, als er den Lesesaal verließ.

»Haben Sie den Kerl ausgequetscht, Boß?«

»Könnte man sagen«, antwortete Rick.

KAPITEL ZEHN

Kurz nach ihrer Ankunft in London hatte Rick sich Geschäftskarten drucken lassen, auf denen stand:

THE SOLOMON HOROWITZ THEATRICAL AGENCY
145 W. 43RD STREET, 1. STOCK
NEW YORK, NEW YORK
RICHARD BLAINE, PRODUZENT

Jetzt begutachtete Rick eine davon stolz. Die Karte wirkte echt, fand er, sogar sehr echt. Den Insiderscherz würde er für sich behalten. Sam hatte recht: Es wurde Zeit, daß er aufhörte, über die Vergangenheit nachzugrübeln, und anfing, etwas dagegen zu tun. Er steckte mehrere Karten in seine Geldbörse und brach ins Garrick auf.

»Wollen Sie kein Taxi nehmen, Boß?« fragte Sam, als sie das Hotel verließen.

»Es ist nicht weit«, sagte Rick. »Außerdem brauchst du etwas Bewegung.«

Sam warf ihm einen giftigen Blick zu. »Die einzige Bewegung, die Sie kriegen, ist die, wenn Sie sich 'ne Zigarette anzünden«, stellte er fest. »Boß, die Sargnägel sind irgendwann Ihr Tod.«

»Wenn ich mich nicht vorher totsaufe«, sagte Rick.

Der Türsteher des Garrick nickte Rick zu, als er sich mit Sam näherte. Rick wirkte präsentabel, auch wenn er offensichtlich ein Amerikaner war. Gentlemen wurden in diesen schlimmen Zeiten rar; irgendwann würden sie vielleicht sogar rationiert werden müssen.

»Sei in zwei Stunden wieder im Hotel, Sam«, sagte Rick. »Und versuch, bis dahin keine Dummheiten zu machen.«

»Ich seh' hier nicht viel Gelegenheit dazu«, antwortete Sam. »Ich denke, ich werd' versuchen, unsere Art Club zu finden. Ein nettes verräuchertes Lokal, in dem ich Klavier spielen kann. Glauben Sie, daß es hier solche Kneipen gibt?«
»Falls es welche gibt, findest du sie bestimmt. Versuch's mal in Soho.«
»Okay, Boß«, sagte Sam. »Einer von uns sollte anfangen, etwas Geld zu verdienen, und das kann ebensogut ich sein.«
»Manche Dinge ändern sich nie, Sam.«
Drinnen im Club war es feuchtkalt, aber Rick war schon dabei, sich an den merkwürdigen Begriff der Engländer von Zentralheizung zu gewöhnen.
»Guten Tag, Sir«, begrüßte ihn der Clubsteward. »Mein Name ist Blackwell. Wie kann ich Ihnen behilflich sein?«
»Ich heiße Blaine«, sagte Rick. »Richard Blaine. Ich möchte Mr. Lumley sprechen, falls er da ist. Bitte bestellen Sie ihm, daß die Sache dringend ist.« Er angelte eine seiner neuen Karten aus der Tasche, kritzelte etwas auf die Rückseite und hielt sie dann Blackwell hin.
Blackwell studierte die Vorderseite der Karte einen Augenblick lang; was Rick auf ihre Rückseite geschrieben hatte, ging ihn nichts an. »Mr. Blaine von der Horowitz Agency in New York.« Wie die meisten Engländer sprach er »New« und »York« mit gleicher Betonung aus – als ob jemand die größte Stadt der Welt mit dem alten englischen York verwechseln könnte. »Ich sehe gleich nach, ob der Gentleman da ist, Sir«, sagte er. »Das dauert nur einen Augenblick.«
Das nach dem berühmten Schauspieler benannte Garrick war ein prachtvoller alter Bau – äußerlich eher unscheinbar, aber innen gut und behaglich eingerichtet. Seine Wände waren mit Porträts großer Gestalten der englischen Bühnengeschichte geschmückt. Rick war *Abie's Irish Rose* lieber als Shakespeare, aber er beschloß, das lieber für sich zu behalten.

Blackwell kam wie versprochen nach kurzer Zeit zurück. »Mr. Lumley freut sich, Ihre Bekanntschaft zu machen, Mr. Blaine, und läßt Sie bitten, sich einige Minuten zu gedulden, während er noch etwas Dringendes erledigt.« Blackwells Gesichtsausdruck bat um Entschuldigung. »Dieser schreckliche Krieg, wissen Sie. Kommen Sie bitte mit, Sir.«

Rick folgte Blackwell eine elegant geschwungene Treppe hinauf und in einen der prächtigsten Clubräume, die er je gesehen hatte. An den Wänden hingen Ölgemälde und mittelalterliche Gobelins, die Sitzmöbel waren üppig gepolstert und die Teakholztische auf Hochglanz poliert. Dies war kein Club im herkömmlichen Sinn; dies war die Grand Central Station unter den Clubs.

Blackwell deutete auf einen leeren Ohrensessel, der an einem prasselnden Kaminfeuer stand. Auf der anderen Seite des Kamins stand das ebenfalls freie Gegenstück. »Wenn Sie so freundlich sein wollen, Sir«, sagte er und ging.

Rick nahm in dem Sessel Platz und sah sich um. Er hätte nie geglaubt, jemals einen Club dieser Art betreten zu dürfen. In seiner Jugend wäre schon die Idee, im Players Club im Gramercy Park auch nur über die Schwelle treten zu dürfen, unvorstellbar gewesen.

Die ehrenwerten Mitglieder waren in kleinen Gesprächsrunden von jeweils zwei bis drei Personen im Raum verteilt. Die Abstände zwischen ihnen waren so groß, daß kein Gespräch leicht mitgehört werden konnte – auch wenn kein Gentleman jemals absichtlich einen anderen belauscht hätte. Die meisten Männer waren in mittleren Jahren oder eher schon älter. Keiner schien unter vierzig zu sein. Rick erinnerte sich an den Grund dafür: Die anderen waren alle beim Militär.

Er blätterte eine Ausgabe der *Times* durch. Die Meldungen waren fast einheitlich deprimierend. Hier und da deutsche Vormärsche. Überall britische Erfolglosigkeit. Die Russen wurden weiter zurückgeworfen, vielleicht sogar über den Haufen gerannt. Und in Amerika schmerzte der Überfall auf Pearl Harbor noch immer. Wie hatte er die Vereinigten Staaten so unvorbereitet treffen können? Leider wurden Warnsignale, das wußte Rick aus bitterer Erfahrung, nicht immer beachtet.

Rick beschloß, sich lieber mit seiner Umgebung zu amüsieren. Als er die Porträts an den Wänden genauer betrachtete, wurde ihm sofort klar, daß die Bilder, die verschiedene Männer in Kostümen aus dem 18. Jahrhundert zu zeigen schienen, tatsächlich Garrick in einigen seiner bekannten Bühnenrollen darstellten. Da war der große Mime als König Lear in entsprechend sorgenvoller Pose, als furchteinflößender Hamlet in schwarzer Kleidung, als Macbeth mit gezücktem Dolch ...

Während Rick sich noch in der englischen Theatergeschichte fortbildete, merkte er plötzlich, daß ein Mann neben ihm stand. »Der Teufel soll mich holen, wenn er meiner Schwiegermutter nicht verdammt ähnlich sieht!« rief der Mann aus. »Vor allem mit diesem Dolch in der Hand.«

»Mr. Lumley, vermute ich«, sagte Rick und sprang auf. Er wußte nicht recht, wie er ihn anreden sollte. Was war, wenn der andere im Privatleben Lord Sowieso war, wie es jeder dritte Engländer der Oberschicht zu sein schien?

»Richtig vermutet, Sir«, antwortete der Mann. »Reginald Lumley zu Ihren Diensten, Mr. Blaine.«

Sie schüttelten sich die Hand. Rick, der Lumley auf den ersten Blick sympathisch fand, mochte ihn noch mehr, als Blackwell im nächsten Augenblick auf einen Wink seines Gastgebers hin mit zwei Gläsern auf einem Tablett auftauchte.

»Hoffentlich mögen Sie um diese Tageszeit einen Scotch«, sagte Lumley, indem er sein Glas hob.

»Es ist schon nach Mittag, nicht wahr?« antwortete Rick und genoß die Wärme der bernsteingelben Flüssigkeit, die sich in seinem Magen ausbreitete. Das Zeug schmeckte ausgezeichnet, auch wenn es kein Bourbon aus Kentucky war. Einen Vorteil hatte das englische Wetter immerhin: Es rechtfertigte immer einen steifen Drink.

Die beiden leerten ihre Gläser mehr oder weniger gleichzeitig.

»Verdammt gutes Zeug, das!« sagte Lumley. »Blackwell, wären Sie so freundlich?«

»Sehr wohl, Sir«, sagte Blackwell und trollte sich.

Rick begutachtete seinen Gesprächspartner. Reginald Lumley war klein und schlank und hatte lockiges schwarzes Haar, das ihm in die Stirn fiel. Zu seinem gutgeschnittenen blauen Anzug trug er ein gestärktes weißes Hemd und eine Krawatte mit Blumenmuster. Er sah wie ein Bankier aus, der noch im Zweifel war, ob er einem den beantragten Kredit gewähren sollte oder nicht.

»Mr. Horowitz läßt sich empfehlen ...«, begann Rick.

»Scheußliche Sache letzte Nacht, was?« unterbrach Lumley ihn. »Nur schade, daß ich bei dieser Runde nicht wieder drüben bin. Sonst würde ich den verdammten Jerrys ein paar Sachen zeigen, möchte ich behaupten. Eh?« Mit einer flüssigen Handbewegung griff er nach seinem Glas, sobald Blackwell das Tablett mit den Drinks abgestellt hatte. »Schon mal selbst im Feuer gestanden, Blaine?« fragte er dann.

»Kann ich nicht behaupten«, antwortete Rick. »Außer in dem der Kritik.«

Lumley schmunzelte. »Weiß, was Sie meinen, Sir, weiß, was Sie meinen. Ich persönlich habe im achtzehner Jahr einen Schlag gegen Bruder Boche geführt und möchte behaupten, daß ich nicht wenige der verdammten Kameraden zum Teufel geschickt habe.« Er setzte sein Glas an und leerte es halb. »Hätte nichts dagegen, wenn noch ein paar dazukämen. Hätte absolut nichts dagegen.«

Er zog Ricks Karte heraus und las sie mit zusammengekniffenen Augen. »Solomon Horowitz, eh?« fragte er. »Mr. Horowitz ist wohl Jude, nehme ich an. Wie man hört, sind heutzutage die Hälfte aller New Yorker Juden.«

»Der Trick besteht daraus, zu erkennen, welche Hälfte«, sagte Rick.

»Zu Ihrem Glück sind sie keine Iren«, fuhr Lumley fort. »In einem Krieg dieser Art neutral! Ist das nicht unglaublich?«

»Und nach allem, was Sie für sie getan haben«, meinte Rick.

Lumleys Miene hellte sich auf. »Wer braucht sie schon?« fragte er heiter. »Nicht mit euch Yanks an unserer Seite. Verdammt froh, euch an Bord zu haben.«

»Mr. Horowitz ...«, begann Rick wieder.

»Ah, ganz recht, Horowitz. Kenne den Mann leider nicht. Aber das ist nicht der Name, über den Sie reden wollten, nicht wahr, Mr. Blaine?« Auf die Rückseite seiner angeblichen Geschäftskarte hatte Rick einige Namen geschrieben: Polly Nevins. Victor Laszlo. Ilsa Lund. Reinhard Heydrich. Mindestens einer davon schien die gewünschte Wirkung gehabt zu haben.

»Besonders interessiert mich Miss Nevins – aus professioneller Sicht«, sagte Rick, um das Spiel fortzusetzen. »Wie ich höre, ist ihre Darstellung der Gwendolyn hier das Stadtgespräch. Mein Chef hat allergrößtes Interesse daran, sie als Star für eine seiner eigenen Produktionen zu verpflichten – natürlich erst nach dem Krieg, wenn das Reisen wieder sicher ist.«

»Ja, Miss Nevins«, sagte Lumley. »Eine Frau, von der man mit Recht sagen kann, daß ihre Schönheit ihr nicht nur steht, sondern daß sie selbst den Schönheitsbegriff in ungeahnte Höhen hebt. Vor allem auf der Bühne, wo sie bestimmt das lieblichste Wesen ist, das man je das Vergnügen gehabt hat, im Theater zu erleben.«

Er nahm nachdenklich einen kleinen Schluck Scotch und studierte die Rückseite von Ricks Karte erneut. »Schönen Frauen

sind wir alle hilflos ausgeliefert, nicht wahr?« Er schüttelte den Kopf. »Was wir alles für sie tun ...«
»Was wir alles für sie tun möchten«, verbesserte Rick ihn halblaut. »Ich hoffe auf eine Gelegenheit, ihre Bekanntschaft zu machen, solange ich in London bin.«
»Wie lange sind Sie denn noch hier, Mr. Blaine?« erkundigte Lumley sich.
»Vorerst für unbestimmte Zeit.«
»Lassen Sie mich dafür sorgen, daß Sie Miss Nevins schon bald kennenlernen.« Lumleys nächste Frage überraschte Rick. »Wie wär's mit morgen abend? Können Sie zum Dinner kommen?«
»Wenn Sie mich einladen, komme ich gern.«
»Gut, dann sind wir uns einig«, sagte Lumley. »Morgen abend um acht. Ich schicke Ihnen meinen Wagen. Wo wohnen Sie?«
»*Brown's Hotel.*«
»Ausgezeichnet. Ich lebe in South Kensington. Das ist nicht weit. Sie werden sehen, wir unterhalten uns wunderbar.«
Alles war überraschend schnell gegangen. »Wenn das Umstände macht, komme ich auch gern mit dem Taxi«, sagte Rick.
»Oh, durchaus nicht«, wehrte Lumley ab. »Verdammt! Sehen Sie sich bloß an, wie spät es schon ist. Ich hätte fast vergessen, daß ich einen Termin in Whitehall habe. Das habe ich davon, wenn ich nachmittags ein Gläschen oder zwei trinke. Sie müssen mich jetzt leider entschuldigen, Mr. Blaine. Aber ich schlage vor, daß Sie die Einrichtungen des Garrick noch eine Weile als mein Gast genießen.«
Er winkte Blackwell heran, der sofort zur Stelle war. »Hören Sie, Blackwell, seien Sie doch so freundlich, Mr. Blaine eine Auswahl der vom Club gehaltenen Zeitungen zu bringen, das wäre nett. Mr. Blaine kann heute nachmittag so lange als mein Gast hierbleiben, wie er will.«

»Sehr wohl, Sir«, bestätigte Blackwell.

»Behalten Sie ihn im Auge, ja?« forderte Lumley ihn auf.

»Ich kümmere mich um Mr. Blaine, Sir«, antwortete Blackwell. »In dieser Beziehung können Sie ganz unbesorgt sein.« Blackwell wandte sich an Rick. »Möchte der Gentleman noch ein Glas Stärkungsmittel?« erkundigte er sich.

»Der Gentleman möchte eines«, sagte Rick.

KAPITEL ELF

Ihre Zimmer waren sehr sorgfältig durchsucht worden; soviel war offensichtlich, als er die Tür öffnete. Rick hatte schon bessere Arbeit gesehen, aber trotzdem waren hier keine Amateure am Werk gewesen: Alles war gerade ausreichend zerwühlt, um ihn wissen zu lassen, daß er Besuch gehabt hatte. Eben genug war an den alten Platz zurückgelegt worden, um ihn wissen zu lassen, daß sie Gentlemen waren. Gerade genug war zerschlagen worden, um ihn wissen zu lassen, daß sie's ernst meinten.

»Boß, wir sind gefleddert worden«, sagte Sam, der seit einer Stunde zurück war, aber keinem Menschen davon erzählt und nichts angefaßt hatte. Mit solchen Sachen kannte er sich aus.

»Kannst du dir vorstellen, von wem?« fragte Rick, während er die Verwüstung begutachtete.

»Ich denke, ich habe einen bestimmten Verdacht«, sagte eine Stimme hinter ihm.

Das war Renault.

»Kommen Sie rein und machen Sie es sich gemütlich, Louis«, forderte Rick ihn auf. »Das hat jemand anders auch schon getan.«

Renault sah sich rasch um. »Erinnert mich an die gute alte Zeit«, meinte er, ließ sein Zigarettenetui aufschnappen und setzte sich in einen Sessel am elektrischen Kamin.

»Bilden Sie sich nichts ein«, sagte Rick. »Sie sind nicht so gut gewesen.« Er fing an, in den Trümmern herumzustochern.

Ihre Schränke waren ausgeleert worden. Kleidungsstücke lagen mit umgestülpten Taschen auf dem Fußboden – nur Ricks Smoking nicht, den ihre Besucher rücksichtsvollerweise auf seinem Bügel gelassen hatten, damit er nicht verknitterte.

Renault rauchte, während Rick und Sam Inventur machten. »Sagen Sie mir, wenn ihre Neugier übermächtig wird«, sagte er paffend. Der adrette kleine Franzose war eine elegante Erscheinung in einem neuen Anzug, neuen Schuhen und einem weichen Filzhut.

»Ich dachte, Sie hätten sich gerade erst einen neuen Anzug gekauft«, sagte Rick.

»Man muß immer auf seine äußere Erscheinung achten«, stellte Renault fest.

»Ich achte lieber darauf, daß ich den Rücken frei habe«, sagte Rick. Er betrachtete die Verwüstung. »Aber anscheinend nicht sehr erfolgreich.«

Ihre Pässe waren verschwunden. Wer ihnen diese heimtückische Aufmerksamkeit erwiesen hatte, hatte sicherstellen wollen, daß sie nicht so bald irgendwohin reisen würden.

»Rick, wie oft habe ich Ihnen schon gesagt, daß Sie Ihre Papiere immer bei sich tragen sollen?« fragte Renault. »Wir Europäer tun das.«

»Vielleicht wollen deswegen so viele von euch Amerikaner werden«, antwortete Rick, »Wir leben in einem freien Land.« Er konnte Renault nicht erzählen, daß New Yorker Gangster nie etwas Schriftliches mit ihrem Namen bei sich trugen, damit sie den Cops jeden falschen Namen nennen konnten, der ihnen gerade einfiel. Alte Gewohnheiten ließen sich nicht leicht abschütteln. »Okay, Sam, vergiß die Sucherei. Wir sitzen vorläufig hier fest, also müssen wir das Beste daraus machen.« Rick warf einen Blick in ihren Barschrank. »Wenigstens haben sie uns unsere Vorräte nicht weggetrunken.«

Sam hörte auf, ihre Pässe zu suchen, und goß Rick und Renault einen Drink ein.

»Das ist meine Schuld«, begann Rick. »Ich habe die letzten paar Stunden damit verbracht, mich von einem Tommy reinlegen zu lassen.«

»Boß, Sie lassen nach«, sagte Sam halblaut.

Rick ignorierte ihn. »Ich habe im Garrick auf meinem Hintern gesessen, während der britische Geheimdienst uns auf Veranlassung von Reginald Lumley einen Besuch abgestattet hat.«

»Oder vielleicht auf Veranlassung von Victor Laszlo«, warf Renault ein.

Rick und Sam drehten sich beide um und starrten ihn an. »Was?« fragte Rick ungläubig.

Renault lächelte in sich hinein. Er genoß die ungeteilte Aufmerksamkeit Richard Blaines, eines Mannes, der sich Leuten wie Louis Renault immer für überlegen gehalten hatte. Gewiß, sie waren jetzt Freunde, und selbst als sie das noch nicht gewesen waren, hatten sie in Casablanca viele gewinnbringende Geschäfte miteinander gemacht. Rick hatte sich stets von Renault und der Flüchtlingshorde ferngehalten; er war in Casablanca, aber kein Teil Casablancas gewesen und hatte dafür gesorgt, daß niemand diese Tatsache vergaß. Bis *sie* wieder in sein Leben getreten war. Das, so überlegte Renault sich, hatte letztlich den Unterschied zwischen Rick Blaine und Arrigo Ferrari, seinem Konkurrenten als Nachtclubbesitzer, ausgemacht: eine Frau namens Ilsa Lund.

»Ich meine, hier sind wir nun, nachdem wir Victor Laszlo und seiner Frau von Casablanca über Lissabon nach London gefolgt sind, und was wissen wir wirklich über sie?« Renault nahm einen kleinen Schluck von seinem Drink. Es war Armagnac, sein Lieblingsgetränk. »Ich bin nicht all die Zeit über Polizeipräfekt von Casablanca gewesen, ohne einige Menschenkenntnis zu erwerben. Kenntnisse darüber, was den Menschen motiviert, was ihn antreibt. Wovon er besessen ist.«

»Da würden mir durchaus ein paar Dinge einfallen«, sagte Rick.

»Die kennen wir beide, mein Freund«, stimmte Renault zu. »Natürlich Geld. Und Macht. Und Frauen.« Er lachte vor sich hin. »Wissen Sie, Ricky, damals in Casablanca hat's eine Zeit gegeben, in der mir Ihr Verhältnis zu Frauen Sorgen gemacht hat. Sie haben sich scheinbar nicht im geringsten für sie interessiert, und ich habe ...»

»Sie haben *was?*«

Renault zuckte mit keiner Wimper. »Verstehen Sie mich bitte nicht falsch«, sagte er entschuldigend. »Ich wollte nur sagen, daß ein Mann, der Frauen nicht mal halb so gern mag wie ich, mich nervös macht. Damit meine ich, daß ich einen so veranlagten Mann nicht verstehe.«

»Sie sprechen von mir«, stellte Rick fest.

»Nein, ich spreche von Laszlo«, sagte Renault. »Dieser Laszlo ist ein komischer Vogel. Er reagiert weder auf Geld noch auf Macht. Tatsächlich scheint ihn nichts als seine glorreiche Sache zu interessieren.«

»Was ist daran falsch?« fragte Rick.

Renault klappte sein Zigarettenetui auf und nahm eine Player's heraus. Sie war keine Gauloise, aber sie würde genügen müssen. »Hören Sie zu, Ricky, Altruismus und Selbstlosigkeit haben in unserer Welt bestimmt ihren Platz, aber ich muß gestehen, daß ich nicht um alles in der Welt sehen kann, wo dieser Platz sein soll, wenn sie nicht mit irgendwelchen anderen, greifbareren Belohnungen einhergehen.«

»Vielleicht glaubt Victor Laszlo wirklich an etwas, Louie«, sagte Rick. »Vielleicht ist er sogar bereit, dafür zu sterben.« Er trank einen Schluck Bourbon. »Und vielleicht ist er bloß ein Trottel.«

»Vielleicht ist er mehr als das«, schlug Renault vor.

»Langsam komme ich nicht mehr mit«, sagte Rick. Mit zurückgelehntem Kopf und lang ausgestreckten Beinen lag er fast in seinem Ohrensessel.

»Wie soll ich mich ausdrücken?« Renault fuhr mit seiner Hand, in der er die Zigarette hielt, durch die Luft. »Rick, sind

Sie schon mal auf die Idee gekommen, irgendeinen Aspekt von Laszlos Story in Frage zu stellen?«

»Schon oft«, antwortete Rick. »Ilsas auch.«

»Genau. Bei beiden gibt's so viele Ungereimtheiten, so viele ungeklärte Umstände, so viele ... nun, bloße Zufälle, wenn man großzügig sein will. Finden Sie nicht auch?«

»Ist das nicht bei jedem so?«

Renault hielt es kaum noch in seinem Sessel aus. »Ich meine, so vieles paßt nicht zusammen«, sagte er. »Nur ein Beispiel: Wie ist ihm eigentlich die Flucht aus dem Konzentrationslager Mauthausen gelungen? Wie hat er es geschafft, den Deutschen dreimal zu entwischen? Warum ist er fünfmal als tot gemeldet worden, nur um dann höchst lebendig in Casablanca aufzukreuzen – noch dazu recht adrett, als sei er nicht auf der Flucht vor den Nazis, sondern zu einer Safari unterwegs? Außer dieser kleinen Narbe in seinem Gesicht weist nicht das geringste körperliche Merkmal darauf hin, daß er die Gastfreundschaft des Dritten Reichs genossen hat, wie er behauptet.« Renault gestikulierte jetzt. »Glauben Sie mir, Ricky«, sagte er, »einem Mann, der imstande gewesen ist, mit dem Gedanken zu spielen, eine schöne Frau wie Miss Lund sitzenzulassen, ist alles zuzutrauen.«

Rick konnte seiner Argumentation folgen, aber sie überzeugte ihn nicht. »Sie ist seine *Ehefrau,* Louie, auch wenn er versucht hat, das zu ihrem Schutz geheimzuhalten.«

»Das behauptet er«, stellte Renault fest. »Wie denkt Miss Lund Ihrer Meinung nach darüber?«

Rick war nicht bereit, diese Frage zu beantworten. »Im Prinzip bin ich Ihrer Ansicht, Louie. Aber ich glaube, daß Sie so lange in Casablanca gewesen sind und so viele Menschen gegeneinander ausgespielt haben, daß Sie niemandem mehr trauen.«

»Davon habe ich auch recht gut gelebt«, stellte Renault fest.

»Im Ernst, Ricky, ich denke, wir müssen uns mit der Möglichkeit befassen, daß Victor Laszlo nicht ist, wer oder was er zu sein behauptet. Nicht einmal sein Name paßt: Victor Laszlo. Was macht er als Tscheche mit einem ungarischen Namen? Wenn Sie mich fragen, ist das mehr als nur ein bißchen verdächtig.«

Rick schenkte ihnen beiden nach. Sam saß in einer Ecke des Zimmers und las ein Buch über Kontraktbridge. Sam spielte gern Karten, aber nie um Geld.

»Von Namen verstehe ich nicht viel«, antwortete Rick, »aber soviel ich weiß, sind die Grenzen hier so oft verschoben worden, daß kaum noch jemand Bürger des Landes ist, in dem er zur Welt gekommen ist.« Er war nicht zum erstenmal froh, ein Amerikaner zu sein. Außerdem wechseln viele Leute aus allen möglichen Gründen ihren Namen.

»Sie haben vorhin Mauthausen erwähnt«, fuhr Rick fort. »Ich habe noch keinen Beweis dafür, aber ich beginne zu glauben, daß das, was Victor Laszlo in London vorhat, mit dem Mann zusammenhängt, der dieses Lager eingerichtet hat – mit einem gewissen Reinhard Heydrich. Mit dem Tyrannen, der jetzt in Laszlos Heimat herrscht. Mit dem Mann, der vermutlich etwas damit zu tun gehabt hat, daß Laszlo ursprünglich ins KZ gekommen ist.« Er nahm einen Zug von seiner Zigarette. »Wie ich die Sache sehe, dürften Victor Laszlo und seine Jungs vorhaben, Heydrich zu beseitigen. Und das hat der Kerl offenbar reichlich verdient.«

»Vorausgesetzt, daß Laszlo ist, wer er zu sein behauptet«, wandte Renault ein. »Dieser Heydrich mag eine Bestie sein, aber selbst wenn er eine ist, braucht es uns vielleicht nicht zu kümmern, wem Laszlos Unternehmen gilt. Die eigentliche Frage ist, ob es in unserem Interesse liegt, es stattfinden zu lassen.« Er rieb sich bedeutungsvoll die Hände. »In unser *aller* Interesse.«

»Nun, dann wollen wir vorläufig annehmen, es liege in unserem Interesse«, sagte Rick. »Warum nicht? Sie mißtrauen ihm offenbar, und ich habe weiß Gott keinen Grund, ihn zu mögen, aber abgesehen von seinen affigen Anzügen hat er uns niemals Anlaß gegeben, ihn für einen Schwindler oder Hochstapler zu halten. Major Strasser hat ihn jedenfalls für so echt gehalten, daß er sein Leben bei dem Versuch geopfert hat, ihn an der Flucht zu hindern.«

»Vergessen Sie nicht, daß er Informationen besessen hat, die Major Strasser dringend wollte«, sagte Renault.

»Und jetzt besitzt er Informationen, die wir dringend wollen.« Rick sprang auf. »Hören Sie zu, Louie, versuchen Sie nicht dauernd, mich in bezug auf Victor Laszlo mit Nebensächlichkeiten zu verwirren.« Er blickte auf Renault hinunter, der weiter in seinem Sessel saß. »Andererseits haben Sie vielleicht recht, wenn Sie meinen, daß er an diesem Durcheinander schuld ist.«

»Wirklich?« fragte Renault und erhob sich.

Sam sah kurz von seinem Buch auf.

»Aber nicht aus den Gründen, an die Sie denken. Diesen Reginald Lumley, von dem ich Ihnen erzählt habe, habe ich heute im Garrick kennengelernt. Lumley ist die rechte Hand des Kriegsministers im Kabinett Churchill. Er ist ein Mann nach unserem Herzen, Louie: trinkt gern und hat Frauen gern. Ich habe ihm eine von diesen hier gegeben.«

Rick zog eine seiner gefälschten Geschäftskarten heraus und zeigte sie Renault. »Um seine Aufmerksamkeit zu erregen, habe ich auf die Rückseite ein paar Namen geschrieben. Einer davon ist der seiner Geliebten gewesen.«

»Sie waren fleißig.«

»Die anderen Namen sind Ilsa Lund, Victor Laszlo und Reinhard Heydrich gewesen.«

»Welcher war der Volltreffer?«

Rick trank seinen Bourbon aus. »Das weiß ich leider nicht.«
»Aber Sie haben einen Verdacht?«
»Im Augenblick«, sagte er, »verdächtige ich alles und jeden. Vielleicht nur Sam nicht, aber manchmal bin ich mir seiner auch nicht allzu sicher.«
Sam ignorierte ihn.
»Und was wollen Sie in dieser Beziehung unternehmen?« fragte Renault.
»Ich habe vor, auf seine Kosten zu speisen«, antwortete Rick. »Morgen abend. Ich bin zum Dinner *chez* Lumley eingeladen. In South Kensington.« Er sah sich im Zimmer um. »Wie könnte ich eine so überbrachte Einladung ablehnen? Vielleicht brauche ich meinen Paß irgendwann wieder.«
»Lieber Sie als ich, mein Freund«, warf Renault ein. »Die englische Küche läßt viel zu wünschen übrig.«
»Ich gehe nicht wegen des Essens hin, Louie«, sagte Rick.
»In der Tat nicht«, stellte Renault nachdrücklich fest. »Ich weiß genau, was Sie sich von dort erwarten. Sie gehen hin, um mehr über den Aufenthaltsort unseres geheimnisvollen Mr. Laszlo zu erfahren. Aber bevor Sie sich große Illusionen über Ihre Chancen machen ...«, er trank seinen Armagnac aus. »South Kensington sagen Sie? Wie heißt die Adresse?«
»Die hat er mir nicht gesagt«, antwortete Rick. »Er will einen Wagen schicken.«
Renault musterte seinen Freund ernst. »An Ihrer Stelle würde ich dort nicht hinfahren. Nicht nach dieser Verwüstung hier ... obwohl ich zum Glück für uns glaube, daß die anderen ihr Blatt überreizt haben.«
»Warum nicht?« fragte Rick.
»Weil ich schon dort gewesen bin, falls wir dasselbe Haus meinen«, antwortete Renault. Er genoß die Wirkung seiner Worte.
»Ich bin ganz Ohr«, sagte Rick.

Renault bat um einen weiteren Drink und zündete sich die nächste Player's an, während er darauf wartete. »Danke, Sam«, sagte er und nahm einen kleinen Schluck. Ohne Raoul zu erwähnen, schilderte er, wie er die Adresse des Hauses herausbekommen hatte, in das Angehörige der Résistance Laszlo gehen gesehen hatten. Wie er mit einem Taxi quer durch London gefahren war – von den schlimmsten Bombenschäden im East End bis zu den relativ unbeschädigten Stadtteilen Kensington und Chelsea, um sich das Haus selbst anzusehen. Wie er in der Hoffnung, einen Unterschied zu den übrigen Häusern dieser Straße zu entdecken, einen kleinen Rundgang gemacht hatte. Wie ihm aufgefallen war, daß auch lange nach Einbruch der Dunkelheit nur in den oberen Stockwerken, nicht aber im Erdgeschoß Licht brannte. Wie ungefähr eine Stunde nach Sonnenuntergang plötzlich mehrere Männer in Anzügen, einige mit Aktentaschen in der Hand, das Haus betreten und später wieder verlassen hatten, ohne daß im Parterre Licht gemacht worden wäre. Wie er, nachdem er die ganze Nacht und bis in den Morgen hinein auf der Lauer gelegen und ein Vermögen für sein wartendes Taxi ausgegeben hatte, endlich einen flüchtigen Blick auf die Person erhascht hatte, die er dort zu sehen gehofft hatte.
»Laszlo?« fragte Rick.
»Nein«, sagte Renault. »Ilsa Lund. Sie hat das Haus verlassen und ist in ein Taxi gestiegen.«
Rick war aufgesprungen und hinausgelaufen, bevor Renault seine Zigarette ausdrücken konnte. Renault holte ihn ein, als er gerade in ein Taxi sprang.
»Nummer zweiundvierzig, Clareville Street«, wies Renault den Fahrer an. Er sah zu Rick hinüber. »Ich dachte, Sie würden wissen wollen, wohin wir fahren, bevor Sie dort ankommen.«
»Sie stecken voller Überraschungen, Louie.«

Renault deutete eine Verbeugung an. »Das ist ein Teil meines Charmes.«
»Ich wette, das sagen Sie zu allen Mädchen«, antwortete Rick.

KAPITEL ZWÖLF

In weniger als einer Viertelstunde erreichten sie das Haus in der Clareville Street, nur ein paar Schritte von der Brompton Road entfernt. Das große weiße Reihenhaus mit seinen vier Stockwerken hob sich nicht wesentlich von seinen Nachbarn in dieser Reihe sogenannter Stadthäuser ab. Ein kleines Schild mit dem Namen *Blandford* war sein einziges Unterscheidungsmerkmal. Eingerahmt war es von unbeleuchteten Häusern mit Schildern, auf denen ZU VERMIETEN stand. In New York wußte man im allgemeinen, wo die Reichen lebten, indem man sich nur ihre Häuser ansah. Hier nicht. Hier wußte man gar nichts. Rick, der schon immer der Überzeugung gewesen war, man dürfe keinem Menschen trauen, hatte nie zuvor erkannt, daß man auch Häusern nicht trauen sollte.

Ricks Herz hämmerte, als Renault und er aus dem Taxi stiegen. »Mit der direkten Methode sind wir also so weit gekommen«, meinte er. Er ging die Stufen hinauf und klingelte an der Haustür.

Zu seiner Überraschung wurde sie fast augenblicklich von einer kleinen alten Dame geöffnet.

»Guten Abend«, sagte Rick und zog seinen Hut.

»Auch Ihnen einen guten Abend, Sir«, antwortete die Frau. Ihr weißes Haar war zu einem straffen Nackenknoten zusammengefaßt, und sie hatte eine Schürze umgebunden. Sie musterte die beiden Besucher mit gewissem Interesse – oder war das Mißtrauen? »Sind Sie vielleicht wegen der Zimmer hier, Gentlemen?« fragte sie höflich.

Eine Fremdenpension? Das hätte eine Erklärung für das Kommen und Gehen von Männern, für den Betrieb in den Obergeschossen und bis zu einem gewissen Ausmaß für die

fehlenden Aktivitäten im Erdgeschoß sein können. Hatte Renault ihn auf eine falsche Fährte gelockt? »Ganz recht«, sagte Rick. »Die Hotels hier in der Nähe sind alle voll.«
Die Frau schüttelte den Kopf. »Bei uns ist im Moment leider auch nichts frei«, teilte sie ihm bedauernd mit. »Sie könnten es bei Mrs. Blake in Nummer sechzehn hier in der Straße versuchen. Die hat oft noch ein oder zwei Zimmer frei.«
Sie machte Anstalten, die Haustür zu schließen. Rick hatte während ihres Gesprächs versucht, einen Blick an ihr vorbei ins Haus zu werfen, aber sie stand in einem kleinen Vorraum, der zum Hausinneren hin durch eine recht massiv wirkende zweiflüglige Tür abgeschlossen wurde.
»Wissen Sie das ganz sicher, Madame?« fragte Louis in seiner gewinnendsten Art. »Wir sind weit gereist und haben gehört, daß Ihr Haus wirklich unvergleichlich ist.« Um den kontinentalen Effekt zu vervollständigen, verbeugte er sich tief.
»Du lieber Gott«, sagte die Frau. »Wirklich schlimm, dieser Raummangel, der heutzutage in London herrscht. Seit so viele Yankees herüberkommen, ist es schrecklich schwierig, einen Platz zu finden, an dem man sein Haupt zur Ruhe betten kann.«
Renault sprach weiter. »Ob wir reinkommen und uns kurz umsehen dürften? Nur für den Fall, daß in den nächsten Tagen unerwartet etwas bei Ihnen frei wird.« Er schlug die Hacken zusammen. »Ein Verbündeter aus dem Freien Frankreich wäre Ihnen zu großem Dank verpflichtet.«
Die Miene der Frau hellte sich erheblich auf. »Oh, unbedingt«, sagte sie. »Blandford ist die beste Frühstückspension in diesem Teil Londons, und ich freue mich, sie vorführen zu dürfen – vor allem zwei wirklichen Gentlemen wie Ihnen.«
Sie öffnete die Haustür weit, und die beiden traten ein.
Sie betraten den Salon eines wohlhabenden Hauses. Hier gab es frische Schnittblumen in den Vasen, Bücherregale an den

Wänden und ein Erkerfenster mit Blick auf einen hübschen Sommergarten, der jetzt kahl und verblaßt im winterlichen Dunkel lag. Mitten im Raum stand ein Konzertflügel, über dessen geschlossenen Deckel eine Spitzendecke gebreitet war, auf der einige Familienfotos standen. Rick betrachtete sie, aber die Gesichter sagten ihm nichts. Nur irgendwelche Fremden, von denen die Hälfte vermutlich schon tot war.

»Ich habe Ihre Adresse von Freunden bekommen, die anscheinend manchmal bei Ihnen wohnen, Mrs. ... äh ...«, begann Rick, um mit ihr ins Gespräch zu kommen. Das Haus schien tatsächlich genau das zu sein, als was es sich ausgab. Es war auf britische Weise adrett: mit einem im Salon stehenden Teeservice und Katzenbildern an den Wänden, die sich mit idealisierten Porträts von Mitgliedern der königlichen Familie abwechselten.

»Mrs. Bunton«, antwortete die Frau. »Zu Ihren Diensten, Sir. Seit fast sechsundzwanzig Jahren verwitwet, und es vergeht nicht ein Tag, ohne daß ich an die zweite Sommeschlacht und meinen armen Bert denke, der bei Amiens gefallen ist, als der Sieg zum Greifen nahe war. Wollen Sie nicht Platz nehmen?« Sie deutete auf das Sofa. »Darf ich Ihnen etwas Tee anbieten?«

Rick wäre etwas Stärkeres als Tee lieber gewesen, aber Renault nickte bereits. »Das wäre sehr nett, Mrs. Bunton«, sagte er.

Rick und Renault nahmen Platz, während sie ihnen Tee eingoß. »Und wer wären diese Freunde, von denen Sie gesprochen haben?« erkundigte sie sich höflich.

»Mr. und Mrs. Victor Laszlo«, antwortete Rick.

Mrs. Bunton dachte einen Augenblick lang nach. »Mr. Laszlo?« wiederholte sie. »Das wäre ein ausländischer Gentleman, nehme ich an.«

»Ja«, sagte Rick. »Er ist Tscheche. Seine Frau, die manchmal auch als Ilsa Lund auftritt, ist Norwegerin.«

»Ich weiß bestimmt, daß niemand dieses Namens hier ist«, sagte sie stirnrunzelnd.
»Vielleicht sind sie unter anderem Namen abgestiegen«, schlug Rick vor.
Diese Vorstellung schien Mrs. Bunton zu mißfallen. »Ich weiß bestimmt, daß jeder, der hier wohnt, der ist, als der er sich ausgibt«, erwiderte sie. »Darauf besteht der Geschäftsführer.«
»Wer ist denn der Geschäftsführer?« erkundigte Rick sich ohne wirkliches Interesse. Mrs. Bunton gab keine Antwort, sondern zog statt dessen an einem alten viktorianischen Klingelzug. Praktisch gleichzeitig holte sie unter ihrer Schürze eine kleine Pistole hervor und zielte damit geübt auf die beiden Besucher. Rick und Louis, die mit ihren Teetassen in der Hand erstarrten, kamen sich lächerlich vor. »Das war für Mr. Lumley«, teilte sie ihnen mit. »Er kommt sofort. Wenn Sie beide so freundlich sein wollen, Gentlemen, Ihre Hände dort zu lassen, wo ich sie sehen kann, kommt er bestimmt gleich.« Sie zog nochmals kräftig an dem Klingelzug.
Tatsächlich kam keine zwei Minuten später Reginald Lumley mit energischem Schritt herein. »Na, wenn das nicht der naseweise Mr. Richard Blaine ist!« sagte er. »Falls ich mich nicht sehr irre, sind Sie einen Tag zu früh dran.«
»Ich wollte sichergehen, daß mir das Menü gefällt«, antwortete Rick. »Wissen Sie, mein Magen ...«
»Und das ist bestimmt Louis Renault, früher Polizeipräfekt von Casablanca«, fuhr Lumley fort
Renault nickte leicht. »Zu Ihren Diensten, Sir«, sagte er.
»Nun denn«, sagte Lumley, »da bis auf einen Ehrengast alle übrigen da sind, sehe ich keinen Grund, die Party nicht gleich steigen zu lassen. Wollen Sie mir bitte folgen, Gentlemen?«
Rick und Renault begleiteten Lumley drei Treppen hinauf. Rick stellte fest, daß der erste und zweite Stock wie eine Pension oder ein Privathotel aussahen, aber eine Treppe höher än-

derte sich das Bild. Eine Art Lageraum nahm die gesamte Etage ein: Männer brüteten über Landkarten, Frauen sprachen in Telefone und hackten auf Schreibmaschinen herum. Dienstpersonal huschte durch den Raum, um die Arbeitenden je nach Wunsch mit Speisen und Getränken zu versorgen.
Als sie an der Tür standen, stieß Rick einen leisen Pfiff aus. »Schön eingerichtet sind Sie hier«, sagte er. »Erinnert mich an einen ähnlichen Raum, den wir bei uns zu Hause gehabt haben. Nur nicht so luxuriös, versteht sich.«
»Freut mich, daß er Ihnen gefällt, Mr. Blaine«, sagte Lumley. »Wir bemühen uns, es unseren Gästen behaglich zu machen. Auch wenn wir uns nicht sicher sind, ob sie wirklich willkommen sind.« Er klopfte laut an den Türpfosten, um ihr Kommen anzukündigen, und führte die beiden dann in den Raum. »Victor Laszlo kennen Sie natürlich«, sagte er, indem er zu einem der Anwesenden hinübernickte.
Rick und Laszlo standen sich erstmals seit jener Nacht auf dem Rollfeld des Flugplatzes Casablanca wieder gegenüber. »Monsieur Blaine«, sagte Laszlo und streckte ihm die Hand hin, »es ist mir ein großes Vergnügen, Sie wiederzusehen.«
»Das Vergnügen ist ganz auf meiner Seite«, antwortete Rick und zündete sich eine Zigarette an.
Laszlo nahm ihn am Arm und zog ihn mit sich in eine Ecke des Raums »Wir mußten sicherstellen, daß der Zeitpunkt stimmt«, sagte er halblaut. »Wir mußten absolut sicher sein, daß unser Plan sich verwirklichen läßt. Und wir mußten wissen, wirklich wissen, daß Sie vertrauenswürdig sind.«
Rick nahm einen Zug. »Ich denke, daß Sie heil hier sind, ist Beweis genug«, sagte er.
»Genau«, bestätigte Laszlo. »Das habe ich ihnen seit unserer Ankunft immer wieder gesagt. Die Briten trauen niemandem. Sie mußten sich erst von Ihren ehrlichen Absichten überzeugen. Tut mir leid, daß das so lange gedauert hat.«

»Deswegen haben sie meinen Zimmern einen kleinen Besuch abgestattet«, stellte Rick fest. »Hören Sie, Laszlo, ich bin ein Mann, auf dessen Wort man sich verlassen kann. Das wissen Sie. Wer das nicht weiß, ist kein Mann, mit dem ich zusammenarbeiten möchte. Damals in Casablanca, als Louis Sie eingelocht hatte, habe ich Ihnen gesagt, daß ich mitmache, und das ist mein Ernst gewesen. ›Ein Mann, ein Wort‹, heißt es da, wo ich herkomme. Manchmal ist ein zuverlässiger Ruf alles, was jemand besitzt. Auch ich besitze im Augenblick nicht viel mehr und habe nicht die Absicht, ihn zu entwerten.«
Laszlo nickte. »Einverstanden und akzeptiert. Und nun an die Arbeit.« Er führte Rick zu einem schnauzbärtigen Offizierstyp hinüber. »Major Sir Harold Miles, darf ich Ihnen Monsieur Richard Blaine vorstellen?«
Major Miles schüttelte Rick die Hand. »Willkommen in London«, sagte er förmlich. »Wollen wir uns nicht setzen?«
Sie nahmen an dem großen Konferenztisch Platz: Rick, Renault, Lumley, Laszlo und Major Miles. Ein Adjutant stand in der Nähe. Eine Stenographin führte Protokoll.
»Gentlemen, ich glaube, daß wir uns alle kennen – zumindest von Hörensagen«, begann Major Miles, der offenbar den Vorsitz führte. »Ich vertrete die Special Operations Executive, die bekanntlich für Geheimunternehmen zuständig ist. Mr. Lumley ist in seiner Eigenschaft als Privatsekretär von Sir Ernest Spencer hier, der als Kriegsminister die letzte Entscheidung über alle Unternehmen hat.« Er warf einen Satz Fotos auf den Tisch. »Sie entschuldigen hoffentlich, wenn ich auf Formalitäten verzichte, aber die Zeit drängt. Dies, Gentlemen, ist unsere Zielperson.« Dasselbe grausame Gesicht, das Rick aus der British Library kannte, starrte ihnen von den Fotos entgegen: Reinhard Heydrichs Gesicht.
» ... Chef des Reichssicherheitshauptamts und Reichsprotektor für Böhmen und Mähren«, sagte der Major eben. »Nietz-

sches ›blonde Bestie‹ in Person. Gutaussehend, kultiviert, vielseitig begabt, ein Feinschmecker, Weinliebhaber und Frauenkenner. An sich ein Bursche, den man ohne weiteres in seinen Club einladen würde, wenn er nicht auch ein eiskalter Killer wäre.«
Rick studierte das Gesicht auf den Fotos, die natürlich viel besser als das Bild in der Zeitung waren. Dieses Gesicht hatte er zu Hause in New York schon tausendmal gesehen. Das Gesicht eines Opportunisten. Das Gesicht eines Schiebers. Das Gesicht eines Verräters, der für einen kleinen persönlichen Gewinn die eigene Mutter verkauft hätte. Rick erkannte einen brutalen Zug an ihm, aber ob er auch ein Feigling war, konnte er nicht beurteilen. Um das zu spüren, mußte man einem Mann selbst gegenüberstehen.
»Ein richtig hübscher Junge, nicht wahr?« meinte er.
»Lassen Sie sich von seinem Aussehen nicht täuschen«, sagte der Major. »Nach Hitler dürfte Heydrich der gefährlichste aller Nazibonzen sein. Göring ist ein fetter, aufgeblasener Hanswurst, dessen Luftwaffe uns zwar für einige Zeit das Leben schwermachen kann, der aber Deutschland nicht wird verteidigen können, wenn's erst mal soweit ist. Goebbels ist ein überzeugter Parteigenosse, aber doch nur ein Propagandist, von dem man andere Töne hören wird, sobald die Zeiten sich ändern. Himmler ist ein bösartiger kleiner Schweinehund, der viele offene Rechnungen zu begleichen hat. Heydrich ist intelligenter als diese drei zusammen – und deshalb zehnmal gefährlicher.«
»Warum nicht Hitler umlegen, damit die Sache ein Ende hat?« fragte Rick. »Wer die Bestie erlegen will, haut ihr nicht den Schwanz, sondern den Kopf ab.«
Der Major starrte Rick an, als sei er übergeschnappt. »Tut mir leid, das kommt nicht in Frage«, erklärte er ihm. »Auf höchsten Regierungsebenen ist bereits entschieden worden, daß

gemäß den Bestimmungen der Haager Landkriegsordnung Attentate auf die Oberhäupter konkurrierender Staaten, auch kriegführender Mächte, auf keinen Fall geduldet werden. Dies ist ein Krieg, keine Straßenschlacht.«
Rick dachte an die Bombentrümmer draußen auf den Londoner Straßen und war sich da nicht so sicher. »Genau das scheint die Luftwaffe aber zu versuchen. Churchill zu erledigen, meine ich.«
Major Miles tat diesen Einwand mit einer Handbewegung ab. »Luftangriffe sind eine Sache, Attentate eine ganz andere«, sagte er. »Sollten Bomber-Harris und seine RAF den Führer ins Jenseits befördern, weint ihm keiner von uns eine Träne nach, das kann ich Ihnen versichern. Geheimunternehmen in Berlin kommen jedenfalls nicht in Frage. Wir haben dort sehr wenige eigene Agenten.« Er schlug sich mit seinem Offiziersstöckchen an den Stiefelschaft.
»Warum also Heydrich?« fragte Rick.
»Weil wir können«, antwortete Major Miles.
»Weil wir nicht anders können!« rief Lumley aus. »Ich meine, wie glauben diese verdammten Tschechen, daß wir die Hunnen zurückschlagen, wenn sie selbst keinen Finger krumm machen, um uns zu helfen?«
»Weil wir müssen«, sagte Laszlo halblaut.
»Wovon reden Sie überhaupt?« fragte Rick Lumley.
»Die Tschechen setzen sich kaum zur Wehr«, antwortete Lumley. »Seit dieser Bursche Heydrich dort eingetroffen ist und ein paar ihrer Johnnies an die Wand gestellt hat, tun sie praktisch keinen Mucks mehr. Mein Gott, sogar die verdammten Franzmänner schlagen sich besser!«
»Ahem«, sagte Renault.
»Jedenfalls«, schloß Lumley, »wird's höchste Zeit, daß wir den Kerlen mal Feuer unter dem Hintern machen. Um sie sozusagen ein bißchen aufzustacheln.«

»Dafür sind sie Ihnen bestimmt sehr dankbar«, meinte Rick.
»Offengestanden«, sagte der Major, »macht uns die Loyalität der Tschechen seit einiger Zeit Sorgen. Kulturell gesehen sind die Böhmen und Mähren schon immer halb Deutsche, halb Tschechen gewesen, und sie scheinen das Nazijoch bedauerlich leicht zu tragen.«
»Ich dachte, Ihr Premier Chamberlain habe die Tschechoslowakei für die Demokratie gerettet«, stellte Rick fest.
»Das ist vorbei«, wehrte Sir Harold ab. »Winston ist jetzt PM, und er ist entschlossen, die Fehleinschätzungen seines Vorgängers zu korrigieren.«
»Falls er's nicht tut, tun wir es ganz bestimmt«, sagte Laszlo.
Rick war noch nicht überzeugt. »Ich sehe nicht ein, wieso Heydrich schlimmer oder gefährlicher als andere führende Nazis sein soll – zumal Heydrich in Prag ist und nicht in Berlin, wo die Entscheidungen getroffen werden.«
»Sie wären vermutlich ganz anderer Meinung, Monsieur Blaine«, sagte Laszlo, »wenn Heydrich Gauleiter in New York wäre.«
»Schon möglich«, bestätigte Rick.
Der Major sah zu ihm hinüber. »Mr. Laszlo hat mir mitgeteilt, daß Sie bereit sind, die Sache der Widerstandsbewegungen in ganz Europa zu unterstützen, Mr. Blaine«, sagte er. »Außerdem hat er mich über Ihren Werdegang und Ihre Fähigkeiten informiert, die wir natürlich auch selbst gründlich recherchiert haben.«
»Zu welchem Zweck Sie meine Zimmer durchwühlt und meinen Paß geklaut haben.«
»Wir mußten uns davon überzeugen, daß Sie der Mann sind, für den Sie sich ausgeben«, antwortete der Major. »Wir durften nicht riskieren, daß Sie ein Hochstapler sind, der im Auftrag der Deutschen Mr. Laszlo aufspüren sollte.«
»Was hätten Sie in diesem Fall getan?«

»Wir hätten Sie liquidiert«, antwortete Sir Harold nüchtern. »Zum Glück für uns alle hat Mr. Laszlo sich nach Vorlage Ihres Passes für Sie verbürgt und Sie außerdem heute abend persönlich identifiziert, während Sie Mrs. Buntons Gastfreundschaft genossen haben.«

»Wer ist der Hund und wer der Hase?« überlegte Renault laut. »Und wer der Fuchs?«

Major Miles warf Ricks und Sams Reisepässe auf den Tisch. »In diesem Augenblick, Mr. Blaine«, sagte er dabei, »schmeichle ich mir sicher nicht, wenn ich behaupte, mehr über Sie zu wissen als Ihre eigene Mutter.«

Rick erinnerte sich an sein Gespräch mit einem anderen Major – Strasser – in Renaults Dienstzimmer in Casablanca und seine Akte in den klammen Händen des Nazis. Auch die Engländer konnten kaum mehr Informationen über ihn haben als die Deutschen. Er wollte es genau wissen. »Meine Mutter hat mich nie besonders gut gekannt«, behauptete Rick und wünschte sich, er hätte einen Drink.

»Wir schon«, fuhr Miles fort. »Wir wissen, daß Sie 1935 und 1936 Waffen nach Äthiopien geschmuggelt haben, um Kaiser Hailé Selassies aussichtslosen Kampf gegen Mussolini zu unterstützen. Sehr tapfer von Ihnen – und eine extreme Donquichotterie, wenn ich mal so sagen darf.«

»Ich habe immer eine Schwäche für den Unterlegenen gehabt«, stellte Rick fest. »Das ist eben die amerikanische Art.«

»Und höchst ungewöhnlich dazu. Sagen Sie mir, Mr. Blaine«, diesmal zündete der Major sich eine Zigarette an, »weshalb haben Sie New York im Oktober 1935 so fluchtartig verlassen?«

»Ich glaube wirklich nicht, daß Sie das etwas angeht«, wehrte Rick so gelassen wie möglich ab.

»So plötzlich und endgültig, daß Sie angeblich nie mehr in Ihre Heimat zurückkehren können.« Der Major schnippte et-

was Asche in den Papierkorb. »Was hat Sie dazu veranlaßt, ausgerechnet nach Äthiopien zu gehen?«
»Ich bin nicht gleich nach Äthiopien gegangen«, erklärte Rick. »Ich habe einen Zwischenstop in Paris eingelegt und Sam dort als Pfadfinder zurückgelassen.« Er kniff seine Lippen zusammen. »Es ist wohl kein Geheimnis, daß ich zu Hause einen Nachtclub geführt habe, und ich hatte gehört, Paris könnte ein netter Ort für eine Neueröffnung sein. Ich hatte richtig gehört.«
»Weshalb sind Sie anschließend nach Addis Abeba gegangen?« wollte der Major wissen.
»Sagen wir einfach, daß ich Diktatoren nicht mag, und belassen wir's dabei«, antwortete Rick.
Major Miles blätterte in seinen Unterlagen. »Wir wissen auch, daß Sie in Spanien auf der Seite der Republikaner gegen Franco gekämpft haben. Wieder sehr tapfer, wieder eine Donquichotterie – und sehr gefährlich. Sie haben an vielen Kämpfen teilgenommen ... und sich gleichzeitig mit Waffenschmuggel für die Republikaner ein kleines Vermögen verdient.«
Rick nahm einen tiefen Zug von seiner Zigarette. »Auch das ist kein Geheimnis«, sagte er. »Erzählen Sie mir lieber etwas, was nicht schon alle Welt weiß.«
Sir Harold überhörte diese Unverschämtheit. »Im Mai oder Juni 1939 tauchen Sie dann in Paris auf und bleiben bis zum Tag des Einmarschs der Deutschen dort.«
»Ich mußte damals aus Paris verschwinden«, erläuterte Rick. »Mit meiner spanischen Vergangenheit mußte ich abhauen, wenn ich nicht wie Laszlo als Gast des Dritten Reichs enden wollte. Tatsache ist, Major, daß die Nazis mich nicht sonderlich mögen, und ich mag sie offengestanden auch nicht sehr.«
»Mir fällt es schwer, diesen, sagen wir mal, Idealismus mit der Rolle des passiven Neutralen, die Sie in Casablanca offenbar so sorgfältig kultiviert haben, in Einklang zu bringen.«

»Wie Sie meinen«, antwortete Rick. »Mir fällt's manchmal auch ziemlich schwer.« Er nahm einen letzten Zug von seiner Zigarette und drückte sie in einem Aschenbecher aus. Er hatte allmählich die Nase voll. »Hören Sie«, sagte er aufgebracht, »ich habe das alles mit Major Strasser in Casablanca durchgesprochen, und der Teufel soll mich holen, wenn ich mich hier hinsetze und es mit Ihnen noch mal durchgehe. Jeder hat das Recht, zumindest einen Teil seines Privatlebens für sich zu behalten. Warum ich getan habe, was ich getan habe, geht nur mich etwas an. Wenn Sie keine weiteren Fragen haben ...« Er stand auf, als wolle er gehen.

»Warte, Richard, bitte.« Das war ihre Stimme. Das war *sie.* Wann sie hereingekommen war, wußte er nicht. Aber sie war da.

Er wollte sich umdrehen, wollte sie ansehen, aber dann tat er es doch nicht. Er konnte nicht. Nicht in diesem Augenblick. Er nahm wieder Platz.

Victor Laszlo ergriff das Wort. »Bitte, Monsieur Blaine, meiner Frau und mir ist es sehr ernst damit, daß wir Ihre Hilfe brauchen. Sie dürfen uns nicht vorwerfen, daß Sir Harold Ihre Vergangenheit hat erforschen lassen. Bei einem so wichtigen und geheimhaltungsbedürftigen Unternehmen müssen wir die Motive aller Beteiligten ganz genau kennen. Monsieur Renault verstehen wir«, fuhr Laszlo fort, indem er zu ihm hinübernickte. »Er ist ein Mann, für den Geld und Vergnügen die Hauptrolle spielen. Mit solchen Männern können wir Geschäfte machen. Aber Sie sind ein anderer Typ. Ich will Sie nicht wieder beleidigen, indem ich Ihnen Geld anbiete ...«

»Sie haben mir hunderttausend Francs für diese Transitvisa geboten, wissen Sie das noch?« unterbrach Rick ihn. »Oder sind's zweihunderttausend gewesen?«

»Und Sie haben mein Angebot abgelehnt. Statt dessen haben Sie mir die Visa geschenkt – oder, genauer gesagt, ihr.«

»Ja, das stimmt«, murmelte Rick.
»Ich bin bereit gewesen – *wir* sind bereit gewesen –, alles zu tun, um aus Casablanca herauszukommen. Ilsas Gefühle für Sie sind für mich irrelevant gewesen, solange sie und ich nur flüchten konnten, um unsere Arbeit hier fortzusetzen.«
Laszlo goß sich aus der auf dem Tisch stehenden Karaffe ein kleines Glas Wasser ein. »Eine Welt, in der Krieg herrscht, ist kein Ort, an dem man seine Sache durch persönliche Gefühle beeinträchtigen lassen dürfte. Ihre Entscheidung, sich uns anzuschließen, erschien mir wichtiger als irgendwelche Absichten, die Sie vielleicht in bezug auf meine Frau gehegt haben. Lassen Sie uns deshalb unsere in Casablanca geschlossene Übereinkunft bekräftigen.«
Laszlo erhob sich. »Ich reiche Ihnen meine Hand – nicht in Freundschaft, denn ich weiß, daß wir nie Freunde sein können. Ich reiche sie Ihnen in Kameradschaft.«
Einige Sekunden verstrichen, bevor Rick die Hand ausstreckte. Victor ergriff sie. »Laszlo, ich bin bereit, für Sie und Ilsa alles zu tun, was mein Gewissen mir gestattet. Wieviel das ist, entscheide einzig und allein ich. Einverstanden?«
»Seien Sie uns erneut im Kampf willkommen«, sagte Laszlo.
»Nur noch etwas«, fügte Rick hinzu. »Was ich auf dem Flughafen zu Ilsa gesagt habe, ist mein Ernst gewesen. Daß sie nicht daran teilhaben kann, was ich zu tun habe. Darüber sind wir uns einig gewesen.«
Er konnte ihre Schritte hören, als sie an den Tisch trat. Ihre Stimme drang laut an sein Ohr. Er konnte ihr Parfüm riechen. Er drehte sich um und ihr Blick ließ ihn alles übrige vergessen.
»Major«, sagte sie, »würden Sie Mr. Blaine bitte erklären, wie die Dinge stehen?«

KAPITEL DREIZEHN

Sir Harold stand auf. »Mr. Blaine«, begann er, nachdem er sich geräuspert hatte. »Seit dem Eintritt der Vereinigten Staaten in den Krieg haben die Umstände dieses Konflikts sich grundlegend verändert.«

Rick hörte scheinbar unbewegt zu, während sein Herz jagte.

»Dieser Krieg ist nicht länger nur der Kampf einer einzelnen freien europäischen Nation, England, gegen das Dritte Reich. Dieser Krieg ist nicht länger ein Konkurrenzkampf zweier Reiche – des britischen gegen das deutsche. In diesem Krieg geht es nicht länger um die rein akademische Frage, ob Nationalsozialismus, Faschismus, Kommunismus oder Demokratie die beste Regierungsform ist. Dieser Krieg«, sagte er mit einem Faustschlag auf den Tisch, »ist ein Kampf auf Leben und Tod.«

Ilsa zuckte bei dem Geräusch zusammen. Laszlo nicht.

»Auf Leben und Tod«, wiederholte Major Miles. »Ich weiß nicht, wieviel Erfahrung Sie persönlich mit Kämpfen dieser Art haben, Mr. Blaine.«

»Genug, um zu wissen, daß ich gewinnen möchte«, sagte Rick, »aber auch genug, um zu wissen, daß ich damit nicht unbedingt rechnen kann.«

»Genau. Jetzt, Mr. Blaine, ist unser Kampf auch Ihr Kampf.« Der Major deutete auf eine der Wandkarten. »Dies«, sagte er, »ist der verbliebene Rest der Tschechoslowakei.« Er klopfte mit einem Zeigestab auf die Karte. »Hier liegt Prag. Wie Sie sehen, liegt es knapp zweihundert Meilen nordwestlich von Wien und etwa auf halber Strecke zwischen München und Berlin. Mit anderen Worten ist Prag kein abgelegenes, unzugängliches Nest irgendwo weit im Osten, sondern eine moderne Großstadt mitten im Reich und genau im Herzen des europäischen Kontinents. Die strategische und psychologische Bedeutung dieser Stadt kann ich gar nicht genug unterstreichen.«

Das klang vernünftig, fand Rick. Wollte man jemanden umlegen, machte man's am besten in einem seiner eigenen Läden. Es schadete auch nicht, einen Insider als Helfer zu haben, der das Opfer im rechten Augenblick verriet. Das war eine weitere Lektion, die er in der guten alten Zeit auf die harte Tour gelernt hatte. Er wußte noch sehr genau, wie Giuseppe Guglielmo ausgesehen hatte, als Tick-Tock ihm ein Messer in die Rippen gestoßen und Abie Cohen ihm das Gesicht weggeschossen hatte, so daß der selbsternannte *capo di tutti capi* in seinem Büro über der Grand Central Station gestorben war, auf einem Perserteppich, für den er wahrscheinlich zuviel bezahlt hatte.

Miles' Stimme forderte wieder Aufmerksamkeit. »Wir halten einen Bombenanschlag für das beste Mittel, um Herrn Heydrich zu beseitigen. Mr. Laszlo hat sich sehr überzeugend für eine Bombe ausgesprochen, die bei einer von Heydrichs täglichen Fahrten durch die Stadt geworfen werden soll.«

Major Miles, fand Rick, dachte ausschließlich rational, kein bißchen emotional. Er war ein guter britischer Offizier. Er hätte einen guten Gangster abgegeben.

Sir Harold zeigte auf einen großen Stadtplan von Prag. »Für dieses Vorhaben spricht unter anderem das Prager Straßensystem. Die mittelalterliche Altstadt ist weitgehend erhalten, was einem potentiellen Attentäter die Möglichkeit gibt, fast unbemerkt sehr nahe an sein Opfer heranzukommen. Aus genau dem gleichen Grund wäre ein von einem Scharfschützen ausgeführtes Attentat weniger wünschenswert. Ein aus einem offenen Fenster ragender Gewehrlauf ist zu leicht zu erkennen.«

»Sie meinen also, das wäre für den Scharfschützen viel zu gefährlich?« fragte Renault.

Miles' Lippen zuckten unter seinem bürstenförmig geschnittenen Schnurrbart. Seine ohnehin schon immer schlechte Meinung von den Franzosen war durch ihre erbärmliche Leistung gegen die Deutschen im Jahre 1940 noch viel schlechter geworden. Wäre es nach dem Major gegangen, hätte es in diesem Unternehmen keinen Platz für einen Franzmann gegeben. Aber im Krieg Verbündete waren manchmal seltsame Bettgenossen, und außerdem mußten die Freien Franzosen besänftigt werden.

»Nein, Monsieur Renault«, verbesserte er ihn. »Ich meine, daß die Chancen für einen Fehlschlag zu hoch sind. Das könnte den Erfolg des Unternehmens ernstlich gefährden und dadurch Seiner Majestät Regierung kompromittieren.«

»Das darf nicht sein, nicht wahr?« meinte Renault.

»Ganz recht«, sagte der Major, dem Renaults Sarkasmus entgangen war. »Auch Gift scheidet aus, weil es eine gewisse Vertrautheit zwischen Attentäter und Opfer voraussetzt, mit der wir nicht rechnen können. Das gilt natürlich auch für Stichwaffen. Daher ist eine Bombe das wirkungsvollste Mittel, um ihn zu beseitigen.« Die Lippen des Majors verzogen sich zu etwas, was er für ein Lächeln hielt. »Außerdem garantiert sie unserem Team die besten Fluchtchancen. Dies ist schließlich kein Himmelfahrtskommando.«

»Da bin ich mir nicht so sicher«, sagte Rick.

»Gentlemen«, warf Laszlo ein, »der Major hat recht. Alles muß und wird problemlos klappen. Aber es darf nicht die geringsten Mißverständnisse geben. Noch dürfen wir unsere eigene Sicherheit gefährden.« Er starrte Renault an, der seinen Blick ausdruckslos erwiderte.

Major Miles ergriff wieder das Wort. »Nach Überzeugung der Regierung handelt sie im besten Interesse unserer Kriegsziele, wenn sie dieses Unternehmen voll und rückhaltlos unterstützt«, sagte er. »Hinzufügen möchte ich, daß dieser Plan von

Präsident Eduard Beneš persönlich genehmigt und von der tschechischen Exilregierung gebilligt worden ist.«
Rick schwenkte die Hand mit seiner Zigarette. »Also, welche Rolle sollen Louie und ich dabei spielen?«
Major Miles hatte gleich eine Antwort parat. »Mit Mr. Laszlo haben wir einen Vertreter des mitteleuropäischen Widerstands gegen Hitler. Mit Capitaine Renault haben wir einen neu zu uns gestoßenen Vertreter der Freien Franzosen. Und mit Mr. Blaine«, er nickte zu Rick hinüber, »haben wir die Verkörperung der industriellen Macht und moralischen Stärke der Vereinigten Staaten von Amerika.«
Rick spürte unwillkürlich etwas patriotischen Stolz in sich aufsteigen. Den hatte er schon lange nicht mehr empfunden. Seit 1935 war kaum ein Tag vergangen, an dem er nicht an New York gedacht hatte, aber dies war das erste Mal, daß er sich wieder als Amerikaner fühlte.
»Herr Heydrich hat mehrere Schwachpunkte«, fuhr Laszlo fort. »Er trinkt zuviel. Dank seiner übersteigerten Arroganz geht er unnötige Risiken ein. Er ist seiner Frau, die möglichst viel Zeit in Berlin verbringt, resolut untreu und genießt die Gesellschaft schöner Frauen in einem Ausmaß, das man als exzessiv bezeichnen könnte.«
Rick brauchte nicht zu überlegen, wer mit »man« gemeint war.
»Obwohl ihm der deutsche Sicherheitsdienst untersteht, glauben wir, daß seine persönlichen Sicherheitsvorkehrungen sich umgehen und ausschalten lassen.«
»Das dürfte nicht allzu schwierig sein«, warf Rick ein. »Ich habe gelesen, daß er im offenen Wagen durch Prag fährt.«
»Ganz recht«, bestätigte Laszlo, »aber dieses Wissen allein ist wertlos, wenn man nicht auch seinen Terminplan und seine Fahrtrouten kennt. Heydrich ist hinter den Mauern der Prager Burg sicher verschanzt. Wir brauchen jemanden, der nahe

genug an ihn herankommen kann, ohne seinen Verdacht zu erwecken.«

»Mit anderen Worten: Sie brauchen einen Spion in seinem Hauptquartier.«

»Genau.«

»Wer?«

»Ich«, sagte Ilsa leise.

Rick zuckte so heftig zusammen, daß er seine Zigarettenasche verstreute. Da konnte man sie gleich in die Hölle schicken und von ihr verlangen, den Teufel zu überwachen.

»Ich bin stolz darauf, sagen zu können, daß meine Frau Ilsa sich einverstanden erklärt hat, als unsere Agentin in Heydrichs Hauptquartier zu gehen«, fügte Laszlo hinzu. »Das heißt, daß sie in der Befehlszentrale des Reichssicherheitshauptamts als unsere Augen und Ohren fungieren wird.«

»Das kann nicht Ihr Ernst sein!« widersprach Rick.

»Doch«, antwortete Laszlo. »Mein völliger Ernst. Ilsas auch.«

Rick sah zu Ilsa hinüber, aber ihr Blick verriet nichts, und ihre Lippen sagten nichts. Eines war jetzt klar: Aus Laszlos Sicht war dies keine unpersönliche Kampfhandlung wie für Major Miles. Dies war ein aus persönlichem Haß geführter Krieg zwischen Victor Laszlo und Reinhard Heydrich, schon immer die übelste Form einer Auseinandersetzung.

Laszlo erhob sich und begann, auf und ab zu gehen. Rick richtete sich auf die zu erwartende Predigt ein, indem er sich eine neue Zigarette anzündete.

»Wir haben eine Chance, uns für die Freiheit einzusetzen, wie sie nur wenige gegenwärtig Lebende erhalten. Wenn ich könnte, würde ich Hitler selbst vernichten. Das können wir nicht. Daher müssen wir uns bedauerlicherweise mit einem seiner Helfershelfer begnügen. Reinhard Heydrich ist der Mann, den wir liquidieren wollen.«

»Der Mann, den *Sie* liquidieren wollen«, warf Rick ein, »weil

er Sie ins Konzentrationslager gesteckt hat. Das klingt mir ganz nach einem persönlichen Rachefeldzug.«
»Also gut«, bestätigte Laszlo ungerührt, »der Mann, den *ich* liquidieren will!«
Rick bewunderte erneut die unerschütterliche Gelassenheit des anderen. »Trotzdem, etwas gefällt mir daran nicht. Nein, ich meine nicht den Plan, die Bombe oder wie sie ins Ziel gebracht werden soll. Dafür sind Sie zuständig. Sie sind die Fachleute. Ich habe gesagt, daß diese Sache persönlich zu klingen beginnt, und das wiederhole ich jetzt. Das gefällt mir nicht. Ich habe im Lauf meines Lebens einige Männer umbringen müssen und bin darauf nicht stolz. Damals war Krieg, und ich hatte keine andere Wahl, ob das in New ...«, er räusperte sich, »... ob das in Spanien, Afrika oder sonstwo gewesen ist. Aber wer einen Mann umbringen will, sollte schnell und wirkungsvoll zuschlagen, sonst setzt der andere sich mit allem zur Wehr, was er hat. Spätestens dann ist es nämlich auch für ihn eine persönliche Angelegenheit.«
Renault ergriff das Wort. »Mein Freund Ricky hat recht, muß ich sagen«, begann er. »Ich zweifle keinen Augenblick an der Aufrichtigkeit von Monsieur Laszlos Erbitterung und stelle auch ihre Ursache nicht in Frage. Ein Zwangsaufenthalt in einem der Konzentrationslager des verstorbenen Major Strasser genügt, um jedem den Appetit zu verderben. Aber ich frage mich, ob Sie einem Bürger Frankreichs und wahren Sohn von Descartes die Feststellung gestatten wollen, daß hier Emotionen über die Vernunft siegen.«
Major Miles musterte Renault widerstrebend respektvoll. »Ich kann den Ernst dieses Unternehmens und die Bedeutung, die meine Regierung seinem Erfolg beimißt, nicht genug betonen«, stellte er fest. »Sie alle sind wegen Ihrer Fähigkeiten, nicht wegen Ihrer Emotionen dafür ausgewählt worden.«
»Hab' gar nicht gemerkt, daß ich mich bewerbe«, sagte Rick.

»O doch, das haben Sie, Mr. Blaine«, antwortete der Major. »In Äthiopien und Spanien, wo Sie gegen eine große Übermacht gekämpft und verloren haben.« Sir Harold wandte sich an Louis. »Ich kann nicht behaupten, daß Ihr Vorleben uns nicht auch einige schlaflose Nächte bereitet hat, Monsieur Renault. Ihre plötzliche Abreise aus Casablanca unmittelbar nach Major Strassers Ermordung und Mr. Blaines Verschwinden hat Ihnen jedoch ein überzeugendes Alibi als Unperson verschafft. Ich bezweifle nicht, daß Sie mit der neuen Identität, die Sie von uns erhalten, sehr eindrucksvoll einen Vichy-Beamten verkörpern werden. Aber wie können wir sicher sein, daß Sie nicht nochmals die Seiten wechseln?«

»Ich glaube, Ihr Kaufangebot liegt als einziges auf dem Tisch, Major«, sagte Renault. »Das macht es für mich gut genug.«

»Was Sie betrifft, Mr. Laszlo, gibt es keine Zweifel an Ihrer Aufrichtigkeit oder Ihrem Wunsch, den Schänder Ihres Vaterlands seiner gerechten Strafe zuzuführen.« Laszlo nickte. »Aber auch Ihr Fall ist leider nicht unproblematisch.« Der Major blätterte in einer Akte. »›Victor Laszlo‹«, las er daraus vor. »›Geboren in Preßburg, dem jetzigen Bratislava, Tschechoslowakei. Sprachen: Ungarisch, Tschechisch, Deutsch, Französisch und Englisch. Staatsangehörigkeit ...‹« Er machte eine Pause. »›... keine.‹«

»Eine Situation, für deren Korrektur ich mein Leben zu opfern bereit bin«, sagte Laszlo.

»Aber, aber, Mr. Laszlo«, beschwichtigte Sir Harold ihn. »Zu den charakteristischen Besonderheiten dieses Kriegs gehört, daß so viele der Beteiligten nicht das sind, was Sie auf den ersten Blick zu sein scheinen. Herr Hitler ist kein Deutscher, sondern Österreicher. Mr. Stalin ist kein Russe, sondern Georgier. Sogar Mr. Churchill, unser eigener Premierminister, ist zur Hälfte Amerikaner.« Der Major machte eine Pause, um einen Schluck Wasser zu nehmen.

»Mein Vater ist Wiener gewesen«, sagte Laszlo, »aber ich fühle mich als Tscheche. Tschechisch ist meine Muttersprache gewesen. Ich bin mit tschechischen Heldensagen aufgewachsen: von Šarka und der Burg Vyšchehrad und vom Hradschin, der alten Residenz der böhmischen Könige. Wir Tschechen kämpfen seit Hunderten von Jahren gegen die Deutschen. Sie haben versucht, unsere Sprache und selbst unser Volk zu vernichten. Sie haben Böhmen und Mähren kolonisiert; sie haben uns sogar verboten, unsere Musik in unseren eigenen Theatern zu spielen. Obwohl wir Slawen sind, haben sie unsere blondesten, blauäugigsten Frauen für ihr schändliches Lebensborn-Programm verschleppt, und den Rest unseres Volks würden sie am liebsten versklaven – wie überhaupt alle Slawen, die sie nicht gleich ermorden.«

Er wandte sich an Rick. »Ja, Mr. Blaine, das ist eine sehr persönliche Sache. Sie ist immer persönlich gewesen. Und Sie wagen es, mich zu kritisieren – Sie, der niemals auch nur eine Minute lang die Gastfreundschaft Reinhard Heydrichs und seiner Bande genossen hat! Sie, der nie miterleben mußte, wie seine Angehörigen ermordet wurden – nur weil sie seine Angehörigen waren ...«

»Da wäre ich mir nicht so sicher«, sagte Rick halblaut.

Laszlo ging jedoch nicht darauf ein. »Sie, der aus einem Land stammt, das niemals im Krieg gelitten hat, niemals die Ausrottung seiner Bevölkerung erlebt hat, niemals auf der internationalen Bühne herausgefordert worden ist. Sie mit Ihrer Jazzmusik, Ihren Wolkenkratzern, Ihren Negern und Ihren Chicagoer Gangstern. Sie, die hinter Ihrer Barriere des Atlantiks sicher und ungefährdet sind. Während wir Tschechen in der Mitte Europas sitzen – von Feinden umgeben und nach Freiheit lechzend!« Er rang die Hände. »Sie sagen, daß ich alles persönlich nehme? Und ich sage, Sie sollten es auch persönlich nehmen!«

»Vielleicht tue ich das«, murmelte Rick.
Laszlo schwieg einen Augenblick, dann sagte er: »Sie meinen meine Frau.« Das war eine Feststellung, keine Frage.
»Gentlemen«, schlug Major Miles vor, »können wir uns bitte wieder auf das Geschäft konzentrieren, um das es hier geht?«
»Mit Vergnügen«, stimmte Renault zu. »Vom Geschäft verstehen wir Franzosen etwas. Aber haben wir etwaige Vergeltungsmaßnahmen berücksichtigt?«
Alle schwiegen, sogar Major Miles.
»Ich habe das Gefühl«, sagte Renault, indem er das Schweigen der anderen nützte, »daß die Deutschen die Ermordung Heydrichs nicht so einfach hinnehmen werden. Tatsächlich haben Sie in der Vergangenheit nicht die geringste Neigung dazu erkennen lassen. Erschießen Titos Partisanen auf dem Balkan einen Nazi, müssen zur Vergeltung hundert Unschuldige dafür sterben. Unser Vorhaben, ihn in die Luft zu jagen, während er durch Prag fährt, kann durchaus Erfolg haben. Aber was ist mit den unschuldigen Opfern, die unter Umständen dafür bezahlen müssen? Was ist mit Vergeltungsmaßnahmen?«
Schweigen in der Runde. Laszlo schien es unbehaglich zumute zu sein. Major Miles wirkte irritiert. Renault wirkte befriedigt.
»Na, wer ist jetzt sentimental?« fragte Rick Louis.
»Nicht sentimental«, antwortete Renault. »Pragmatisch. Das ist etwas anderes.«
Sir Harold räusperte sich. »Glauben Sie etwa«, fragte er Renault hörbar gekränkt, »daß wir diese Möglichkeit nicht in Erwägung gezogen haben?«
»Genau das macht mir Sorgen, Major«, sagte Renault.
In diesem Augenblick wurde an die Tür geklopft. Ein Adjutant trat ein und legte Miles einige Schriftstücke zur Unterschrift vor. Als der Major sich wieder an die Gruppe wandte, ergriff Rick das Wort.

»Haben Sie sich das alles selbst ausgedacht oder den ganzen Plan Rube Goldberg abgekauft?« fragte er. »Ich meine, das ist die blödeste Sache, die ich je gehört habe. Sie ist vor allem zu kompliziert. Bei so vielen Beteiligten gibt es garantiert undichte Stellen. Dann ist das Überraschungsmoment dahin.«
Er zündete sich aufgebracht eine neue Zigarette an. »Außerdem ist es viel zu gefährlich. Sie reden davon, daß ein Team unter Laszlos Führung hinter den deutschen Linien eingeschleust werden soll. Geht dabei das geringste schief, werden wir binnen Stunden geschnappt. Noch schlimmer ist, daß Ilsa, Miss Lund, in Prag festsitzt, wo sie vermutlich hingerichtet wird, sobald das Unternehmen fehlschlägt. Nehmen wir mal an, Laszlo geriete lebend in Gefangenschaft. Wie lange würde es wohl dauern, bis die Deutschen erkennen, daß sie auch seine geliebte Frau haben, selbst wenn es ihm gelänge, trotz schwerster Foltern zu schweigen? Laszlo würde vielleicht nichts verraten, um seine eigene Haut zu retten, aber er würde wie Bing Crosby singen, um ihre zu retten.«
Er wünschte sich, hier gäbe es einen Drink. »Das funktioniert einfach nicht«, schloß er. »Major Miles, ich bin in meinem Leben schon an einigen verrückten Sachen beteiligt gewesen, aber diese hier schießt den Vogel ab.«
»Monsieur Blaine ...«, begann Laszlo, aber Rick sprang auf und fiel ihm ins Wort.
»Und Sie ... ich hätte gemeinsam mit Ilsa wegfliegen und Sie in Casablanca verfaulen lassen sollen«, sagte er zornig. »Ich dachte, wir hätten einen Deal geschlossen, aber aus meiner Sicht haben Sie ihn eben gebrochen.« Er setzte sich wieder. »So, jetzt habe ich meine Rede gehalten«, sagte er. »Was mich betrifft, ist die Sache so einfach.«
»Nein, Richard«, widersprach Ilsa leise. »Das ist sie nicht.«
Alle Blicke waren auf sie gerichtet, als sie weitersprach.
»Richard«, sagte sie, »ich möchte, daß du mir zuhörst, einmal

richtig zuhörst.« Die Intensität ihres Blicks ließ ihm keine andere Wahl.

»Jedesmal, wenn ich das tue, bekomme ich eine andere Geschichte zu hören«, wehrte Rick ab in dem hoffnungslosen Versuch, sich Ihrer Anziehungskraft zu entziehen.

»Für Spiele ist jetzt nicht die Zeit!« rief sie aus. »Ich tue das alles nicht, weil Victor es von mir verlangt oder die Briten mich darum gebeten haben. Ich tue es, weil ich es tun *will.* Für mich, für meine Angehörigen. Für meinen Vater.«

Ihre Augen blitzten wie seit Paris nicht mehr. Dort war es die Liebe gewesen, die sie hatte funkeln lassen. Jetzt blitzten sie aus einer ganz anderen Leidenschaft.

»Weißt du noch, wie du mich in Paris gefragt hast, wo ich vor zehn Jahren gewesen sei?«

»Yeah«, sagte Rick. »Du hast geantwortet, du hättest gerade Zahnspangen bekommen.«

»Ganz recht«, bestätigte Ilsa. »Zahnspangen, die meine Eltern, die ich sehr geliebt habe, bezahlt haben. Ich bin nur eine dumme Göre gewesen, erst fünfzehn, aber ich habe schon gewußt, welch großer Mann mein Vater war und welch wichtige Arbeit er für meinen König und mein Land geleistet hat. Im folgenden Jahrzehnt wurde ich immer stolzer auf ihn, als er im Kabinett aufgestiegen ist, bis zum Kriegsminister hinauf. Edvard Lunds Tochter zu sein ist mir als die größte Ehre erschienen, die ich mir vorstellen konnte – bis ich in Paris Mrs. Victor Laszlo geworden bin.«

Laszlo nahm den Faden auf. »Einige Wochen nach dem Einmarsch der Deutschen in Prag bin ich nach Frankreich geflüchtet«, sagte er. »Ich habe versucht, die Druckerpresse möglichst lange in Gang zu halten, aber das hatte keinen Zweck mehr. Der Untergrund hat mich gebeten, ins Ausland zu gehen und die Welt über die wahre Natur der Deutschen und ihre Pläne für das restliche Europa aufzuklären. Nach

England wollte ich wegen Chamberlain und des Münchner Abkommens nicht gehen. Schweden wäre vielleicht sicherer gewesen. Aber Frankreich schien ebenso entschlossen zu sein wie ich, Hitler zu bekämpfen.«

Ilsa setzte ihren Bericht fort. »Ich habe mir nie Sorgen um meine Eltern daheim in Oslo gemacht. Wer hätte sich vorstellen können, daß die Nazis in Norwegen einfallen würden? Aber im April 1940 haben sie's getan. Jedermann ist völlig überrascht gewesen. Gewiß, die Briten hatten unsere Häfen vermint, aber wir haben geglaubt, das würde die Deutschen entmutigen, nicht provozieren. Das falsche Sicherheitsgefühl hat bis zu der Minute angehalten, in der sie die Tür meines Elternhauses eingetreten, meine Eltern aus dem Bett geholt und sie, die Waffen im Anschlag, nach unten getrieben haben.« Sie fuhr bei der Erinnerung daran zusammen. Rick hätte sie am liebsten in die Arme geschlossen. Laszlo saß unbeweglich da.

»›Sind Sie Edvard Lund?‹ wollte einer der Deutschen wissen. Als mein Vater die Frage bejaht hat, hat der Offizier eine Pistole gezogen und ihn auf der Stelle erschossen. Sie haben meine Mutter dort zurückgelassen – auf dem Fußboden ihres Hauses, weinend über dem Toten liegend.« Ilsa machte eine Pause. »Ich habe meine Entscheidung nicht leichtfertig getroffen«, erklärte Ilsa den Anwesenden, ohne Rick dabei aus den Augen zu lassen. »Richard, du glaubst, daß das alles Victors Idee ist, weil er sich dafür rächen will, was sie ihm in Mauthausen angetan haben, und damit hast du recht. Aber dies ist auch meine Rache. Versuch nicht, sie mir zu nehmen.«

Rick Blaine staunte darüber, was er gerade über Ilsa Lund erfahren hatte. Damals in Paris hatten sie sich darauf geeinigt, sich nicht auszufragen. Damals in Paris hatte er geglaubt, der einzige mit schlimmen Erinnerungen zu sein. Damals in Paris hatte er sich für den einzigen Pechvogel der Welt gehalten.

»Ich sehe noch immer nicht ein, warum du dein Leben riskieren mußt, indem du nach Prag gehst«, wandte er ein. »Warum überläßt du das nicht Victor, Louie und mir?« Er blickte zu Sir Harold hinüber. »Major, warum können wir keinen Mann in Heydrichs Dienststelle einschleusen? In London gibt es doch bestimmt einen Tschechen, der die Sprache beherrscht, die Umgebung kennt und ...«

Victor Laszlo tat seine Einwände mit einer Handbewegung ab. »Monsieur Blaine«, sagte er, »ich bin sicher, daß Sie mich nicht beleidigen wollen, indem Sie andeuten, ich sei bereit, meine Frau unnötig in Gefahr zu bringen, wenn es eine andere Möglichkeit gäbe. Gestatten Sie mir, Ihnen zu erklären, warum nur Ilsa allein dafür in Frage kommt.«

»Nein, Victor!« sagte Ilsa harsch. »Überlaß das mir.«

Sie sah Rick an, wie sie es bei ihrem letzten Zusammensein in Paris getan hatte, als sie in seinem Club *La Belle Aurore* zur Melodie von »Perfidia« getanzt hatten, während in der Ferne schon Geschützdonner zu hören gewesen war. Aus ihrem Blick sprachen Zärtlichkeit, Liebe, Sorge, Verzweiflung und ihr geheimes Wissen davon, was sie sich zu tun vorgenommen hatte. Nur teilte sie ihr Wissen diesmal schon im voraus mit ihm.

»Richard«, begann sie und sprach mit ihm, dem harten Burschen aus New York, wie mit einem Kind, »du kennst diese Leute nicht, wie wir sie kennen. Würden wir einen deutschsprechenden Tschechen aus der hiesigen Widerstandsbewegung hinschicken, wäre das Risiko sehr hoch, daß er schon in der ersten Woche enttarnt, bespitzelt, denunziert und erschossen würde. Aber mich kennt dort niemand. Mit etwas Unterstützung durch den britischen Geheimdienst kann ich sein, wer immer ich zu sein behaupte.«

Ilsa nickte zu ihrem Mann hinüber. »Dank Victor ist unsere Ehe, sogar unsere gesamte Beziehung, vor jedermann strikt geheimgehalten worden. Das hat zu meinem Schutz gedient. Aber jetzt kann ich diese Tatsache als Waffe gegen sie benützen. Sie werden nie vermuten, ich sei die Frau Victor Laszlos.« Sie lachte ein nervöses, aufgeregtes kleines Lachen. »Außerdem käme kein Mann jemals so nahe an Heydrich heran, wie es eine Frau könnte.«

»Warum nicht?« fragte Rick. Seiner Erfahrung nach ließ kein Gangster, der etwas taugte, jemals eine Puppe so nahe an sich heran, daß sie sehen konnte, wieviel Geld er in der Tasche hatte – außer er ging mit ihr aus. Frauen und Geschäft vertrugen sich nicht.

»Weil sie nicht an Frauen denken, darum nicht!« sagte Ilsa. »Weil für die Deutschen eine Frau außer in der Küche und von Zeit zu Zeit im Schlafzimmer praktisch unsichtbar ist. Bei ihnen kann es niemals einen Raum mit Sekretären geben, die Geheimsachen bearbeiten, weil sie diese Männer irgendwann alle erschießen müßten, nur um ganz sicher zu sein. Warum hat Hitler deiner Meinung nach fünf Sekretärinnen, aber außer Martin Bormann nur einen einzigen Sekretär?«

So hatte er die Sache noch nie betrachtet.

»Dazu kommt das Offensichtliche«, fuhr sie fort. »Reinhard Heydrich ist berüchtigt für seine, sagen wir mal, Vorliebe für attraktive Frauen, und ich ...«

»Und Ilsa ist eine sehr schöne Frau«, warf Laszlo ein, um den Satz für sie zu beenden. »Wie Ihnen auch schon aufgefallen ist, Monsieur Blaine.«

»Sie können's kaum erwarten, sie in Ihren Krieg reinzuziehen, was?« knurrte Rick.

»Verstehst du noch immer nichts, Rick?« rief Ilsa aus. »Ich bin von Anfang an dabeigewesen! Wieso sind wir nach Casablanca gekommen, glaubst du? Bestimmt nicht, damit ich dich wiedersehen konnte! Du erinnerst dich an den Schmuckhändler Berger, der oft in deinem Café gewesen ist? Der ist *mein*

Kontaktmann gewesen – nicht etwa Victors. Ich habe versucht, meinen Mann in Sicherheit zu bringen, nicht umgekehrt.«
»Was?« fragte Rick entgeistert.
»Richtig, mein Kontaktmann«, wiederholte Ilsa. »Berger hat für die norwegische Widerstandsbewegung gearbeitet. Er hat versucht, uns Ausreisevisa zu beschaffen, und als er von der Ermordung der beiden deutschen Kuriere und der Existenz der Transitvisa gehört hat, wollte er sie Ugarte abkaufen. Und dann ...«
»Dann habe ich mich eingemischt«, gab Renault zu, »und Ugarte in Ricks Café verhaften lassen, um Major Strasser ein bißchen zu imponieren.« Er sah sich am Tisch um. »Tut mir leid.«
»Damit hat deine Rolle begonnen, Richard«, fuhr Ilsa fort. »Du hast diese Transitvisa von Ugarte bekommen und sie uns gegeben. Dadurch bist auch du ein Teil dieser Sache geworden. Wir sitzen jetzt alle im gleichen Boot.« Sie machte eine Pause und errötete. »Nicht wahr, Richard? Bitte, sag mir, daß das stimmt.«
Er hätte sie am liebsten geküßt – direkt vor den Augen ihres Ehemanns, vor den Augen aller – und fragte sich, warum er's nicht tat.
»Ich werd's mir durch den Kopf gehen lassen«, sagte er nur.

KAPITEL VIERZEHN

An diesem Abend kam Sam erst spät zurück. Er kam von seinem neuen Engagement als Pianist in einem verräucherten Nachtclub, der in Soho in einem Keller in der Greek Street untergebracht war und seinen Gästen gepanschte Drinks und eine Show mit halbnackten Mädchen bot, die nach Sams Meinung keine genauere Betrachtung bei Tageslicht vertragen hätten. Der Laden hieß *Morton's Cabaret Club* und gehörte zwei Cockney-Gangstern, den Zwillingsbrüdern Earl und Melvin Canfield. Die Briten schienen sie beängstigend zu finden, aber Sam fand sie bloß amüsant. Wie sie in ihren engen schwarzen Anzügen, in denen kein Feuerzeug und erst recht keine Pistole Platz gehabt hätte, umherstolzierten, Befehle brüllten und sich überhaupt wie harte Burschen aufführten! Schon bei dem Gedanken an einen unbewaffneten Gangster mußte Sam lachen; die einzigen unbewaffneten Gangster, die er daheim gekannt hatte, waren tote Gangster gewesen.

Die anderen Schwarzen im *Morton's* waren einige Spüler, von denen Sam auch nicht viel hielt. Sie waren Westinder, aber weit von den in der Karibik geborenen Intellektuellen entfernt, die er aus Harlem kannte, wo die Inselbewohner in der sozialen Hackordnung ganz weit oben standen. Statt dessen waren sie sanft, sprachen leise und verhielten sich unauffällig, als fürchteten sie jeden Augenblick, die Briten könnten merken, daß sie Schwarze waren, und sie übers Meer verfrachten. Wieder einmal.

Im *Morton's* war der meistgewünschte Song »Shine«, ein jazziger Südstaatensong von Ford Dabney, den Sam – ob mit Josephine Baker in Paris oder allein am Klavier in *Rick's Café Américain* – immer bereitwillig gespielt hatte. Die Weißen glaubten, der Witz gehe auf seine Kosten, aber Sam wußte, daß er in Wirklichkeit auf ihre ging. Er konnte sich nicht vorstellen, daß Farbige dafür bezahlt hätten, einen Weißen zu hören, der ein komisches Lied über sich sang.

»Was hast du so lange getrieben?« wollte Rick wissen. Er saß allein im Wohnzimmer und spielte Schach gegen sich selbst. Sein Benehmen verriet Sam nicht gleich, ob er gewann oder verlor.

»Nichts Besonderes, Mr. Rick.« Sam zog seinen Mantel aus und hängte ihn an die Garderobe. Als er hereinkam, begutachtete er das Schachbrett: Rick spielte eine seiner Lieblingspartien – eine Partie von Paul Morphy mit einem verblüffenden Opfer der schwarzen Königin und schachmatt beim 76. Zug. Sam und Rick hatten sie erst neulich gespielt. Weshalb Morphy im 16. Zug den Bauern auf a4 vorgestoßen hatte, war für Sam offensichtlich, aber Rick schien noch immer darüber nachzurätseln. Sam überlegte, ob er dem Boß sein Exemplar von Philidors *L'analyse du jeu des Échecs* leihen sollte, aber dann fiel ihm ein, daß Rick nicht sehr gut Französisch konnte.

»Ich bin bloß von Polizeibeamten angehalten worden, die wissen wollten, was ein Farbiger mitten in der Nacht auf Londons Straßen zu suchen hat und ob ich nicht wisse, daß ein Krieg im Gange sei?«

»Was hast du geantwortet?« fragte Rick.

»Daß das nicht mein Krieg ist.«

»Vielleicht jetzt doch.« Rick schnippte resigniert den weißen König vom Brett. »Komm, wir gehen nach unten. Ich hab's satt, allein dazuhocken, zu trinken und beim Schach gegen mich selbst zu gewinnen. Ich möchte Musik hören. Vielleicht sogar ein paar der alten Songs.«

»Mir nur recht, Boß«, sagte Sam.

Sie gingen in die Hotelhalle hinunter. Es gab keinen Strom und nur wenige Gäste, aber Sam kam am Klavier auch bei

Kerzenschein zurecht. Ricks Bourbon brauchte gar kein Licht. Er schmeckte auch bei Dunkelheit ausgezeichnet.
»Möchten Sie darüber reden, Boß?« fragte Sam, während seine Finger leicht über die Tasten glitten. Er spielte »You Must Have Been a Beautiful Baby«, einen von Ricks Lieblingssongs. Der Boß beruhigte sich immer, wenn er ihm etwas vorspielte.
»Worüber?« fragte Rick.
»Sie wissen schon«, sagte Sam. »Sie. Miss Ilsa.« Die Paul-Morphy-Partie hatte ihm alles verraten; wenn Rick optimistisch gestimmt war, spielte er alte José-Capablanca-Partien nach.
»Ich denke, ich habe dir verboten, von ihr zu reden«, knurrte Rick. »Ich kann mich nicht erinnern, dieses Verbot zurückgenommen zu haben.«
»Nichts für ungut, Mr. Richard«, sagte Sam. »Ich hab' mir nur gedacht ...«
»Wer hat gesagt, daß du denken sollst?« fragte Rick.
Er rauchte und trank einige Zeit schweigend. Sam improvisierte weiter. Ohne daß es ihm bewußt war, spielten seine Finger »As Time Goes By«.
»Hör auf ...«, verlangte Rick, aber Sam unterbrach ihn.
»Erinnern Sie sich noch, wann wir diesen Song zum erstenmal gehört haben, Mr. Rick?« fragte er. »Das ist im *Tootsie-Wootsie Club* gewesen – einunddreißig oder zweiunddreißig, glaub' ich.«
»Könnte ungefähr stimmen«, grunzte Rick. »Damals war ich gerade Geschäftsführer geworden.«
»Stimmt genau.« Sam schüttelte den Kopf, während er seinen Erinnerungen nachhing. »Sind das nicht Zeiten gewesen?« Er begann pianissimo zu spielen und sah dabei zu Rick auf.
»Ich weiß noch alles, als wär's erst gestern gewesen«, sagte er. »Dieser weiße Junge, dieser Mr. Herman kommt reinmarschiert und sagt, daß er einen Song in sich hat, der herausmuß,

und Mr. Solomon sagt, verschwinde und nimm deinen verdammten Song mit, dies ist ein Farbigenclub, wir wollen hier keine Juden, aber Sie sagen, jetzt bin ich hier der Geschäftsführer, und Sie fordern Mr. Herman auf, seinen Song zu spielen, und er spielt ihn.« Sam trank einen Schluck Wasser aus dem Glas auf dem Klavier, ohne dabei mehr als einen belanglosen Takt für die linke Hand auszulassen. »Und ich habe ihn seitdem immer wieder gespielt.«

»Das hast du allerdings«, bestätigte Rick.

»Offengestanden mach' ich mir nicht viel daraus. Aber das ist immer einer Ihrer Lieblingssongs gewesen.«

»Und einer von *ihren*«, sagte Rick. »Also Schluß damit.«

»Ich höre, Mr. Rick«, sagte Sam, der weiterspielte, »aber ich höre nicht auf Sie.«

»Du bist entlassen«, knurrte Rick.

»Das glaube ich, wenn ich die verdammte Lohnerhöhung kriege, die Sie mir dauernd versprechen«, sagte Sam.

»Er entläßt dich nie, Sam«, stellte Ilsa fest. »Du spielst ›As Time Goes By‹ viel zu schön, als daß er das jemals könnte.« Auch jetzt kam sie wie in seinem Café in Casablanca als Engel in Weiß aus dem Dunkel auf ihn zu. Damals hatte er geglaubt, den Grund für ihr Kommen zu kennen, und sich getäuscht. Heute nacht war es jedoch anders. Heute nacht kannte er ihren Grund.

»Wann mußt du fort?« fragte er.

»Morgen.«

»Champagner?« Den hatten sie damals beim Abschied im *La Belle Aurore* getrunken. Irgendwie passend, fand er.

»Champagner wäre schön«, antwortete sie.

»Hol der Lady etwas Schampus, okay, Sam?« forderte Rick ihn auf. »Und paß auf, daß er kalt ist. Mir ist's egal, wen du dafür bestechen mußt – hol ihn einfach.«

»Okay, Boß«, sagte Sam und stand vom Klavier auf.

Sie sammelte sich einen Augenblick, während Sam den Champagner holte.

»Victor hat mir von der Übereinkunft erzählt, die ihr beide in Casablanca geschlossen habt, als Capitaine Renault ihn damals in Untersuchungshaft genommen hatte. Daß du mir gegenüber so tun würdest, als würden wir alle mit dem Flugzeug fliegen, obwohl du vorgehabt hast, mich mit Victor wegzuschicken. Ich möchte, daß du weißt, daß ich dir dafür dankbar bin.«

»Ich frage mich, ob ich die richtige Entscheidung getroffen habe«, sagte Rick.

»Das spielt jetzt keine Rolle mehr«, behauptete Ilsa. »Wichtig ist, daß wir jetzt gemeinsam hier sind. Wichtig ist nicht, was bisher getan worden ist. Wichtig ist nur, was wir gemeinsam tun *werden.*«

»Du scheinst dir alles genau ausgerechnet zu haben«, stellte Rick fest. »Also, wozu brauchst du mich?«

»Nicht ich«, antwortete sie und senkte ihren Blick. »Victor braucht dich.«

Rick trank einen Schluck. »Ich habe schon bessere Angebote gehabt.«

Das hätte er nicht sagen dürfen. »Richard, sei nicht so dumm! Sei nicht so egoistisch! Siehst du denn nicht, daß diese Sache größer ist als du und ich, größer als Victor, größer als wir alle zusammen? Hier geht's nicht um die Probleme dreier kleiner Leute. Wenn du das nicht sehen kannst – nicht sehen *willst* –, bist du nicht einmal halb der Mann, für den ich dich gehalten habe. Nicht einmal halb der Mann, in den ich mich in Paris verliebt habe.«

Sie weinte. »Nicht einmal halb der Mann, den ich noch immer liebe«, flüsterte sie mit versagender Stimme.

Rick legte einen Arm um sie, um sie zu halten, und sie ließ sich gegen ihn sinken, so daß ihr Kopf an seiner Schulter ruhte.

Er küßte sie nachdrücklich. Sie wich nicht zurück, nicht eine Sekunde lang.

»Richard, weißt du das denn nicht?« schluchzte sie, als ihre Lippen sich wieder getrennt hatten. »Er wird sterben. Ich weiß, daß er dabei umkommt. Er ist von diesem Vorhaben besessen. Er denkt an nichts anderes mehr. Was die Deutschen seiner Heimat angetan haben – was sie ihm angetan haben –, kann er nicht ungerächt lassen. Er hat sein Leben dem Bemühen geweiht, sie aus Prag, aus der Tschechoslowakei, wenn möglich aus dem ganzen besetzten Europa zu vertreiben. Seine Leidenszeit in Mauthausen hat ihn nur noch entschlossener gemacht. Was auch geschieht, er wird Erfolg haben. Selbst wenn er dafür sein Leben opfern muß.«

Ilsa tupfte sich ihre Augen mit dem Einstecktuch aus Ricks Brusttasche ab. »Deshalb bitte ich dich um deine Hilfe«, sagte sie leise. »Nicht seinetwegen, sondern meinetwegen. Unseretwegen. Begreifst du das jetzt?«

Sie löste sich nur langsam von Rick und lehnte sich zurück, um ihn anzusehen. »Die Briten schmuggeln mich nach Prag ein. Der tschechische Widerstand kann mich im Reichssicherheitshauptamt, mit etwas Glück sogar in Heydrichs Büro unterbringen. Dort ist die Stelle einer Sekretärin frei, und mit meinen Sprachen kann ich mich als Weißrussin ausgeben.«

»Das ist also deine Legende«, sagte Rick. »Ich habe mich schon gefragt, für wen du dich ausgeben willst.«

»Ja«, antwortete Ilsa. »In Prag bin ich Tamara Toumanowa, die Tochter eines russischen Adligen, den die Bolschewisten nach der Oktoberrevolution erschossen haben. Aufgewachsen bin ich bei meiner Mutter, die ganz Europa bereist hat, in Stockholm, Paris, München und Rom. Daher bin ich überall und nirgends zu Hause.«

»Wieso glaubst du, daß sie darauf reinfallen werden?« fragte Rick.

»Sie werden es glauben«, antwortete Ilsa, »weil sie es glauben wollen. Als Weißrussin will ich mich an den Kommunisten dafür rächen, was sie meiner Familie und mir angetan haben. Wer die Kommunisten haßt, ist in Nazikreisen immer hochwillkommen.«
Sie schüttelte den Kopf, als Rick ihr nachschenken wollte. »Nein, Richard«, sagte sie, »von jetzt an muß ich meine fünf Sinne immer beieinander haben.« Sie lächelte ihn an – mit demselben herzbewegenden Lächeln, an das er sich so gut erinnerte. Zum letztenmal hatte er es im *La Belle Aurore* gesehen, als sie Blau getragen hatte. Heute nacht war das einzige Blau, das sie trug, das Blau ihrer Augen.
»Und du auch«, sagte sie mit einem kleinen Lachen, indem sie nach dem Bourbonglas in seiner Hand griff.
»Laß meinen Drink in Ruhe, ja«, protestierte Rick.
Sie betrachtete ihn ernst, während Verlangen und Begierde in ihren Augen glitzerten. »Dann laß ihn wenigstens den letzten sein«, bat sie. »Ich brauche dich ab jetzt vollkommen nüchtern. So brauchen wir dich alle, wenn wir auch nur die geringsten Erfolgschancen haben wollen. Wovor du dich auch versteckst, bitte versteck dich nicht mehr hinter dem Alkohol.«
Rick stellte widerstrebend das Glas weg. Schnaps war schon so lange sein lustiger Kumpan gewesen, daß er neben Sam sein bester Freund war. Trocken zu werden würde nicht einfach sein. Das war verdammt viel von einem Mann verlangt. Er betrachtete Ilsa im Kerzenschein und wußte plötzlich, wie einfach es doch sein würde. »Laß mich wenigstens diesen hier austrinken. Als eine Art Gruß und Abschied zugleich.«
Sie beugte sich zu ihm hinüber und küßte ihn leicht auf die Wange. »Du kannst ihn oben austrinken.«
»Spiel weiter, Sam«, sagte Rick.
»Ich geh nirgends hin«, antwortete Sam.

Ilsa Lund und Richard Blaine standen auf und verließen Hand in Hand die Hotelhalle.
Am nächsten Morgen in aller Frühe reiste Tamara Toumanowa nach Prag ab.

KAPITEL FÜNFZEHN

New York, Januar 1932

»Ricky, du hättest diese Kneipe in den alten Zeiten sehen sollen«, sagte Solly, nachdem sie an einem Wintermorgen die Einnahmen aus dem Zahlenlotto kassiert, das Bier ausgeliefert und die obligaten Schießübungen hinter sich gebracht hatten. Solly kassierte die Lottoeinnahmen noch immer gelegentlich gern selbst, vielleicht um mit den Grundlagen seines Erfolgs in Verbindung zu bleiben, und schleppte Rick kreuz und quer mit sich durch Harlem, wenn er seinen Tribut einsammelte.
Die beiden saßen in Sollys liebstem Zähllokal, einer Bar mit Ladenfront an der Kreuzung der 129th Street und St. Nicholas Avenue. Die Kneipe selbst war nichts Besonderes, aber das war der springende Punkt. Wenn man durch die schmale Tür hereinkam, hatte man linkerhand eine lange Bar. Von Sollys Stammtisch im hinteren Teil des Raums aus konnte man den gesamten Raum überblicken. Ihn dort zu überraschen, wäre schwierig gewesen – vor allem, wenn zwei oder drei seiner Jungs bei ihm waren oder er auch nur Tick-Tock Schapiro mitgebracht hatte, um Gesellschaft zu haben. Tick-Tock war an jedem Tag der Woche zwei bis drei gewöhnliche Jungs wert und wog samstags sogar die doppelte Anzahl auf.
»Deutsche und Iren haben hier getrunken und natürlich Juden. Jetzt ist's anders.« Er gestikulierte mit nach oben zeigenden Handflächen, eine für Horowitz typische Handbewegung, die besagte: Was kann man schon machen? »Manchen Leuten gefällt das nicht. Pfui über sie! Ricky, laß mich dir was sagen, was viele dieser Jungs downtown nicht wissen: Farbige sind auch Menschen.« Mit »downtown«, das wußte Rick,

meinte Solly nicht nur das Rathaus, sondern auch die Tammany Hall. Und O'Hanlon. Und Salucci und Weinberg in ihrer Zentrale in der Mott Street, aber auch alle übrigen Gangster, die versuchten, in Sollys Revier in Harlem und der Bronx einzubrechen.

»Außerdem«, fuhr Horowitz fort, »haben sie Geld auszugeben, besonders fürs Lotto! Alle lieben das Lotto. Und ich laß sie alle spielen.« Er schlug sich an die Brust. »Ich hab' ein großes Herz!« rief er aus. »Die *gojim*, was wissen die schon? Sie behandeln die eigenen Leute wie *bukpus*, und sie behandeln die Farbigen noch schlechter. Aber ich nicht. Ich behandle alle gleich, bis sie beweisen, daß sie's anders verdient haben.«

Das Zahlenlotto war eines der lukrativsten und wahrscheinlich das risikoloseste von Horowitz' dunklen Geschäften, bei dem man die spielwilligen Gimpel praktisch mit Gewalt abwehren mußte. Der Buchmacher wählte eine Zahl zwischen eins und 999 und leistete seinen Einsatz, im allgemeinen fünfzig Cent. Die Gewinnzahl waren die drei letzten Ziffern der Wetteinnahmen auf einer bestimmten Rennbahn an diesem Tag; dieser Gesamtbetrag stand in der Zeitung, so daß jeder wußte, ob er gewonnen hatte. Die Gewinnquote hätte 999 zu eins betragen müssen, aber weil die Geschäftskosten und eine Gewinnbeteiligung abgezogen werden mußten, blieb tatsächlich nur die Hälfte übrig. Aber das schien niemanden davon abzuhalten, weiter fleißig mitzuspielen.

Kleine schwarze Jungen mit Schiebermützen riefen Solly Grüße zu, während er auf seinem würdevollen Rundgang durch sein Revier unterwegs war. Ab und zu sahen Solly und Rick einen besonders gutgekleideten Schwarzen, der Gamaschen und manchmal sogar ein Monokel trug und dem die Jungen mit glänzenden Augen nachliefen. Das war einer von Sollys Geldeintreibern, in seinem Viertel ein großer Mann,

der sich allen für Neger verfügbaren Luxus leisten konnte.
»Siehst du«, erklärte Solomon Rick, »sie wissen, daß ich ehrlich bin. Ich zahle fünfhundert zu eins aus.«
»Aber die Chancen stehen neunhundertneunundneunzig zu eins«, wandte Rick einmal ein.
»Das ist nicht das Problem«, fuhr Solly fort. »Die Regeln in dieser Stadt besagen, daß man fünfhundert zu eins auszahlt, und das tu ich. Nicht dreihundertfünfzig zu eins. Nicht vierhundert zu eins. Nicht mal vierhundertneunundneunzig zu eins. Fünfhundert zu eins, keinen Cent weniger. Ich betrüge sie nicht wie Salucci; ich bastle nicht an den Wetteinnahmen rum, wie Weinberg das mit seinen komischen Schwindelrennbahnen in Timbuktu macht. Ich behandle sie fair und hab' nie Probleme.« Er gestikulierte die Lennox Avenue entlang und beobachtete dankbar, wie vorbeikommende Männer den Hut vor ihm zogen. »Siehst du?« rief er aus. »Alle lieben Solly Horowitz! Den Großrabbiner von Harlem!«
Als Solly angefangen hatte, sich in diesem Teil von Harlem breitzumachen, hatte er sich gegen die imposante Gestalt von Lilly DeLaurentien durchsetzen müssen, eine haitianische Voodoo-Lady mit einer Vorliebe für Armreife und Perlenketten, die das Zahlenlotto für Farbige ganz für sich allein hatte. Solly und Lilly waren frühzeitig und häufig aneinandergeraten, aber nachdem nicht wenige ihrer Jungs mit in Beton eingegossenen Füßen im North River gelandet waren, war ein erzwungener Waffenstillstand vereinbart worden, bei dem Lilly den größten Teil ihres Gebiets abtrat, aber ihre gesellschaftliche Stellung behielt. Gerüchte wollten wissen, Lilly und Solly hätten ihre Übereinkunft im Bett besiegelt, aber das hätte niemand beschwören können.
Solomon Horowitz vertraute sich Gott an – und ganz selten und nur unter Zwang auch Mrs. Horowitz. Die einzigen Dinge, denen er wirklich traute, waren sein Schießeisen, das er re-

gelmäßig ölte, und seine Treffsicherheit, die er regelmäßig übte. Das sicherte nicht nur Sollys weiteres Wohlergehen und sogar seine Existenz, sondern hatte den zusätzlichen Vorteil, die Rattenpopulation seines Viertels hübsch geringzuhalten. Horowitz haßte Ratten, zweibeinige ebenso wie vierbeinige.

In nur einem halben Jahr war Rick vom Greenhorn zu einem von Horowitz' vertrautesten Beratern aufgestiegen. Lediglich Tick-Tock schien ihm seinen raschen Aufstieg innerhalb der Bande zu mißgönnen; die anderen waren clever genug, um zu erkennen, daß Rick tapferer und intelligenter als sie alle war. Killer, von denen Schapiro der beste war, hatte Solly mehr als genug. Tick-Tock konnte einer Ratte aus hundert Schritt Entfernung ein Auge ausschießen – eine Fähigkeit, die im Gangsterviertel der Five Points, in dem Tick-Tock aufgewachsen war, recht nützlich war. Als Leibwächter des Bosses hatte Tick-Tock große Hoffnungen für sich selbst gehegt, was die Nachfolgefrage betraf. Aber Solly war noch immer der Boß, und sein Nachfolger würde werden, wen er dazu bestimmte. Solly wußte, daß das nicht Tick-Tock sein würde. In seinem Innersten wußte Tick-Tock das auch, und das gefiel ihm nicht.

Von Solly lernte Rick, daß Alkohol zwar schlecht sein konnte – »Ich kann einen Schnaps trinken oder auch darauf verzichten, aber du solltest die Finger davon lassen« –, aber daß die Kunst des Trinkens etwas war, mit dem ein junger Mann sich gewinnbringend beschäftigen konnte und daß er mit dieser Beschäftigung ebenso gewinnbringend Geld scheffeln konnte. Zusätzlich zu seinen sonstigen dunklen Geschäften eröffnete und betrieb Solly deshalb in ganz Upper Manhattan eine Kette von Bars, Spelunken, Tavernen, Saloons, Trinkhallen und Speakeasies. Außerdem besaß Horowitz eine Kette von Wäschereien, hauptsächlich in der Bronx, in denen er schmutziges Geld in sauberes wechseln, die Schürzen seiner Barkeeper bügeln lassen und gelegentlich in irgendeinem der Laugen-

bottiche eine besonders lästige Leiche verschwinden lassen konnte.
Die einzige illegale Tätigkeit, der im Imperium des Verrückten Russen nicht nachgegangen wurde, betraf Mädchen. »Diese Zuhälterei, pah! Die überlaß ich den Itakern!« rief er jedesmal aus, wenn einer seiner jüngeren Leute ihn fragte, warum er nicht wie Salucci Pferdchen für sich traben ließ. Damit war das Thema für Solly erledigt, nicht aber für die jüngeren Leute. Dann mußte einer der älteren Jungs die Kids beiseite nehmen und ihnen erklären, Solly habe vor vielen Jahren, als er gerade vom Schiff gekommen war und sich seinen Lebensunterhalt nicht anders verdienen konnte, ein paar ausgesuchte Mädchen auf den Strich geschickt – Mädchen, die alles zu tun bereit waren, nachdem sie in Amerika angekommen waren und festgestellt hatten, daß das Gelobte Land aus einem Ausbeuterbetrieb in der Allen Street bestand, in dem man Tag für Tag achtzehn Stunden lang neben seiner Mutter, seinem Vater und seinen sämtlichen Cousins nähen sollte.
Dann war die Prohibition eingeführt worden, und damit war Schluß gewesen, Gott sei Dank.
Rick liebte die Nachtclubs, mit denen Horowitz die ganze Stadt überzogen hatte: glitzernde Paläste, in denen man sich unter die Reichen mischen, Jazz hören und die schönsten Frauen New Yorks bewundern konnte – alles für den Preis eines Drinks. Natürlich für einen weit überhöhten Preis: Trotz der Prohibition waren Speakeasies kein sonderlich riskantes Geschäft, was den hohen Aufschlag auf Schnaps um so erfreulicher und lohnender machte.
Das Noble Experiment befand sich im zwölften Jahr und lag, wie alle sagten, in den letzten Zügen. Solly Horowitz hatte früher als die meisten Gangster die glücklicherweise schlimme Wahrheit erkannt, daß der Achtzehnte Verfassungszusatz bei den meisten New Yorkern äußerst unbeliebt sein würde, und

beschlossen, ohne Rücksicht auf das Volstead-Gesetz ihren Durst zu löschen. Diese weise Voraussicht hatte ihn zum Multimillionär gemacht, aber er wohnte mit seiner Frau Irma noch immer schlicht und unauffällig über dem Geigengeschäft des alten Mr. Grunwald in der 127th Street. Wieviel Mrs. Horowitz von den Aktivitäten ihres Ehemanns wußte, blieb zweifelhaft, weil sie praktisch kein Englisch sprach. Sie sah nichts, sie wußte nichts, sie erinnerte sich vor allem an nichts, und dabei sollte es nach Solomons Willen auch bleiben. »Für was soll sie Englisch lernen?« pflegte ihr Mann auszurufen, wenn er darauf angesprochen wurde. »Ist Jiddisch für sie vielleicht nicht gut genug?«

Horowitz war nicht besonders groß, aber das waren die meisten Topgangster nicht. Das brauchten sie nicht zu sein. Er war stämmig und etwas rundlich, aber nicht dick; sein freundliches Äußeres tarnte einen scharfen Verstand und starke, sehnige Muskeln. Hinter Sollys Rücken nannten die Jungs ihn »den Verrückten Russen« zu Ehren seines Geburtsorts in einem Gebiet, das Rußland war, gewesen war oder irgendwann wieder sein würde. Selbst Solly wußte nicht ganz genau, wo er geboren war, obwohl die meisten Gewohnheitswetter in seiner Organisation – das heißt alle – auf Odessa setzten. Beim Reden bewies der Boß die authentische russische Gleichgültigkeit gegenüber Artikeln, bestimmten oder anderen. »Daddy«, rief Lois nach einer besonders typischen Monstrosität manchmal aus, »du mußt lernen, richtig zu reden!«

Solly war keine Modepuppe wie O'Hanlon, sondern trug Anzüge von der Stange, die er bei *Ginzberg's* in der 125th Street kaufte; ein gelegentlicher Eigelbfleck auf einer seiner Krawatten hielt ihn nur selten davon ab, sie zu tragen. Außerdem fuhr Horowitz auch nicht mit einem protzigen Duesenberg spazieren, den jeder plattfüßige Cop sofort erkannt hätte. Hätte man Solomon Horowitz in der U-Bahn oder Hochbahn gesehen, hätte man ihn irrtümlich für einen Geschäftsmann halten können – vielleicht für einen Versicherungsvertreter, der die Einwandererviertel abklapperte, um möglichst viel aus ihnen herauszuholen. Was er nach eigenem Selbstverständnis auch tat.

Lebensgefährlich war es jedoch, ihn zu unterschätzen oder – noch schlimmer – zu betrügen. Big Julie Slepak, der Vorsitzende des Unterstützungsvereins des Gaststättenpersonals, einer hundertprozentigen Tochter von S. Horowitz, Inc., hatte einmal versucht, ein paar Tausender von dem Geld abzuschöpfen, das rechtmäßig dem Boß gehörte. Als er mit Beweisen für sein Vergehen konfrontiert wurde, versuchte Julie noch, sich mit großspurigem Gerede aus der Klemme zu befreien, bis Solly dem ein Ende machte, indem er die Pistole, die er immer im Hosenbund trug, herausriß, sie in Big Julies Mund steckte und abdrückte, um ihn endgültig zum Schweigen zu bringen. Daß er das vor den Augen seines Anwalts tat, war ein Beweis für die Selbstsicherheit, mit der Solly seine Geschäfte betrieb.

»Jungs«, sagte er, vor dem toten Lakaien stehend, »eine Lehre soll euch das nur sein. Versucht nie, mir wegzunehmen, was mir gehört!«

Heute, das merkte Rick, war der Verrückte Russe guter Laune, weil er eine Zigarre rauchte – ein kleiner Luxus, den er sich ab und zu gönnte. Normalerweise rauchte und trank Solomon Horowitz nicht, und obwohl er zu Hause nicht *glatt koscher* lebte, kam er diesem Zustand doch so nahe, wie sein Appetit es erlaubte. Jetzt hatte er seine Weste aufgeknöpft und saß bequem zurückgelehnt an seinem rückwärtigen Tisch.

Wie gewöhnlich saß Tick-Tock Schapiro nicht weit entfernt und hielt Solly den Rücken frei.

Rick wollte über Lois reden oder dieses Thema wenigstens zur Sprache bringen, denn obwohl er Solly wie einen Vater

liebte, liebte er Lois durchaus nicht wie eine Schwester. Sollys Gebot, seine Tochter dürfe mit keinem der Jungs befreundet sein, war jedoch unvermindert in Kraft.
Rick sah zu Tick-Tock hinüber und fragte sich, ob der Gorilla Gedanken lesen konnte. Hätte irgend jemand Solly zugetragen, daß Lois und er sich etwas besser angefreundet hatten, als Horowitz gestattete ... Er dachte nicht zum erstenmal an Big Julie.
Falls Solly irgendeinen Verdacht in bezug auf Ricks Gefühle für Lois hegte, ließ er sich nichts davon anmerken. Statt dessen verbreitete er sich über eines seiner Lieblingsthemen: die Ehrenliste der großen jüdischen Gangster Manhattans und sein Platz als letzter von ihnen. Wie ein französischer König vor ihm sah Solly nach sich selbst nur die Sintflut.
»Da war Dopey Benny Fein, der mit dem hängenden Auge. Und Big Jack Zelig mit seinem verrückten Strohhut, den er immer getragen hat. Und Louis Kushner, der Kid Dropper eiskalt auf dem Rücksitz eines Polizeifahrzeugs erschossen hat! Und der größte von allen: Monk Eastman mit seinen Katzen und Tauben, der sogar im Krieg mitgekämpft hat! Jesus, damals hat's jüdische Gangster gegeben!«
Für Rick Baline waren das alles vertraute Namen. Er war mit Berichten über ihre Heldentaten aufgewachsen – wie die, als damals Monks Leute, die zu Ehren ihres Bosses (der als Edward Ostermann auf die Welt gekommen war) Eastmans hießen, mit den Five Point Boys unter Führung von Paul Kelly (der eigentlich ein Italiener namens Vacarelli war) aneinandergeraten waren. Sie hatten die Kreuzung der Rivington und Allen Street so gründlich zerschossen, daß ein paar Hundert Cops nötig gewesen waren, um den Frieden wiederherzustellen, und alle *shulikes,* die die betrügerischen Stußspiele veranstalteten, wurden auf ihrer Suche nach Deckung für schätzungsweise volle drei Stunden in den ständigen Schatten der

Hochbahngleise getrieben, bevor sie ihr Geschäft wie gewohnt fortführen konnten.
Diese Reminiszenzen begannen immer mit Geschichten über Dopey Benny, der so geheißen hatte, weil ein defekter Gesichtsnerv oder dergleichen sein Auge herunterhängen ließ, was dazu führte, daß zahlreiche Leute verprügelt, niedergeschlagen oder erschossen wurden, wenn relativ Fremde diesen verhaßten Spitznamen unbedacht gebrauchten. Von dort aus hastete Sollys Gedächtnis im Eiltempo durch die Zeit zwischen der Jahrhundertwende und mehr oder weniger der Gegenwart, was stets mit der Klage endete, heutzutage gebe es immer weniger authentische Gangster jüdischen Glaubens – echte Kerle, die sich ohne mit der Wimper zu zucken mit den Iren und Italienern maßen und sich von niemand nichts gefallen ließen.
Rick, dessen Ohren dabei noch weiter geöffnet waren als seine Augen, hörte immer gut zu. Kehrte er dann in seine schmuddelige, einsame Bude in der West 182nd Street zurück, stieg Solomon Horowitz mit jeder Treppenstufe, die er hinaufstieg, in seiner Achtung. Jeder Schritt diese dunkle Treppe mit ihrem Fisch- und Kohlgestank hinauf erschien ihm wie ein weiterer Schritt fort von dem Leben, das er führen wollte, ein Schritt zurück in Richtung Chrystie Street, hinter der das Schiff, das *schtetl* und Galizien lagen. Seine Mutter hatte ihm soviel von ihrer in einer öden Gegend mit Kohlebergwerken und (zumindest ihrer Schilderung nach) Kosaken verbrachten Jugendzeit erzählt, daß Rick niemals nach Mitteleuropa wollte. Paris, so hatte er sich überlegt, wäre eher der richtige Ort für ihn.
»Hast du je daran gedacht, ehrlich zu werden, Solly?« fragte Rick ihn.
»Ehrlich?« Horowitz lachte. »Soll das ein Witz sein?«
»Okay, warum nicht?« faßte Rick nach.

»Ich will dir sagen, warum, Schlaukopf!« schrie Solly. »Ich will dir sagen, was ehrlich ist. Ehrlich, das sind die Cops mit ausgestreckten Händen, die Mr. Moscowitz auf der Second Avenue ausplündern. Ehrlich, das sind Tammany-Politiker, die sich 'ne *jarmelke*, unsere jüdische Kappe, aufsetzen, wenn sie für jemand, den sie überhaupt nicht kennen, *schiwe sizn*, seinen Tod bejammern und beklagen und dich danach um deine Stimme bitten. Ehrlich ist, wenn in der Bowery weder Kirche noch *schul*, aber dafür neue Kneipen eröffnet werden.« Er spuckte verächtlich aus. »Das ist ehrlich, sag' ich dir.«
Horowitz beugte sich zu seinem Schützling hinüber. »Ehrlich«, sagte Solly, »ist *meschuge.*«
In einiger Entfernung grunzte Schapiro zustimmend.
»Ricky, manchmal denke ich, ob du vielleicht auch *meschuge* bist. Das macht mir Sorgen. Du kennst die Gebote.«
»Die Gebote?« fragte Rick.
»Die Lois-Gebote«, antwortete Solly. »Ich höre Dinge. Ich sehe Dinge. Blöd bin ich nicht.« Er knöpfte seinen obersten Westenknopf zu. »Und du auch nicht. Du darfst mögen, aber du darfst nichts anfassen. Faßt du was an, muß Tick-Tock dich erschießen.«
»Mit Vergnügen«, sagte Tick-Tock aus dem Schatten.
»Ein wahrer Jammer!« Allein der Gedanke an Ricks vorzeitiges Hinscheiden schien Solly zu betrüben. »Ich hab' nämlich Großes mit ihr vor.« Rick war clever genug, um nicht zu fragen, wie diese Pläne aussahen, und clever genug, um zu erkennen, daß sie keinen Platz für ihn vorsahen.
»Und du, Ricky«, sagte Horowitz, »mit dir hab' ich auch Pläne. Nicht die gleichen Pläne, aber Pläne. Ein Junge wie du mit 'nem Kopf fürs Geschäft ... nun, mit Speakeasies läßt sich *gelt*, sogar leichtes *gelt* verdienen«, fuhr er fort, was jedesmal eine Belehrung ankündigte. »Und darüber wollte ich mit dir reden.«

Dann teilte Solomon Horowitz Rick Baline mit, er sei ab sofort Geschäftsführer seines neuesten Nachtclubs, des *Tootsie-Wootsie Clubs,* den Solly soeben in den Räumen eines ehemaligen schwarzen Gesellschaftsclubs eröffnet hatte. »Ich bin langsam zu alt für diesen Kinderkram. Bis vier Uhr morgens aufbleiben, den Gästen schöntun, Streit schlichten, hinter den Leuten herputzen, *oi*! Ich sollte lieber im Bett sein. Außerdem paßt du besser zu ihnen.«
»Zu wem?« fragte Rick.
»Zu den *gojim,* zu wem sonst? Nicht bloß zu den Micks und den Itakern, sondern zu den Spitzen der Gesellschaft. Wäre John Jacob Astor noch am Leben, würde ich damit rechnen, daß er mit seinen dreihundertneunundneunzig besten Freunden bei uns aufkreuzt.« Solly rieb sich die Hände. »Was wir dort haben, ist die Vorstadt-Version von Mrs. Astors Ballsaal!«
Solly packte ihn an den Schultern, hielt ihn auf Armeslänge von sich entfernt und starrte ihm in die Augen. »Eines mußt du dir merken: Die *gojim,* die machen Geschäfte mit uns, die kaufen bei uns. Manchmal schlafen sie mit unseren Frauen. Aber sie trinken nicht mit uns. Und wenn du clever bist, trinkst du auch nicht mit ihnen. Du hältst sie auf Abstand, immer auf Abstand.« Er ließ langsam seine Hände von Ricks Schultern sinken. »Hast du kapiert?«
»Mach dir keine Sorgen, Solly«, sagte Rick. Er konnte kaum fassen, daß eben einer seiner beiden großen Träume in Erfüllung gegangen war. »Ich werde darauf achten, niemals mit den Gästen zu trinken.« Er sah seinen Boß an. »Ganz gleich, mit wem sie schlafen.«
Nun zu dem anderen Traum.

KAPITEL SECHZEHN

New York, April 1932

»Rate mal, was ich hier habe«, sagte Rick Baline eines Abends zu Lois Horowitz. Sie saßen auf den Stufen vor ihrer Haustür. Die Luft war angenehm frisch, aber nicht kalt; Rick liebte es, zu sehen, wie sich Lois' blasse Wangen mit einem rosigen Hauch überzogen.

Ricks Hände lagen auf seinem Rücken, hielten etwas versteckt.

»Zwei Flaschen Moxie?« fragte sie.

»Kalt, ganz kalt.«

»Eine Schatzkarte für irgendeine Pirateninsel?«

»Eiskalt, und überhaupt sind sie bei *Blinsky's* ausverkauft gewesen, als ich eine verlangt habe.«

Lois biß sich sekundenlang auf die Unterlippe. »Ich hab's!« rief sie aus. »Eine Fahrkarte für den *Twentieth Century Limited* nach Kalifornien!«

Das, so ahnte Rick, hätte sie wirklich gewollt. »Nein«, sagte er, »aber jetzt wird's schon wärmer.«

»Ich gebe auf«, sagte sie, niedlich schmollend.

»Hier.« Er hielt ihr zwei Karten hin: zwei Parkettsitze für die heutige Abendvorstellung von *Show Stoppers* mit Ruby Keeler und Al Jolson im *Henry Miller's Theatre.*

Das würde schwierig werden. Solomon Horowitz hatte Rick Baline ab und zu gestattet, seine Tochter als eine Art Beschützer zu unbedeutenden gesellschaftlichen Anlässen zu begleiten, aber selbst diese Gelegenheiten waren rar gewesen. Eine Broadway-Show mit anschließendem Dinner war jedoch ein echtes Rendezvous, und die blieben verboten. Rick merkte immer mehr, wie er sich gegen diese Beschränkungen auflehnte. Er wollte mit seiner Liebsten groß ausgehen. Welchen Zweck hatte es schließlich, ein Gangster zu sein, wenn man sich nicht wie einer benehmen durfte?

Genau das wollte Solly verhindern. Er lebte zufrieden, wenn auch nicht glücklich, über dem Geigengeschäft, aber seine Tochter sollte es einmal besser haben. Obwohl er selbst nicht in die Fifth Avenue strebte, wollte er, daß Lois es tat. Er war kein eitler Mann und beneidete O'Hanlon nie um seine Seidenanzüge und sein mit Pomade zurückgekämmtes Haar oder Salucci, ganz der dunkle italienische Typ, um sein gutes Aussehen. Geld hatte er mehr als genug, aber es wurde gebunkert – der Safe im *Tootsie-Wootsie Club* war damit vollgestopft –, bis es eines Tages gebraucht wurde und vielleicht sogar Gutes bewirken konnte ... wenn nicht für ihn, dann für sein einziges Kind. Solly betrachtete es als eine Art Mitgift, die aber für Lois, nicht für ihren Gatten bestimmt war, der ohnehin reich und erfolgreich sein mußte, bevor Solly auch nur daran dachte, ihm seine Tochter zur Frau zu geben.

Rick aber hatte sich gleich in sie verliebt, er war dem Zauber ihres rabenschwarzes Haars, ihrer tiefblauen Augen und ihres alabasterweißen Teints auf der Stelle erlegen gewesen. Und er entdeckte bald, daß an Lois mehr dran war als nur gutes Aussehen. Wie er erwartete sie große Dinge vom Leben. Nicht etwa nur eine Villa und einen Luxuswagen, sondern auch Bildung und gesellschaftliche Stellung. Lois arbeitete unermüdlich daran, ihre Ausdrucksweise zu verbessern, und verbrachte die Nachmittage in der Bücherei, wo sie alles las, was ihr in die Finger kam. Das kleine Taschengeld, das sie von ihrem Vater bekam, gab sie für modische Kleidung aus. Lois hatte den anderen Mädchen in der Nachbarschaft noch nie sehr ähnlich gesehen, aber jetzt entfernte sie sich von ihnen, so schnell sie nur konnte.

»Rick Baline!« rief sie aus. »Du läßt einem Mädchen wirklich nicht viel Zeit, um sich für die heißeste Broadway-Show der Saison herzurichten!«

»Das schönste Mädchen Harlems braucht nicht viel Zeit«, sagte er.

Sie lief die Stufen hinauf. Als sie die Haustür öffnete, warf sie ihm eine Kußhand zu. »Hol mich in einer Stunde ab«, forderte sie ihn auf, »und komm ja nicht zu spät. Die Eröffnungsnummer soll umwerfend sein.«

Rick war sich da nicht so sicher. Den gesamten ersten Akt hindurch tanzte Ruby Keeler wie eine Elefantin und sang wie eine Schimpansin. »Jesus, sie ist schrecklich«, meinte er, als sie in der Pause draußen im Freien standen. Lois rauchte eine Zigarette, was ihr Vater ihr zu Hause nie gestattet hätte. Rauchen war etwas für die, die gerne chic sein wollten.

»Das weiß jeder«, sagte Lois.

»Wie kommt's dann, daß sie gemeinsam mit Jolson in einer Show auftreten darf?«

»Sie ist seine Freundin, darum«, sagte Lois. »Männer tun gern was für ihre Freundinnen, weißt du.«

Rick wollte dieses Thema weiterverfolgen, besonders die Sache mit den Freundinnen, aber Lois ging nicht darauf ein. Sie hatte nur Augen für die Theaterbesucher, die auf den Straßen geparkten Luxuswagen und die Skyline. »Hier ist alles soviel schicker als in Harlem«, sagte sie halb zu sich selbst. »Sag mal, hast du dir ein paar dieser Schuppen angesehen, an denen wir auf der Herfahrt vorbeigekommen sind? Würdest du nicht glatt dafür sterben, eines Tages so wohnen zu können? Ich ganz bestimmt.«

»Mach dir deswegen keine Sorgen, Lois«, sagte Rick. »Bevor du dich umschaust, wohnen wir beide so.«

Sie packte ihn am Arm. »Glaubst du wirklich? Ich kann's kaum noch erwarten.«

»Ehrenwort!«
»Das gefällt mir an dir, Rick«, sagte Lois. »Du wirst es einmal weit bringen. Ich möchte wetten, daß du später die ganze Welt zu sehen kriegst.«
»Wenn du mitkommst.«
Das Klingelzeichen zum zweiten Akt hinderte sie daran, zu antworten. »Los, komm schon, wir wollen sehen, wie alles ausgeht«, sagte Lois und hängte sich bei Rick ein.
Die große Nummer im zweiten Akt war ein Duett für Ruby und Al an einem offensichtlich künstlichen Wasserfall; ihr Name war Wanda, seiner Joe. Soviel Rick mitbekam, hatte die Handlung des Stücks etwas mit einem jungen Liebespaar zu tun, das gegen den Willen der Eltern in einem Kurhotel in den Catskills oder vielleicht am Lake George zusammenkam. Joe war ein armer irischer Page mit Karrierehoffnungen, und Wanda war ein reiches Mädchen, das seinen gegenwärtigen Verehrer, einen blassen Protestanten namens Lester Thurman, den es ganz offenbar nicht liebte, loszuwerden versuchte, um für Joe frei zu sein. Die Moral von der Geschichte schien zu sein, jeder könne alles sein und erreichen, solange er die *chuzpe* besitze, damit durchzukommen.
»Hungrig?« fragte er, als sie aus dem Theater kamen.
»Ich hatte schon Angst, du würdest nie fragen«, sagte sie.
Er ging mit ihr in das elegante West-Side-Restaurant *Rector's*, das wegen seiner Küche und als Gangstertreff berühmt war. Seine vornehme Klientel fand es aufregend, daß die schweren Jungs und leichten Mädchen an den Tischen sehr oft dieselben Leute waren, von denen man am nächsten Morgen in den Broadway-Kolummnen und im Polizeibericht las. Schießereien waren im *Rector's* jedoch streng verboten – nichts schadete dem Geschäft mehr, als wenn auswärtige Handlungsreisende einen Querschläger abbekamen, während sie ihr Kalbskotelett kauten. In Gangsterkreisen war das *Rector's* eine Art Nie-

mandsland, in dem Rivalitäten, wenn auch nicht Waffen, an der Garderobe abgegeben werden mußten.
An einem Ecktisch erkannte Rick Damon Runyon, der rasch einen Whiskey nach dem anderen trank und auf ein paar Miezen einredete. Runyon trieb sich gern an den Rändern des Verbrecherwelt herum und verklärte die schweren Jungs in seinen Erzählungen zu schillernden Gestalten mit Herzen aus Gold, auch wenn die verhältnismäßig guten in Wirklichkeit Familienväter wie Horowitz und die schlechten sadistische Killer wie Tick-Tock und Salucci waren. Das einzige Gold im Gangland war Katzengold.
Lois war entzückt. Solomon hätte ihr niemals gestattet, ins *Rector's* zu gehen, und Rick überlegte bereits, wie er seinem Boß notfalls ihre Anwesenheit in diesem Lokal erklären würde. Aber er sah ihre Augen leuchten und wußte, daß es richtig gewesen war, sie hierher auszuführen. Dies war das Luxusleben, das sie führen wollte; zog man die Gangster ab, war es auch das Leben, das ihr Vater sich für sie wünschte. »Sieht reichlich voll aus«, meinte sie besorgt.
»Die wichtigste Regel für Restaurants lautet, daß es immer einen freien Tisch gibt, wenn man wirklich einen will«, erklärte Rick ihr. Er winkte den Maître d'hôtel heran. »Ich meine, wenn jetzt der Präsident der Vereinigten Staaten reinkäme, würden sie doch einen Tisch für ihn finden, nicht wahr? Nun, der Präsident ist hier!« Er hielt einen zusammengefalteten Zwanziger bereit und drückte ihn dem Mann, der sie begrüßte, unauffällig in die Hand.
»Andrew Jackson«, flüsterte er Lois zu, als sie zu ihrem Tisch geführt wurden. »Funktioniert immer.«
Dann erspähte er den großen Dion O'Hanlon persönlich, der an seinem Stammtisch an der Rückwand des Lokals, nicht weit von der Küche entfernt, Hof hielt. Wie es hieß, war O'Hanlon als junger Mann in einem Restaurant in einen Hin-

terhalt gelockt und von elf Schüssen getroffen worden, bevor er eine der drei Pistolen, die er immer in den Spezialtaschen seiner Maßanzüge trug, hatte ziehen können. Dion hatte jedoch überlebt; die drei Kerle, die ihn umzulegen versucht hatten, waren innerhalb einer Woche tot gewesen. Seither zeigte O'Hanlon sich nur noch in der Öffentlichkeit, wenn er einige seiner Jungs als Verstärkung bei sich und einen guten Fluchtweg ausgekundschaftet hatte. Dion O'Hanlon war der Houdini der Gangster.

Rick war von seinem Anblick hypnotisiert. Er kannte O'Hanlon nur von alten Zeitungsfotos – der Ire wollte nicht in die Zeitung kommen, und furchtsame Reporter taten ihm bereitwillig diesen Gefallen –, aber Rick wußte, daß es er war. Er kam sich vor, als habe er den Teufel leibhaftig vor sich.

»Champagner«, bestellte Rick bei ihrem wartenden Ober. Dieser Abend mußte gefeiert werden.

»Champagner!« rief Lois aus. »Aber aus welchem Anlaß?«

»Das sage ich dir, wenn er da ist«, antwortete Rick.

O'Hanlon war ein kleiner, adretter, elegant gekleideter Mann, der sein Dinnerjacket wie ein kleiner Eisschrank ausfüllte. Da unter seinen Verbrecherkollegen keiner mehr über ihm stand, ließ er seinen Hut auf; er hatte den weichen Filzhut tief über das linke Auge ins Gesicht gezogen, aber Rick wußte, daß er alles sah, worauf es ankam. In Gedanken verglich er O'Hanlons Glanz mit Sollys verknittertem Proletariertum und überlegte, welches Aussehen ihm besser gefiel. Die Entscheidung fiel ihm nicht schwer. Walter Winchell redete ernsthaft auf Dion ein. »Ich hab' das Material, ich meine, ich hab's wirklich!« Er schrie so laut, daß alle Gäste ihn hören konnten, aber O'Hanlon achtete kaum auf den Schreiberling, sondern unterhielt sich offenbar lieber mit einem gutaussehenden Blonden in Abendkleidung. Ein echter Joe-College-Typ, fand Rick, dem solche Burschen auf den ersten Blick zuwider waren.

Plötzlich stand O'Hanlon auf. »Guten Abend, Mae«, sagte er und zog dabei seinen Hut. Er wandte sich an Winchell. »Walter, lassen Sie uns bitte einen Augenblick allein?«

Während Winchell sich verdrückte, kam Mae West persönlich herübergeschlendert, wie es nur Mae West konnte. Sie ließ sich neben dem Gangster auf einen Stuhl sinken und fing an – das vermutete Rick jedenfalls –, O'Hanlon süße Nichtigkeiten ins Ohr zu flüstern. In New York hieß es allgemein, die beiden hätten früher mal etwas miteinander gehabt.

»Sieh nur!« rief Lois aus. »Das ist Mae West!«

Rick betrachtete das Wunder namens Mae West, als ihm auffiel, daß O'Hanlon zu ihnen hinübersah und dann jemandem hinter sich zunickte. Dieses kurze, knappe Nicken war kaum wahrnehmbar, wenn man nicht zufällig darauf achtete. Fünf Sekunden später fühlte er eine Hand auf seiner Schulter. Keine freundliche Hand, keine »Hey, Kumpel«-Hand, nur eine Hand, die sich an ihm abstützte, als sei er ein Laternenpfahl. Rick drehte seinen Kopf zur Seite und stellte fest, daß die Hand einem weiteren kleinen Mann gehörte, der ungefähr so groß wie O'Hanlon und noch eleganter war. Rick hatte ihn nicht kommen gehört, aber er war trotzdem da. Der Mann glitt dahin wie ein Tänzer: flüssig und lautlos.

Rick wußte, wer der andere war: George Raft, ein ehemaliger Eintänzer, den O'Hanlon drüben in Hollywood zu einem Filmstar aufbaute. In irgendeinem Gangsterfilm mit dem Titel *Scarface*.

»Mr. O'Hanlon läßt Ihnen Grüße bestellen und lädt Sie ein, uns an seinem Tisch Gesellschaft zu leisten«, sagte Raft.

»Wer ist Mr. O'Hanlon?« fragte Lois ahnungslos.

»Der Gentleman neben Mae West«, antwortete Raft.

Lois schob ihren Stuhl zurück und stand auf, bevor Rick etwas sagen konnte. »Ein cleveres Mädchen haben Sie da«, sagte Raft halblaut zu Rick, als die beiden ihr folgten.

O'Hanlon war aufgestanden und verbeugte sich höflich. »Es ist mir eine Ehre und ein einzigartiges Vergnügen, die Tochter meines werten Geschäftspartners an diesem schönen Abend an meinem Tisch begrüßen zu dürfen«, sagte er. Lois streckte ihm ihre Hand hin. O'Hanlon ergriff sie, drückte seine Lippen darauf und küßte sie.

»Bitte nehmen Sie Platz, Miss Horowitz«, forderte er sie auf. Obwohl seine Ausdrucksweise die eines Iren war, sprach er mit ganz leichtem englischen Akzent – ein Überbleibsel aus seiner Jugend, die er in den Industriestädten Englands verbracht hatte, wo seine Eltern sich im Schweiße ihres Angesichts die Überfahrt nach Amerika verdient hatten. »Sie natürlich auch, Mr. Baline. Ich habe schon viel von Ihnen gehört und freue mich sehr, Ihre Bekanntschaft zu machen.« Als er mit den Fingern schnippte, stand der Oberkellner sofort am Tisch. »Champagner, bitte.«

»Wir haben schon welchen bestellt«, sagte Lois.

»Ich werde nicht zulassen, daß eine so bezaubernde junge Dame wie Sie gewöhnlichen Champagner trinkt, Miss«, erklärte er ihr. »Als jemand, der sich im Spirituosengeschäft ein wenig auskennt, habe ich hier meinen privaten Vorrat liegen – für genau solche Augenblicke.« Seine Lippen verzogen sich zu einem humorlosen Lächeln, das keine Zähne sehen ließ.

»Miss Mae West und Mr. George Raft kennen Sie natürlich«, fuhr O'Hanlon fort, als verstehe sich das von selbst. »Ich darf Ihnen Miss Lois Horowitz und Mr. Yitzik Baline vorstellen, die Tochter beziehungsweise den Schützling meines werten Geschäftspartners, Mr. Solomon Horowitz aus Harlem und der Bronx.«

Rick hörte die Verachtung für Horowitz, Harlem und die Bronx in der Stimme des Iren und hoffte, daß Lois nichts davon merkte. Sie lag nicht in O'Hanlons Tonfall, sondern vielmehr in seiner Art und seiner Aussprache – er betonte jedes einzelne Wort, hob es hervor und deutete damit an, Harlem und die Bronx seien heutzutage fremde Orte, an denen kein anständiger Mensch freiwillig leben würde. Daraus klang die Verachtung der Innenstadt für die Außenbezirke, des großen Gangsters für den kleinen Ganoven, des Siegers für den Verlierer.

»Lassen Sie mich die Vorstellung abschließen«, sagte O'Hanlon zu Lois. »Dieser gutaussehende Junge, dem Ihre große Schönheit, die er offensichtlich bewundert, die Sprache verschlagen hat, ist kein anderer als Robert Haas Meredith, über den Sie in letzter Zeit vielleicht etwas in sämtlichen New Yorker Zeitungen gelesen haben, zu denen ich in der Tat auch das *Journal*, den *American* und, bei Gott, sogar die *Times* zähle.«

Jetzt erkannte Rick diesen Mann. Meredith war der Sproß einer reichen Upper-East-Side-Familie, ein Anwalt mit großen politischen Ambitionen, der seinen reichen Mandanten ein Vermögen abknöpfte, um ihnen zu ihrem Recht zu verhelfen. Meredith war zu clever, um Gangster wie O'Hanlon zu verteidigen, aber es war nicht strafbar, ihnen nebenbei zu helfen – und außerdem war es fürs eigene Image nützlich, in ihrer Gesellschaft gesehen zu werden. Immerhin hatte Oberbürgermeister Walker darauf eine Karriere aufgebaut.

»Guten Abend, Miss Horowitz«, sagte Meredith.

»Ich bin entzückt«, antwortete Lois wahrheitsgemäß.

»Mr. Baline«, erklärte O'Hanlon den anderen am Tisch, »ist sehr geschäftstüchtig. Er hat den *Tootsie-Wootsie Club* binnen weniger Wochen zum schärfsten Konkurrenten meines eigenen lieben *Boll Weevils* gemacht.« Wie alle wußten, war das *Boll Weevil* Harlems führendes Jazzlokal – wenn es nach Rick ging, allerdings nicht mehr lange. »*Tootsie-Wootsie,* liebe diesen Namen« sagte Mae West in ihrer unnachahmlichen Art. »Wie ich höre, haben Sie dort einen recht guten Pianisten – wie heißt er gleich wieder?«

»Sam Waters«, antwortete Rick.
»Ich muß gelegentlich mal raufkommen und ihn mir anhören«, sagte Mae.
»Was machen Sie dort, Baline?« fragte Meredith.
»Ich bin ...«
In diesem Augenblick kam der Champagner. Alle außer dem Anwalt und dem Gastgeber bekamen ein Glas, und nach einem kurzen Toast, den O'Hanlon ausbrachte, schmeckte das perlende Getränk ausgezeichnet. Sogar Rick mußte zugeben, daß er gut war.
»Ich bin ein Trinker«, sagte er im Scherz, nachdem er sein Glas geleert hatte. »Oder ich werde einer, wenn ich noch viel mehr von diesem Zeug trinke.«
»Sicher übertreibt Mr. Baline seine Vorliebe für die Flasche«, sagte O'Hanlon. »Da die Prohibition so rasend erfolgreich ist, gibt es in Amerika im Augenblick bestimmt keinen einzigen wahren Trunkenbold mehr – um so bedauerlicher! Die sind meine besten Kunden gewesen.« Er nahm einen kleinen Schluck Eiswasser. »Mr. Baline ist dort Geschäftsführer«, erklärte er Meredith. »Hätten Sie das gedacht, wenn Sie sich einen netten jungen Mann wie ihn ansehen?«
»Ich würd' alles Mögliche denken, wenn ich ihn ansehe«, sagte Mae West und nahm einen Schluck Champagner.
Alle lachten. O'Hanlon legte seine tadellos manikürten Hände auf die Tischdecke. »Mr. Meredith«, sagte er, »sind Sie wohl so freundlich, Miss Horowitz und die anderen zu dem leeren Tisch dort drüben zu begleiten, damit ich ungestört ein paar Worte mit Mr. Baline wechseln kann?«
O'Hanlon wandte sich an Lois. »Ich muß Sie aufrichtig um Verzeihung bitten, daß ich Sie der Gesellschaft Ihres Begleiters beraube, aber Sie werden hoffentlich nichts dagegen haben, mit Miss West, Mr. Raft und Mr. Meredith zu dinieren.«
»Das Vergnügen wäre ganz auf meiner Seite«, fügte Meredith

hinzu, indem er ihren Arm nahm und sie wegzuführen begann. »Auf Wiedersehen, Mr. Baline«, sagte er noch.
»Ist das okay, Rick?« fragte Lois, die sich bereits in den Klauen des Anwalts befand.
Rick versuchte, ihren Gesichtsausdruck zu deuten, aber das gelang ihm nicht. »Ich komme gleich nach«, sagte er beruhigend.
»Ich will mich so kurz wie möglich fassen«, sagte O'Hanlon, sobald die anderen gegangen waren, und Rick erkannte, daß dies ein ernsthaftes Gespräch war. O'Hanlon flößte ihm mehr Respekt als Angst ein. Sollys Angewohnheit, den Mann verächtlich abzutun, schien ihm jetzt sehr, sehr oberflächlich.
»Mr. Baline, Sie bestellen dem Vater der bezaubernden Miss Horowitz bitte, daß ich ihm den Überfall auf meine Lastwagen mit Canadian Club nicht nachtrage. Wenn seine Jungs imstande sind, meinen Jungs meinen Schnaps wegzunehmen, ist das mein Problem, und ich werde einfach ein paar bessere Jungs finden müssen. Das liegt im Wesen unseres Geschäfts, das bisher für uns alle ein sehr gutes Geschäft gewesen ist.«
»Solly sagt, daß Sie ihn bei Michaelson in Montreal reingelegt haben«, wandte Rick ein. »Daß Sie versuchen, ihn aus dem Geschäft zu drängen.«
Dion O'Hanlon tat seinen Einwand mit einer Handbewegung ab. »Solomon Horowitz und ich stammen aus den Tagen Leftie Louies, Big Jack Zeligs und – Gott steh mir bei, denn das läßt mich als Fossil erscheinen – des großen Monk Eastman, Gott hab ihn selig. Und hat Monk, ein Hebräer wie Ihre eigene werte Person, mich nicht wie einen Sohn behandelt, und habe ich ihn nicht wie einen Vater geliebt?« Er trank einen weiteren kleinen Schluck.
»Im Gegensatz zu bedauerlich vielen meiner Mitchristen habe ich nicht das geringste gegen Judenjungen und Itzigs jeglicher Art«, fuhr O'Hanlon fort. »Unter der irregeleiteten Fuchtel

des Noblen Experiments müssen alle von uns, die dem öffentlichen Wohl dienen, im Geiste von Harmonie und gegenseitigem Verständnis zusammenarbeiten, und in dieser großen und vereinten Stadt New York gibt es sicherlich genügend Reviere für uns alle. Ich habe kein Interesse an Solomons Zahlenlotto in den Schwarzenvierteln, und was er nördlich der Hundred and Tenth Street und entlang dem Grand Concourse macht, interessiert mich im Prinzip nicht. Aber alles«, fuhr O'Hanlon *sotto voce* fort, »was er in bezug auf meine Lieferungen von unseren Brüdern in Kanada unternimmt, geht mich ganz entschieden etwas an. Das ist nicht sauber, und Unsauberkeit jeglicher Art ist mir verhaßt. Wie Sie wissen, bin ich ein freundlicher, gütiger Mann, und ich will keinen weiteren Streit zwischen uns. Deshalb habe ich einen Vorschlag für ihn. Richten Sie Ihrem Boß bitte aus, daß ich einen Waffenstillstand mit ihm schließen möchte und bereit bin, ihm eine beträchtliche Entschädigung anzubieten, einen meiner größten und wertvollsten politischen Aktivposten – einen jungen Mann, den ich mir seit langem selbst herangezogen habe –, wenn er dafür verspricht, den Kampf einzustellen.«
Rick hörte zu, aber er begriff nicht recht. Das bewies sein verständnisloses Gesicht.
»Weit und breit ist bekannt, daß Solomon Horowitz sich nach Ehrbarkeit verzehrt«, sagte O'Hanlon, »und er wird sie bekommen, selbst wenn er dafür morden muß. In New York gibt's niemanden, dem er nicht erzählt hat, daß er sein kleines Mädchen für einen großen Mann aufhebt. Seitdem ich die junge Dame nun kenne, weiß ich auch, warum. Sie ist bildschön, und ich bin ein Mann, der zu seiner Zeit sehr viele schöne Frauen gekannt und geliebt hat. Und ich habe vor, noch sehr viele zu lieben, bevor der liebe Gott mich zu sich ruft.«
O'Hanlon leerte sein Glas Wasser und tupfte sich mit seiner Serviette zierlich die Lippen ab. »In Gestalt und Person von

Mr. Robert Meredith hier habe ich einen ausgezeichneten Bewerber um Miss Horowitz' Hand, glaube ich. Er ist alles, was Solomon sich von einem Schwiegersohn erhofft. Er hat ein eigenes Vermögen. Er ist Anwalt, was in unserer Branche immer nützlich ist. Und er ist ein Christ mit einem angesehenen Namen und einem Stammbaum, mit dem keine preisgekrönte Brieftaube mithalten könnte. Ich hatte vor, die beiden in nächster Zeit zusammenzubringen, aber jetzt scheint das Schicksal mitgeholfen zu haben.«

O'Hanlon hatte mit seinem Besteck gespielt, während er sprach. Jetzt sah er auf und musterte Rick prüfend.

»Hab' ich mir's doch gedacht«, sagte er. »Liebeskrank. Mein tiefstes Mitgefühl ist Ihnen sicher, aber ich rate Ihnen, sich diesen Gedanken aus dem Kopf zu schlagen. Sie ist nichts für Sie, mein Junge, das läßt sich nicht leugnen.« Er fing an, das schon blitzblanke Messer zu polieren. »Aber genau wie in alten Zeiten, als konkurrierende Königreiche ihre Meinungsverschiedenheiten vernünftig und zivilisiert lösen konnten, um ihre gemeinsamen Interessen zu fördern, können wir heutzutage unsere Beziehungen verbessern, indem wir uns von den jungen Leuten zusammenführen lassen. Gut für Solomon. Gut für mich. Gut für sie. Und gut für Sie, wenn Sie hell genug sind, um das zu erkennen.«

O'Hanlon legte das Messer weg. »In dieser Stadt gibt's viele heißhungrige Männer, mein Junge«, sagte er.

»Wollt ihr großen Jungs euch denn gar nicht zu uns setzen?« fragte Mae West, die vom anderen Tisch herübergeschlendert kam, mit gedehnter Stimme. »Wißt ihr nicht, wie unhöflich es ist, mich mit nur zwei Gentlemen sitzenzulassen?«

O'Hanlon stand auf. »Ich habe eben erwähnt, wie hungrig ich allmählich bin«, sagte er zu ihr. »Wollen wir den Damen nicht Gesellschaft leisten, Mr. Baline?«

Rick sah zum anderen Tisch hinüber. Raft schien gerade eine

lustige Geschichte zu erzählen. Meredith hatte beide Ellbogen aufgestützt und lachte schallend.
Lois lehnte sich gegen ihn, lachte fröhlich, hatte die linke Hand auf seinen Arm gelegt, ließ ihr Haar sein Gesicht streifen.
»Ich denke, ich bin dort drüben vielleicht nicht erwünscht«, sagte er.
O'Hanlon zuckte heiter mit den Schultern. »Wie Sie wollen, mein Junge«, antwortete er. »Der kluge Mann weiß, wo sein Platz nicht ist.«
Sie schüttelten sich die Hand, und O'Hanlon zog Rick dicht zu sich heran. »Ich habe gehört, wie Sie Ihren Boß davor gerettet haben, von einem meiner Jungs erschossen zu werden. Sehr tapfer von Ihnen. Aber auch sehr dumm. Merken Sie sich: Nur ein Trottel fängt eine Kugel ab, die für einen anderen bestimmt ist, und das kann sein, wer will. Für niemanden den Hals riskieren, das ist mein Motto, Mr. Baline. Sie werden sehen, daß Sie so länger leben.«
Rick wollte endlich gehen. Er konnte es kaum erwarten, hier rauszukommen.
»Noch etwas«, sagte O'Hanlon. »Immer auf den Sieger setzen – auf der Rennbahn, am Spieltisch oder am Boxring. Der kluge Mann weiß im voraus, wer siegen wird.« Er tätschelte Ricks Arm wie ein guter Onkel. »Ihr Boß ist gewarnt worden. Und Sie ebenfalls. Der kluge Mann hört eine Warnung und befolgt sie. Sie sehen wie ein smarter Junge aus, finde ich. Aber was Ihren Boß betrifft, bin ich mir nicht so sicher.«
In diesem Augenblick sah Rick, wie Meredith Lois küßte, ihr einen raschen Schmatz auf die Wange gab. Ihre Augen glitzerten wie die Brillanten, die Rick ihr niemals würde schenken können. Und dabei hatte er heute abend um ihre Hand anhalten wollen! Er kam sich wie ein Idiot vor.

»Ist Liebe nicht großartig?« meinte Mae West, die es wissen mußte.
»Ich sorge dafür, daß sie sicher heimkommt«, versprach Dion O'Hanlon ihm. »Darauf können Sie sich verlassen.«

KAPITEL SIEBZEHN

»Merkst du nicht, wie verrückt das ist, Ricky?« fragte Renault gerade. »Selbst wenn die Bombe hochgeht, selbst wenn sie Heydrich tatsächlich umbringt – und in dieser Beziehung habe ich meine Zweifel –, wird das schlimmste Konsequenzen für alle haben, die noch stehen. Und ich rechne selbstverständlich damit, zu diesen Leuten zu gehören.«

Renault ging in Ricks Suite im *Brown's Hotel* auf und ab. Sam spielte im *Morton's Cabaret Club*. Rick saß zurückgelehnt in einen Ohrensessel.

»Eine Bombe, die in seinen Wagen geworfen wird, wenn er über die Karlsbrücke fährt! Das ist doch lächerlich! Die Chance, daß sie tatsächlich detoniert, ist eins zu hundert, vielleicht eins zu tausend. Wie soll dem Attentäter anschließend die Flucht gelingen? Wie soll er überhaupt an ihn herankommen? Was ist, wenn der Bombenzünder versagt?«

»Für diesen Fall ist der Rest des Teams da«, erinnerte Rick ihn. »Deshalb sind die anderen bewaffnet.« Er lachte. »Auf diese Weise bekommen sie vielleicht sogar Gelegenheit, ihre Waffen zu benützen.«

Das überzeugte Renault nicht. »Als ob sie gegen Heydrichs Leibwächter eine Chance hätten!«

Rick blies einen Rauchring in die Luft. »Ich glaube wirklich nicht, daß es Victor Laszlo groß kümmert, ob er lebend aus Prag rauskommt, solange Heydrich das nicht tut.«

»Warum machen Sie dann mit?«

»Weil es mich amüsiert. Weil ich aussichtslose Sachen mag. Weil ich sonst kein anderes Ziel und keine andere Beschäftigung habe. Weil es Zeit wird, aufzustehen und zu kämpfen, statt diese Sache am Spielfeldrand auszusitzen.«

»Für sie zu kämpfen, meinen Sie«, sagte Renault »Für Ilsa Lund. Oder steckt dahinter noch mehr?«

»Oh, alles mögliche.«

Renault musterte seinen Freund. »Ricky, damals in Casablanca habe ich Sie gefragt, warum Sie nicht nach Amerika zurückkönnen. Sie haben mir sehr ausweichend geantwortet.«

»Das ist die Wahrheit gewesen, Louie.«

»Wenn Sie es mir nicht sagen wollen ...«

»Ich kann nicht.«

»... oder es mir nicht sagen können, dann gut. Aber lassen Sie mich eines fragen: Warum haben Sie nach Ihrem Weggang aus New York all diese Jahre in Äthiopien und Spanien verbracht, um auf der Seite der Verlierer zu kämpfen? Ein erfahrener Mann wie Sie hätte bestimmt erkennen müssen, daß weder die zahlenmäßig unterlegenen Äthiopier noch die zu schwach bewaffneten Republikaner auch nur die geringste Chance hatten.«

»Vielleicht haben mir die Chancen gefallen.«

»Warum?«

»Muß ich Ihnen das noch erklären?« Rick unterdrückte den Impuls, wütend zu werden; schließlich konnte Renault nichts dafür, daß er neugierig war. Teufel, er wäre auch neugierig gewesen, wenn er die Antwort nicht schon gekannt hätte. »Ich wollte umkommen.« Er zuckte mit den Schultern. »Das hat nicht geklappt.«

»Damit ist nichts wirklich erklärt«, wandte Renault ein.

»Okay«, sagte Rick. »Sagen wir einfach, daß ich vor langer Zeit etwas getan habe, auf das ich nicht stolz gewesen bin. Ich habe einen Fehler gemacht – verdammt, ich habe eine ganze Serie von Fehlern gemacht –, und bevor ich überhaupt wußte, was passiert war, sind viele Leute, die ich geliebt habe, durch meine Schuld tot gewesen. Das hat mich alles gekostet, was ich hatte. Ich bezahle noch heute dafür.«

Rick und Renault schwiegen beide eine Zeitlang. Keiner von ihnen vertraute sich gern einem anderen Menschen an.
»Was macht Ihnen außerdem Sorgen?« fragte Rick plötzlich. »Sie benehmen sich wie eine Katze auf einer heißen Herdplatte. Sagen Sie bloß nicht, daß Sie die Nerven verlieren.«
Renault ließ sich ihm gegenüber in einen Sessel fallen. »Ich weiß nicht recht, wie ich's sagen soll«, begann er.
Rick sah auf. Für Renault war es untypisch, einmal nicht in spöttischem Tonfall zu sprechen. »Versuchen Sie es mal mit Englisch. Sie wissen, wie schlecht mein Französisch ist.«
»Das ist mein Ernst, Ricky«, antwortete Renault. »Bei uns gibt es die Redewendung ›*Albion perfide*‹. Das perfide Albion. Das niederträchtige England.«
»Vielleicht hätten Sie lieber in Casablanca bleiben sollen«, schlug Rick vor.
Renault erhob sich und richtete sich zu seiner ganzen Größe auf. Das war nicht viel, aber es würde genügen müssen. »Damit meine ich«, sagte er aufgebracht, »daß irgend etwas an diesem ganzen Unternehmen zum Himmel stinkt. Ich verstehe mich auf üble Tricks ...«
»Ich auch«, erinnerte Rick ihn.
»... und ich wittere hier einen. Warum sollten die Briten sich etwas aus Heydrich machen? Warum sollten sie solchen Aufwand treiben, um einen obskuren Nazi zu beseitigen, wenn es andere gibt, die weit wichtiger sind und deren Tod diesen Krieg viel schneller beenden würde? Warum finanzieren sie Victor Laszlo und sein Team? Warum wollen sie nicht, daß ihre Fingerabdrücke an der Tatwaffe gefunden werden?«
»Ich gebe auf«, sagte Rick.
»Weil sie etwas davon haben, etwas für sie sehr Wichtiges.« Renault zündete sich eine Zigarette an. »Bei unserer ersten Besprechung mit Major Miles habe ich die Frage von Vergeltungsmaßnahmen angesprochen. Er hat meine Bedenken vom

Tisch gewischt. Überlegen Sie mal folgendes: Was wäre, wenn das in Wirklichkeit ihr Ziel wäre? Den Briten ist Reinhard Heydrich egal. Sie haben selbst gehört, wie Lumley sich über den mangelnden Widerstandswillen der Tschechen beklagt hat, nicht wahr?« Renaults Stimme sank zu einem Flüstern herab. »Nun, was wäre, wenn diese ganze Sache nur den Zweck hätte, Greueltaten zu provozieren und die Tschechen aufzurütteln, damit sie wieder kämpfen? Das wäre nicht das erste Mal, daß die Engländer so was machen. Ich sage nur Norwegen.«

»Was ist mit Norwegen?« fragte Rick, dessen Neugier geweckt war.

Louis erklärte es ihm bereitwillig. »Als die Engländer im April 1940 den Hafen Narvik vermint haben, haben sie keineswegs versucht, einen deutschen Einmarsch in Norwegen zu *verhindern.* Sie haben versucht, einen zu *provozieren,* weil sie Norwegen selbst besetzen und die deutschen Eisenerztransporte auf der Bahnstrecke Kiruna-Narvik unterbinden wollten. Das Problem war nur, daß die Deutschen sie überlistet haben und gelandet sind, als die britischen Schiffe in Erwartung der deutschen Reaktion auf der Rückfahrt waren. Die Engländer haben sich einmal mit runtergelassenen Hosen erwischen lassen; das soll ihnen nicht wieder passieren.«

»Schwer zu glauben«, murmelte Rick.

»Schwer zu glauben, weil sie's so wollen. Propaganda, mein Lieber – so heißt das Spiel. Die Engländer sind so betrügerisch wie Ihr Roulettetisch.«

»Bisher haben Sie sich nie über meinen Roulettetisch beklagt. Warum machen *Sie* eigentlich mit?«

»Um meine Ehre zurückzugewinnen, die ich für immer verloren geglaubt habe«, antwortete Renault trübselig.

»Ehre?« fragte Rick überrascht. »Ich glaube nicht, daß ich dieses Wort schon mal von Ihnen gehört habe, Louie.«

»Ich hab's einmal gebraucht«, sagte Renault.
»Nun, bei allen Dingen gibt's wohl ein zweites Mal«, meinte Rick, während er sich eine neue Zigarette anzündete. Seine linke Hand tastete nach dem Drink, den er gewohnheitsmäßig neben sich stehen hatte, bis ihm einfiel, daß es keinen mehr gab. Ihretwegen. »Wollen Sie mir davon erzählen?«
»Nicht mehr, als Sie mir davon erzählen wollten«, antwortete Renault. »Andererseits heißt es, beichten tue der Seele gut.«
»Keine Ahnung«, sagte Rick. »Aber das soll Sie nicht davon abhalten.«
»Also gut«, murmelte Renault und erzählte seine Geschichte.
Im Jahre 1926 verließ Louis Renault seine Heimatstadt Lille, um in Paris sein Glück zu machen. Er war damals sechsundzwanzig, intelligent, gebildet, redegewandt und weit eleganter als die graue, schmutzige Industriestadt, in der er aufgewachsen war. Renault hielt Lille mit Recht für zu klein, als daß er seine Talente dort hätte richtig ausspielen und nutzen können. Obwohl er kein Interesse daran hatte, die väterliche Spitzenmanufaktur zu übernehmen, nahm er jedoch gern einen Zuschuß seines Vaters für die kurze Reise nach Paris und die Gründung einer eigenen kleinen Firma an.
Renault hatte sich ein Leben als Liebling der Caféhausgesellschaft und als Sensation der Salons vorgestellt. Er hatte von Abenden in der Oper und Nächten mit atemberaubend schönen Frauen geträumt. Wie schon für viele andere junge Lebemänner erwies Paris sich jedoch als spröde Geliebte. Zu seinem großen Kummer und Erstaunen fand Louis sich nicht in einer eleganten Suite in der Rue Scribe wieder, sondern hauste in einem unansehnlich möblierten Zimmer im dritten Stock eines heruntergekommenen Gebäudes in der Rue Joseph le Maître gegenüber dem Friedhof Montmartre und gab seine rasch schwindenden Mittel in der Gesellschaft zweifelhafter Damen von der Place Pigalle aus.

Eines Abends Anfang Mai schleppte Renault sich mutlos den Hügel von der Metrostation Abbesses hinauf. Das Geld seines Vaters ging zur Neige, er hatte keine Aussicht auf eine feste Anstellung (die er allerdings auch nicht ernsthaft wollte), seine Bemühungen, in die Salons des 8. Arondissements eingeladen zu werden, waren bisher fehlgeschlagen, und seine Geistesgaben, mit denen er die Schule so erfolgreich absolviert hatte, wurden auf die bisher härteste Probe gestellt.
Zu seiner Überraschung sah er auf dem Randstein vor seinem Haus eine offensichtlich verzweifelte junge Frau sitzen. Seine Concierge, eine wahre Megäre namens Madame de Montpellier, deren Mißtrauen gegenüber Fremden und Unbefugten sich noch immer auf ihn erstreckte, obwohl er nun schon über vier Monate ihr Mieter war, überschüttete die Ärmste mit gekreischten Verwünschungen, aber die junge Frau achtete gar nicht darauf. Der Regen hatte den Gestank von abgestandenem Zigarettenrauch noch nicht aus ihrer Kleidung gewaschen, und ihr Haar war ungekämmt. Renault tippte ihr auf die Schulter, um zu fragen, ob er ihr behilflich sein könne, aber sie ignorierte ihn und starrte blicklos geradeaus.
Er zündete sich eine Zigarette an und atmete den Tabakrauch tief ein. Madame de Montpellier (im stillen bezweifelte er, daß ihr das Adelsprädikat zustand) beendete ihre Tirade mit einigen ausgesuchten Schimpfworten und knallte dann ihr Fenster zu. Louis wußte, daß sie ihn beobachtete, deshalb rauchte er weiter seine Zigarette und blickte über Paris hinweg – die Aussicht war spektakulär, selbst wenn seine Unterkunft das nicht war –, bis ein angemessener Zeitraum verstrichen war. Dann sprach er die Heimatlose erneut an.
»Louis Renault zu Ihren Diensten, Mademoiselle«, sagte er, mit hoffentlich aristokratischem Flair.
Sie geruhte endlich, ihn anzusehen. Im Zwielicht konnte er die Farbe ihrer Augen nicht erkennen, aber sie waren groß

und rund, und er wußte, daß sie blau sein mußten. Ihr hellblondes Haar fiel unfrisiert bis über ihre Schultern. Es war seit Tagen nicht mehr gewaschen worden, aber was machte das schon? »Renaud«, sagte sie. »Ein komischer Name. Sind Sie auf der Flucht vor den Hunden wie ich?« Sie kicherte, und er fragte sich einen Augenblick, ob sie nicht ganz richtig im Kopf war.

Dies war nicht das erste Mal, daß jemand eine Anspielung auf die Ähnlichkeit seines Namens mit dem Wort für »Fuchs« gemacht hatte, aber er benahm sich, als ob der Witz neu für ihn wäre, und lachte halblaut. »In der Tat, Mademoiselle«, sagte er, »ist die Meute mir in diesem Augenblick kläffend auf den Fersen.« Das kam der Wahrheit sogar sehr nahe.

»Dann sollten wir vielleicht hineingehen, wo wir sicher sind«, schlug sie vor und stand auf.

Sie verschlug ihm den Atem. Gewiß, das taten alle Frauen, aber je älter er wurde, desto subtiler wurde er in seiner Beurteilung des weiblichen Geschlechts. Obwohl sie schmutzig und verwahrlost war, war sie doch etwas Besonderes. Das erkannte er selbst in der Pariser Abenddämmerung, die schließlich weit romantischer als die Abenddämmerung in jeder anderen Großstadt war.

»Wie heißt du, Kind?« fragte er sie, während sie die Treppe zu seinem Zimmer hinaufstiegen. *Madame la Concierge* hatte sich zum Nachtmahl und ihrem Abendgebet zurückgezogen; trotzdem bemühten sie sich, möglichst leise aufzutreten.

»Isabel«, antwortete sie. »Isabel *ne rien.*«

Er setzte ihr Brot und Käse aus seinem kargen Vorrat vor. Er ließ ihr ein Bad in dem gemeinschaftlichen Badezimmer am Ende des Korridors ein; wider Erwarten war das heiße Wasser noch nicht abgedreht. Er badete sie sanft, wusch ihr liebevoll das Haar, hüllte sie fürsorglich in seine beiden einzigen Handtücher und führte sie ins Zimmer zurück. Sie tranken eine Flasche billigen Rotwein und liebten sich dabei. Als er sie berührte, schrie sie leise auf.

Am nächsten Morgen schreckten die beiden hoch, als jemand laut und zornig an die Tür klopfte. Irgendwo im Hintergrund hörte Renault Madame kreischen, aber dies war nicht ihr Klopfen, das ihm von den Tagen, an denen sie die Miete kassierte, vertraut war, sondern ein weit wütenderes Hämmern. Er stolperte durch den Raum und riß die Tür auf.

Vor ihm stand ein sehr großer und äußerst aufgebrachter Mann. Der Kerl hatte rote Haare, einen roten Bart und rote Augen und war wie ein einfacher Arbeiter gekleidet. Noch schlimmer war, daß er aus allen Poren stank. Louis Renault schrak instinktiv vor dieser Erscheinung zurück und dachte flüchtig, der Kerl solle seinen Kammerdiener entlassen.

Diese Reaktion rettete ihm das Leben. In seiner Rechten hielt der Mann ein Messer, das er sehr geschickt führte, als es dort die Luft zerschnitt, wo sich eine Sekunde zuvor noch Renaults Kehle befunden hatte. Louis wich verwirrt zurück; Isabel sprang erschrocken auf. Sie schrie gellend laut. Madame de Montpellier kam kreischend die Treppe heraufgestürmt. Überall im Haus wurden Türen aufgerissen. Es war 5.26 Uhr – eine Stunde und eine Minute, die Louis Renault nie vergessen würde.

»Halt!« rief er, als der Eindringling sich Isabel näherte. Er trat möglichst bedrohlich auf den Mann zu, aber der Unbekannte lachte ihn nur aus. »Los, trau dich, Feigling«, höhnte er. »Laß sehen, wie du mit einem Mann tanzt!«

Renault wollte sich bewegen, aber seine Füße waren wie am Boden festgenagelt. Er wollte kämpfen, aber seine Hände waren wie gelähmt. Er versuchte zu sprechen, aber seine Stimme versagte. Nein, das war's nicht; er hatte einfach Angst.

»Pah!« rief der Mann verächtlich und stieß Louis beiseite. »Siehst du, Isabel, wie tapfer dein neuer Liebhaber ist!«

Isabel kniete mit weit aufgerissenen Augen auf dem Bett. Die Decke war heruntergerutscht, und Renaults Verstand registrierte einen flüchtigen Blick auf ihren herrlichen Leib: im Morgenlicht nackt und verwundbar, mit häßlichen blauen Flecken übersät. Dann war sie voller Blut, und das Bettzeug war voller Blut, von ihrem Blut getränkt, und sie war aus dem Bett gefallen und hatte die Decke mitgerissen, während das Messer, dessen Griff der Mann in seiner mit ihrem Blut bedeckten Hand hielt, noch in ihrer Brust steckte. »*Henri, non!*« waren ihre letzten Worte.

Von seiner mörderischen Wut erschöpft brach der Mann namens Henri nach Atem ringend in einer Ecke des Raums zusammen. Louis Renault hockte erstarrt und kraftlos in einer anderen. Dann kam die Concierge mit der Polizei auf den Fersen hereingestürmt. Die Gendarmen schlugen Henri bewußtlos und ließen ihren Zorn danach an Renault aus. Sie verprügelten ihn, bis er nicht mehr denken, nicht mehr sehen und zuletzt nichts mehr fühlen konnte.

Irgendwann später kam er auf einem Polizeirevier zu sich. Ein Gendarm legte ihm kalte Kompressen auf den schmerzenden Kopf. Er lag auf einem schmalen Feldbett. In dem Raum standen zwei weitere Männer, beide in Zivil.

»... sehr tapfer von Ihnen, *citoyen*«, sagte einer der Männer. »Madame de Montpellier hat uns alles erklärt. Nach diesem Kerl namens Boucher haben wir schon seit Wochen gefahndet. Er ist ein Zuhälter, der seine Mädchen geschlagen und mindestens zwei von ihnen umgebracht hat. Ein schlimmer Verbrecher.«

M. Boucher interessierte Renault nicht. »Isabel?« krächzte er. Hoffentlich wußte er ihren Namen noch richtig.

»*Oui, Isabel*«, sagte der Mann. »*Elle est morte, hélas!* Sie hat keine Überlebenschancen gehabt. Ihre Verletzungen sind zu schwer gewesen.«

Renault sank schweigend zurück.
»Ihr Mut bei der Verteidigung der Ehre dieser hochgeschätzten Tochter Frankreichs wird nicht vergessen werden«, versicherte ihm der andere Mann.
Renault hatte keine Ahnung, von wem er sprach.
»Isabel de Bononcière«, sagte der Mann, und plötzlich wußte Renault, wen der andere meinte. Die Tochter eines französischen Ministers, die aus ihrem Elternhaus in der Rue du Faubourg Saint-Honoré unweit des Élysée-Palasts verschwunden war. Die Polizei hatte sie seit einem halben Jahr vergeblich gesucht. Allgemein wurde vermutet, sie sei ausgerissen. Angeblich war sie in so weit entfernten Orten wie Amiens, Lyon und Pau gesehen worden.
»Diese Bestie Boucher hat ein naives Mädchen verführt und sie gegen ihren Willen zu einem schandbaren Lebenswandel gezwungen«, sagte der Mann, der größer als sein Kollege war. Als Renault ihn genauer betrachtete, sah er, daß der andere eine Persönlichkeit von Format mit dem Croix de Guerre am Revers war. Dann erkannte er den Minister Édouard Daladier. Daladier beugte sich über Renault und küßte den Liegenden auf beide Wangen. »Für Ihre Tapferkeit ist Ihnen der ewige Dank der Vierten Republik sicher.«
Louis wollte sich auf einen Ellbogen gestützt aufrichten, aber das gelang ihm nicht. Sein Kopf sank wieder aufs Kissen zurück. Vielleicht würde diese schreckliche Geschichte wenigstens für ihn gut ausgehen. Vielleicht brauchten seine Angehörigen nie davon zu erfahren. Vielleicht ...
»Als Anerkennung für Ihre fortwährende Diskretion habe ich die Ehre, Ihnen«, Daladier griff in die Innentasche seiner Jacke, und Renaults Hoffnungen stiegen, »ein Leutnantspatent in der Kolonialpolizei zu überreichen.« Daladier strich sein Jackett glatt. »Sollten Sie jemals nach Frankreich zurückkehren oder einer Menschenseele von diesem Vorfall erzäh-

len, würden Sie zum Mittäter, zu einem Komplizen dieses Schweins Boucher und dadurch zu einem Feind Frankreichs. Ich hoffe, ich habe mich klar genug ausgedrückt.«

Daladier lächelte väterlich, als Renault ein stummes Nicken zustandebrachte. »Ausgezeichnet!« rief er. »Eine dankbare Nation beglückwünscht Sie zu Ihrer Vernunft und Ihrer Diskretion.«

Mit diesen Worten ging Daladier. Der andere Mann, das merkte Renault jetzt, war ein Kriminalbeamter.

Am nächsten Tag wurde er aus dem Krankenrevier entlassen und in ein Militärflugzeug gesetzt. Die folgenden vierzehn Jahre verbrachte Louis Renault auf jedem gottverlassenen Vorposten Frankreichs von Vientiane über Cayenne bis zum Mittel-Kongo, bis er zuletzt in Französisch-Marokko angetrieben wurde. In jedem Land hatte er jeden Mann ausgenützt – und vor allem jede Frau, deren Ehemann sie nicht beschützen konnte. Er hatte seinen Mund gehalten und seinen Kopf eingezogen, bis Rick aufgekreuzt war. Bis Victor Laszlo und Heinrich Strasser und Ilsa Lund aufgekreuzt waren. Ilsa Lund, die ihn so sehr an seine verlorene Liebe Isabel und sein verlorenes Paris erinnerte.

Zum Teufel mit ihnen! Sich an nichts zu erinnern war so lange so einfach gewesen.

Rick zündete sich eine Zigarette an, als Renault mit seiner Geschichte zu Ende war. »Niemand hat's leicht, denke ich«, war alles, was er sagte.

KAPITEL ACHTZEHN

New York, April 1932

Rick setzte sich ans Steuer seines Wagens. Er verfluchte O'Hanlon und Meredith. Er verfluchte das *Rector's.* Er verfluchte George Raft und Mae West. Er verfluchte sogar Ruby Keeler.

Er ließ den Motor an und fuhr los – ohne eigentlich zu wissen, wohin.

Sein Kabriolett, ein neuer DeSoto CF mit Achtzylindermotor, der ihn über tausend Dollar gekostet hatte, stand vor dem Lokal Richtung downtown geparkt, deshalb fuhr Rick dorthin. Er raste wütend die Seventh Avenue entlang und ließ sich von seinem Unterbewußtsein zur 14th Street und dann nach Osten zum Broadway dirigieren. Er folgte dem Broadway nach Little Italy, bog links auf die Broome Street und dann rechts auf die Mott Street ab. Jetzt wußte er, wohin er unterwegs war.

Während er auf den Straßen Manhattans unterwegs war, beschloß er, vorläufig nicht an Lois zu denken, und konzentrierte sich statt dessen auf andere Dinge. Zum Beispiel seine Zukunft. Er war gern Boß im *Tootsie-Wootsie Club*, aber wie lange konnte er das noch sein? Die Abschaffung der Prohibition lag bereits in der Luft. Die selbe Koalition aus wohlmeinenden Suffragetten und schmallippigen Predigern aus dem Bible Belt, die Amerika die Prohibition beschert hatte, forderte nun lautstark lärmend ihre Abschaffung.

Was für ein Dasein war ein Verbrecherleben außerdem für einen jungen Juden? Für Miriam Balines Sohn? Typisch für ihn, daß Rick in einem Alter damit angefangen hatte, in dem die meisten jungen Juden damit aufhörten, lieber studierten und

diese unangenehme Seite des Geschäfts Ganoven wie Lepke aus dem Garment District oder bezahlten Killern der Murder Inc. wie Kid Twist Reles überließen. Die Jungen, mit denen er in East Harlem aufgewachsen war – was waren sie jetzt? Absolventen des City Colleges, Gelehrte, Denker, einige sogar Professoren. Er hatte seine Chance gehabt, aber er hatte sie bereits vertan. Er liebte sein neues Leben – seinen teuren Wagen, seine modische Kleidung und die Geste, mit der er einen Packen Geldscheine aus der Tasche ziehen und lässig Zwanziger abzählen konnte –, aber er schämte sich dessen auch. Er hatte es nie über sich gebracht, seiner Mutter anders als in vagen Formulierungen zu erzählen, wovon er wirklich lebte, was auch der Grund dafür war, daß er sie kaum noch besuchte.
Außerdem wußte er, daß das nicht ewig so weitergehen konnte. Nichts hielt ewig.
Wurde es Zeit, ans Aufhören zu denken? Die Iren waren zum größten Teil bereits ausgestiegen. Vermutlich, weil er ein Einwanderer war, war Dion O'Hanlon der letzte von ihnen; die übrigen Paddies hatten sich gewinnbringenderen und legalen Formen der Korruption wie dem Polizeidienst, der Juristerei und der Politik zugewandt. Vielleicht war es ratsam, seinen Ausstieg vorzubereiten, das Feld zu räumen und das Geschäft den Italienern zu überlassen. Ihnen schien es Spaß zu machen. Aber aussteigen würde er erst, wenn Solly auch aufhörte.
Rick fand sich gegenüber der Adresse 46 Mott Street parkend wieder. Wie die Hauptquartiere aller Gangsterbosse war dieses Gebäude so unauffällig, wie clevere Männer es überhaupt machen konnten. Seiner Erfahrung nach zogen Gangster es vor, durch ihre Kleidung, ihre Autos und ihre Frauen, nicht jedoch durch ihre Geschäfte aufzufallen; Salucci war da keine Ausnahme. Selbst um diese Zeit brannte in den oberen Stockwerken des Gebäudes noch Licht, während in der näheren Umgebung etwa ein halbes Dutzend schwere Jungs auch

nachts Wache hielten. Wieder einmal hatte Rick Gelegenheit, seine Welt in Harlem mit dieser hier zu vergleichen, und der Vergleich fiel nicht gerade schmeichelhaft aus. Falls Salucci nicht bereits größer war als Solly, würde er es allem Anschein nach bald sein. Er war jünger, bösartiger und würde im entscheidenden Moment härter zuschlagen. O'Hanlon hatte Rick heute abend eine Warnung mitgegeben. Jetzt brauchte er sie nur noch zu überbringen.

Wenn er den Mut dazu hatte. Schließlich konnte er sich nicht einfach vor Solomon Horowitz hinstellen und gestehen: Ja, er habe sich entgegen seinem ausdrücklichen Befehl hinter seinem Rücken mit Lois getroffen. Ja, er sei mit ihr im *Rector's* gewesen. Ja, er habe dort mit Sollys Konkurrenten und Feind Dion O'Hanlon gesprochen. Ja, O'Hanlon biete einen Waffenstillstand im Tausch gegen etwas an, das Horowitz vermutlich am allerwenigsten für einen Bestandteil seines Geschäfts hielt: seine Tochter. Gewiß, Solly strebte nach Ehrbarkeit für seine Tochter – aber nicht von O'Hanlons Gnaden.

Rick wußte nicht, was er tun sollte. Er setzte seinen eigenen Namen auf die Liste der Leute, die er verfluchte, und verfluchte sich als Dummkopf und Feigling.

Er ließ den Motor wieder an und fuhr langsam aus der Mott Street, zurück Richtung uptown. Um diese Zeit herrschte sehr wenig Verkehr, so daß Rick eine halbe Stunde später vor Horowitz' Haus in der 127th Street stand.

Die Straße war menschenleer. Solly hielt nichts davon, vor seinem Haus Gorillas herumlungern zu lassen. Das Licht in dem zur Straße hinausführenden Wohnzimmer im zweiten Stock bedeutete, daß Lois noch nicht zu Hause war – daß sie sich noch mit Meredith amüsierte.

Rick stellte den Motor ab und wartete.

Er mußte eingenickt sein, denn als nächstes hörte er perlendes weibliches Lachen und dazwischen dunklere männliche La-

cher. So lachten Angeheiterte, das wußte er aus Erfahrung. Er sah Lois aus Meredith' Wagen steigen – aus einem Duesenberg Model J, wie er zu seinem Kummer sah; dieser Wagen kostete das Zwanzigfache seines Vehikels. Wie sollte er damit konkurrieren können?
Er beobachtete, wie Meredith Lois' Hand nahm und sie über den Gehsteig und zur Haustür hinaufführte. »Du mußt lernen, dir jede Tür von mir aufmachen zu lassen, Liebling«, erklärte er ihr.
»Sorry«, sagte sie kichernd.
Die beiden umarmten sich vor der Haustür. Meredith küßte sie lange, sehr lange. Dann ging er rückwärts die Stufen hinunter und über den Gehsteig, ohne sie auch nur eine Sekunde aus den Augen zu lassen.
Auch sie ließ ihn nicht aus den Augen, selbst als er sich ans Steuer gesetzt und den Motor angelassen hatte und nach einer letzten Kußhand, die sie ihm zuwarf, davongefahren war. Sie blieb einfach stehen und blickte ihm die Straße entlang nach, auch als sein Wagen schon längst um eine Ecke verschwunden war, um ihn in irgendeine Luxusenklave in der Fifth Avenue zurückzubringen, aus der er stammte.
Rick kurbelte sein Fenster herunter und rief halblaut ihren Namen.
»Ich bin's«, sagte er, als er ausstieg.
»Oh, hallo, Ricky«, sagte sie und strich ihr Haar zurück.
»Hast du dich heute abend gut amüsiert?«
»Ich hab' mich herrlich amüsiert«, antwortete sie. »Das Stück ist prima gewesen. Danke.«
»Yeah«, sagte er. »Das Dinner hoffentlich auch.«
Sie sagte nichts, senkte nur leicht den Kopf und wartete.
»Tut mir leid, daß ich so plötzlich weg mußte«, sagte er in dem Versuch, den letzten Rest seiner Würde zu retten. »Geschäft. Du weißt, wie das ist.«

»Schon gut«, sagte Lois. »Hör zu, Rick, ich muß jetzt rauf. Es ist schon spät. Ich werde ohnehin Mühe haben, Papa alles zu erklären.«
Rick scharrte mit einer Schuhspitze über den Gehsteig. »Wie willst du die Sache mit *ihm* erklären?« fragte er. Er brachte es nicht über sich, seinen Namen auszusprechen.
»Robert hat gesagt, daß er mich wiedersehen möchte«, sagte sie. »Natürlich nur mit Daddys Erlaubnis. Er will mich morgen anrufen.«
»Ist das nicht prima?« Mehr fiel ihm dazu nicht ein.
An einem einzigen schrecklichen Abend sah Rick Baline seine ganze sorgfältig ausgedachte Phantasie in Rauch aufgehen. So wie er sich die Sache zurechtgelegt hatte, würde er in der Organisation Karriere machen, bis Solly zuletzt nichts anderes übrigblieb, als ihm seine einzige Tochter zu geben, wie es die Protestanten taten, die downtown ein Geschäft hatten. Das kleine Mädchen des Bosses zu heiraten: Das war sein Ziel – aber nicht etwa nur, weil sie die Tochter des Bosses war. Sondern weil er sie seit dem Tag liebte, an dem er sie zum ersten Mal gesehen hatte.
Die Möglichkeit, sie könnte ihn vielleicht nicht lieben, hatte Rick nie in Betracht gezogen. Beide hatten ein größeres Ziel im Leben – nur war in ihrer Lebensplanung kein Platz für ihn. Darin hatte nichts aus ihrer jetzigen Umgebung Platz: kein Gangstertum, nicht Harlem und verdammt sicher nicht die Bronx. Vom *schtetl* zum Abgeordnetenhaus in einer Generation, das war Solomon Horowitz' Ziel. Und danach strebte auch Lois.
Rick wußte auch, warum. Während er im Wagen sitzend auf Lois gewartet hatte, hatte er Zeit gehabt, sich das Viertel anzusehen. Auf den Straßen erschienen viel mehr schwarze Gesichter als früher, so daß Rick sich fragte, wie lange die Familie Horowitz noch hierbleiben würde. Die Juden räumten das

Feld; sie wurden vertrieben oder vertrieben sich selbst. Vielleicht hatte er mit seinen vorigen Überlegungen recht gehabt. Vielleicht wurde es Zeit, auszusteigen. Vielleicht wurde es Zeit, endlich erwachsen zu werden.

»Schöne Nacht, was?« fragte er.

»Ich muß gehen«, sagte sie.

Nein. Noch nicht.

»Komm, wir machen einen Spaziergang um den Block. Ich möchte eine rauchen.«

»Rick.«

»Um alter Zeiten willen«, bat er. »Ich muß dir etwas sagen.«

»Okay.«

Rick zündete sich eine Zigarette an, bevor sie den langen Straßenblock hinuntergingen. »Lois«, begann er, »ich wollte dich heute abend etwas fragen. Bevor ... bevor ...«

»Ich weiß«, sagte sie.

»Wirklich?«

»Klar.« Im Licht der Straßenbeleuchtung sah sie schöner aus als je zuvor. Ihr schwarzes Haar verschmolz mit dem Dunkel der Nacht, so daß ihr blasses, fast geisterhaft weißes Gesicht von reinstem Ebenholzschwarz eingerahmt war. Sie war Rachel, sie war Sarah, sie war jede Schönheit der Tora. Vielleicht war sie sogar Lilith; das war ihm egal.

»Du willst wissen, wie Daddy über dich denkt«, stellte Lois zuversichtlich fest. »Nun, Rick, eines kann ich dir sagen: Er ist verrückt nach dir. Er redet die ganze Zeit über dich. Wie weit du's bringen wirst. Wie froh er darüber ist, daß du und ich uns damals begegnet sind, und daß er gar nicht weiß, was er ohne dich täte. Das wolltest du doch wissen?«

Sie waren stehengeblieben, und Lois hatte sich ihm zugewandt. Ihr Gesicht war zu seinem emporgehoben. Was Rick sagen wollte, würde überraschend kommen, aber für ihn hieß es jetzt oder nie.

»Nein, Lois«, begann er, »darum geht's mir nicht. Es gibt was anderes, das ich dir schon lange sagen wollte.« Er versuchte, seine Gedanken zu sammeln, seine Argumente zu ordnen und seinen Mut zusammenzunehmen. Aber das mißlang ihm gründlich.

»Ich liebe dich«, platzte er heraus. »Ich liebe dich schon immer. Seit ich dich damals im Zug gesehen habe, schon bevor du umgekippt bist.« Er schloß sie impulsiv in die Arme. »Heirate mich«, sagte er.

Er küßte sie, wie er gesehen hatte, daß Meredith sie küßte. Das würde ihm zeigen, was sie für ihn empfand; beim Küssen konnte keine Frau ihre Gefühle verbergen.

Sie erwiderte seinen Kuß, aber nur flüchtig und interesselos. Dann löste sie sich von ihm. »Schluß«, sagte sie. »Jemand könnte uns sehen.«

»Na und?« Rick fühlte seine Leidenschaft wachsen. »Heirate mich.« Er versuchte erneut, Lois zu küssen, aber sie wehrte ihn ab.

»Bitte, Rick, bitte!«

»Heirate mich, Lois«, sagte er – bereits bettelnd.

»Rick, nein«, wehrte sie ab. »Ich kann nicht.«

»Kannst nicht oder willst nicht?« fragte er.

»Beides«, antwortete sie, und er wußte, daß er erledigt war. »Außerdem«, sagte sie, »habe ich bisher nie gewußt, daß du auf solche Weise an mich denkst. Nicht wirklich.«

Nie gewußt? Wie konnte eine Frau nicht wissen, welche Gefühle ein Mann für sie hegte, sie nicht in seinen Blicken lesen, sie nicht in seiner Stimme hören, jedesmal wenn er mit ihr sprach? Wie konnte sie sich statt dessen in einen Hochstapler wie diesen *putz* Meredith, O'Hanlons Lakaien, einen Mann ohne Charakter und eigenen Willen, verknallen?

Er wollte seinen Arm um sie legen, aber sie schob ihn weg. Es hatte keinen Zweck; der Augenblick war vorüber.

»Hör zu, Rick«, sagte sie, »ich könnte dich nicht heiraten, selbst wenn ich wollte. Das weißt du. Das wissen wir beide.« Sie lächelte ihn mit diesem Killerlächeln an, das dem Killerblick ihres Alten entsprach – mit diesem Lächeln, dem kein Mann hätte widerstehen können, was Rick ohnehin nicht wollte. Aber er konnte nicht beurteilen, ob aus ihrem Lächeln Zuneigung oder Mitleid sprach.

»Ricky«, sagte Lois, beugte sich nach vorn und gab ihm einen kleinen Kuß, wie man ihn einem Kind gibt. »Du bist süß. Du bist sehr süß. Ich finde dich prima. Aber du bist nichts für mich. Es ist nicht so, daß ich dich nicht mag oder sogar ...« Sie zögerte kurz, während sie das richtige Wort suchte. »Oder sogar ein bißchen liebe. Du bist ein anständiger Kerl, und Daddy hält sehr viel von dir, und ich tue das auch. Du wirst deinen Weg machen.« Sie lächelte jetzt nicht mehr. »Es ist nur so, daß der Weg, den du gehen wirst, und der Weg, den ich gehen werde, nicht identisch sind.«

»Wohin ist Meredith unterwegs?« fragte Rick erbittert. »Kann er dich zu den richtigen Zielen mitnehmen?«

»Das weiß ich nicht«, antwortete sie ehrlich, »aber vermutlich hat er bessere Chancen als du. Ist das nicht der Sinn des Lebens? Chancen? Möglichkeiten?«

»Yeah«, stimmte er zu. »Das ist der Sinn des Lebens, schätze ich.«

»Nun, ich muß meine Chancen ergreifen, wenn sie sich bieten!« sagte sie aufgeregt. »Glaubst du, daß ich nicht weiß, was mir bevorsteht, wenn ich's nicht tue? Glaubst du etwa, daß ich den Rest meines Lebens hier verbringen, wie eine alte Jungfer in einer Wohnung im zweiten Stock ohne Lift hausen und in ständiger Ungewißheit leben will, ob mein Vater abends lebend nach Hause kommt? Ist dir jemals in den Sinn gekommen, daß das kein Leben für ein Mädchen ist? Und daß Daddy das auch weiß? Und daß er versucht, etwas dagegen zu tun? Und daß es, unabhängig davon, was du für mich empfindest, egoistisch von dir ist, wenn du mir das zu nehmen versuchst?«

Rick erkannte, daß er die Schlacht endgültig verloren hatte.

»So hab' ich's noch nie gesehen, fürchte ich.« Er ließ den Kopf hängen.

Lois küßte ihn nochmals flüchtig auf die Wange. »Du brauchst kein Gesicht zu machen, als sei dein Hund gerade eingegangen«, sagte sie. »Kopf hoch! Für dich läuft alles prima. Soll ich dir was erzählen?«

Sie waren umgekehrt und schon fast wieder vor ihrer Haustür angelangt.

»Was?« fragte er ohne großes Interesse.

»Ich glaube, daß dieser Gangsterboß O'Hanlon irgendwie von dir beeindruckt ist. Oh, ich hab' heute abend gemerkt, daß Daddy und er sich nicht allzu gut vertragen, aber sie machen seit Jahren Geschäfte miteinander. Du könntest als eine Art Mittelsmann zwischen ihnen fungieren. Verdammt!« rief sie aus. »Wenn du deine Karten richtig ausspielst, kannst du den ganzen Laden übernehmen, wenn die beiden alten Knacker mal aufhören.«

»Daran habe ich noch nie gedacht«, gab Rick zu.

»Natürlich hast du das nicht getan, Dummerchen«, sagte Lois, als sie vor ihrer Haustür stehenblieben. »Du brauchst eine Frau, die solche Sachen für dich durchdenkt.« Sie betrachtete Rick im Widerschein der Großstadtlichter. »Nur kann ich die nicht sein, das ist alles.« Sie küßte ihn erneut – diesmal so, wie er sich immer gewünscht hatte, von ihr geküßt zu werden. Rick sog ihren Kuß tief in sich auf, denn er wußte, daß er ein Leben lang damit würde auskommen müssen. In diesem Augenblick war ihm egal, ob Solly mit seinem Schießeisen herunterkam und ihn von den Stufen blies; das wäre dieser Kuß, dieser eine Kuß wert gewesen.

Sie löste sich wieder von ihm, diesmal langsamer, und ihre Lippen waren der letzte Teil ihres Körpers, der sich von ihm trennte.
»So, laß mich jetzt raufgehen, mein Lieber. Hier draußen ist's kühl, es ist schon spät, und ich brauche meinen Schönheitsschlaf.«
Er stand verlassen auf dem Gehsteig gegenüber seinem Tausend-Dollar-DeSoto und beobachtete, wie sie die Treppe hinauf und aus seinem Leben ging.
Etwas bereitete ihm jedoch Kopfzerbrechen: Welcher war ihr richtiger Kuß gewesen? Der erste oder der letzte?

KAPITEL NEUNZEHN

Major Sir Harold Miles ging ihre Aufträge nochmals mit ihnen durch. Sie hatten sie schon ein dutzendmal besprochen, aber einmal mehr konnte nicht schaden. Es konnte vielleicht sogar etwas nützen. Vielleicht würde es verhindern, daß ein paar gute Leute unnötig zu Tode kamen. Trotzdem machte Rick sich in dieser Beziehung keine großen Hoffnungen. Gute Leute fanden den Tod, weil sie nicht gut genug aufpaßten, und dagegen war kein Kraut gewachsen.

Jan Kubiš und Josef Gabčík waren dazugekommen, und Laszlo stellte sie Rick als Angehörige des tschechischen Widerstands in London vor, die er als seine wichtigsten Mitkämpfer ausgewählt hatte. Gemeinsam mit Laszlo und Rick würden die beiden von einem RAF-Flugzeug mit Fallschirmen über tschechischem Gebiet abgesetzt werden. Die Landezone befand sich nicht weit von Prag entfernt in der Nähe der Ortschaft Lidice, aus der Kubiš und Gabčík stammten. Lidice war ein Dorf mit nur wenigen hundert Einwohnern, die – so versicherte Laszlo jedermann – alle von dem Wunsch beseelt waren, die Nazi-Eroberer zu vertreiben.

Für ein Unternehmen dieser Größenordnung war die Ausrüstung erstaunlich einfach. Verübt werden sollte das Attentat mit einer britischen Bombe, die in Heydrichs offenen Wagen geworfen werden sollte, wenn er auf der Fahrt zum Hradschin durch Prag unterwegs war. Sie mußte geworfen werden, denn Heydrichs Dienstwagen war ein gepanzerter Mercedes-Benz, der so konstruiert war, daß er über eine Mine fahren und unbeschädigt weiterrollen konnte.

»Verstehen die Tschechen nicht genug von Bomben, um selbst eine zu bauen?« fragte Rick. Eine Bombe erschien ihm als fei-

ges Mittel, um einen Mann umzubringen. »Ich dachte, die Tschechen verstünden sich darauf, Bomben zu basteln.«
»Aber keinen Sprengsatz dieser Art«, antwortete Major Miles. »Nicht mal die Deutschen haben eine Bombe wie diese.« Das schien ihn sehr zu befriedigen.
Der Major hielt ein Musterstück ohne die Sprengladung in der Hand. Rick hoffte zumindest, daß es leer war, denn Sir Harold machte sich jetzt daran, den Zeitzünder einzustellen.
»Hören Sie genau hin, Gentlemen«, sagte er. Rick blickte zu Laszlo hinüber, um zu sehen, ob er sich Angst anmerken ließ, aber der Blick des anderen war starr auf die Bombe gerichtet.
Zehn spannende Sekunden lang herrschte nur Stille im Raum. Anfangs wußte Rick nicht recht, worauf er horchen sollte; dann wurde ihm klar, daß er kein Geräusch wahrnehmen sollte – und genau das tat er auch.
»Völlig lautlos«, sagte Sir Harold, »und absolut zuverlässig. Versagerquote: null Prozent. Die Deutschen und die Tschechen haben natürlich Wurfbomben, die aber schrecklich laut sind. Wie Sie eben gehört haben, macht diese Bombe keinerlei Geräusch. Sie könnten Ihrer Frau eine in die Handtasche schmuggeln, und sie wüßte nichts davon, bis das Ding hochgeht. Lautlos und tödlich.« Er gestattete sich ein Schmunzeln. »Hoffentlich bekommen die Iren nie eine in die Hände.«
Rick konnte sich einen Iren vorstellen, der vermutlich schon eine hatte – denselben Iren, der ihm damals vor vielen Jahren geraten hatte, immer auf den Sieger zu setzen, und dessen Rat er seitdem bewußt mißachtet hatte.
Major Miles zeigte auf den großen Stadtplan von Prag an der Wand. »Wir haben ursprünglich mehrere Stellen für das Attentat in Betracht gezogen«, begann er, »sind uns jetzt aber darüber einig, daß diese die beste ist.« Er tippte mit seinem Zeigestab auf die Karlsbrücke, die berühmteste und schönste Brücke der Stadt, die mit ihrer barocken Statuenallee die

Moldau überspannte. »Von Miss Lund, die bei ihrem Versuch, sich in der Prager Burg einzunisten, ungewöhnlich erfolgreich gewesen ist, wissen wir, daß Heydrich jeden Tag auf derselben Route von seinem Landhaus zum Hradschin fährt. Wie Sie sehen«, der Major tippte erneut auf den Stadtplan, »muß er bei seiner Fahrt zur Burg am Clementinum vorbeifahren, scharf nach links auf die Křižovnická-Straße einbiegen und dann scharf rechts auf die Karlsbrücke abbiegen. Auch wenn es den Sicherheitskräften gelänge, die Brücke von allen Passanten zu räumen – was bisher noch nie versucht worden ist –, müßte sein Mercedes an dieser Stelle trotzdem sehr langsam fahren, um die Kurve zu schaffen, ohne Heydrich in die Moldau zu schleudern.

Eine weitere Tatsache wirkt sich zu unseren Gunsten aus: Der Reichsprotektor ist extrem pünktlich. Er haßt Unpünktlichkeit bei anderen und verabscheut sie erst recht bei sich selbst. Er fährt jeden Morgen um Punkt sieben Uhr fünfzig über die Karlsbrücke, damit er Schlag acht Uhr in den Burghof einfahren kann.« Den Major schien die Pünktlichkeit seines Gegenspielers persönlich sehr zu befriedigen.

Kubiš und Gabčík, die mit Pistolen bewaffnet waren, würden auf beiden Seiten der Brücke Posten beziehen, während Laszlo sich in Bewegung setzen würde, als wolle er die Straße hinter dem eben vorbeigefahrenen Wagen des Henkers überqueren. Sobald der Wagen seine geringste Geschwindigkeit erreichte und der Chauffeur sich darauf konzentrierte, die Kurve zu nehmen, würde Renault vor den Mercedes treten, um ihn zum Anhalten zu zwingen. Danach würde Laszlo von hinten herankommen, seine Bombe in den Wagen werfen und rasch davongehen. Weil nur zehn Sekunden bis zur Detonation blieben, würden alle sich beeilen müssen.

Für ein zweites Ablenkungsmanöver war Rick zuständig, der in der Sekunde nach Laszlos Bombenwurf dicht vor dem

Mercedes einen Rauchkörper zünden würde. Während die Insassen des Wagens sich mit der vermeintlichen Gefahr vor ihnen befaßten, würde die Bombe auf dem Rücksitz detonieren. Das gab den Verschwörern eine Chance, in verschiedene Richtungen zu flüchten, und bis die Polizei die Fahndung aufnahm, würden sie längst in alle Winde zerstreut sein, um sich später in der Sakristei der Karl-Borromäus-Kirche zu sammeln.

»Zuletzt noch etwas«, sagte Major Miles. »Auch wenn jeder sein Bestes gibt, kann immer irgend etwas schiefgehen. In diesem Fall befänden Sie sich alle in größter Gefahr.«

»Also brauchen wir ein Abbruchsignal«, sagte Rick.

»Mr. Blaine hat recht«, stimmte Sir Harold zu. »Dieses Signal muß klar und leicht verständlich sein und darf nur gegeben werden, wenn die Umstände eine Durchführung des Plans völlig unmöglich machen. Bei unserer Planung haben wir uns völlig auf Heydrichs deutschen Sinn für Pünktlichkeit verlassen. Miss Lund wird die Herstellung des Kontakts durch die vereinbarte Kurzmitteilung bestätigen. Sobald sie eingegangen ist, bricht das Team zum Bereitstellungsraum Lidice auf, und das Attentat findet dann so bald wie möglich statt. In diesem Zusammenhang haben Mr. Laszlo und ich vereinbart, daß das Unternehmen als verraten gilt und automatisch abgeblasen wird, falls Heydrich sich auch nur eine Sekunde länger als fünf Minuten verspätet. Irgendwelche Einwände oder Fragen?«

Ricks Stimme durchbrach das nachdenkliche Schweigen. »Nur ein paar, Major«, sagte er. »Wer gibt uns die Garantie, daß wir nicht sofort nach der Landung verhaftet und auf der Stelle erschossen werden?«

Diese Vorstellung schien Sir Harold nicht groß zu beunruhigen. »Wir haben keinen Grund zu der Annahme, daß irgend jemand aus der Schule plaudert«, sagte er. »Ein britischer Gentleman weiß, was er seiner Ehre in solchen Dingen schul-

dig ist.« Er machte eine Handbewegung, als wolle er diese Idee vom Tisch wischen.
»Noch etwas, das Louis bereits angesprochen hat«, fuhr Rick fort. »Wie sollen wir mit der Last auf dem Gewissen weiterleben – falls wir überhaupt noch leben –, wenn die Deutschen nach dem Tod ihres geliebten Heydrichs beschließen, ihn zu rächen, indem sie als Vergeltungsmaßnahme Hunderte, vielleicht sogar Tausende von Unschuldigen an die Wand stellen? Das haben sie schon früher getan, und wir haben keinen Grund zu der Annahme, daß sie's in diesem Fall nicht wieder tun werden.«
Diesmal fiel es Laszlo zu, auf seine Frage zu antworten. Er stand auf.
»Monsieur Blaine«, sagte er, »ich finde Ihre Sorge um das Wohl anderer zutiefst rührend, zumal sie ein erst in letzter Zeit erworbener Charakterzug zu sein scheint. Sie würden es offenbar vorziehen, dieses Ungeheuer in Menschengestalt weiter auf dem geheiligten Boden meines Vaterlands wüten zu lassen. Haben Sie überhaupt eine Vorstellung davon, wer dieser Mann ist?«
Rick sagte, er habe eine.
»Aber nicht wie ich. Sie sind nicht in Mauthausen gewesen.«
»Nein, ich bin nicht dort gewesen«, antwortete Rick schroff. »Aber ich bin in Addis Abeba und am Ebro gewesen. Glauben Sie, daß ich nicht auch gesehen habe, was Sie gesehen haben? Glauben Sie, daß ich nicht auch miterlebt habe, wie Männer leiden und sterben?« Er schlug mit der Faust auf den Tisch. »Machen Sie sich endlich von Ihrer Vergangenheit frei! Sie sind nicht der erste Mensch, der mal Pech gehabt hat, und bestimmt auch nicht der letzte. Meiner Überzeugung nach«, sagte er, »habe ich dasselbe Recht wie Sie, meine Meinung zu äußern, wenn ich schon meinen Hals riskiere.«
Laszlo hatte Blaine noch nie so leidenschaftlich reden gehört.

»Ich will Ihnen erzählen, wie die Nazis sich in Mauthausen amüsieren«, sagte er. »Sie führen einen Mann in einen tiefen Steinbruch und beladen ihn mit dreißig Kilogramm Steinen, die er nach oben zu schleppen hat. Jeder Schritt des Weges geschieht unter Schlägen. Ist er endlich oben angekommen, wird er wieder hinuntergeschickt und noch schwerer beladen. Stolpert er, was irgendwann auch der Stärkste tut, hagelt es Knüppelhiebe. So geht es weiter, bis er tot ist. Eines Abends habe ich einundzwanzig Leichen am Wegesrand gezählt. Es hat Tage gegeben, da habe ich mir fast gewünscht, zwischen ihnen zu liegen.«

Laszlo nahm wieder Platz. »Ich bin Ihnen für Ihre Bereitschaft dankbar, uns bei diesem Unternehmen zu helfen. Ich schmeichle mir nicht, der zu sein, für den Sie das tun. Offengestanden ist mir das egal. Was sich zwischen meiner Frau und Ihnen abgespielt haben mag, ist in der Vergangenheit geschehen. Über eines müssen Sie sich jedoch im klaren sein ...« Seine Stimme wurde so leise, als seien Rick und er die beiden einzigen Menschen in diesem Raum, vielleicht auf der ganzen Welt.

»... was geschieht, nachdem wir Reinhard Heydrich liquidiert haben, interessiert mich nicht im geringsten. In Mauthausen hat nur der Gedanke an den Tod dieses Mannes mich am Leben erhalten, und ich habe mir geschworen, falls mir die Flucht gelänge, würde ich nicht rasten und nicht ruhen, bis Heydrich tot ist. Jetzt ist dieses Ziel in Reichweite. Ich werde mich weder von Ihnen noch von *sonst irgend jemandem* von meinem Vorhaben abbringen lassen.

Sterbe ich dabei, ist das Schicksal. Sterben Sie, oder stirbt sogar Ilsa, ist das der Preis, den wir für das große Ziel, diesen Mann zu beseitigen, zahlen müssen. Und wenn das bedeutet, daß andere – Unschuldige – sterben müssen, damit auch er stirbt, ist das der Preis, den eben auch sie zahlen müssen.«

»Kommt mir etwas hoch vor«, sagte Rick.

»Wie kommen Sie dazu, darüber zu urteilen? Was wissen Sie über den Feind, dem wir gegenüberstehen? Was wissen Sie über die Leiden der Völker Europas? Wissen Sie, wie lange sie auf diesen Augenblick gewartet haben, in dem einige tapfere Männer einen Schlag gegen die Unterdrücker führen und allen anderen wieder etwas Mut machen? Auch in Deutschland gibt es Menschen, die auf unserer Seite stehen – Hans und Sophie Scholl von der Weißen Rose, Bischof von Galen, Professor Huber –, aber wer außerhalb ihrer Heimat kennt ihre Namen? Und was können sie außerdem tun?

Aber *wir* können und werden etwas tun. Beseitigen wir dieses Ungeheuer Heydrich, schenken wir Millionen Menschen, die glauben, für sie gebe es keine Hoffnung mehr, neue Hoffnung. In diesem Krieg gibt es keine Nichtkombattanten, Monsieur Blaine, keine Neutralen. Man ist entweder für uns oder wider uns. Sollte sich zeigen, daß Sie nicht zu ersteren, sondern zu letzteren gehören, werden sie so rasch und bedenkenlos geopfert wie ein Osterlamm.

Ich habe meiner Frau versprochen, Sie an diesem Unternehmen teilnehmen zu lassen. Ilsa hat mir versichert, daß sie loyal sein werden. Sie ist meine engste Vertraute. Warum sie sich Ihrer so sicher ist, kümmert mich so wenig wie die Frage, was aus uns wird, wenn wir unseren Auftrag ausgeführt haben. Das überlasse ich Gott. Sollten Sie jedoch versuchen, unsere Erfolgsaussichten irgendwie zu beeinträchtigen, erschieße ich Sie persönlich. Weniger zu tun würde bedeuten, gegen eine heilige Pflicht zu verstoßen, und das ist etwas, tatsächlich das einzige, wozu ich nicht bereit bin.«

Major Miles ergriff das Wort. »Also gut, Gentlemen, Sie haben Ihre Befehle. Sobald Miss Lunds Nachricht eingetroffen ist, finden Sie sich zur vereinbarten Zeit auf dem Flugplatz Luton ein. Dort erhalten Sie dann Ihre Waffen. Ich empfehle Ihnen,

Ihre Angelegenheiten zu regeln und sich gut auszuruhen. Sie werden froh sein, wenn Sie ausgeruht sind, wenn die Schießerei losgeht.«

Er legte den Zeigestab weg. »Das Unternehmen, zu dem wir alle aufbrechen, ist sehr gefährlich. Das will ich gar nicht leugnen. Seiner Majestät Regierung ist daran ebenso beteiligt wie jeder von Ihnen und hat größtes Interesse daran, daß das Unternehmen Henker gelingt. Es muß und wird ein Erfolg werden. Danke, das war alles.«

Wenn's nur so wäre! dachte Rick.

Bevor Rick und Renault gingen, verabschiedeten sie sich mit Handschlag von allen. Als dann Victor Laszlo vor ihnen stand, war es diesmal Rick, der ihm die Hand hinstrecken und einige Sekunden warten mußte, bevor sie ergriffen wurde.

»Alles Gute«, sagte Rick. »Es muß schön sein, immer recht zu haben.«

»Das ist es«, antwortete Laszlo.

KAPITEL ZWANZIG

Er wußte, daß er es Ilsa versprochen hatte, und wollte auch Wort halten. Aber nicht unbedingt – und vor allem nicht jetzt. Ilsa war in Prag. Er war in London. Der Ärmelkanal und eine halbe Flasche Jack Daniel's lagen zwischen ihnen, allerdings nicht lange. Das brauchte sie nie zu erfahren. Außerdem brauchte er alles, was er an Hilfe bekommen konnte.

Er trank gleich aus der Flasche; dies war nicht der richtige Augenblick, um sehr förmlich zu sein. Dämon Alkohol hatte ihm bisher immer geholfen, wenn er nachdenken mußte. Nach allem, was passiert war, nachdem das Schlimmste, was hätte geschehen können, tatsächlich passiert war, war er weiter sein Freund geblieben. Er hatte Rick vor den Kugeln der Italiener in Äthiopien geschützt, ihn in Spanien vor dem Artilleriefeuer der Nationalisten am Ebro bewahrt, als der Sieg zum Greifen nahe gewesen und ihnen dann so rasch entglitten war, und ihm den Mut verliehen, bis zum Ende weiterzukämpfen, als selbst die Flasche den Unterschied zwischen Sieg und Niederlage erkannte – auch wenn er das noch immer nicht konnte.

Rick Blaine der Liberale. Rick der Idealist. Rick der Freiheitskämpfer ... lachhaft! Erkannte niemand den Unterschied zwischen einem Mann mit einer Mission und einem Mann, der zu einem Himmelfahrtskommando unterwegs war? In Äthiopien würde der Tod leicht zu finden sein, hatte er geglaubt. Dort herrschte Krieg; man brauchte nur übers Schlachtfeld zu schlendern und auf die für einen bestimmte Kugel zu warten. Hailé Selassies Kampf gegen die Italiener schien aussichtslos zu sein, was Rick nur recht war, aber die Afrikaner verblüfften die ganze Welt, indem sie sich fast acht Monate lang gegen Mussolini hielten. Von Ende November 1935, als Rick aus

New York kommend in Addis Abeba auftauchte, weil das der entfernteste Ort war, der ihm in der Eile eingefallen war, bis zum Mai 1936, als die neuen römischen Legionen das Land besetzten, hatte er so gut wie möglich gekämpft – nie mit einem Sieg rechnend, immer in der Hoffnung, vielleicht doch nicht zu verlieren, und stets auf die todbringende Kugel gefaßt. Ihm genügte es, ein paar Italiener erledigen zu können – in erster Linie die, die ihn an Salucci erinnerten. Sie erinnerten ihn alle an Salucci.

Ein Vierteljahr später war er in Spanien aufgekreuzt – gerade rechtzeitig, um am Bürgerkrieg teilzunehmen. Das hatte er nicht vorgehabt, aber sein Pech schien ihm treu zu bleiben. Der spanische Bürgerkrieg lehrte ihn einiges. Als erstes erkannte Rick, daß er froh sein konnte, nicht etwa schon zur Zeit des amerikanischen Bürgerkriegs gelebt zu haben. Praktisch über Nacht kämpfte Bruder gegen Bruder, Vater gegen Sohn, und jeder brachte jeden auf die grausamste Weise um, die man sich nur vorstellen konnte.

Er dachte nicht gern an das zurück, was er in Spanien gesehen hatte. Hemingway hatte einen ganzen Roman darüber geschrieben: über das Land, in dem Sinnlosigkeit sich mit Brutalität verband, um die Internationale Brigade zu zeugen. Hemingway hatte den Krieg heroisch verklärt, aber was verstand ein Schriftsteller schon davon? Rick hatte miterlebt, wie die Interbrigadisten als Kanonenfutter mißbraucht und von Hitlers Legion Condor und den italienischen Schwarzhemden in Stücke gehauen worden waren. Daran war nichts Heroisches gewesen. Das war wieder Äthiopien gewesen – nur mit besserer Verpflegung. Rick widerte es an, daß so viele anständige Kerle so leichtfertig vor Francos Maschinengewehre getrieben wurden. Wie er glaubten sie an die Sache ihres Kampfs gegen den Faschismus; im Gegensatz zu ihm waren sie bereit, dafür zu sterben. Nicht, daß er nicht bereit gewesen wäre, sein Le-

ben zu opfern; er versuchte nur, aus einem anderen Grund zu sterben, was ihm nicht gelingen wollte.
Anders als Luís, der überhaupt nicht umzukommen versuchte. Im Weltmaßstab spielte sein Tod keine große Rolle; nur der Tod eines weiteren Jungen, der das Gebrüll und die Schlagworte glaubte, der Menschen vertraute, denen er nicht hätte trauen dürfen, und dafür in der einzigen Münze zahlte, die er besaß: mit seinem Leben.
Luís Echeverria fiel gegen Kriegsende im September 1938 am Ebro, kurz bevor Rick wie Tausende von weiteren Verlierern dieses Kriegs nach Frankreich flüchtete, dessen imaginäre Maginot-Linie ihnen Sicherheit versprach. Jedermann sagte, am Ebro sei die Kriegswende eingetreten. Nachträglich klang das ruhmvoll, aber das war es nicht. Daheim wäre die Entsprechung ein Genickschuß gewesen, während man durch die Fußgängerpassage unter der Fifth Avenue am neuen Rockefeller Center schlenderte, oder ein Schuß zwischen die Augen, die zuletzt noch ein Stück Sumpfgebiet in Hackensack wahrgenommen hatten, während man doch nur unterwegs gewesen war, um sich die Zeitungen zu kaufen und auf der Second Avenue einen Bagel mit *schmear* zu essen.
Luís war ein gutaussehender schwarzhaariger Neunzehnjähriger, der sich nichts mehr wünschte, als heil und gesund zu Marita heimzukehren, die er sogar noch mehr liebte als die Freiheit, was verdammt viel gesagt war. Luís hatte ihm Maritas Foto, das er ständig mit sich herumtrug, und die Briefe gezeigt, die sie ihm geschrieben hatte. Rick hatte es nicht übers Herz gebracht, ihn über die Niedertracht von Frauen – zur Hölle, über die Niedertracht von Menschen – aufzuklären, denn welchen Unterschied hätte das schon gemacht? Das gehörte zu den Dingen, die ein junger Mann selbst herausbekommen mußte, aus leidvoller Erfahrung lernen mußte, falls er lange genug lebte, um ein alter Mann zu werden. Aber der

arme Luís, der für eine gute Sache kämpfte und Maritas Bild an seinem Herzen trug, fiel in der Blüte seines zwanzigsten Lebensjahrs.

»Rick«, fragte Luís, als sie auf den Angriff warteten, »hast du Angst?« Diese Frage stellte er Rick vor jedem Gefecht. Das war zu einer Art Glücksbringerritual zwischen ihnen geworden. Luís grinste sein komisches zahnlückiges Grinsen, der Wind zauste ihm das Haar, und er sah wie ein griechischer Halbgott aus, der sich auf den *Champs de Mars* vergnügt.

»Nein«, antwortete er wahrheitsgemäß.

»Warum nicht?«

»Weil ich mir nichts aus diese Sache mache«, sagte Rick. Er wußte, daß Luís sich viel daraus machte, daß er sich mehr daraus machte, als ihm guttat, daß seine Sorge nicht nur Marita und ihm selbst, sondern auch Spanien galt, was jeden tapferen Jungen weit überfordern mußte.

Luís lag neben ihm, als Francos Truppen angriffen. Der Angriff war nur ein Ablenkungsmanöver, aber niemand hatte sich die Mühe gemacht, ihnen das mitzuteilen. Die Hauptoffensive fand anderswo statt. Leider zielte der Scheinangriff in ihre Richtung, was ihn aus Ricks und Luís' Sicht zur Hauptoffensive machte.

Die Nationalisten rannten in mehreren Angriffswellen gegen ihre Stellung an, und Rick mähte sie so schnell nieder, wie er nur konnte. Irgend etwas stimmte jedoch nicht: Der Abwehrkampf war zu einfach. Franco kämpfte im allgemeinen anders, machte es den Verteidigern nicht so leicht. Die Männer kamen geradewegs über den Fluß und stürmten gegen die gut ausgebaute Stellung der Republikaner an. Aber das war nicht sein Problem; er hatte das Gefühl, mit jedem Schuß einer gewissen Rechtfertigung für sein Tun näherzukommen.

Rick schoß weiter, so schnell er konnte. Er liebte diese Art Gefechte, die sich so grundlegend von New Yorker Bandenkriegen unterschieden, die mit brutaler, fast geschäftsmäßiger Effizienz abgewickelt wurden. In New York hing Sieg oder Niederlage davon ab, wer wen überraschte, und der Kampf war nicht nach Minuten, sondern nach Sekunden vorüber. Die bessere Planung sicherte den Triumph. In Spanien, in der Schlacht, fiel man oder nicht, ohne sein Schicksal wesentlich beeinflussen zu können.

»Rick!« brüllte Luís. »Paß auf!«

Er drehte seinen Kopf hastig von dem rauchenden MG weg, aber es war schon zu spät. Ein Trupp von Francos Kavallerie hatte den Fluß durchquert und rollte die Stellung ihrer Gruppe von hinten auf. Verdammt! Auf diesen Umgehungsversuch hätte er gefaßt sein müssen. Rick mühte sich verzweifelt ab, sein MG herumzureißen. Er kämpfte noch damit, als eine Kugel Luís' Stirn dicht über der linken Augenbraue durchschlug. Rick sah die Einschußwunde, bevor der Getroffene sie spürte. Und er wußte, daß Luís tot war, bevor er ihn zusammenbrechen sah.

Luís starb in seinen Armen – mit starr nach vorn gerichtetem Blick, in Erwartung des glorreichen Sieges, der niemals kommen würde.

Rick flüsterte ein Gebet, während er den Gefallenen zu Boden gleiten ließ. Er wünschte sich, er wüßte irgendein katholisches Trauergebet, aber der Kaddisch würde genügen müssen. Er hatte schon mehrmals genügt.

Rick wußte natürlich, daß das Ende nahe war. Mitten im Ebro-Feldzug wurde die Unterzeichnung des Münchner Abkommens gemeldet, das Hitler, Chamberlain, Daladier und Mussolini am 29. September 1938 geschlossen hatten. Damit war die Sache der Republikaner verloren. Von Frankreich, Rußland oder England – übrigens auch nicht von den Vereinigten Staaten – war keine Unterstützung mehr zu erwarten. Die guten Kerle waren allein; keine Kavallerie würde über die

Hügel gesprengt kommen, um sie zu retten. Francos von Deutschen ausgebildete Luftwaffe griff die Republikaner in den Bergen an; Francos Truppen schlachteten sie auf den Straßen ihrer Städte ab. Irgendwie schaffte es Rick zu überleben, während er von einer Niederlage zur anderen taumelte. Barcelona fiel am 26. Januar, Madrid am 28. März 1939. Der Bürgerkrieg endete vier Tage später, aber da war Rick Blaine schon in Marseille, wo er sich betrunken fragte, was man außer Mut brauchte, um Selbstmord zu verüben.

»Mr. Richard?« Sams aus der Dunkelheit kommende Stimme drang durch den Alkoholnebel.

»Was gibt's?« fragte Rick. Er versuchte, im Wohnzimmer ihrer Suite Ordnung zu schaffen und sich selbst etwas präsentabler zu machen, aber das war zwecklos. Sam hatte ihn schon zu oft so erlebt, um sich täuschen zu lassen. Er sank in den Sessel und hielt seine Flasche wie ein Baby in den Armen.

Sam gab vor, seinen Zustand nicht zu bemerken. Statt dessen machte er sich in Ricks Schlafzimmer zu schaffen, holte seine Sachen aus dem Kleiderschrank, legte sie sorgfältig zusammen und packte sie in einen Seesack. Auch wenn Rick nur diesen Seesack mitnehmen durfte, bedeutete das nicht, daß seine Sachen deshalb verknittern mußten.

»Na, schon reisebereit, Boß?« fragte Sam in den Raum; er wußte, daß Rick die Antwort in der Flasche suchte und im Gegensatz zu den meisten Männern ziemlich gute Chancen hatte, sie darin zu finden.

»So bereit, wie ich jemals sein werde«, antwortete Rick. Er versuchte aufzustehen, schaffte es aber nicht, weil die ein bis zwei Schlucke, die noch in der Flasche waren, ihn niederzudrücken schienen.

Sam setzte sich ihm gegenüber. In seiner Hand hielt er Ricks Colt-Pistole Kaliber 45, die er aus New York mitgebracht, mit der er auf Mussolinis und Francos Männer geschossen und mit der er Major Strasser erschossen hatte. Er zerlegte die Waffe, reinigte sie und ölte sie sorgfältig. »Die ist immer Ihre liebste Waffe gewesen«, stellte er fest.

»Stimmt«, bestätigte Rick. »Ich wollte nur, ich hätte damit gleich den richtigen Kerl erschossen und so beiden von uns jede Menge Unannehmlichkeiten erspart.«

Sam schüttelte den Kopf. »Boß, das müssen Sie endlich mal vergessen. Das liegt schon lange zurück. Außerdem ist alles nicht Ihre Schuld gewesen.«

Rick lachte verbittert. »Wessen Schuld denn sonst? Ich habe niemand gesehen, der in meinen Schuhen gestanden, meinen Anzug getragen und meinen Wagen gefahren hat.« Er nahm einen weiteren Schluck aus der Flasche.

»Ich habe Ihren Wagen gefahren. Wissen Sie das nicht mehr?«

»Das ist schon so lange her, daß ich's vergessen habe.«

»Nun, hätte nicht ich Ihren Wagen gefahren, wären Sie jetzt nicht hier.«

»Tu mir nächstes Mal lieber keinen Gefallen.«

»Sie sind damals noch jung gewesen, Boß.«

»Alt genug, um es eigentlich besser zu wissen.«

»Wie Sie meinen.« Sam breitete die Teile auf seinem Öllappen aus und baute sie sorgfältig zusammen. »Ist's nicht schön, wie alles zusammenpaßt?« meinte er dabei. »Jedes Teil paßt genau in das nächste. Wünschen Sie sich nicht manchmal, daß alles im Leben so wäre?«

»Nun, das ist's nicht.« Rick hatte die Flasche leergetrunken und fragte sich, was er damit tun sollte. »Weißt du, Sam«, sagte er, »diesmal ist's vielleicht soweit.«

Sam sah ihn nicht einmal an. Er wußte, wovon Rick sprach, und das gefiel ihm nicht besser als seinem Boß. »Nein, so dürfen Sie nicht reden, Mr. Richard«, sagte er. »Sie haben schon früher gefährliche Sachen gemacht und sind immer lebend zurückgekommen. Sie wissen, daß Sie das tun. Also nehmen

Sie einfach Ihre Pistole hier, und ziehen Sie los, um zu tun, was Sie tun müssen – und wenn Sie zurückkommen, hauen wir miteinander nach Australien ab, wie wir's immer vorgehabt haben.«
Rick schnaubte. »Diesmal ist die Sache anders«, sagte er. »In Afrika, in Spanien ist's mir egal gewesen, ob ich zurückkomme oder nicht. Wahrscheinlich hat mich das am Leben erhalten. Aber diesmal ist's mir nicht egal.«
»Wegen Miss Ilsa?« fragte Sam.
»Mrs. Laszlo, meinst du.«
»Miss Ilsa«, wiederholte Sam hartnäckig. »Sie ist der Grund dafür, stimmt's?«
Manche Fragen erforderten keine Antwort. Rick zündete sich eine Zigarette an. Sam schob das Magazin in den Pistolengriff und gab Rick die Waffe. »Boß«, sagte er, »warum müssen Sie da mit? Das ist nicht Ihr Krieg.«
»Woher weißt du das so bestimmt?« fragte Rick.
Sam murmelte etwas vor sich hin. Rick brauchte es nicht mal zu hören, um zu wissen, was er sagte. Er beschloß, es zu ignorieren.
»Sie ist anders, Sam. Nach Paris habe ich geglaubt, sie sei genau wie Lois, und als sie dann mit Laszlo aufgekreuzt ist, bin ich mir meiner Sache ganz sicher gewesen. Wieder mal eine Frau, die den falschen Mann geheiratet hat – einen Kerl, mit dem ich nie hätte konkurrieren können – und jetzt von mir vor sich selbst gerettet werden will. Aber ich habe mich getäuscht. Ihr verdanke ich etwas, wofür es sich wieder zu leben lohnt. Deshalb habe ich Angst.«
Er blies eine Rauchfahne gegen die Decke und drückte seine Zigarette fast gewalttätig im Aschenbecher aus. »Das gilt auch für Victor Laszlo, nur weiß er's noch nicht.«
»Boß, Sie haben noch nie vor irgendwas Angst gehabt«, stellte Sam fest.

»Das ist eben das Problem.« Rick warf die Bourbonflasche in den Kamin, wo sie mit lautem Knall zersplitterte. Er horchte aufmerksam, bis der letzte Glassplitter klirrend auf den Fußboden gefallen und dort zur Ruhe gekommen war.

KAPITEL EINUNDZWANZIG

New York, Juli 1932

Falls Gott auf die herablächeln wollte, für die er ansonsten nur sehr wenig Zeit hatte, war die Prohibition sicherlich ein Beweis göttlicher Gnade. Was als Strafe für die am meisten verachteten Mitglieder der amerikanischen Gesellschaft – die Neueinwanderer aus Irland, Italien, Polen, Rußland und der Ukraine – gedacht gewesen war, hatte sich statt dessen als großes Geschenk für sie erwiesen. Für Solomon Horowitz, der ein angebotenes Geschenk zu würdigen wußte und nie eines ablehnte, bekräftigte diese Entwicklung nur seine Überzeugung, daß die meisten Gesetze genau das Gegenteil des beabsichtigten Zwecks bewirkten. Diese Lektion hatte er als junger Mann in der alten Heimat gelernt und später in der Neuen Welt mit großem Erfolg umgesetzt.

Die Sommersonne warf ihr erstes Licht über das Marschland des Stadtteils Queens. Die ersten Gäste des *Tootsie-Wootsie* würden erst in einigen Stunden kommen – selbst die Unverbesserlichen, die ihren Durst nicht beherrschen konnten. Trotzdem gab es Rechnungen zu bezahlen und Einnahmen zu zählen, und die einzigen, denen Solly im Umgang mit Geld traute, waren Rick und er selbst. Er saß bequem zurückgelehnt in einem Sessel, hatte seine Weste größtenteils aufgeknöpft, damit sein Schmerbauch sich ausdehnen konnte, und paffte nachdenklich eine Zigarre. So war er geradezu die Verkörperung nach Manhattan verpflanzter mitteleuropäischer Gelassenheit und Weisheit. »Ricky, weißt du, welchen Fehler dieser *schmendrick* Salucci macht?« erkundigte Solly sich.

Rick schüttelte den Kopf, obwohl er die Antwort wußte. Solly mochte es, wenn seine Fragen unbeantwortet blieben – außer wenn er eine Antwort hören wollte; seine Jungs mußten die Situation jeweils richtig einschätzen.

»Er nimmt sich selbst zu ernst!« Solly schlug mit der flachen Hand klatschend auf die Schreibtischplatte und lachte herzhaft. »Und er nimmt das Geschäft nicht ernst genug. Darum zocke ich ihn jeden Tag ab!« Rick fragte sich einen Augenblick lang, ob Solly etwa einen Herzanfall hatte. Sein Gesicht lief immer purpurrot an, wenn er eine komische Geschichte – oder zumindest eine, die er für komisch hielt – hörte oder, was wahrscheinlicher war, selbst erzählte. »Er trinkt sogar seinen eigenen Schnaps!«

»Aber du spielst Zahlenlotto«, wandte Rick ein, der ansonsten nichts gegen Glücksspiele hatte.

»Ich *kontrolliere* das Zahlenlotto«, stellte Solly richtig.

»Du betrügst dich also selbst.«

»Sich selbst betrügen ist kein Betrug!« sagte Solly hitzig.

»Klar ist's das«, antwortete Rick. »Die schlimmste Art von Betrug. Nur ein Blödmann läßt sich betrügen, und nur ein noch größerer Blödmann betrügt sich selbst. Das hast du mir selbst gesagt.«

Solly musterte seinen Schützling. »Vielleicht. Manchmal. Ab und zu.«

Die beiden saßen in Ricks Büro hinter dem Club, der sich im ersten Stock eines unscheinbaren Harlemer Gebäudes in der Nähe der Kreuzung zwischen 136th Street und Lenox Avenue befand. Der einzige Hinweis auf die Existenz des *Tootsie-Wootsie* war eine kleine Markise, unter der ein uniformierter farbiger Türsteher stand. Im Erdgeschoß befand sich ein kleiner Lebensmittelladen, und über dem Club lagen drei Stockwerke mit Wohnungen. Solly, dem das Haus gehörte, kassierte hier die Mieten. Dies war nur eines der vielen Gebäude, die er im eigentlichen Harlem, wo fast nur noch

Schwarze wohnten, und in East Harlem, wo die Rassengrenze verlief, besaß. »Mit East Harlem kann man nichts falsch machen«, pflegte Solly zu sagen. »Dort gibt's das Polofeld und das neue Yankeestadion auf dem anderen Flußufer in der Bronx. Das lassen die Weißen sich nie nehmen. Jesus, dabei geht's schließlich um Baseball!«

Solly rülpste laut. »Schluß mit Baseball«, sagte er. »Reden wir übers Geschäft.« Er sah auf seine Taschenuhr, die er in der Westentasche trug. »Ich hab's eilig.«

Rick Baline hatte den besten Kopf fürs Geschäft, den Solly außer seinem eigenen jemals erlebt hatte. Tatsächlich sah er in Rick viel von sich selbst – allerdings mit größeren Vorteilen im Leben. Rick war nicht mit einem starken jiddischen Akzent geschlagen, sondern sprach richtiges Amerikanisch. Er war nicht wie die meisten jungen Kerle von heute, die den falschen Göttern Alkohol, Weibern und Stutz Bearcats nachjagten, obwohl es doch Geld zu verdienen gab.

Nein, Rick war anders. Er führte den *Tootsie-Wootsie Club*, als sei er darin geboren. Seinem scharfen Blick entging nichts. Er wußte, welche Gäste zahlen konnten und welche nicht – und welche der letzteren man zum eigenen Vorteil trotzdem einlassen mußte. Er verhinderte, daß das Personal klaute, er verhinderte, daß die Musiker sich wegen Frauen in die Haare gerieten, er verhinderte, daß die aufgebrachten Väter, deren Töchter als Revuetänzerinnen auftraten, allzu lästig wurden, und er hielt die Musiker von den Töchtern fern. Er sorgte dafür, daß die Komponisten ihr Honorar bekamen und meistens nüchtern waren. Er achtete darauf, daß die Pianisten wußten, welche Songs gerade beliebt waren. Manchmal ließ er sogar einen Gast mitsingen, besonders wenn der junge farbige Pianist Sam Waters »Knock on Wood« spielte. Er trug sein Schießeisen so unauffällig in der Hosentasche oder in seinem Dinnerjacket, daß niemand etwas davon merkte, nicht

mal die Cops, die hereinkamen, um hier zu trinken und zu gaffen.
Seit dem Tag, an dem Solly Rick als Geschäftsführer eingesetzt hatte, warf der *Tootsie-Wootsie Club* die höchsten Gewinne aller seiner Lokale ab. Rick wußte fast instinktiv, wo es das beste Bier gab, und seine Verbindungen zu den Whiskeybrennern, die ihre Ware aus dem frankophonen Department St. Pierre, einer Insel vor der kanadischen Küste, ins Land schmuggelten, waren sehr bald unübertrefflich gut. Er nutzte sämtliche Möglichkeiten aus und ließ durch jedes Schlupfloch Lastwagen fahren. So galt das gesetzlich verfügte Ausschankverbot ausdrücklich nicht für Meßwein – also trieb Rick mit Kirchen und Synagogen einen lebhaften Handel, indem er sie als Tarnfirmen für den Import erstklassiger französischer Rotweine benützte und ihnen einen großzügigen Anteil des Gewinns für wohltätige Zwecke spendete. Auf diese Idee war er eines Tages gekommen, als er in der Grand Street vor einem Geschäft für koscheren Wein eine lange Schlange von Iren gesehen und plötzlich erkannt hatte, wie attraktiv das Judentum für viele potentielle Antisemiten geworden war.
Ricks Musikgeschmack war ähnlich gut entwickelt. Früher war das nur wenige Straßenblocks entfernte *Boll Weevil,* das O'Hanlon gehörte, das beste Jazzlokal New Yorks gewesen, aber Rick hatte nicht die Absicht, seinen Gästen etwa zweitklassige Drinks und drittklassige Musik zu bieten. Er bemühte sich erfolgreich um die besten Komponisten und Musiker, engagierte Herman Hupfield als Hauskomponisten und holte den Bandleader Jimmie Lunceford aus einem der Clubs, die Capones Bande in Chicago gehörten, nach New York. Nach allgemeiner Ansicht war seine größte Entdeckung jedoch Sam Waters, ein pianistisches Naturtalent aus der Cooper Street nördlich der Bahngleise in Sedalia, Missouri. Als Jugendlicher hatte er Scott Joplin gekannt und vor allem von ihm gelernt.

Sams Musikalität war legendär, und seine Fähigkeit, jede Melodie, die er aufschnappte, sofort nachzuspielen, sicherte ihm eine große Anhängerschaft.
Einige Bandenmitglieder nahmen Anstoß an Ricks Freundschaft mit Sam. Sie beschwerten sich bei Solly darüber, es sei nicht recht, daß ein Weißer und ein *shvartzer* so gut befreundet seien. Rick und Sam verschwanden manchmal an Wochenenden und fuhren mit Ricks DeSoto in die Catskills zum Angeln. Tick-Tock sagte, ein Jude und ein Farbiger sollten sich nicht zusammen herumtreiben, aber Solly forderte ihn auf, die Klappe zu halten und sich um seinen eigenen Kram zu kümmern. »Hättet ihr anderen Schlafmützen eure Läden so im Griff wie Rick seinen, wären wir alle reich, nicht bloß ich«, erklärte er ihnen.
Außerdem hatte Rick immer ein gutes Verhältnis zu den Cops. Persönlich hatte er nichts gegen Polizisten, die im allgemeinen Werktätige wie er waren, die im Leben weiterkommen wollten. Aus Ricks Sicht waren die Polizeibeamten seine Freunde. Solange sie finanziell ausreichend ermutigt wurden, sorgten sie dafür, daß die Alkoholtransporte glatt durchkamen (einige Polizisten fuhren in ihrer dienstfreien Zeit sogar als Bewacher mit), verhinderten Überfälle durch konkurrierende Banden und hielten ihm die Feds vom Leib, so gut sie konnten. Und konnten sie das einmal nicht, warnten sie ihn frühzeitig, damit er den Club »wegen Renovierung« schließen konnte, bis die Feds ihr Spesengeld aufgebraucht hatten und nach Washington zurückfuhren, wo sie hingehörten.
Rick führte ein gutes Leben. Der einzige Mensch, der das nicht ganz so sah, war seine Mutter. Bei ihrer letzten Begegnung, die schon Monate zurücklag, hatte sie ihn nach dem Geld, den Anzügen und vor allem nach dem Wagen gefragt, und er hatte nicht den Mut gehabt, ihr wahrheitsgemäß zu antworten. Tatsächlich hatte er es nicht einmal versucht, denn

er wußte, daß sie wußte, woher das alles stammte, und für sie beide war es einfacher, etwas anderes vorzugeben. Er würde sie heute abend anrufen, und wenn nicht heute abend, dann bestimmt in nächster Zeit, sobald er konnte. Doch, wirklich. Eine *mizwe* war längst überfällig.

»Also, Solly«, begann Rick und räusperte sich, »es gibt eine Sache, die ich mit dir besprechen möchte. Sie hat mit Lois zu tun.«

»*Nu?*« fragte Solly.

Rick hatte dieses Gespräch ein Vierteljahr hinausgeschoben – seit dem Abend, an dem er O'Hanlon im *Rector's* kennengelernt hatte. Seit dem Abend, an dem Lois seinen Heiratsantrag abgelehnt hatte. Er hatte Angst davor gehabt, dem Boß von seiner Begegnung mit dem Iren und Meredith zu erzählen, und O'Hanlons Nachricht bisher nicht weitergegeben, weil er Horowitz' unberechenbare Wutanfälle fürchtete und ihm nicht gestehen wollte, daß er Lois entgegen seinem ausdrücklichen Befehl in ein Gangsterlokal ausgeführt hatte.

Bisher hatte sich nichts Schlimmes ereignet. Solly und Dion hielten ihren brüchigen Waffenstillstand ein, während Salucci und Weinberg irgendwo südlich der 14th Street in den Büschen auf der Lauer lagen. Vielleicht hatte O'Hanlon seinen Vorschlag längst vergessen. Vielleicht war inzwischen soviel Zeit vergangen, daß Solly nicht mehr auf den Gedanken kommen würde, zwei und zwei zusammenzuzählen. Vielleicht würde Ricks bewiesene Fähigkeit, die Taschen des Bosses mit Geld zu füllen, bewirken, daß alle alles andere vergaßen.

Rick überlegte noch immer, wie er das heikle Thema am besten anschneiden konnte, als Horowitz ihm zuvorkam. »Ist das nicht großartig – die Sache mit ihr und dem tollen Anwalt?«

»Mit welchem tollen Anwalt?« fragte Rick.

»Das behältst du vorläufig für dich«, wies der Boß ihn an, indem er sich mit einem flachen Finger an die Nase tippte, »aber sie überlegt, ob sie vielleicht heiraten soll. Und einen großen Mann dazu!« Solly stand auf und richtete sich zu seiner vollen Größe von einem Meter fünfundsechzig auf. »Damit ihr Papa stolz auf sie sein kann!« Er schwenkte seine Zigarre. »Mrs. Robert Haas Meredith – das hat 'nen guten Klang!«

»Was?« rief Rick aus.

Solly sank höchst befriedigt in den Sessel zurück. »Das ist der amerikanische Traum«, sagte er. »Runter vom Schiff, rauf auf die Gesellschaftsleiter.«

Er klatschte sich vor Entzücken mit beiden Händen auf seinen Bauch, als der erste Schuß die Wandtäfelung hinter seinem Kopf zersplittern ließ. Hätte er sich nicht gerade in diesem Moment zurückgelehnt, hätte der Schuß ihn zwischen die Augen getroffen.

Im nächsten Augenblick fiel der zweite Schuß, prallte als Querschläger von der billigen Schreibtischlampe ab, bohrte sich in die Zimmerdecke und überschüttete die beiden mit einem Hagel von Gipsbrocken.

Die beiden ersten Schüsse waren fast gleichzeitig gefallen. Beim dritten Schuß lagen Rick und Solly bereits auf dem Boden, zogen ihre Waffen und kamen schießend hoch. Rick hatte sogar noch Zeit, kurz die Reflexe des Bosses zu bewundern. Weder Horowitz noch er hatten die Killer gesehen – es mußten mindestens zwei sein –, und sie sahen sie auch jetzt nicht. Aber sie schossen auf dem Fußboden liegend zurück. Rick nahm flüchtig wahr, daß ein Türrahmen zersplitterte, und hörte dicht dahinter ein verhaltenes Stöhnen; weitere Schüsse ließen das Oberlicht und eine Lampe im Flur klirrend zerspringen.

Dann sah er einen Fuß in der Tür, hinter deren Rahmen jemand gestanden hatte: einen einzelnen Fuß, der sich nicht mehr viel zu bewegen schien. Nun fielen auch keine Schüsse

mehr. Seit dem ersten Schuß waren nur etwa fünf Sekunden vergangen, vermutlich weniger. Und sie lebten beide noch.
»Gottverdammte Hundesöhne-Bastarde«, murmelte Solly, als er ein volles Magazin in seine Pistole schob. Im nächsten Augenblick sprang er auf und stürmte zur Tür hinaus. Rick hatte den Vorteil, viel jünger zu sein, aber mit dem Boß konnte keiner mithalten.
Solly kümmerte sich überhaupt nicht um den Fuß in der Tür. Als Rick um die Ecke kam, konnte er sehen, daß der Angreifer, zu dem der Fuß gehörte, noch lebte, aber unbewaffnet war; Solly hatte ihm im Vorbeilaufen die Pistole aus der Hand getreten. »Vorsicht, Ricky, Messer!« rief er, bevor er die Treppe hinunter verschwand. »Gottverdammte Hundesöhne-Bastarde ...«
Rick beugte sich über den Verletzten. Eine ihrer Kugeln hatte ihn dicht über dem Herzen getroffen, und Rick sah deutlich, daß der andere nicht durchkommen würde. Der vor ihm Liegende hatte einen dunklen Teint und schwarzes lockiges Haar, so daß Rick nicht gleich wußte, ob er Jude oder Italiener war. Dann fiel ihm ein, daß der Boß ihn vor einem Messer gewarnt hatte.
Das Stilett des verletzten Gangsters zischte so blitzschnell und dicht an seinem Gesicht vorbei, daß Rick beinahe seine Nase eingebüßt hätte.
Sizilianer, kein Zweifel.
Von unten waren Schüsse zu hören, als Rick den Mann mit einem Tritt ans Kinn außer Gefecht setzte. Er ließ ihn dort liegen und hastete die Treppe hinunter.
Solomon Horowitz saß auf der untersten Treppenstufe. Der zweite Italiener lag vor seinen Füßen: mausetot, offenbar aus kürzester Entfernung ins linke Ohr geschossen. Hatte er versucht, sich zu ergeben? Das wollte Rick lieber nicht wissen.
»Salucci?« fragte Rick, während er aus der Tür auf die Straße

trat. Die beiden Kerle mußten irgendwie hierhergekommen sein. Er suchte die Straße vergeblich nach einem Fluchtfahrzeug ab. Einige schwarze Passanten sahen ihn nervös an; den Grund dafür verstand Rick erst, als ihm klar wurde, daß er noch immer seine Pistole in der Hand hielt. Er ließ sie in die Spezialtasche seines Jacketts gleiten und ging ins Haus zurück. Solly und der Tote waren verschwunden. Auf der Treppe waren schwere Schritte zu hören. Rick folgte ihnen nach oben. Mit dem über seine Schulter geworfenen Toten war Solly die Treppe hinaufgestapft und ins Büro zurückgegangen. Der Komplice lebte noch. Solly ließ den Toten achtlos neben sich fallen. »Ricky, du kannst dich mit den Itakern verständigen«, sagte er. »Stell fest, was hier vorgeht, bevor ich wütend werde.«
Ricky sprach den Sterbenden auf Sizilianisch an. Die wenigen Brocken Sizilianisch, die er von italienischen Jugendlichen bei Straßenschlachten in East Harlem aufgeschnappt hatte, bezogen sich hauptsächlich auf die Mütter und Schwestern der jeweiligen Gegner, aber sie würden reichen müssen.
Der Sterbende krächzte etwas Unverständliches. Den Grund dafür sah Rick ein; mit einer Kugel in der Brust wäre er wahrscheinlich auch nicht leicht zu verstehen gewesen. Er brachte sein Ohr so dicht an die Lippen des Mannes heran, wie er riskieren zu können glaubte; diese Kerle waren dafür berüchtigt, daß sie einem noch im Tode die Nase, ein Ohr oder irgendeinen anderen Körperteil abbissen, den sie zwischen ihre Zähne bekamen.
»Hundesohn-Bastard«, knurrte Solly ungeduldig. »Mit diesem *schtunk* kommen wir nicht weiter.« Er bückte sich plötzlich, hob den verletzten Sizilianer vom Fußboden auf und trug ihn wie ein Kind in seinen Armen zum Fahrstuhl.
»Augenblick, Sol«, sagte Rick, aber Horowitz wollte nicht auf ihn hören.

»Ricky«, befahl er, »mach die Tür auf.«
Rick wollte nach dem Liftboy klingeln, aber Solly blaffte ihn an: »Du sollst die Tür aufmachen, nicht die Kabine runterholen.«
Rick stemmte die Sicherheitstür auf.
Solly warf den Mann grunzend in den Fahrstuhlschacht. Danach ging er zurück, hob den Toten auf und warf ihn ebenfalls in den Schacht.
Jetzt konnte Rick die beiden erstmals genauer betrachten: Der Mann mit dem Messer lag auf dem Rücken, hatte sein linkes Bein ausgestreckt und den rechten Arm so abgewinkelt, daß seine Hand auf seiner Weste ruhte. Seine wie zu einer nachdenklichen Geste erhobene linke Hand lag an seinem Gesicht, das bis auf einen Blutfleck auf der rechten Backe makellos war. Sein Mund stand leicht offen, als habe er gerade noch etwas sagen wollen. Der Kopf seines toten Gefährten ruhte unter der linken Achsel des ersten Manns, als seien sie Brüder und noch gewohnt, sich ein Bett zu teilen. Er lag mit linkisch ausgebreiteten Armen und Beinen auf dem Rücken, so daß die Schuhspitzen nach oben zeigten, und hatte seine schlaffen Hände ausgestreckt, als wolle er sich ergeben.
»Eben vom Schiff gekommene Taugenichtse, die Salucci geschickt hat«, sagte Solly. »Glaubt Salucci vielleicht, daß er Solomon Horowitz mit Gewalt aus Harlem verdrängen kann? Er schickt diese Gorillas, um mich abknallen zu lassen? Gottverdammter Hundesohn-Bastard!«
Rick wollte sofort zurückschlagen. Er wußte genau, was hinter diesem Mordanschlag steckte, und fühlte sein Schuldbewußtsein wie eine Woge über sich hinwegbranden. Er hatte dem Boß O'Hanlons Mitteilung nicht überbracht, weil Solly nichts von Lois und ihm erfahren sollte – und dies war das Ergebnis.
Aber das würde Solomon jetzt auch nicht weiterhelfen.

»Ricky«, sagte er, »wozu müssen wir uns auf die Suche nach Salucci machen? Er soll uns aufsuchen, mir erklären, warum er diesen Scheiß gemacht hat, und mich um Verzeihung bitten, bevor ich in die Stadt fahre und ihn in seinem Lotterbett erschieße. Deshalb machen wir erst mal gar nichts. Wir bleiben hier, und du wirst sehen, daß wir Besuch bekommen. Wir suchen sie jedenfalls nicht, aber wir laufen auch nicht vor ihnen weg.«

Er atmete nicht einmal schwer. »Es gibt eine alte Redensart: ›Der Rabbi, dessen Gemeinde ihn nicht verjagen will, ist kein besonderer Rabbi. Und der Rabbi, der sich verjagen läßt, ist kein besonderer Mensch.‹ Ich bleibe genau hier.«

Rick sagte, er verstehe nicht, warum sie Tick-Tock nicht zur Lower East Side schickten, um Salucci diesen Überfall doppelt und dreifach heimzahlen zu lassen.

»Weil wir nicht bereit sind«, antwortete der Boß. »Ist man nicht bereit und unternimmt trotzdem was, kann man zuletzt bloß sich selbst Vorwürfe machen, wenn alles in die Hosen geht – das ist der Grund dafür.«

Rick stellte sich plötzlich die Frage, weshalb sie nicht bereit waren. Wo zum Teufel war Tick-Tock Schapiro?

KAPITEL ZWEIUNDZWANZIG

Zwei Tage später saßen Rick und Solly in dem frisch renovierten Büro hinter dem *Tootsie-Wootsie*, als Abie Cohen sich gewichtig räusperte. Als Horowitz und sein Geschäftsführer aufblickten, sahen sie in der Tür, durch die vor kurzem die beiden Sizilianer geschossen hatten, Dion O'Hanlon, Lorenzo Salucci und Irving Weinberg stehen. Hinter ihnen standen Cohen und Tick-Tock. Keiner von ihnen hielt eine Waffe in der Hand.

Rick sprang auf, aber Solly blieb seelenruhig sitzen. »Hallo, Jungs!« rief er. »Ich hab' euch schon erwartet. Kommt rein und macht's euch bequem.« Er tat so, als sei nichts gewesen.

O'Hanlon glitt auf zierlichen Füßen lautlos herein. Salucci, der größer war, bewegte sich langsam und zielbewußt. Neben ihm trippelte und nickte Weinberg wie einer der kleinen Vögel, die auf dem Rücken von Nashörnern sitzen.

»Guten Abend, Mr. Horowitz«, sagte der irische Gangster mit rhythmischem Schwung in seiner sanften Stimme.

»Soll ich ihn nach Waffen abtasten?« fragte Rick, aber Solly erlaubte es ihm nicht.

»Niemals einen Gleichgestellten beleidigen«, sagte er und saß da wie ein jüdischer Buddha. »Sonst glaubt er, einen seinerseits beleidigen zu dürfen, und wer weiß, wohin das alles führt?«

»Solomon der Weise«, sagte O'Hanlon. »Und auch Ihnen einen guten Abend, Mr. ... äh ...?«

Nun lag es an Rick. »Baline«, antwortete er, als habe er O'Hanlon noch nie gesehen. »Rick Baline. Ich bin hier der Geschäftsführer.«

O'Hanlon verbeugte sich. »Baline«, sagte er und ließ das Wort

über seine Zunge rollen, als versuche er, es zu kosten. »Diesen Namen kenne ich natürlich, und im ersten Augenblick ist mir auch Ihr Gesicht bekannt vorgekommen.« Er zog beide Mundwinkel hoch, um ein Lächeln zu imitieren. »Das muß am Licht liegen. Ich habe mich offenbar getäuscht.«
»Abie, ein paar Stühle für meine Gäste«, verlangte Solly.
Alle setzten sich, behielten ihre Hüte auf und ließen ihre Hände im Schoß liegen. Das war sicherer. Daß drei Gangsterbosse wie diese drei bei Horowitz aufkreuzten, um ihn umzulegen, war eine verrückte Vorstellung, fand Rick, aber dann fiel ihm ein, daß Giuseppe Guglielmo das wahrscheinlich auch gedacht hatte. Er blieb wachsam.
Solly eröffnete die Unterhaltung. »Schicke ich meine Jungs in die Stadt, um Ihnen Schwierigkeiten zu machen, Dion?« fragte er erregt gestikulierend. Er brachte es nicht über sich, Salucci oder Weinberg direkt anzusprechen. »Solomon Horowitz ist ein Ehrenmann. Er hält sich an Vereinbarungen, und seit dem Treffen in Atlantic City im Jahre 1929 besagt sein Abkommen mit O'Hanlon, daß Harlem, East Harlem und die ganze gottverdammte Bronx ihm gehören und er dort tun und lassen kann, was er will. Ist das nicht noch immer so?«
O'Hanlon glättete eine imaginäre Falte an der Brust seines Zweireihers. »Das wollen wir eben mit Ihnen besprechen«, antwortete er kühl. »Die beiden jungen Pechvögel, die in Ihrem Geschäftslokal den Tod gefunden haben, sind Blutsverwandte – irgendwelche Cousins, glaube ich – von Mr. Salucci hier gewesen: vor kurzem in unserem schönen Land angekommen und von ihrem illustren Verwandten über die Hundred and Tenth Street nach Norden geschickt, um Ihnen ein Geschäft vorzuschlagen. Mr. Salucci ist zutiefst betroffen, wenn er an die Unhöflichkeit denkt, mit der Sie die beiden empfangen haben – und an die Ungeduld, mit der Sie ihnen eine faire Anhörung verweigert haben.«

»Falls er mir mal wieder ein Geschäft vorschlagen will, soll er seine Jungs wie immer unbewaffnet schicken.« Solly war damit beschäftigt, eine Zigarre abzuschneiden und anzuzünden. »Dann kriegen sie faires Gehör, statt in einer Kiste zu enden.« O'Hanlon machte ein bedrücktes Gesicht. »Die Unerfahrenheit armer Einwanderer«, sagte er, »hat oft bedauerliche Folgen.« Er sah sich in dem Raum um. »Was wir alle, vielleicht mit Ausnahme von Mr. Baline, zweifellos bestätigen können. Diese Jungs sind nur deshalb bewaffnet gewesen, weil in ihrer bedauernswerten Heimat Sizilien ein solch beklagenswerter Mangel an Recht und Ordnung herrscht, daß ehrbare Bürger sich notwendigerweise selbst verteidigen müssen.«
Der irische Gangsterboß lehnte sich zurück und schlug seine Beine übereinander. »Aber daran läßt sich nichts mehr ändern«, sagte er. »Der wahre Grund unseres Besuchs ist, daß wir die Erinnerung an diesen bedauerlichen Vorfall hinter uns lassen wollen. Wir dürfen nicht zulassen, daß das wichtigere Ziel, um dessentwillen wir heute hier sind, gefährdet wird, selbst durch eine Tragödie diesen Ausmaßes nicht.«
O'Hanlon erhob sich und stand vor Solly wie ein Priester, der einen Segen sprechen will. »Lorenzo?« forderte er den Italiener auf, indem er seine zierlichen Hände hob. »Solomon?«
Salucci stand zögernd auf und blickte Solly über O'Hanlons überraschend breite Schultern hinweg an. »Bitte nehmen Sie meine demütigste Entschuldigung für dieses bedauerliche Mißverständnis an«, sagte der Italiener schwerfällig monoton.
Horowitz sah ihn nur an. »Das nennt er eine Entschuldigung?« fragte er, ohne sich zu bewegen.
»Höflichkeitsmäßig läßt Lorenzos Beherrschung des Englischen viel zu wünschen übrig«, bemerkte O'Hanlon leutselig. »Übersetzt will er sagen, daß das nicht wieder vorkommt, und darauf gebe ich Ihnen mein Wort.«
Solly stand langsam auf und musterte Salucci mißtrauisch.

»Solomon, Sie und ich kennen uns schon seit vielen Jahren«, erinnerte O'Hanlon ihn. »Ich bitte Sie als Freund, mir jetzt diesen Gefallen zu tun.« Wie ein Matador wich er rasch zurück, als die beiden Männer aufeinander zutraten, sich umarmten und einander auf die Wangen küßten.

»So, das wäre vom Tisch«, sagte O'Hanlon befriedigt, als die beiden sich trennten. Sollys Gesicht war hochrot, fiel Rick auf, während Saluccis blaß war. Alle setzten sich wieder – außer Rick, der gar nicht erst aufgestanden war.

»Ich denke, solche Freundschaft sollte mit einem passenden Trinkspruch gefeiert werden«, fuhr O'Hanlon fort. »Erweist der Gastgeber uns bitte die Ehre?«

Solly griff in seine rechte untere Schreibtischschublade. Wie Rick wußte, hatte er in dieser Schublade gewöhnlich eine kleine Pistole Kaliber 22 liegen. Er fragte sich, ob O'Hanlon das auch wußte, und hielt es für wahrscheinlich. Es schien nicht viel zu geben, was O'Hanlon nicht wußte.

Solly stellte eine Flasche Whiskey und drei Gläser auf die Schreibtischplatte. Er kippte in jedes Glas einen kleinen Schuß der goldgelben Flüssigkeit, behielt ein Glas für sich und schob die beiden anderen O'Hanlon und Salucci hin. »An einem Tag wie heute muß es den Besten geben.«

»Auf die Freundschaft«, lautete O'Hanlons Trinkspruch und jeder trank einen kleinen Schluck. Dann erhob Solly sich.

»Heute ist ein ganz besonderer Tag«, sagte er. »Auch aus zwei weiteren Gründen. Deshalb trinke ich auf meinen Freund Yitzik Baline – den cleversten meiner Clubmanager, den besten Schützen unter meinen Jungs und den Mann, den ich wie einen Sohn liebe. Sollte mir etwas zustoßen, was Gott verhüten möge, ist er mein Wiesagtmangleichwieder, mein Thronfolger.« Niemand kicherte über diesen großspurigen Ausdruck. »Alles, was ich besitze, soll ihm gehören. Zum Wohle, *lechaim*!«

Alle tranken wieder höflich einen kleinen Schluck. Tick-Tock runzelte die Stirn.

»Alles bis auf eines«, fuhr Solly fort. »Und jetzt, Ricky, mit deiner Erlaubnis ein weiterer Trinkspruch, der noch wichtiger ist.« Solomons Miene, das fiel Rick auf, war uncharakteristisch ernst geworden.

»Auf meine Tochter, meine einzige Tochter Lois«, begann er, und Rick glaubte zu spüren, wie ihm das Herz stockte »Die, wie ich heute stolz bekanntgebe, mit einem sehr bedeutenden Mann in dieser unserer Stadt verlobt ist.«

Solly sah stolz drein. Abie und Tick-Tock sahen sich erstaunt an. O'Hanlon sah sehr zufrieden aus. Salucci sah bösartig drein. Weinberg sah nur die anderen an.

»Ja, und mit niemand anderem als Robert Haas Meredith. Drei Monate lang hat er als wahrer Gentleman um sie geworben, und nun ist's soweit. Immer nur Brautjungfer, und endlich eine Mutter!«

Rick biß seine Zähne so krampfhaft zusammen, daß er sich die Zunge abgebissen hätte, wenn sie zwischen die Backenzähne geraten wäre.

»Solomon!« rief O'Hanlon aus und rieb sich dabei die Hände. »Ich könnte gar nicht entzückter sein. Dieses glückliche Ereignis zementiert unseren Frieden erst recht, denn haben Mr. Meredith und ich nicht schon mehrmals kleine, aber höchst gewinnbringende Geschäfte miteinander gemacht und freuen wir uns nicht darauf, dies auch in Zukunft so zu halten? Dies ist in der Tat ein Freudentag für uns alle.«

O'Hanlon und Solly lachten, als seien sie die besten Freunde. Was hatte der Ire ihm im *Rector's* über konkurrierende Königreiche erzählt? Rick verstand jetzt, was er damit gemeint hatte.

Vier Wochen später heirateten Lois Horowitz und Robert Haas Meredith. Die Zeitungen berichteten, die Braut sei Lois

Harrow, die Tochter eines Großgrundbesitzers aus Darien. Die kirchliche Trauung in der St. Stephen's Episcopal Church in der Fifth Avenue fand in kleinstem Kreis statt, und die wenigen Kirchenbesucher, die zufällig dazukamen, wurden von einer Phalanx extrem großer Männer in engen, unter den Armen ausgebeulten Anzügen abgefangen und hinausbegleitet.
Solomon Horowitz hatte Tränen in den Augen, als er die Braut weggab. Dion O'Hanlon fungierte als Brautführer. Rick Baline saß zum ersten Mal in seinem Leben in einer Kirche. Selbst er mußte zugeben, daß die beiden ein gutaussehendes Paar waren. Er fragte sich, ob ihr weiteres Leben so unkompliziert sein würde wie ihr Aussehen.
Als Lois aus der Kirche trat, fiel sie Rick um den Hals. »Ist das nicht toll, Ricky?« flüsterte sie. »Jetzt geht's los!« Über ihre Schulter hinweg konnte er beobachten, wie Meredith seinem neuen Schwiegervater die Hand schüttelte. »Wir können trotzdem Freunde bleiben, stimmt's?« fragte Lois, während er versuchte, das andere Gespräch zu belauschen.
»Mr. Horowitz«, sagte Meredith eben, »mit Ihnen Geschäfte zu machen, ist ein Vergnügen.«
Rick sah Lois erst nach drei Jahren wieder.

KAPITEL DREIUNDZWANZIG

»Fräulein Toumanowa«, sagte die österreichische Sekretärin, die im Vorzimmer saß und die Welt mit stechendem Blick beobachtete, mit affektiert gespitzten Lippen, »der Chef möchte, daß Sie diese Berichte sofort tippen und ihm bis spätestens heute nachmittag um vier Uhr persönlich bringen.«

Irmgard Hentgen war der Zerberus, Reinhard Heydrichs letztes Bollwerk gegen unerwünschte Störungen seiner Dienstgeschäfte. Strenggenommen war sie nicht seine Privatsekretärin; nach dem Verständnis der Nazis war das ein Posten für einen Mann. Aber sie überwachte, wer bei ihm ein- und ausging, und war für Heydrichs Terminkalender zuständig.

»Sofort, Frau Hentgen«, antwortete Ilsa Lund. Sie konnte die Hentgen nicht ausstehen und spürte, daß das auf Gegenseitigkeit beruhte.

»Bis *vier* Uhr«, wiederholte die Hentgen für den Fall, daß sie nicht gleich verstanden worden war. »Die Berichte müssen ...«

Ilsa ignorierte sie. Das Leben war zu kurz, um es damit zu vergeuden, daß man zuhörte, wie Frau Hentgen sich wiederholte. Außerdem hatte sie zu arbeiten.

Binnen nur vier Monaten war Ilsa aus der Anonymität des Schreibzimmers in Heydrichs Sekretariat aufgestiegen, wo sie mit zwei Kolleginnen unter Frau Hentgens Aufsicht arbeitete. Sie wußte nicht, ob sie ihren Aufstieg ihrer Intelligenz, ihren Fähigkeiten, ihrem Aussehen oder irgendeiner Kombination dieser drei Eigenschaften verdankte, aber sie dachte auch nicht weiter darüber nach. Sie war Heydrich jetzt nah, sehr nah. Sie brauchte nur noch einen Schritt näher an ihn heranzukommen.

Eine Stellung im Reichssicherheitshauptamt zu bekommen war überraschend einfach gewesen. Weißrussen galten als natürliche, wenn auch zweitrangige Verbündete im Kampf gegen Marxismus und Bolschewismus, und ihr gefälschter Lebenslauf war ohne weiteres akzeptiert worden. Jeder glaubte, die Deutschen seien nicht nur allmächtig, sondern auch allwissend, und das entsprach genau dem Bild, das die Nazis von sich selbst verbreitet sehen wollten. In vielerlei Beziehung waren sie jedoch erstaunlich lasch und nachlässig, so überzeugt waren sie davon, ihre gerechte Sache werde unbedingt siegen.
»... und die hier müssen auch sofort getippt werden!«
»Ja, danke, Frau Hentgen«, sagte Ilsa und nahm mit gespielter Bereitwilligkeit einen weiteren Stapel Papiere entgegen. Ohne ihn anzusehen, wußte sie bereits, worum es sich handelte: Meldungen über wirkliche oder vermeintliche Aktivitäten gegen das Reich. Sie wußte auch im voraus, wie die in der letzten Zeile über der Unterschrift stehende Empfehlung der meldenden Stelle lauten würde: Todesstrafe. Der Tod schien die Lösung der Nazis für alles zu sein.
Einige, nicht viele, konnte sie verschwinden lassen. Selbst im Dritten Reich wurden Schriftstücke falsch abgelegt oder verlegt, und sie brauchte nicht zu fürchten, daß Frau Hentgen oder sonst jemand die geringste Ahnung von ihrem Doppelspiel hatte. Ilsa hatte möglichst unauffällig einige Menschenleben gerettet. Namen wurden weitergegeben, damit diese Leute gewarnt werden konnten, und manchen war tatsächlich die Flucht gelungen. Aber sie konnte nicht allzu viele retten, ohne irgendwann selbst in Verdacht zu geraten, deshalb mußte sie auswählen, unter völlig Unbekannten wählen, wer weiterleben sollte und wer sterben mußte.
Vor gut einer Woche war ihr fast das Herz stehengeblieben, als sie beim Durchblättern eines Stapels Todesurteile auf den Namen eines der weniger wichtigen Agenten des Widerstands

gestoßen war: des Bauarbeiters Anton Novotny, der an einem neuen Gestapo-Gefängnis mitbaute. Wie sich zeigte, hatte Novotnys Verhaftung jedoch überhaupt nichts mit der Widerstandsbewegung zu tun, sondern er war von einem Jungen aus seinem Viertel denunziert worden, weil er einen Witz über Heydrich gemacht hatte. Heutzutage reichte schon ein Witz, und das Urteil war gesprochen und vollstreckt, noch bevor das halblaute Lachen verklungen war: Zwei RSHA-Leute stürmten in die Kneipe, in der Novotny sich nach der Arbeit erholte, schleppten ihn hinaus und erschossen ihn gleich auf der Straße.

Aus Sicherheitsgründen durfte sie keinen direkten Kontakt mit Victor haben und konnte nur hoffen, daß ihre Berichte ihn und den Rest des Teams in London über die verschiedenen Knotenpunkte und Schaltstellen des Untergrundnetzes erreichten.

Ob ihre Arbeit erfolgreich war, konnte sie nicht abschätzen. Die Briten, das sah sie, hatten recht gehabt: Der tschechische Widerstand gegen Hitler war schwach. Im Gegensatz zu den Norwegern, Dänen, Franzosen und Niederländern bewiesen die Tschechen wenig Ehrgeiz, die Deutschen zu vertreiben. Selbst Hitlers bekannte Verachtung für die Slawen schien sie nicht zu kränken, und sie arbeiteten mit demselben Eifer wie vor dem Krieg in ihrem Doppelberuf als Waffenschmiede und Bierbrauer. Im Untergrund gab es einige, das wußte sie, die Victors Aktionen fortführten und ihre Flugblätter in Bauernhäusern druckten, um sie dann auf Eselskarren oder von alten Frauen in die Städte bringen zu lassen. Ilsa wußte sogar von einigen Partisanen, die auf dem Land weiter einen Guerillakrieg führten, aber es wurden täglich weniger. Zu dem Aufstand, auf den jedermann gehofft hatte, war es nicht gekommen; tatsächlich schien er weiter entfernt zu sein denn je. Vielleicht hatte Rick recht gehabt. Vielleicht war die ganze Sa-

che verrückt. Ilsa war von Abend zu Abend zorniger und entmutigter, wenn sie in ihr Pensionszimmer zurückkehrte.
Sie brauchten einen kühnen Streich. Und welcher Streich wäre kühner gewesen als der, der dem Bösen selbst das Haupt abschlug? Wenn sie täglich Heydrichs arroganten Auftritt beobachtete, mit dem er seine Dienststelle betrat oder verließ, wünschte Ilsa sich, sie könnte ihn dort an seinem Schreibtisch ermorden, um die Folterung ihres Ehemanns, die Vergewaltigung ihres Landes und den Tod ihres Vaters mit einem einzigen Schlag zu rächen.
Der britische Geheimdienst hatte noch in einem weiteren Punkt recht gehabt: Heydrich war ein Mann mit ungewöhnlich festen Gewohnheiten. In seinem Landhaus stand er jeden Morgen um Punkt 6.30 Uhr auf. Vor dem Frühstück spielte er regelmäßig Handball, bevor er duschte, sich rasierte und die frische Uniform anzog, die sein Kammerdiener ihm herausgelegt hatte. Um 7.25 Uhr stand sein Fahrer mit dem Wagen mit laufendem Motor vor der Villa, und Heydrich stieg ein. Der Wagen setzte ihn pünktlich um acht Uhr vor seiner Dienststelle auf der Prager Burg ab. Obwohl ihr Dienst offiziell um acht Uhr begann, wußten seine Mitarbeiter, daß es beruflicher Selbstmord gewesen wäre, nach Heydrich einzutreffen, deshalb kamen sie meist schon eine halbe Stunde früher. Er arbeitete den Tag über durch und gönnte sich nur mittags eine Pause, die exakt von 13 bis 14 Uhr dauerte. Um 18 Uhr verließ er sein Büro, verschaffte sich etwas Bewegung, indem er bei jedem Wetter in raschem Tempo auf dem Gelände des Hradschins spazierenging, stieg dann wieder in seinen Mercedes und ließ sich zum Abendessen um 19.30 Uhr fahren. Heydrich aß selten allein und schlief nie allein. Er stand in dem Ruf, seiner Geliebten ziemlich bald überdrüssig zu werden, und es hieß, er sei gerade wieder dabei, das Interesse an seiner gegenwärtigen Partnerin zu verlieren.

Ilsa hatte alle diese Informationen verschlüsselt und prompt den wechselnden Untergrundkurieren anvertraut, mit denen sie zusammentreffen konnte, ohne Verdacht zu erregen: Postboten, Serviererinnen, Mitbewohnern ihrer Pension in der Skořepkastraße auf dem anderen Ufer der Moldau gegenüber dem Hradschin. Wer sie letztlich bekommen würde, wußte Ilsa nicht. Major Miles? Victor? Rick?

Seit sie London verlassen hatte, hatte sie nichts mehr von Rick gehört und sich bemüht, ihn aus ihren Gedanken zu verbannen, so gut es eben ging. Es war unendlich schwer, denn die Erinnerung an ihre letzte gemeinsame Nacht war noch so lebhaft!

Ilsas Hände zitterten leicht, während sie in den Meldungen blätterte. Sie war gerade dabei, ein neues Blatt Papier in ihre Schreibmaschine einzuspannen, als eine Stimme hinter ihr sie zusammenfahren ließ.

»Wie ich mich freue, jeden Morgen Ihr strahlendes Gesicht zu sehen, Fräulein Toumanova.« Das war Heydrich persönlich, der die Meldungen über ihre Schulter hinweg las. Er hatte bisher noch nie mit ihr gesprochen.

Sie ließ ihre Hände sinken, faltete sie auf dem Schreibtisch und wartete. Nun, da der entscheidende Augenblick gekommen war, wußte sie nicht recht, was sie als nächstes tun sollte. »Danke, Herr Heydrich«, brachte sie schließlich heraus.

Aus seiner Höhe von gut über einem Meter achtzig starrte der Reichsprotektor für Böhmen und Mähren auf die dunkelblonde Sekretärin herab, die ihm aufgefallen war. Er war schon vor einiger Zeit auf sie aufmerksam geworden, aber als Chef des Reichssicherheitshauptamts konnte er es sich nicht leisten, eine Tippse aus dem Schreibzimmer so rasch zu bemerken. Da wartete er besser ab, ob in diesem hübschen Kopf auch Verstand steckte – aber nicht zuviel! – und sie es schaffte, an den anderen Mädchen vorbei ins Sekretariat versetzt zu werden, um dort unter dem Basiliskenblick von Frau Hentgen zu arbeiten, die seinen Terminkalender führte und deren Menschenkenntnis sich bisher als unfehlbar erwiesen hatte. Frau Hentgen hatte Fräulein Toumanowa nicht gerade begeistert aufgenommen, was sich leicht auf die slawische Abstammung der jungen Dame zurückführen ließ, denn als gute Nationalsozialistin und noch bessere Ostmärkerin fand Frau Hentgen, Slawen seien nur für untergeordnete Arbeiten geeignet. Oder vielleicht war ihre Antipathie eine Folge von Fräulein Toumanowas ungewöhnlichen Talenten: Sie tippte nicht nur ausgezeichnet und sprach mehrere Sprachen fließend, sondern spielte auch ziemlich gut Klavier. Ganz zu schweigen davon, daß Fräulein Toumanowa schön und Frau Hentgen häßlich war. Bei Frauen konnte man Eifersucht nie ganz ausschließen. Das war eines der vielen Felder, auf denen sie ihm irrational erschienen. Aber genau wie die Deutschen sich an alle möglichen Klimas gewöhnen mußten, würden ihre Herrscher sich an alle möglichen Arten von Frauen gewöhnen müssen. Er war bereit, zum Wohle der Nation zu experimentieren.

»In der Tat«, sagte Heydrich und ließ eine Hand leicht auf ihrer Schulter ruhen, »Schönheit wie die Ihre bringt etwas Licht ins Dunkel einer abscheulichen, bösen Welt. Sie erinnert Männer wie mich daran, wofür wir kämpfen und warum unser Kampf bis zum Sieg so wichtig ist.«

Ilsa spürte, daß sie errötete, als sonne sie sich in seinem Lob, während sie in Wirklichkeit vor Wut rot anlief. Sie hielt den Kopf gesenkt und sah zu Boden, bis sie plötzlich merkte, daß ihr Spiegelbild ihr von seinen glänzend geputzten Reitstiefeln entgegenstarrte.

»Sie haben wirklich ausgezeichnete Arbeit geleistet, Fräulein Toumanowa«, fuhr er fort. »Das Reich ist zufrieden und stolz, im jetzigen Überlebenskampf gegen die bolschewistischen Usurpatoren Ihrer Heimat eine Frau wie Sie beschäftigen zu

können.« Seine Hand streichelte ihre Schulter fast unmerklich. »Und eine Frau mit soviel Eigeninitiative! Ihr Hinweis von letzter Woche in bezug auf die reaktionäre Zelle im Böhmerwald hat sich als durchaus zutreffend erwiesen. Nicht wahr, Frau Hentgen?« schloß er mit erhobener Stimme.
»Ja, Herr Heydrich«, bestätigte die Hentgen knapp. Die beiden anderen Sekretärinnen folgten ihrem Beispiel und nahmen nicht die geringste Notiz von dieser Unterhaltung. Sie hielten ihre Köpfe gesenkt, konzentrierten sich ganz auf ihre Arbeit. Keine wagte zu tippen, denn das hätte stören können, aber jede fand etwas, das dringend mit dem Füller geschrieben werden mußte.
Als Heydrich den Böhmerwald erwähnte, wurde es Ilsa fast übel. Die Widerstandsbewegung lieferte ihr gelegentlich Informationen über ein Versteck, das nicht länger benötigt wurde; in sehr seltenen Fällen entschloß man sich auch dazu, einen Kameraden zu denunzieren, der sich als unzuverlässig erwiesen hatte (das wurde ihr jedenfalls versichert) und deshalb als Gefahr für die gesamte Bewegung galt. Ilsa litt darunter, diese Männer einem sicheren Tod ausliefern zu müssen, aber sie wußte nicht, was sie sonst hätte tun sollen.
»Ich hatte mir vorgenommen, Ihnen zu gratulieren«, fuhr Heydrich fort. »Hoffentlich geben Sie mir sehr bald einmal Gelegenheit, dies auch persönlich zu tun.«
Ilsa wagte es endlich, zu ihm aufzusehen. Seine Haltung war steif und förmlich, aber er lächelte. Mit seinem zurückgekämmten blonden Haar, der Adlernase und den blendend weißen Zähnen wirkte er attraktiv und abstoßend zugleich.
»Danke schön, Herr Heydrich«, sagte sie.
»Leider waren die Aufständischen schon geflüchtet, als meine Männer ihr Nest ausräuchern wollten. Woher sie gewußt haben, daß wir kommen würden, bleibt rätselhaft, aber diese Slawen sind rätselhafte Leute. Stimmt's, Frau Hentgen?«

»Jawohl, Herr Heydrich!«
Er stützte sich etwas mehr auf sie und verstärkte den Druck seiner Hand. Ilsa spürte, wie ihr ein kalter Schauder den Rücken hinauf- und hinunterlief.
»Nun ja«, sagte Heydrich, »dagegen ist manchmal nichts zu machen. Auch der minderwertigste Untermensch besitzt animalischen Spürsinn, und wenn seine Nase im richtigen Augenblick zuckt ...« Er seufzte theatralisch. »Ich habe Zeit«, schloß er. »Mindestens tausend Jahre.«
Heydrich nahm die Hand von ihrer Schulter und trat rasch einen Schritt zurück. »Aber wir sollten über angenehmere Dinge reden!« rief er aus. »Wie ich von Frau Hentgen höre, sind Sie eine sehr gute Pianistin. Ich selbst spiele ein bißchen Geige. Es wäre mir eine große Ehre, wenn Sie mich gelegentlich begleiten würden. Vielleicht heute abend?«
Ilsa atmete tief durch. »Herr Reichsprotektor«, begann sie, »diese Ehre ...« Ihr schienen die Worte zu fehlen. »Eine einfache Russin wie ich kann doch nicht ...« Sie gab auf und machte eine hilflose Handbewegung.
»Unsinn!« rief Heydrich so laut, daß die drei anderen Frauen unwillkürlich kurz zu den beiden hinübersahen. Obwohl sie diese Szene nicht zum erstenmal miterlebten, blieb sie faszinierend, als beobachte man, wie eine Schlange ein Beutetier hypnotisiert, bevor es willenlos und in einem Biß verschlungen wird, ohne zu begreifen, was mit ihm geschieht.
Dies war endlich der entscheidende Augenblick: Heydrich hatte einen Annäherungsversuch unternommen. Geistig und emotional war sie vorbereitet. Jetzt kam es darauf an, Zeit zu gewinnen, damit sie nach London melden konnte, daß der Kontakt hergestellt war, daß sie Gelegenheit hatte, an die Zielperson heranzukommen, und der Jäger nun der Gejagte war.
Sie wußte genau, was sie tun mußte. Sie konnte nicht behaupten, schon verabredet zu sein, denn Heydrich würde das ein-

fach ignorieren oder schlimmstenfalls anordnen, den Mann, mit dem sie sich treffen wollte, zu verhaften und vielleicht sogar zu erschießen. Sie mußte ihn abweisen, ohne den Eindruck zu erwecken, sie weise ihn zurück, und ihm zugleich Hoffnung auf ein späteres Rendezvous machen. Ihn abweisen, aber zugleich einen Schritt weiter in die Falle locken – und versuchen, nicht selbst hineinzugeraten.

Sie blinzelte rasch, dann senkte sie ihren Blick. Das hatte den gewünschten Erfolg: Heydrich beugte sich etwas nach vorn, um ihr weiter ins Gesicht zu sehen. »Entschuldigung«, murmelte sie, »aber heute abend geht's nicht, weil ...« Sie brachte den Satz absichtlich nicht zu Ende, sondern wartete ab, wie Heydrich ihn interpretieren würde.

»Ach, Frauen«, stöhnte er.

Sie lachte verführerisch. »O nein!« widersprach sie, scheinbar verlegen. Heydrichs kurzzeitig irritierter Blick bewies nur allzu deutlich, daß er an Sex, nicht an Musik gedacht hatte. »Ich würde nicht im Traum daran denken, einen ausgezeichneten Musiker wie Sie zu begleiten, ohne vorher geübt zu haben. Wäre es Ihnen in ein paar Tagen recht?«

Der Reichsprotektor fing sich rasch wieder und musterte sie mit neuem Respekt. Eine Spieleröffnung oder ein Mißverständnis seinerseits? Vielleicht war das Mädchen cleverer, als es aussah. Um so besser; er mochte solche Herausforderungen »Das verstehe ich natürlich«, sagte er. »Aber wie wär's mit übermorgen?« Er bedachte sie mit seinem lüsternen Grinsen, das er schon immer irrtümlich für weltmännisch gehalten hatte.

»Also dann übermorgen«, wiederholte Ilsa so laut, daß ihre Kolleginnen es hören mußten. »In zwei Tagen haben Sie sämtliche Berichte auf dem Schreibtisch, Herr Reichsprotektor.«

Damit waren sie Partner bei einer kleinen Verschwörung. Das gefiel Heydrich. »Ausgezeichnet«, sagte er. »Heil Hitler!«

Die Sekretärinnen sprangen auf. »Heil Hitler!« riefen sie im Chor, während der Reichsprotektor mit dem alten römischen Gruß, den die Nazis sich angeeignet hatten, in seinem Dienstzimmer verschwand.
An diesem Nachmittag blieb Ilsa länger, tippte noch einige Berichte und verteilte sie an die zuständigen Dienststellen. Als sie dann allein war, schrieb sie die Zahl 22 auf einen kleinen Zettel und steckte ihn in ihre Tasche. Die Zweiundzwanzig war Ricks Glückszahl, aber auch das heutige Datum, der 22. Mai 1942. Diese zufällige Übereinstimmung war ein gutes Omen.
Auf dem Nachhauseweg betrat sie die Bäckerei Banaček und gab dem Verkäufer ihren Zettel. Für einen zufälligen Beobachter wäre das unverdächtig gewesen; die Zahl schien lediglich die Nummer einer tagsüber telefonisch aufgegebenen Bestellung zu sein. Der Bäckereiverkäufer, ein kleiner, harmlos wirkender Mann namens Helder, nickte, als er sie gelesen hatte, und reichte Ilsa eine Papiertüte mit frischen Backwaren über den Ladentisch.
In Wirklichkeit bedeutete die Zweiundzwanzig jedoch viel mehr: Sie war das vereinbarte Signal, daß der Kontakt hergestellt war und das Attentat auf die Zielperson stattfinden konnte. Es würde sofort per Funk nach London übermittelt werden. Das Flugzeug mit Victor, Rick und dem Rest des Teams an Bord würde binnen einer Stunde starten. Ilsa bezahlte ihren Einkauf mit Kleingeld, bedankte sich und ging. Das Unternehmen Henker war angelaufen.
An diesem Abend traf Ilsa zusätzliche Sicherheitsvorkehrungen, denn Heydrichs Spione waren überall. Sie übte eine Stunde lang am Klavier im Salon, dann klagte sie ihrer Wirtin gegenüber laut, sie fühle sich gar nicht wohl. Sie bat um einen kühlen Umschlag und eine Wärmflasche und ging nach oben ins Bett. In ihrem Zimmer machte sie das Licht aus, saß in der

Dunkelheit am Fenster und suchte die Straße nach jemandem ab, der das Haus zu beobachten schien. Aber sie sah nichts Verdächtiges.
Ein leises Klopfen ließ Ilsa aus ihrem Halbschlaf hochfahren. Sie schlich barfuß zur Tür und öffnete sie nur einen Spalt weit. Draußen stand Helena, das neue Zimmermädchen, das erst seit ein paar Tagen im Haus war. »Pall Mall«, flüsterte sie. Das war das heutige Kennwort, das man nicht nur wissen, sondern auch richtig aussprechen mußte, was Helena tat. Ilsa öffnete die Tür gerade weit genug, um das Zimmermädchen einzulassen, und schloß hinter ihr vorsichtig ab.
Ilsa wußte, daß Helena ihr eine Nachricht des Prager Untergrunds überbringen würde. Die Widerstandsbewegung benützte ständig andere Handwerker, Verkäufer und Dienstboten als Kuriere, so daß das plötzliche Auftauchen des Mädchens nicht weiter ungewöhnlich war. Tatsächlich hatte Ilsa darauf gewartet.
»Was hast du für mich?« flüsterte Ilsa.
»Zwei Nachrichten«, antwortete Helena fast unhörbar leise. »Was sie bedeuten, weiß ich nicht. Das sagen sie mir nicht. Ich habe sie mir aufgeschrieben, damit ich sie ja nicht vergesse.«
»Das dient zu deinem Schutz«, erklärte Ilsar. »Je weniger du weißt, desto weniger gefährdet bist du.« Sie sah das Mädchen genauer an und stellte fest, daß Helena nicht älter als höchstens sechzehn sein konnte. Hier wurden Kinder angeworben, um gegen ein Ungeheuer zu kämpfen – nur war dies kein Märchen der Brüder Grimm. »Du brauchst nur genau zu wiederholen, was sie dir aufgetragen haben. Alles andere braucht dich nicht zu kümmern. Glaubst du, daß du das kannst?“
Vielleicht war sie selbst nervös oder vielleicht lag es am Verhalten des Mädchens, jedenfalls begann Ilsa, das Schlimmste zu befürchten. War das Unternehmen verraten worden? Hatte jemand ausgepackt oder unter Zwang ein Geständnis abge-

legt? War die Landungszone entdeckt worden? War es der Gestapo gelungen, einen Spitzel in die Widerstandsbewegung einzuschleusen? Oder hatten die Nazis es etwa geschafft, in den britischen Geheimdienst in London einzudringen? Die deutsche Spionage schien bisher in Mitteleuropa und an der Ostfront am besten zu funktionieren, aber sie wurde von Monat zu Monat wirkungsvoller und war nun auch in Frankreich recht effektiv, wo jede Woche weitere Widerstandskämpfer aufgespürt und erschossen wurden. War sie selbst enttarnt worden? War Victor etwas zugestoßen? Oder Rick? Standen Heydrichs Männer schon vor ihrer Tür und würden sie gleich aufbrechen?

»Wie heißt die Nachricht«, fragte sie und bemühte sich, ruhig zu bleiben, bemühte sich, wenigstens ruhig zu wirken, und bemühte sich, die schreckliche Dringlichkeit aus ihrer Stimme herauszuhalten.

Helena faltete einen kleinen Zettel auseinander. »Die erste Nachricht kommt aus London. Sie lautet: ›Der blaue Papagei ist ausgeflogen.‹«

Ilsas Herz tat einen Sprung. Alle Sorge war also überflüssig gewesen! Ihre Nachricht war angekommen, und dies war bereits die Antwort darauf. »Blauer Papagei« war der Deckname für das Team, und »ausgeflogen« bedeutete, daß es nach Lidice unterwegs war. Vor Erleichterung hätte sie beinahe laut aufgelacht.

»Die zweite Nachricht habe ich erst vor kurzem vom Untergrund bekommen«, fuhr Helena fort. Sie starrte auf ihren Zettel und versuchte, einen Sinn in den Worten zu erkennen. »Sie lautet: ›Unternehmen Henker. London benachrichtigen. Gefahr.‹« Sie sah von dem kurzen Text auf, den sie vorgelesen hatte. »Es soll abgebrochen werden. Was bedeutet das?«

Ilsa glaubte zunächst, sie habe das Mädchen falsch verstanden. Das Unternehmen Henker abbrechen? »Was?« rief sie aus, packte Helena in ihrer Erregung an den Schultern und schüttelte sie heftig. »Warum?«

»Das weiß ich nicht«, sagte Helena sichtlich verwirrt. »Das weiß ich nicht!«

»Gib her«, verlangte Ilsa, riß ihr den Zettel aus der Hand und bemühte sich verzweifelt, den Sinn der kurzen zweiten Nachricht zu erraten. Sie versuchte erfolglos, ruhig zu bleiben. »Es ist viel zu gefährlich für dich, so etwas in deinem Besitz zu haben.«

Ilsas Verstand arbeitete auf Hochtouren. Was war geschehen? Vielleicht waren ihre Befürchtungen, sie seien verraten worden, doch begründet gewesen. Die verdammte Hentgen: Hatte sie etwa Verdacht geschöpft? Oder waren die Tschechen wirklich Feiglinge, die nicht mehr den Mut hatten, dieses Unternehmen durchzuführen? Aber dafür war es jetzt zu spät. Das Team war vermutlich bereits abgesetzt worden. Sie konnten, nein, sie *würden* das Unternehmen jetzt nicht mehr abbrechen.

Nein, nein, nein, sagte Ilsa sich. *Jetzt nicht mehr. Nicht nach allem, was Victor erlitten hat. Nicht nach allem, was ich erlitten habe. Nicht so dicht vor dem Ziel. Nicht jetzt, wo ich dem Unternehmen zum Erfolg verhelfen kann.*

Nicht in einer Million Jahre.

Nur über meine Leiche.

KAPITEL VIERUNDZWANZIG

Mit deutscher Pünktlichkeit holte Reinhard Heydrich sie zwei Tage später aus der Pension in der Skořepkastraße ab. Ilsa erwartete ihn bereits. Nach der Arbeit hatte sie ihr Haar gewaschen, sich parfümiert und ein frisches Kleid angezogen.

»Wie hübsch Sie heute abend sind, Fräulein Toumanowa«, sagte Heydrich mit einer leichten Verbeugung. Er stand vor der Haustür auf dem Gehsteig; hinter ihm sah Ilsa eine Mercedes-Limousine mit laufendem Motor und einem uniformierten Fahrer auf dem Vordersitz warten. »Wenn Sie mir die Bemerkung gestatten, glaube ich, daß wir heute abend ein sehr gutaussehendes Paar abgeben werden.«

Sie mußte zugeben, daß er in seiner maßgeschneiderten schwarz-grauen ss-Uniform, die seine sportliche Figur betonte, glänzend aussah. Seine schwarzen Reitstiefel waren wie immer auf Hochglanz poliert. Sein aschblondes Haar, seine gutsitzende Kleidung, seine straffe, etwas steife Körperhaltung und sogar die Art, wie er seine Schirmmütze in der Hand hielt, erinnerten sie an jemanden. Ilsa fuhr zusammen, als ihr einfiel, wem er ähnlich war.

Gott steh ihr bei, Heydrich erinnerte sie an Victor – nur war Victor edel und gut, während Heydrich die Verkörperung des Bösen war.

»Guten Abend, Herr Heydrich«, sagte sie zurückhaltend und ließ zu, daß er ihren Arm nahm.

Er hielt ihr den Schlag auf, als sie in den Wagen stieg: eine große, geräumige Limousine mit Walnußholzausstattung und üppigen Ledersitzen. Ilsa sank in die Polster und lehnte ihren Kopf zurück, während der Chauffeur anfuhr. Heydrich saß ihr aufmerksam und sehr nahe gegenüber.

»Für heute abend dürfen Sie mich Reinhard nennen«, sagte er, indem er ihre Hand nahm. »Aber nur unter vier Augen. Die Leute sollen nicht glauben, der Reichsprotektor erlaube gleich Vertraulichkeiten.«

Ilsa sah rasch in den Rückspiegel, aber der Blick des Fahrers war mit professionellem Desinteresse auf die Straße gerichtet. Der Mercedes rollte leise schnurrend dahin; sein Chauffeur lenkte ihn sicher über die schmalen Prager Straßen. Aus einer Konsole hinter dem Fahrersitz brachte Heydrich eine Flasche Champagner und zwei Sektkelche zum Vorschein. Er entkorkte die Flasche und goß Champagner ein. Etwas von dem Schaum lief über seine tadellos manikürte Hand. Er leckte ihn ab.

»Sie mögen natürlich Champagner?« Er hielt Ilsa ein Sektglas hin.

»Sehr gern«, antwortete sie und nahm das Glas entgegen.

Während der Mercedes fast geräuschlos durch die Stadt rollte, machte Heydrich sie auf eine Sehenswürdigkeit nach der anderen aufmerksam und hielt ihr einen kleinen Vortrag über Prag, seine Geschichte und seine wichtigsten Gebäude. Es schien nicht viel zu geben, was er nicht wußte.

»Haben Sie gewußt, daß Mozarts *Don Giovanni* hier uraufgeführt worden ist?« fragte er Ilsa. »Dies ist Mozarts liebste Stadt gewesen, und die guten Deutschen von Prag haben ihm jeden seiner Aufenthalte besonders angenehm gestaltet.« Er schenkte ihnen beiden Champagner nach. »Prag ist immer mehr deutsch als böhmisch gewesen, und was wir Deutschen jetzt hier tun, dient nur dazu, der Stadt ihren einstigen Glanz als Kleinod des Großdeutschen Reichs zurückzugeben. Dazu gehört auch, daß wir sie nicht *Praha* nennen, sondern ihren richtigen deutschen Namen *Prag* benützen. Wir bestehen sogar darauf.«

Ilsa mußte zugeben, daß Prag schön war – auf seine besondere

Art so schön wie Paris, aber es war kalt und abweisend, wo Paris warm und freundlich war. Als sei sie von einem altklugen und frechen Kind erbaut worden, war die Stadt eine mittelalterliche Fantasie aus Türmen und spitzgiebligen Ziegeldächern. Die vielen Plätze hatten Kopfsteinpflaster, und die breite Moldau wälzte sich majestätisch mitten durch die Stadt. Prag war weit attraktiver als das leicht schäbige Wien oder das graue, windige Berlin. Kein Wunder, daß die Nazis es besetzt haben, dachte Ilsa; sie tun natürlich alles, um aus ihren eigenen häßlichen Städten herauszukommen.

Sie fuhren jetzt durch ein ihr unbekanntes altes, verwinkeltes Stadtviertel. »Dieses Viertel heißt Josefstadt«, erklärte Heydrich. Anders als die meisten Nazibonzen, die aus kleinen Verhältnissen stammten, sprach er ausgezeichnetes, sehr gewähltes Deutsch. Er benützte keinen der Dialektausdrücke, die der Führer noch immer in jede Unterhaltung einstreute, und sein präzises, nur leicht sächselndes Deutsch unterschied sich vorteilhaft von Hitlers stark landschaftlich gefärbtem Dialekt. Heydrich drehte sich nach dem Fahrer um. »Halten Sie einen Augenblick.«

Sie waren auf der Pařižkástraße unterwegs, einem breiten Boulevard, der vom Altstädter Rathaus nach Norden über die Moldau führte. Der Mercedes hielt vor einem großen, schlichten, imposanten Gebäude. Der Fahrer stieg aus und öffnete ihnen den Schlag – erst Heydrich, dann Ilsa »Sehen Sie sich um«, forderte der Reichsprotektor sie auf.

Zu Ilsas Verblüffung standen sie vor einer Synagoge. Auf der Straße hasteten einige orthodoxe Juden in schwarzen Mänteln und mit Vollbärten von dem Mercedes weg, so schnell sie nur konnten. Heydrich lachte verächtlich auf.

»Bitte sehr«, sagte er, »das jüdische Viertel!«

Ilsa wollte ihren Augen nicht trauen. Praktisch vor der Nase des Henkers lebten hier Juden, die unbehelligt ihren Geschäf-

ten nachzugehen schienen. Sie wandte sich mit fragendem Blick an Heydrich.
»Das ist die Altneusynagoge», erklärte er Ilsa, »die älteste Europas. Sie wird auch die letzte sein. Nach hebräischer Legende sind die Steine ihrer Grundmauer von Salomos Tempel in Jerusalem herübergeflogen worden – unter der Bedingung, daß sie am Jüngsten Tag, am Tag des Jüngsten Gerichts dorthin zurückkehren sollen. Für die Juden kommt dieser Tag viel früher, als sie sich jemals hätten vorstellen können.«
»Warum heißt sie Altneusynagoge?« fragte Ilsa.
Heydrich rieb sich mit eigenartiger Befriedigung die Hände, während er die Synagoge betrachtete. »Das hebräische Wort für ›Bedingung‹ heißt *altnay*«, antwortete er, »aber es klingt wie die jiddische Aussprache von ›alt-neu‹. Wahrscheinlich soll das ein jüdischer Scherz sein. Nun, wir lachen nicht mehr, und sie tun's erst recht nicht.«
Ilsa fröstelte in der leichten, unregelmäßigen Brise. Seit sie auf dem Gehsteig standen, war die Pařižkástraße wie leergefegt, aber Ilsa glaubte trotzdem zu spüren, daß sie von ängstlichen Blicken hinter zugezogenen Vorhängen beobachtet wurden.
Heydrich achtete nicht auf sie. Er zeigte mit weit ausholender Handbewegung auf die Gebäude in den umliegenden Straßen.
»Der Führer wünscht, daß die Josefstadt als eine Art Museum des Judentums erhalten bleibt«, sagte er, »damit die Christenheit nach unserem sicheren Endsieg herkommen und mit eigenen Augen sehen kann, vor welchem Schicksal das große deutsche Volk sie barmherzigerweise bewahrt hat.«
»Wirklich ein edler Dienst an der Menschheit«, sagte Ilsa. Es schüttelte sie. Das Unternehmen Henker durfte nicht abgeblasen werden! Unter keinen Umständen! Dieses Ungeheuer und seinesgleichen mußten vernichtet werden. Begriffen die Tschechen das denn nicht? Wie konnte sie ihnen das begreiflich machen?

Heydrich wurde endlich auf ihren Zustand aufmerksam. »Sie zittern ja, Kindchen«, sagte er und nahm ihren Arm. »Es tut mir leid, daß ich Ihnen diesen Anblick nicht ersparen konnte, aber Deutsche wie Weißrussen müssen wissen, warum sie die jüdischen Marxisten in Rußland bekämpfen.«

Sie überquerten die Moldau auf der Čechův-Brücke und fuhren am anderen Ufer durch die große Parkanlage Letenská Sady weiter – sie schweigsam, er geschwätzig. Seltsamerweise, denn im Reichsicherheitshauptamt war Heydrich eher wortkarg, auch wenn er sich in seinem Arbeitszimmer aufhielt: Er erteilte mit monotoner Stimme knappe Befehle, las unendlich viele Berichte und kam, im allgemeinen wöchentlich, mit hochgestellten Nazis aus Berlin und Wien zu einer Besprechung zusammen. Ungefähr einmal im Monat fuhr er ins nur wenige Autostunden entfernte Berlin, blieb dort ein bis zwei Nächte und kehrte dann nach Prag zurück.

In privater Atmosphäre erwies der Henker sich jetzt geradezu als schwatzhaft. Tatsächlich begann sein Geplauder sogar eine persönliche Note anzunehmen, als er über die Dummheit dieses oder jenes Parteigenossen klagte, Hitler lobte und einmal sogar sehr milde Kritik an seinem Vorgesetzten Himmler einfließen ließ.

Ilsa konzentrierte sich so darauf, Heydrich zuzuhören, daß sie erst nach einiger Zeit merkte, daß sie Prag hinter sich gelassen hatten und nun übers Land fuhren.

»Herr Heydrich, fahren wir in ein Landgasthaus?« erkundigte sie sich.

»Reinhard«, verbesserte er sie und sprach dabei den letzten Buchstaben seines Vornamens fast wie »t« aus. »Nein, wir fahren in kein Gasthaus. Heute abend kocht mein Küchenchef in meiner Villa für uns.« Er sah zu ihr hinüber. »Machen Sie sich keine Sorgen«, sagte er. »Meine Frau ist günstigerweise in Berlin, so daß wir ganz ungestört sind.«

Diese kleine Mitteilung kam keineswegs überraschend. Heydrichs Absichten ihr gegenüber hätten nicht eindeutiger sein können, wenn er sie zu Papier gebracht und Ilsa in die Hand gedrückt hätte. Sie würde ihn sehr, sehr vorsichtig an der Angel zappeln lassen müssen. »Das hier ist eine recht interessante Strecke«, meinte sie.

Heydrich nickte zustimmend. »In ein paar Tagen, wenn ich die nötigen Sicherheitsvorkehrungen getroffen habe, werde ich sie täglich benützen. Ich könnte weiter über die Karlsbrücke fahren, aber das will ich nicht mehr. Ich fahre viel lieber über die Čechův-Brücke, um mein Museum vor meinen Augen entstehen zu sehen. Ich sammle schon eifrig Exponate! Bald ist ganz Europa eine einzige Sammelstelle für meinen Zoo. Dann fahre ich jeden Tag über die Čechův-Brücke, damit diese Tiere ihren Herrn und Meister kommen sehen, der Ehrfurcht, Angst und Schrecken in ihre Herzen sät. Alle jene, die ich, Reinhard Tristan Eugen Heydrich, persönlich als für mein Museum geeignet ausgewählt habe!«

»Was wird aus den anderen?« fragte Ilsa.

»Andere wird's nicht mehr geben«, antwortete Heydrich. »Das ist am Wannsee entschieden worden, und unsere Rache erfordert radikale Lösungen.«

Ihr Herz hämmerte so laut, daß sie glaubte, es müsse weithin zu hören sein. Er würde also nicht mehr über die Karlsbrücke fahren! Aber darauf basierte ihr ganzer Plan! Selbst wenn sie Victor hätte benachrichtigen können, wäre es für eine Änderung des Plans zu spät gewesen. Sie mußte Heydrich irgendwie dazu bewegen, wie bisher über die Karlsbrücke zu fahren.

Erst als der Schlag neben ihr geöffnet wurde und Heydrich ihr aussteigen half, nahm Ilsa in ihrer Aufregung wahr, daß der Wagen vor einem eleganten Landsitz in einem hübschen, windgeschützten Tal hielt. »Willkommen bei mir daheim«, sagte er höflich.

Ilsa ließ sich, noch immer benommen, hineinführen. Am Eingang stand das Hauspersonal aufgereiht, um den Hausherrn zu begrüßen, indem jede und jeder stumm nickte, wenn der große Mann an ihr oder ihm vorbeiging. Ilsa sah Angst und Haß in den Blicken und wußte, daß er nichts davon wahrnahm.

Im Speisezimmer war mit feinstem Silber und Meißener Porzellan für ein festliches *Diner à deux* gedeckt. Heydrich führte Ilsa zu einem Zweiersofa in der Ecke, vor dem auf einem Tischchen eine Flasche Champagner und zwei Kristallkelche standen. Die Flasche war bereits geöffnet. Heydrich schenkte ihnen ein.

»Prosit!« sagte er und hob sein Glas. »Sieg Heil!«

Obwohl es schon halb acht war, war die Frühlingssonne erst vor kurzem untergegangen. Heydrich stellte sein Champagnerglas ab und zog behutsam die Vorhänge zu. »So sind wir ganz ungestört«, sagte er dabei.

Er küßte sie viel eher, als sie ihm zugetraut hätte, und noch bevor sie darauf gefaßt war. Eben hatte er noch die Vorhänge zugezogen; im nächsten Augenblick fand sich Ilsa in einer Umarmung und fühlte, wie ihr Kopf hochgehoben wurde, damit ihre Lippen den seinen begegneten. Er verschlang sie hungrig, aber nicht grob, bis es Ilsa gelang, sich von ihm zu lösen.

»Herr Heydrich«, keuchte sie und versuchte ihn wegzuschieben, ohne ihn zu verärgern, »bitte ...« Überrascht, aber nicht empört: So mußte sie vorläufig reagieren.

Er trat zackig einen Schritt zurück, als wolle er vor ihr salutieren – aber mit einem kleinen Lächeln auf den Lippen, die gerade erst die ihren gekostet hatten. »Sie verzeihen mir meine Unbeherrschtheit hoffentlich, Fräulein Toumanowa«, sagte er, ohne sich wirklich entschuldigen zu wollen. »Angesichts so unvergleichlicher Schönheit fällt es mir schwer, meine Gefühle im Zaum zu halten. Die Fähigkeit, Schönheit zu würdigen, ist ein Kennzeichen des zivilisierten Menschen, finden Sie nicht auch?«

»Ja, Reinhard«, antwortete sie mit sanfter Stimme, um ihren Abscheu vor ihm zu tarnen. »Und die Fähigkeit, seine Gefühle zu beherrschen, zeichnet den wahren Führer aus.«

In diesem Augenblick mußte sie unwillkürlich an Victor denken, dessen ruhige Entschlossenheit sich so sehr von Heydrichs nackter Gier unterschied. Die Maske war ihm vom Gesicht geglitten, und sie konnte den Schädel unter seiner Haut so deutlich sehen wie das Totenkopfabzeichen, das er an seiner SS-Uniform trug.

Das Ungeheuer, das wußte sie, hatte geblinzelt. Seine Lüsternheit war seine Schwäche; soviel war schon vorher bekannt gewesen. Jetzt wußte sie auch, daß sie ihn sich – zumindest für einige Zeit – durch Appelle an seine Ehre vom Leib halten konnte. Seine Begierde ließ sich steigern; der meisterhafte Manipulator konnte selbst manipuliert werden. Das war etwas, das sie nutzen konnte. Aber nur behutsam, äußerst behutsam.

»Jetzt musizieren wir erst mal«, entschied er, sobald er sich wieder gefangen hatte. »Mit dem Flügel werden Sie bestimmt sehr zufrieden sein. Es ist ein nach meinen Angaben in Wien gebauter Bösendorfer. Ich lege natürlich Wert auf äußerste Präzision und Klangtreue.«

Er führte Ilsa ins Musikzimmer hinüber. Als sie am Flügel saß, nahm er seine Violine, eine kostbare Amati, aus dem Geigenkasten und machte sich daran, sie zu stimmen. »Versuchen wir's mit der *Kreutzersonate?*«

»Mit Vergnügen.« Obwohl sie in den letzten Jahren kaum noch zum Klavierspielen gekommen war, hatte sie neulich abends beim Üben gemerkt, daß sie nicht viel verlernt hatte.

»Die großartigste aller Violinsonaten Beethovens«, bemerkte er, kurz bevor sie anfingen. »Dabei wissen wir nicht einmal, in welcher Tonart sie wirklich geschrieben ist. Im A-Dur des Titels? Oder im a-moll des ersten Satzes?« Er sah zu ihr hinüber. »Was glauben Sie, Tamara?«

»Für mich«, sagte Ilsa, »steht sie einfach in a.« Sie schlug den Kammerton an, damit er sein Instrument danach stimmen konnte. »Hören Sie?«

Er zog den Geigenbogen gekonnt und pedantisch sorgfältig über die Saiten, bis er überzeugt war, sie seien perfekt aufeinander abgestimmt.

»Sie sind eine Praktikerin, wie ich sehe«, sagte er nickend. »Es ist der Fluch des weiblichen Geschlechts, die Welt nach dem Augenschein zu beurteilen und außerstande zu sein, die Tiefe und den Reichtum unter der Oberfläche zu beurteilen. Wahrscheinlich sind deshalb alle großen Künstler Männer.«

»Sie haben recht, Reinhard«, bestätigte Ilsa.

»Aber die *Kreutzersonate* ist weit mehr, als einfach nur ›in a‹ geschrieben, meine Liebe«, fuhr Heydrich fort. »Sie ist auch eine machtvoll eindringliche Novelle von Tolstoi über eine Ehe ohne Liebe.« Er blickte auf die am Flügel Sitzende herab. Sie fragte sich unwillkürlich, ob ihr Ausschnitt zu tief war. »Kann es etwas Tragischeres geben als eine Ehe, die zwei Körper, aber nicht zwei Seelen vereint?«

Sie senkte den Kopf und wich seinem Blick aus. »Davon verstehe ich nichts«, antwortete sie. »Ich bin nicht verheiratet.«

Er begann mit dem langsamen Solopart im Kopfsatz der Sonate, arbeitete die klagenden Akkorde einfühlsam heraus und intonierte sie perfekt. Er spielte ausgezeichnet, das mußte sie zugeben.

Kein Wunder, daß der größte russische Schriftsteller eine Novelle über die *Kreutzersonate* geschrieben hat, dachte Ilsa, während sie ihren Part begann. Die beiden spielten die Sonate sehr gefühlvoll und nuanciert und mit nur wenigen technischen Schnitzern, ohne die ihr Spiel geradezu professionell geklungen hätte. Allzu kurze zwanzig Minuten lang vergaß Ilsa

Lund sich selbst, wo sie war und mit wem sie zusammen war. Nach dem letzten Lauf, der im Schlußakkord kulminierte, war ihre jubelnde Freude überwältigend.
Heydrich beendete sein Spiel schwungvoll, indem er den Bogen hochriß. Ihre Hände flogen von den Tasten in die Luft. Sie sahen sich an.
»Großartig«, sagte Heydrich. Sein Gesicht war gerötet; sogar seine Frisur war nicht mehr perfekt, eine feuchte blonde Haarsträhne war ihm in die Stirn gefallen war. »Ich habe lange davon geträumt, einmal so begleitet zu werden. Noch dazu von einer so schönen Frau ... nun, mehr kann sich ein Mann wirklich nicht wünschen.«
Er starrte Ilsa scheinbar endlos lange mit seinen eisblauen Augen an.
»Wollen wir jetzt essen?« fragte er schließlich. Wie auf ein Zeichen hin erschienen zwei livrierte Diener und geleiteten sie ins Speisezimmer.
Das Abendessen war unerwartet köstlich, eine Kombination aus deutschen und böhmischen Spezialitäten mit einem wunderbar zarten Entenbraten als Hauptgericht. Ilsa merkte, daß ihr beim Essen immer wieder Wein nachgeschenkt wurde und der Übergang von Mosel zu Beychevelle sich nahtlos vollzog. Als sie vom Tisch aufstand, war ihr leicht schwindlig, und sie beschloß, in seiner Gegenwart nichts mehr zu trinken. Das war zu gefährlich.
»Reinhard«, murmelte sie, »das war köstlich.«
»Mein Koch ist der beste im ganzen Protektorat«, antwortete Heydrich. Er nahm ihren Arm und führte sie durch die Terrassentür des Speisezimmers in die mondhelle Sternennacht hinaus.
»Die Lichter der Großstadt sind von hier aus nicht zu sehen«, sagte er. »Und so soll es auch sein. Ich möchte nicht ständig an meine Arbeit erinnert werden.«

Die Nachtluft war kühl. Heydrich legte ihr schützend einen Arm um die Schultern.
»Ich habe überall Feinde«, sagte er ruhig, nachdenklich, fast wie zu sich selbst. Oder gehörte das ebenfalls zu seiner Masche als Verführer?
»Bestimmt nicht«, widersprach sie. »Nach allem, was Sie hier bewirkt haben.«
Er lachte verbittert. »Das genügt nicht. Es wird nie genügen, bis ich ... bis wir den totalen Sieg errungen haben. Bis wir unsere Feinde niedergetrampelt, ihre Dörfer geschleift und die Erde verbrannt haben, damit sie nie mehr erstehen können. Feinde wie diese tschechischen Verräter in London, die sich Patrioten nennen, während sie meinen Tod als die Feiglinge planen, die sie in Wirklichkeit sind.«
Ilsa hörte jetzt geradezu übernatürlich gut; sie bildete sich ein, sogar die Bewegungen seiner Zunge zu hören, während er die Worte bildete.
»Aber wir werden abwehrbereit sein. Sie glauben, wir wüßten nicht, was sie planen, aber da täuschen sie sich. Unsere Spione sind überall.«
Er zündete sich eine Zigarette an, die er in einer langen Ebenholzspitze rauchte. Ilsa bot er keine an. »Gelingt es ihnen irgendwie, mich zu ermorden, sollten sie wissen, daß hinter mir hunderte – nein, tausende – Männer meiner Art stehen. Wir werden nicht rasten noch ruhen, bis der Endsieg nicht unser ist.«
Heydrich zog sie mit seinem freien Arm an sich. »Sie sind mir schon lange aufgefallen«, sagte er halblaut. Ilsa wurde entsetzlich kalt.
»Schon lange«, wiederholte er, indem er zu den Sternen aufsah. »Seit Sie in Prag sind und sich bei meiner Dienststelle beworben haben. Ihre Intelligenz, Ihre Schönheit, Ihr politischer Instinkt – bei einer Frau so ungewöhnlich – haben mich sofort

auf Sie aufmerksam gemacht. Obwohl Frau Hentgen Vorbehalte geäußert hat, habe ich beschlossen, Ihnen Ihre jetzige Vertrauensstellung zu geben, sobald Sie Ihre Loyalität zu meiner Zufriedenheit bewiesen hatten.«

»Danke, Reinhard«, sagte sie. »Ich fühle mich geehrt.«

»Dies alles ist lediglich ein Vorspiel gewesen«, erklärte er ihr. »Ich bin schon immer der Überzeugung gewesen, daß ein Mann eine Frau nicht wirklich kennt, bevor er sie geliebt hat. Ich würde mir selbstverständlich nicht herausnehmen, aufdringlich zu werden und vorzuschlagen, wir sollten das gleich tun. Bei einer anderen Frau wäre ich vielleicht nicht so langmütig. Sie haben jedoch Achtung verdient.«

»Danke«, sagte Ilsa leise.

»Trotzdem hege ich weiterhin die Hoffnung und den Wunsch, daß wir eines Tages die Vereinigung der Seelen vollziehen werden, die heute abend hier begonnen hat, daß unser wundervolles gemeinsames Musizieren nur der Vorbote einer umfassenderen, vollständigeren zukünftigen Vereinigung gewesen ist.« Er verbeugte sich wie ein obszöner Kavalier.

»Sie werden mit Ihren Zimmern mehr als zufrieden sein, hoffe ich«, sagte er. »Ich wünsche Ihnen eine gute Nacht, Fräulein Toumanowa.«

Ilsa schwieg, als er sie fester in seine Arme schloß und den Kopf senkte, um sie leicht auf die Stirn zu küssen. Sie blieben noch einen Augenblick schweigend im Mondschein stehen, bevor er sie endlich ins Haus zurückführte und die Tür fest schloß, um die Schrecken der Nacht auszusperren.

KAPITEL FÜNFUNDZWANZIG

Irgendwann nach Mitternacht sprangen sie mit dem Fallschirm aus der RAF-Maschine ab. Das Absetzen klappte vorbildlich. Niemand schoß auf sie.

Als sie an der offenen Flugzeugtür standen, klopfte Renault Laszlo brüderlich auf die Schulter.

»Nervös?« fragte er.

»Nein, warum?« erwiderte Laszlo.

»Sie sollten's aber sein«, sagte Louis. »Bei dieser Sache kann man sich glatt den Hals brechen.«

Rick sprang als erster, ohne sich groß darum zu kümmern, ob Laszlo ihm folgte. Sein Fallschirm öffnete sich wie vorgesehen, und er segelte durch die tschechische Nacht wie ein plumper Raubvogel auf der Suche nach einer Abendmahlzeit. Jetzt im Krieg waren auf dem Lande nur wenige Lichter zu sehen. In den Städten sah das anders aus; dort vertrauten die Deutschen darauf, durch die Luftwaffe, den Ärmelkanal und die Ostsee vor der Royal Air Force geschützt zu sein. Aber die tschechische Landbevölkerung ging anscheinend lieber auf Nummer Sicher.

Rick prallte hart auf. Als er die Fallschirmkappe wogend über sich zusammensinken sah, löste er den Schnelltrennverschluß des Gurtzeugs und kroch rasch darunter hervor. Soweit er beurteilen konnte, waren sie ganz in der Nähe der Landungszone, was für die Fähigkeiten ihres Piloten sprach. Sie hatten weit ausholend über die Ostsee anfliegen und einen Bogen um stark verteidigte Städte wie Hamburg, Stettin und Berlin machen müssen. Jetzt hatte die Erde ihn heil und gesund wieder.

Rick hörte, wie Victor und die beiden Tschechen sich irgendwo in seiner Nähe bewegten; er hoffte zumindest, daß sie es

waren. Geriet er hier in Gefangenschaft, konnte er noch weniger Gnade erwarten als in New York – also überhaupt keine.
»Janaček«, flüsterte er, weil das die Parole war.
»Jenufa«, lautete die Antwort. Renault kam vorsichtig heran und wischte sich etwas Erde von seinem Tarnanzug. Immer adrett, dachte Rick bewundernd.
»Das Fallschirmspringen wird weit überschätzt, wenn Sie mich fragen«, meinte Louis. »Ich ziehe Hallensportarten vor.«
»Das kann ich mir denken«, sagte Rick.
Wenig später trat Victor Laszlo aus den Schatten. Hinter ihm tauchten Kubiš und Gabčík auf, die mit ihrer Ausrüstung beladen waren. So weit, so gut.
Sie steckten die Köpfe zusammen und besprachen sich flüsternd. Da Jan und Josef aus dieser Gegend stammten, brauchten sie keine Landkarte.
»Wo sind wir?« fragte Rick leise.
»In der Nähe von Kladno«, antwortete Gabčík, ein durch seine Erlebnisse in den vergangenen zwei Jahren vorzeitig gealterter junger Mann. »Nicht weit von Lidice entfernt.«
Dann führten die beiden Tschechen sie durch Böhmens Wälder und Fluren. Rick fand, hier sehe es wie in Teilen Pennsylvanias aus, nur ordentlicher.
Nach längerem Fußmarsch erreichten sie ein kleines Dorf und ein noch kleineres Haus, das mit den Nachbarhäusern wie eine Viehherde im Gewitter zusammengedrängt dastand. Kubiš klopfte zweimal leise an, zählte auf Tschechisch halblaut bis sieben und klopfte erneut. Die Tür ging auf, im Haus blieb es jedoch stockfinster.
Aber nicht lange. Jemand zündete eine Blendlaterne an, deren schwacher Lichtschein ihnen eine alte Frau zeigte – vor Alter gebeugt, aber mit noch immer klarem Blick. Sie führte die Männer in ein Hinterzimmer, in dem sie ein einfaches Mahl auftrug, das die Ausgehungerten genossen, als sei es ein Din-

ner im *Ritz*. Die fünf spülten den Schweinebraten, die Kartoffelknödel und den Apfelstrudel mit reichlich kühlem Budweiser hinunter.

Zehn Minuten später hätte niemand vermutet, auf diesem Tisch sei eben noch gegessen worden; statt dessen lagen dort Gewehre, Pistolen und eine Bombe. Alles sauber und ordentlich, dachte Rick, genau wie bei den Deutschen. Kein Wunder, daß die meisten Böhmen nicht viel Widerstand leisten: Sie sind den Deutschen zu ähnlich.

Renault wünschte den anderen eine gute Nacht und ging zu Bett. Laszlo breitete einen abgegriffenen Stadtplan von Prag aus und brütete darüber. Rick ignorierte ihn; er war lieber mit seinen Gedanken allein. Mittlerweile hätte er wahrscheinlich als Taxifahrer in Prag anfangen können, so oft hatte er den Stadtplan schon studiert. Er kannte alle Straßen der Altstadt, der Neustadt und der Kleinseite unter dem Hradschin. Teufel, er konnte sogar die Heiligen benennen, deren Statuen auf der Karlsbrücke standen: St. Nepomuk, der von der Brücke in die Moldau gestürzt worden war und 1683 hier ein Denkmal erhalten hatte; das Kruzifix, das ein Jude dreizehn Jahre später hatte errichten lassen, um irgendeine Gotteslästerung zu sühnen; und die liebliche St. Luitgard, die 1710 verewigt worden war. Die Statue hielt den Augenblick fest, als sie eine wundersame Christusvision hatte.

»Dann ist also alles klar?« fragte Victor eben.

Rick versicherte ihm, nun sei alles klar, und stand vom Tisch auf. »Ich denke, ich gehe ins Freie und rauche eine«, sagte er. »Jan, willst du eine mitrauchen? Das sind echte Chesterfields.« Die Zigaretten hatte Sam ihm zum Abschied geschenkt. Rick hatte keine Ahnung, wo er sie herbekommen hatte, aber Sam konnte immer Dinge besorgen, an die sonst niemand herankam. Laszlo beobachtete sie mißtrauisch, als sie hinausgingen, aber er sagte nichts.

Er ließ sich Kubiš eine Zigarette nehmen, riß ein Streichholz an und schützte die Flamme mit vorgehaltener Hand vor dem Wind. Der junge Tscheche beugte sich nach vorn und sog den Rauch ein; Rick folgte seinem Beispiel, bevor er das Zündholz ausblies und zu Boden fallen ließ.

»Wunderbare Nacht«, stellte er fest.

Kubiš nickte zustimmend. »Unsere Mainächte«, sagte er, »sind die schönsten der Welt.«

Das erinnerte Rick daran, was wirklich schön war. »Hast du ein Mädchen, Jan?« fragte er.

Der junge Mann – er war Anfang Zwanzig, sah aber fünf Jahre jünger aus – nickte. »Martina«, sagte er, während er in seiner Jackentasche nach einem Foto von ihr suchte.

»Ein schöner Name«, meinte Rick. Vielleicht war er wirklich schön. Vielleicht auch nicht. Ihm war das egal. Er kniff die Augen zusammen, während er das Foto im Mondschein betrachtete. »Hübsches Mädchen«, sagte er. In Wirklichkeit konnte er nicht beurteilen, ob sie hübsch war oder nicht.

Kubiš starrte das Bild mit seelenvollem Blick an. »Sie ist hübsch gewesen«, antwortete er. »Sie ist umgekommen.«

Rick sah ihn an. »Wie?«

»Wie denn schon?« fragte Jan leise. »Die Deutschen haben sie ermordet. Nach dem Münchner Abkommen, als sie ins Sudetenland einmarschiert sind. Ihre Familie sollte aus ihrem Haus vertrieben werden, sie hat sich dagegen gewehrt, sie ist gestorben. Eine sehr kurze Geschichte.« Er steckte das verknitterte Foto wieder ein. »Sie ist erst siebzehn gewesen. Das hat sie nicht verdient gehabt.«

Rick stieß eine Rauchfahne aus. »Das hat niemand verdient«, sagte er, »aber irgendwann erwischt's jeden.«

Sie rauchten ihre Zigaretten auf, dann traten sie die Stummel im grünen tschechischen Gras aus.

»Bald wird sie gerächt«, sagte Jan.

Rick sah ihn an. »›Die Rache ist mein, spricht der Herr.‹«
»Aber er hat uns verlassen«, erwiderte Jan. »Es liegt an uns, ihn durch unsere Taten zurückzuholen.«
»Wie du meinst«, sagte Rick. »Sag mal, hast du schon jemals an die anderen gedacht?«
Jans Gesichtsausdruck zeigte deutlich, daß er nicht verstand, wovon Rick redete.
»Ich meine«, Rick zündete sich eine weitere seiner rasch dahinschwindenden kostbaren Chesterfields an, »hast du dir schon mal überlegt, was passieren könnte, falls wir tatsächlich Erfolg haben?«
»Natürlich haben wir Erfolg«, sagte Jan. Er schien überrascht zu sein, daß es irgendwelche Zweifel oder irgendeine Alternative zu ihrem Triumph geben könnte.
»Nehmen wir mal an, du hättest recht«, argumentierte Rick. »Nehmen wir einmal an, wir jagen Heydrich wirklich in die Luft. Was dann?« Er versuchte einen Rauchring zu blasen, der jedoch mißlang; anscheinend hatte er den Kniff verlernt.
»Dann sind wir erfolgreich gewesen, und Martina ist gerächt. Was danach passiert, ist mir egal.«
So hatte Rick früher auch geredet. Er merkte, daß er Jan Kubiš mochte. Er konnte nur hoffen, daß der Junge nicht würde sterben müssen.
»Vielleicht sollte es das aber nicht sein«, wandte Rick ein. »Vielleicht solltest du überlegen, was passieren könnte. Glaubst du etwa, daß die Deutschen sich das einfach gefallen lassen? Du hast doch erlebt, wie sie sind. Wird einer von ihnen ermordet, erschießen sie dafür hundert, vielleicht sogar tausend von euren Leuten. Hat Laszlo sich das überlegt?«
»Das bezweifle ich.« Jan stieß seine Stiefelspitze ins Gras. »Victor Laszlo ist für jeden wahren Tschechen ein Held. Unter uns gibt's keinen, der ihm nicht in die Hölle folgen würde, wenn er's verlangen würde. Was passiert, nachdem wir den

Henker Heydrich beseitigt haben, passiert eben. Dagegen ist nichts zu machen.«

»Wirklich nicht?« fragte Rick halblaut. »Nun, es hat keinen Zweck, hier herumzustehen und darüber zu diskutieren. Komm, wir gehen wieder rein.«

Gabčík hatte sich bereits zur Ruhe begeben – falls das der richtige Ausdruck war. Der junge Mann war vollständig bekleidet mit seinem Marschgepäck auf dem Rücken und seiner durchgeladenen Pistole auf dem Schoß eingenickt. Kubiš wünschte Rick und Laszlo eine gute Nacht und verschwand nach draußen, um in der Scheune zu schlafen.

»Sie haben noch immer Ihre Zweifel, stimmt's?« fragte Laszlo.

»Es ist nicht *koscher*, an etwas zu zweifeln, nachdem man sein Wort gegeben hat«, sagte Rick. Er hatte keine Lust, sich eine von Victors Ansprachen anzuhören. »Ich tue nur, wozu ich mich einmal verpflichtet habe.«

Laszlo schüttelte ungläubig den Kopf. »Das ist nicht das, was Sie mir in Casablanca erzählt haben. Dort haben Sie eine Entscheidung getroffen. In Wirklichkeit sogar mehrere. Sie haben sich dafür entschieden, uns die Transitvisa zu geben ... Entschuldigung, Sie haben sich dafür entschieden, *mir* ein Transitvisum zu überlassen; meine Frau sollte ohnehin eines erhalten. Sie haben sich dafür entschieden, Ihre Abmachung mit mir zu treffen, nachdem ich verhaftet worden war. Sie haben sich dafür entschieden, Capitaine Renault zu düpieren, Sie haben sich dafür entschieden, uns in dieses Flugzeug zu setzen, und Sie haben sich dafür entschieden, Major Strasser zu erschießen, obwohl Sie einfach hätten danebenstehen können, ohne irgend etwas zu tun.«

»Sie sind nicht dabeigewesen«, wandte Rick ein. »Der Major hat seine Waffe als erster gezogen.«

Laszlo lächelte. »Und Sie haben als richtiger amerikanischer

Cowboy schneller gezogen und ihn kaltblütig niedergeschossen, wie man so sagt.«
Rick legte seine Hände flach auf den Tisch. »Einer von uns hat dran glauben müssen.«
Laszlo übertrumpfte ihn. »Keineswegs. Sie hätten weggehen und ihn versuchen lassen können, unser Flugzeug am Start zu hindern. Auch in London hätten Sie aussteigen können. Vielleicht könnten Sie das sogar noch jetzt. Sie trauen mir nicht, das weiß ich. Sie halten mich für einen Fanatiker.«
»Nein, da irren Sie sich«, warf Rick ein. »Ich *weiß*, daß Sie ein Fanatiker sind.«
»Also gut, vielleicht bin ich einer.« Laszlo schenkte sich aus einer der letzten Flaschen ein Glas Bier ein. Rick bot er keines an. »Manchmal muß man das sein. Aber das ändert nichts an meiner Frage an Sie: Warum hauen Sie nicht einfach ab?«
»Dafür ist es ein bißchen spät, finden Sie nicht auch?«
»Wegen Ilsa?«
»Aus verschiedenen Gründen«, sagte Rick abwehrend. »Hören Sie, Laszlo, wir sind beide erwachsene Männer. Wir brauchen nicht um diese Sache herumzureden. Ich habe mich in Paris in ihre Frau verliebt, bevor ich wußte, daß sie Ihre Frau war, und ich liebe sie noch immer, obwohl ich jetzt weiß, daß sie Ihre Frau ist. Gäbe es sie nicht, wäre ich nicht hier. Aber ich bin hier, und Sie sind's auch, und wir müssen daraus das Beste machen.«
Laszlo holte tief Luft. »Monsieur Blaine«, begann er, »ich habe Ihnen in London erklärt, daß ich Sie persönlich erledigen würde, wenn ich den geringsten Verdacht hätte, Sie könnten unserer Sache untreu werden. Dieses Versprechen möchte ich Ihnen gegenüber jetzt erneuern. Wie Sie bin ich ein Mann, der zu seinem Wort steht; es ist alles, was die Nazis mir gelassen haben. Es ist mein einziges Kapital. Ich vergeude es nicht unbesonnen oder leichtfertig.«

Er nahm einen tiefen, genußvollen Zug von seiner Zigarette und blies elegant einen Rauchring. »Ich bin vielleicht naiv, aber ich erwarte dasselbe Verhalten – gewissermaßen dieselbe ethische Einstellung – von Ihnen. Sie haben mir Ihr Wort gegeben, und ich habe es angenommen. Was immer es zwischen meiner Frau und Ihnen gegeben hat, während ich außer Gefecht war, kümmert mich nicht im geringsten. Aber was in den nächsten Tagen und danach passiert, geht mich sehr viel an.«

Laszlo machte eine Pause, um seine Gedanken zu sammeln. Was er jetzt sagen wollte, hatte er noch keinem Menschen erzählt.

»Der eigentliche Grund für mein Handeln geht darüber hinaus, was ich persönlich gegenüber Heydrich empfinde«, begann er. »Nein, vielleicht doch nicht.« Der sonst so redegewandte, selbstbewußte Victor Laszlo wirkte plötzlich orientierungslos, verwundbar, verwirrt.

»Monsieur Blaine«, sagte er schließlich, »können Sie meinen Haß auf Reinhard Heydrich besser verstehen, wenn ich Ihnen erzähle, daß er meinen Vater umgebracht hat?«

Rick hob ruckartig den Kopf. »Was?«

»Mein Vater ist im Wien Kaiser Franz Josephs aufgewachsen, und selbst als wir nach Prag umgezogen waren, hat seine Arbeit ihn noch oft dorthin geführt. Er ist Sozialist und Anarchist gewesen. Wenn wir, nachdem Heydrich liquidiert, Himmler zerschmettert und zuletzt auch Hitler vernichtet ist, gemeinsam im Triumph durch die Straßen Wiens fahren, werde ich Ihnen stolz die Gebäude zeigen, die mein Vater gebaut hat.

Aber nachdem Dollfuß im Februar 1934 die Sozialisten verboten hatte, war in Österreich kein Platz mehr für einen Mann mit den politischen Überzeugungen meines Vaters. In Wien war kein Platz mehr für Sozialisten, Punktum.« Laszlo senkte

seine Stimme. »Mein Vater mußte seine berufliche Tätigkeit mit Bedauern auf Prag beschränken. Wie es weitergegangen ist, wissen Sie: Vier Jahre später wurde das Münchner Abkommen geschlossen, aber inzwischen waren Dollfuß und seine Vaterländische Front durch Hitler und die Nazis abgelöst worden. Ich hatte Glück: Ich bin lebend aus Prag herausgekommen. Mein Vater nicht. Trotz seiner schlimmen Erlebnisse hat er zu den Leuten gehört, die niemals erleuchtet werden, selbst wenn ihnen das Licht blendend hell in die Augen scheint. Können Sie sich das vorstellen?«
»Ja«, sagte Rick halblaut.
Laszlo sprach mit wieder erhobener Stimme weiter. »Jetzt habe ich diesen Satan Heydrich, ebenfalls eine Art Architekt, in meiner Reichweite. Diesen Mann, der mich mit Ausnahme Hitlers mehr als jeder andere ins Unglück gestürzt hat. Er muß und wird gestoppt werden. Deshalb frage ich Sie erneut und zum letzten Mal: Sind Sie für uns oder wider uns? Das frage ich Sie diesmal nicht in meinem Namen, sondern im Namen der Frau, die wir beide lieben – in Ilsas Namen.«
Schöne Entscheidung. Rick sah zu Victor hinüber. »Sie haben mich überredet.«

KAPITEL SECHSUNDZWANZIG

Ihr Plan sah vor, daß Rick sofort mit Ilsa in Prag Verbindung aufnehmen würde, während Renault ihm einige Stunden später auf einer anderen Route in die Stadt folgte. Laszlo sollte in dem Haus in Lidice versteckt bleiben, wo er in Sicherheit war und vor allem das Unternehmen Henker nicht gefährden konnte. Sein Gesicht war in Prag viel zu gut bekannt, als daß er ohne Bedenken durch die Stadt hätte gehen können. Ein einziger Anruf eines Spitzels bei den Deutschen würde genügen, um das Unternehmen scheitern zu lassen.

Richard Blaine dagegen war in Prag unbekannt. Den Mörder von Major Heinrich Strasser hätten die Nazis bestimmt nie vor der Nase des mächtigsten und gefürchtetsten Geheimpolizisten des Dritten Reichs vermutet. Mit gefälschten Papieren, die ihn als Bürger des neutralen Staats Schweden auswiesen, würde Rick sich dort verhältnismäßig frei bewegen können. Die Tatsache, daß er nicht sehr schwedisch aussah, spielte keine große Rolle, weil viele Schweden auch nicht schwedisch aussahen.

Er gelangte an diesem Vormittag nach Prag und nahm sich ein Zimmer im *U tří pštrosů*, ganz in der Nähe der Karlsbrücke. Dies war eines der wenigen anständigen Hotels, die noch nicht ganz von den Nazis beschlagnahmt waren. Sein Zimmer mit Aussicht auf die Karlsbrücke war klein, aber behaglich. Er hatte auf einem Zimmer mit Aussicht bestanden, obwohl ihm am Empfang versichert worden war, die Zimmer nach hinten hinaus seien größer und ruhiger.

Er hatte Ilsas Adresse: Skořepka 12, eine kurze Straße etwa auf halbem Weg zwischen Bethlehemskapelle und Wenzelsplatz. Bevor er in sein Zimmer hinaufging, drückte er einem

Pagen einen Geldschein in die Hand. »Du kaufst Blumen und bringst sie sofort dorthin«, wies er ihn an. »Nicht sagen, von wem sie sind. Das weiß sie selbst.« Er zauste dem Jungen das Haar. Der Kleine akzeptierte freudig Ricks Trinkgeld und sein schlechtes Deutsch und rannte los, um Blumen zu besorgen.

Er duschte, ließ sich unter dem heißen Wasser Zeit und dachte darüber nach, wie glatt bisher alles gelaufen war. Abgesehen von seiner wenig eleganten Ankunft in diesem Land, die er der Royal Air Force verdankte, schien das sichere Haus tatsächlich sicher zu sein, seine Papiere waren tadellos in Ordnung, und seine Anwesenheit in Prag hatte – zumindest bisher – kein unliebsames Aufsehen erregt. Die Probe aufs Exempel, das wußte Rick, stand morgen früh bevor, wenn die Meldezettel aller Prager Hotels wie vorgeschrieben von der Polizei kontrolliert wurden.

Vielleicht waren die Nazis doch nicht so gefährlich. Oder vielleicht wollten sie nur diesen Eindruck erwecken.

Er war noch nie einem deutschen Gangster begegnet. Zuhause in New York gab es keine. Der Grund dafür blieb rätselhaft. In New York gab es massenhaft Deutsche, die wie alle übrigen Einwanderer einfach an Land geworfen worden waren. Sie waren Leute, die ihr Bier gern kalt tranken und ihre Häuser in Ordnung hielten. Sie putzten ihre Fenster zweimal im Jahr, ob sie es brauchten oder nicht, und bepflanzten zum 1. April die Blumenkästen vor ihren Wohnblockfenstern. Sonntags gingen sie im Central Park spazieren. Sie verbrachten ihre Freizeit gern gemeinsam und mieteten Dampfer, mit denen ganze Kirchengemeinden den East River hinauf und hinunter fuhren. Sie arbeiteten fleißig und hielten sich von Verbrechen fern. Sie wurden Bankiers und Geschäftsleute und Ärzte und Rechtsanwälte und manchmal sogar Politiker. Obwohl es reichlich Gelegenheit gab, durch krumme Touren Geld zu verdienen, schienen die Deutschen keine davon zu ergreifen. Man konnte ihre Kinder um ihr Geld fürs Mittagessen betrügen, ohne daß ihr Vater sich mit einem Stock in der Hand auf die Suche nach dem Übeltäter machte. Sie wirkten zu anständig, um real zu sein. Trotzdem, das wußte Rick, wäre es töricht gewesen, die Deutschen zu unterschätzen. Als der Erste Weltkrieg schließlich auch Amerika erfaßte, meldeten die deutschstämmigen New Yorker sich in Scharen als Freiwillige und fuhren begeistert nach Frankreich, um auf ihre Verwandten zu schießen.

Rick kleidete sich unauffällig; er trug er einen dunkelblauen Zweireiher mit einem dazu passenden blauen weichen Filzhut. Ohne Schießeisen im Hosenbund kam er sich fast nackt vor, aber aus Sicherheitsgründen hatte er seine liebste Pistole Kaliber 45 in dem Bauernhaus zurücklassen müssen.

Er tippte sich an die Brusttasche, um sich zu vergewissern, daß er seine Papiere bei sich hatte; ein zweites Mal sollte ihm nicht passieren, daß irgendwelche Schnüffler sie ihm wie neulich in London klauten. Dann rief er sich nochmals seinen neuen Namen ins Gedächtnis: Ekhard Lindquist, selbständiger Importeur für Erdöl und verwandte Produkte. Für den Fall, daß jemand sich telefonisch nach Lindquist erkundigen wollte, hatte der britische Geheimdienst dafür gesorgt, daß sein angebliches Büro in Göteborg besetzt war. Statt den Lift zu nehmen, benützte Rick die Treppe, um sich ein besseres Bild vom Grundriß des Hotels zu verschaffen. Nachdem das Attentat praktisch vor seinem Fenster stattfinden sollte, konnte es nur nützlich sein, den Laden von oben bis unten zu kennen.

Er schlenderte gerade über die Karlsbrücke, um den Tatort zu begutachten, als ihm jemand auf die Schulter tippte.

»Aber das ist doch Mr. Rick Blaine?« sagte eine vage vertraut klingende Stimme auf Englisch mit deutschem Akzent. »Aus dem *Café Américain* in Casablanca? Ihr Gang ist unverkennbar.«

Rick fuhr herum. Vor ihm stand Hermann Heinze, der ehemalige deutsche Konsul in Französisch-Marokko. Obwohl Heinze lächelte, schien er sich nicht wirklich zu freuen, ihn wiederzusehen.

»Das muß eine Verwechslung sein«, behauptete Rick.

Leider war in bezug auf die Identität des Mannes, der vor ihm stand, keine Verwechslung möglich. Wie viele Gangster und auch viele Nazibonzen war Hermann Heinze ziemlich klein und stämmig. Rick war dagegen eher schlank: Bei einem Meter fünfundsiebzig Größe wog er etwa siebzig Kilo. Heinze war einen halben Kopf kleiner als er und vermutlich zehn Kilo schwerer. Er hatte ein blasses Mondgesicht mit rotgeränderten kleinen Schweinsaugen, vor denen er eine runde Nickelbrille trug. Im Zivilleben, überlegte Rick, während er den Kerl musterte, hätte er von Glück sagen können, wenn er's zum dritten Mann in einem Zweimannbüro gebracht hätte. Unter Hitler hatte er jedoch dank seiner Unwissenheit, seiner Arroganz, seiner angeborenen Bösartigkeit und seiner brutalen Veranlagung rasch im konsularischen Dienst Karriere machen können. Kurz gesagt, er war ein geborener Nazidiplomat.

»Oh, das glaube ich nicht«, versicherte sein Gesprächspartner. »Sind Sie so freundlich, mitzukommen?« Heinze deutete zu seinem am Randstein geparkten BMW-Coupé hinüber. »Ich bin immer der Meinung gewesen, unliebsames Aufsehen in der Öffentlichkeit sollte vermieden werden, außer man will ein Exempel statuieren. Steigen Sie bitte bei mir ein?«

Das war verdammtes Pech. Wie groß waren die Chancen gewesen, daß er hier jemandem über den Weg lief, den er aus Casablanca kannte, oder – noch schlimmer – jemandem, der ihn kannte? Rick hätte sie auf mehrere Millionen zu eins geschätzt. Trotzdem war die Kugel auf seine Zahl gefallen. Nun, das passierte manchmal, selbst wenn das Rouletterad nicht manipuliert war.

Rick stieg wortlos in den BMW, denn er hielt es für unsinnig, zu widersprechen oder einen Streit anzufangen, durch den alles auffliegen konnte. Was getan werden mußte, würde anderswo getan werden müssen.

Immerhin hatte er in einem Punkt Glück: In Heinzes Wagen saß sonst niemand, hielt sich niemand auf dem Rücksitz versteckt, um ihn ins Jenseits zu befördern. In New York, das wußte Rick, wäre er jetzt schon so gut wie tot gewesen; dort wären nur noch der Genickschuß und das Entsorgen der Leiche irgendwo in den Marschen New Jerseys als eine Art Formalität gefolgt.

»Also, was gibt's, Heinze?« fragte Rick so nonchalant wie möglich. Dabei zündete er sich eine Zigarette an und warf das Streichholz aus dem Fenster, als der Wagen anfuhr.

»Im Zusammenhang mit Ihrem recht plötzlichen Verschwinden aus Casablanca sind viele Fragen offengeblieben«, sagte Heinze, »aber noch unerklärlicher – zumindest für mich – ist Ihr Auftauchen hier in Prag. Sie wissen natürlich, daß zwischen unseren Ländern jetzt Krieg herrscht?«

»Das habe ich gerüchteweise gehört«, antwortete Rick.

»Oh, das sind nicht nur Gerüchte«, versicherte der andere ihm, während sie auf eine Moldaubrücke zufuhren. »Das sind Tatsachen, harte Tatsachen.«

»Was Sie nicht sagen!«

»Ja«, bestätigte Heinze. »Und als Amtsträger des Reichs habe ich die Pflicht, Sie sofort in Polizeigewahrsam zu bringen.« Er verzog sein Gesicht zu einer kleinen Grimasse. »Zu Ihrem eigenen Schutz. Das verstehen Sie bestimmt.«

»Nur allzu gut«, erwiderte Rick.

»Das Witzereißen wird Ihnen noch vergehen!« brüllte Heinze ihn an. »Nach Ihnen wird in ganz Europa steckbrieflich gefahndet. Sie können unmöglich entkommen. Ich weiß nicht, weshalb und in wessen Auftrag Sie in Prag sind, aber glauben

Sie mir, Mr. Blaine, Sie werden diese Stadt nicht so bald wieder verlassen. Ihre Papiere, bitte!«

Rick gab vor, in den Taschen seines Jacketts zu suchen, obwohl er seine gefälschten schwedischen Papiere nicht aus der Hand geben wollte. »Die muß ich in der Sockenschublade vergessen haben.« Er zuckte mit den Schultern. »Bei uns braucht ein Mann keinen Fetzen Papier mit sich herumzutragen, damit er weiß, wer er ist.«

Sie waren über eine Moldauinsel gefahren und krochen jetzt einen steilen Hügel hinauf. Rick zündete sich eine neue Zigarette an. »Wohin wollen wir?«

»Zu einem Ort, an dem wir ungestört reden können«, antwortete Heinze. »Ich dachte, Sie hätten vielleicht Spaß daran, die beste Aussicht über Prag vom Laurenziberg aus zu genießen. Ich rate Ihnen, sie zu genießen, denn vermutlich ist das für einige Zeit Ihre letzte Aussicht.«

»Ah, ich verstehe«, sagte Rick. »Irgendwohin, wo Sie und ich miteinander reden, einen kleinen Handel abschließen können, was, Heinze?« Der rasche Seitenblick des anderen bestätigte ihm, daß er richtig vermutet hatte. »Schließlich bin ich Geschäftsmann.«

Der Wagen erreichte den Hügelkamm. Heinze stellte den Motor ab, und die beiden stiegen aus. In der Nähe stand ein altes Kloster. Unter Hitlers Herrschaft wurden seine Dienste bestimmt nicht allzu häufig in Anspruch genommen, obwohl Rick vermutete, daß sie dringender nötig gewesen wären als je zuvor. Hier oben war es ruhig und friedlich. Trotz des schönen Wetters waren nur wenige Menschen unterwegs. Diese wenigen Spaziergänger vermieden es bewußt, die beiden anzusehen: Zwei Männer in einem deutschen Dienstwagen konnten nur Unannehmlichkeiten bedeuten. So würde der Alltag aussehen, überlegte Rick, falls die Nazis siegten. Wie auf Hitlers Aquarellen: nur Gebäude, keine Menschen.

»Sie können sich viel ersparen, wenn Sie mit mir reden, bevor ich Sie auf der Prager Burg der Gestapo übergebe, damit sie sich mit Ihnen amüsiert«, sagte Heinze und zündete sich eine Zigarette an. »Ich weiß, daß Sie sich für einen – wie sagt ihr Amerikaner gleich wieder? – harten Kerl halten, aber ich versichere Ihnen, daß Sie noch keinem wirklich harten Kerl begegnet sind. Bevor Heydrichs Männer mit Ihnen fertig sind, singen Sie die Opferarie aus der *Götterdämmerung* – im originalen Sopran.«

»Das können Sie vergessen«, wehrte Rick ab. »Mit dem Kabarett habe ich als Dreizehnjähriger aufgehört.« Er ging einige Schritte umher, während er seinen nächsten Zug plante. Heinze hatte einen fatalen Fehler gemacht, ihn hierher mitzunehmen, wie er sehr bald merken würde.

»Schleichen wir nicht mehr weiter wie die Katze um den heißen Brei, Mr. Blaine«, schlug Heinze vor. »Zu Ihrem Pech hat Major Strasser lange genug gelebt, um den Namen seines Mörders zu keuchen. Er ist mit Ihrem Namen auf den Lippen gestorben.«

»Hab' nicht gewußt, daß er sich soviel aus mir gemacht hat«, sagte Rick.

»Sie gestehen also, einen Offizier des Dritten Reichs ermordet zu haben?« fragte Heinze scharf.

»Und wenn schon?« erwiderte Rick. »Das hätten Sie an meiner Stelle auch getan. Er oder ich – darum ist's gegangen. Er hat seine Pistole als erster gezogen. Soviel ich weiß, ist Notwehr legal, auch in Casablanca.« Er zündete sich eine Zigarette an. »Was hätte ich außerdem tun sollen? Mir für Victor Laszlo eine Kugel verpassen lassen? Was hat er jemals für mich getan?«

»Sie haben Laszlo zur Flucht verholfen«, warf Heinze ihm vor. »Sie haben den Polizeipräfekten mit der Waffe bedroht und daran gehindert, seine Pflicht zu tun. Und Sie haben diesem Verbrecher Ugarte die gestohlenen Transitvisa abgenommen und irgendwo bei sich versteckt, bis Sie sie Victor Laszlo verkaufen konnten. Wie erklären Sie das alles?«

»Ich bin, wie schon gesagt, Geschäftsmann«, antwortete Rick. »Mir ist's egal gewesen, woher die Visa stammen und wem ich sie verkaufe. Da ich außerdem gern wette, habe ich mit Capitaine Renault um zehntausend Francs gewettet, daß Victor Laszlo die Flucht aus Casablanca gelingen würde, und dann habe ich natürlich dafür sorgen müssen, daß ich die Wette gewinne, weil ich im allgemeinen nur todsichere Wetten abschließe. Außerdem«, fügte Rick hinzu, »ist Amerika damals noch nicht in den Krieg verwickelt gewesen. Ob Victor Laszlo flüchten konnte oder ob Ugarte in meinem Café verhaftet wurde, ist mir völlig egal gewesen.« Er beobachtete Heinze, um zu sehen, ob er auf seinen Bluff hereinfiel.

Heinzes Knopfaugen glitzerten. »Unsere Spione in England«, sagte er, »melden verstärkte Aktivitäten zwischen London und dem Prager Untergrund. Die Qualität der Erkenntnisse der Tschechen über unsere Vorhaben ist in letzter Zeit gewaltig angestiegen.« Er starrte Rick mißtrauisch an. »Darüber wissen Sie wohl nicht zufällig etwas?«

»Nicht das geringste«, sagte Rick. In seinem Kopf schrillten jedoch Alarmglocken. Heinze mußte Ilsa mit Laszlo in seinem Café gesehen haben, und Ilsa Lund war keine Frau, die ein erbärmlicher Versager wie Heinze jemals vergessen würde. Sie war die Art Frau, die ein Mann wie er nie bekommen konnte und deshalb stets hassen würde. Falls Heinze sie hier entdeckte, war der Teufel los.

»Es ist natürlich unmöglich und undenkbar, daß das tschechische Gesindel, das sich als ›Untergrund‹ bezeichnet, einen Agenten in die Gestapozentrale eingeschleust hat, aber jedenfalls scheint ein wichtiges Unternehmen im Gange zu sein.«

»Das nennt man einen Gegenangriff«, erklärte Rick ihm. »Sie

können nicht erwarten, daß jemand, auf den Sie einschlagen, nicht irgendwann zurückschlägt.«

Heinze machte den Eindruck, als sei ihm dieser Gedanke noch nie gekommen. Vielleicht stimmte das sogar. »Leider wissen wir noch nicht, worum es bei diesem Unternehmen geht«, fuhr er fort. »Allerdings sind Sie jetzt hier, was vermuten läßt, daß Victor Laszlo nicht allzu weit entfernt ist, obwohl ich nicht glauben kann, daß er die Frechheit besäße, in seine früheres Heimatland zurückzukehren. Was mich wiederum vermuten läßt, daß das bisher unbekannte Unternehmen hier in Prag ablaufen soll.«

»Wissen Sie, Hermann«, sagte Rick und inhalierte den Rauch seiner Zigarette, »Sie sind viel gescheiter, als Sie aussehen. Sie werden's noch weit bringen, wissen Sie das?«

»Oh, ich weiß«, bestätigte Heinze triumphierend. Das wurde allmählich Zeit. Seine Bemühungen um einen Posten im RSHA waren bisher sämtlich fehlgeschlagen; statt dessen war er mit minderen diplomatischen Aufträgen in der Slowakei und im Zusammenhang mit dem Anschluß Rutheniens an Ungarn abgespeist worden. Aber diese Sache würde seine Eintrittskarte in den Hradschin sein. Heinze konnte sein Glück kaum fassen. In seiner Aufregung trippelte er mit affektierten kleinen Schritten umher.

»Natürlich ist es völlig ausgeschlossen, daß die Tschechen uns irgendwie schaden können«, sagte Heinze. »Aber es gibt immer Agitatoren, Männer wie diesen Victor Laszlo, der behauptet, für das tschechische Volk zu sprechen, während er in Wirklichkeit nur ein paar kommunistische Störenfriede vertritt, die ihr eigenes Volk zu versklaven versuchen, indem sie mit Parolen über Frieden und Freiheit um sich werfen. Pah! Wie mühelos wir Deutschen sie durchschauen!«

»Kann ich mir lebhaft vorstellen«, stimmte Rick zu. Er hatte noch keinen Deutschen kennengelernt, der sich nicht wie ein

Blutrichter aufführte, selbst wenn er nur einen Laib Brot kaufte.

Heinze entging der Sarkasmus in Ricks Tonfall. Er warf seine Zigarettenkippe weg. »Was haben Sie mir im Tausch gegen Ihr Leben anzubieten?« fragte er.

Rick ging nicht darauf ein. Unter ihm lag die Stadt wie ein Architekturmodell ausgebreitet. Im Augenblick fesselte ihn jedoch nicht die Schönheit Prags, sondern ausgerechnet eine verkleinerte Version des Eiffelturms. »Was ist das?« fragte er.

Heinze drehte sich um. »Der Petřínturm«, antwortete er. »Im Jahre 1891 mit einem Fünftel der Größe des Pariser Eiffelturms erbaut. Zweihundertneunundneunzig Stufen von ganz unten bis zur Spitze. Zur Prager Jubiläumsaustellung in einunddreißig Tagen aus alten Eisenbahnschwellen errichtet. Häßlich, nicht wahr?«

»Nur für einen Nazi«, murmelte Rick. Vor seinem inneren Auge stand wieder *sie* – sie neben ihm in seinem Wagen, der die Champs-Élysées entlangrollte. Sie, als sie an jenem ersten Abend im *Tour d'Argent* dinierten und dann auf einem der *Bateaux-mouches* die Seine hinabfuhren. Sie, als sie Hand in Hand durch den Jardin du Luxembourg und über den Pont-des-Arts spazierten. Sie, immer nur sie.

Heinze hatte nichts gehört. »Der Führer hat angeordnet, ihn demnächst abzureißen. Wozu ein Modell betrachten, wenn einem schon das Original gehört?« Der Konsul warf lachend seinen Kopf in den Nacken. »Vielleicht reißen wir irgendwann sogar den echten Eiffelturm ab und ersetzen ihn durch ein angemessenes Monument deutschen Ruhms!«

Rick wartete, bis er zu glucksen aufhörte. »Also gut, Schluß mit den Besichtigungen«, entschied er. »Wird Zeit, daß wir zur Sache kommen.« Er nickte zu Heinzes BMW hinüber. »Dort drinnen«, sagte er.

Sie setzten sich wieder ins Auto. Dies war der Augenblick,

seinen Zug zu machen, seine Karte auszuspielen, das Rouletterad zu drehen, die Würfel zu werfen. Er hatte schon früher um Leben gespielt und verloren, schwer verloren; jetzt mußte die Zahl 22 ihm wieder einmal Glück bringen.
Heinze war so dämlich, daß er nicht mal seine Pistole gezogen hatte.
Das war die Chance, auf die Rick gewartet hatte. Mit seiner rechten Hand warf er die Kippe aus dem Fenster. Seine linke Hand holte schwungvoll aus und traf Heinzes Kehle mit einem kräftigen Handkantenschlag. Als sein Kopf nach vorn sackte, versetzte Rick ihm mit seiner rechten Faust einen gut plazierten Kinnhaken. Heinze gab keinen Laut von sich, als seine Lichter ausgingen.
Genau wie in der guten alten Zeit.
Rick ließ den Motor an, ohne einen Gang einzulegen. Niemand hatte etwas gesehen oder gehört. Ein zufälliger Beobachter hätte nur zwei Männer gesehen, die vorn in einem teuren BMW saßen und über die Stadt hinausblickten.
Rick löste langsam die Handbremse. Der Wagen stand jetzt in labilem Gleichgewicht auf dem Laurenziberg; der kleinste Anstoß würde genügen, um ihn weiterrollen zu lassen.
Er stieg rechts aus, ging vorn um das Coupé herum, lehnte sich ins offene Fahrerfenster und tat so, als verabschiede er sich von dem Mann am Steuer. Dabei stemmte er seine linke Schulter gegen den Fensterrahmen und schob den BMW an. Als der Wagen sich bergab in Bewegung setzte, griff Rick mit einer Hand ans Lenkrad, um ihm die gewünschte Richtung zu geben. Er hörte ein Ächzen, als komme Heinze langsam wieder zu sich.
Der BMW wurde rasch schneller und fuhr genau auf eine scharfe Kurve zu.
»Heil Hitler!« sagte Rick laut.
Der Wagen verfehlte die Kurve und stürzte sich überschla-

gend den Steilhang hinab. Rick glaubte, Heinze aufschreien zu hören, aber vielleicht hatte er sich das nur eingebildet.
Am Unfallort liefen Leute zusammen. Rick machte kehrt und ging wieder in Richtung Kloster hinauf – nicht zu hastig, aber doch ziemlich rasch. Oben auf dem Hügelkamm sah er sich noch einmal um. Mit Heinzes brennendem BMW im Vordergrund war die Aussicht jetzt besser als je zuvor.
Sein Verstand arbeitete auf Hochtouren, während er versuchte, das Gehörte zu verarbeiten und sämtliche Verdachtsmomente zu analysieren. Wenn Heinze nicht gelogen hatte, schwebte Ilsa in Lebensgefahr. Wahrscheinlich konnte man ihr nicht sofort etwas anhängen, aber irgendwann würden sogar die Deutschen zwei und zwei zusammenzählen und darauf stoßen, daß ihre Ankunft mit der Weitergabe von Geheiminformationen aus dem RSHA zusammenfiel. Er mußte sie dort rausholen, koste es, was es wolle.
Vielleicht war das Unternehmen bereits verraten. Vielleicht brauchte es wie Heinzes Auto nur einen kleinen Anstoß. Vielleicht wurde es Zeit, daß jemand darüber nachdachte, wie dieser Anstoß aussehen könnte.

KAPITEL SIEBENUNDZWANZIG

Sie trafen sich in dem kleinen Restaurant *U maltézských rytířů*, einem alten Kellergewölbe unterhalb der Burg auf dem anderen Ufer der Moldau, genau gegenüber seinem Hotel, das der Sage nach einst ein Hospiz der Malteserritter gewesen war. Über Malta wußte Rick nicht viel mehr, als er vor über einem Jahrzehnt, als er noch Zeit zum Lesen gehabt hatte, in *The Maltese Falcoon* von Hammett gelesen hatte. Ohne es zu wollen, war er mit seinen Gedanken in der Vergangenheit – bis er Ilsa die Treppe hinunter und ins Restaurant kommen sah. Das brachte ihn sofort in die Gegenwart zurück.

Wie schön sie war! Obwohl das kaum möglich schien, war sie bei jedem Wiedersehen schöner geworden. In Paris war sie lediglich exquisit gewesen, in Casablanca hinreißend, in London großartig. Hier in Prag war sie überwältigend. Sie verdrängte die Erinnerung an alle anderen Frauen, die Rick je gekannt hatte, aus seinem Gedächtnis – bis auf eine, und selbst diese begann allmählich zu verblassen.

Als sie herankam, stand er auf und blieb stocksteif stehen. Ein Restaurant war kein Ort für die öffentliche Zurschaustellung von Gefühlen. Im ganzen Lokal gab es keinen Mann, der Ilsa nicht bemerkte, als sie durch den Raum schlenderte: in ihrer Schönheit erfrischend anders als die stämmigen deutschen Matronen und die grobknochigen tschechischen Mädchen. Hätte Rick sich exponiert, indem er sie mitten im Lokal umarmte, wie er es am liebsten getan hätte, wäre die Vorstellung vielleicht zu Ende gewesen, bevor sie überhaupt angefangen hatte.

»Mr. Lindquist?« fragte sie lächelnd auf Englisch, das sie mit leichtem russischen Akzent sprach.

»Zu Diensten«, antwortete er.
Sie nahmen Platz, und der Ober bemühte sich eifrig um sie, als sei er gerade Zeuge einer wundersamen Marienerscheinung geworden. Ilsa sprach in schnellem Tschechisch mit ihm. Ihre Sprachbegabung erstaunte Rick immer wieder – vor allem im Vergleich zu seiner. Der Ober nickte wie eine Marionette, dann hastete er davon, um ihre Getränke zu holen.
»Was haben Sie bestellt?« fragte Rick leise.
»Mineralwasser für uns beide«, antwortete Ilsa lächelnd. Er wünschte sich, sie würde nicht so lächeln. Ihr Lächeln erinnerte ihn zu sehr an Paris. Aber das konnte er nicht ändern, selbst wenn er es gewollt hätte.
»Und ich habe Entenbraten bestellt.« Ihr leichtes Lachen klang gezwungen. »In Prag bekommt man alles, was man will, solange es gebraten ist. Das ist das einzige, worauf die hiesigen Köche sich sehr gut verstehen.«
»Alles in Ordnung?« fragte er nüchtern.
Das Lächeln blieb auf ihrem Gesicht, aber ihr Blick verneinte seine Frage. »Leider gibt es einige Schwierigkeiten, was das Geschäft betrifft, über das Sie mit Herrn Sieger«, das war ihr Deckname für Victor, »gesprochen haben. Es sieht so aus, als könnte er nicht mehr imstande sein, für die Lieferung zu sorgen. Das tut mir sehr leid.«
»Mir auch«, sagte Rick und trank einen Schluck Mineralwasser, um seine Überraschung zu tarnen; der heutige Tag brachte lauter Überraschungen, aber nur schlimme. »Das kommt recht plötzlich, nicht wahr?«
»Ja, aber daran ist leider nichts zu ändern.« Obwohl sich in ihrem Gesicht kaum ein Muskel bewegt hatte, nahm er mit geübtem Blick wahr, daß ihr Verhalten jetzt anders war. »Anscheinend hat es eine Änderung, eine sehr dringende Änderung gegeben. Ehrlich gesagt, haben wir gehofft, daß Sie eine Erklärung dafür wüßten.«

»Leider nein«, gab Rick zu.
Als der Ober den Entenbraten servierte, stürzte sie sich wie ausgehungert darauf und schnitt große Stücke Fleisch ab. Rick sah ihre Hände, die das Besteck hielten, deutlich zittern. Während sie aßen, redeten sie sehr wenig miteinander. Rick gelangte zu dem Schluß, er hasse Entenbraten. »Hoffentlich können wir diese Angelegenheit noch weiter besprechen«, sagte er, als er gezahlt hatte.
»Das wäre uns sehr recht«, erklärte sie ihm. »Vielleicht haben Sie Zeit, mit mir ins Büro zurückzugehen?«
»Mit großem Vergnügen«, antwortete Rick und setzte seinen Hut auf.
Sie traten in den hellen Sonnenschein hinaus. Ilsa griff in ihre Handtasche, holte eine Sonnenbrille heraus und setzte sie auf. Sie trug einen breitkrempigen Hut. Rick zog seinen weichen Filzhut tief in die Stirn. Falls jemand sie nicht zu genau betrachtete, waren ihre Gesichter gut getarnt.
Sie gingen über die Karlsbrücke in Richtung Wenzelsplatz. Bei dem schönen Wetter machten viele Leute einen Spaziergang. Ein zufälliger Beobachter hätte nicht ohne weiteres erkannt, daß Prag eine Stadt im Krieg war.
»Was zum Teufel ist passiert?« flüsterte Rick, als er neben ihr herging.
»Keine Ahnung«, antwortete Ilsa, sichtlich bemüht, sich ihre Angst nicht anmerken zu lassen. »Der Untergrund ersucht London dringend, das Unternehmen abzublasen. Die führenden Leute haben anscheinend schreckliche Angst davor, was geschehen könnte, wenn wir Erfolg haben.«
»Vielleicht aus gutem Grund.« Er zündete sich eine Zigarette an und dachte nochmals über alles nach, was Louis ihm erzählt hatte – über alle Zweifel, die der kleine Franzose von Anfang an gehegt hatte.
»Vielleicht haben die Deutschen einen Verdacht.«

Genau das hatte Rick von ihr nicht hören wollen. »Vielleicht verdächtigen sie dich.«
Ilsa hängte sich freundschaftlich bei ihm ein, aber durch den Jackenärmel hindurch spürte er, wie ihre Finger sich fest in seinen Arm gruben. »Glaubst du wirklich?« flüsterte sie. Frau Hentgen – die mußte es gewesen sein! Während Rick weitersprach, überlegte Ilsa verzweifelt, wodurch sie sich in den vergangenen vier Wochen verraten haben konnte.
»Vorhin habe ich zufällig Heinze getroffen«, sagte Rick. »Du erinnerst dich an ihn – du hast ihn mit Strasser im Café gesehen. Jedenfalls ist es ausgesprochenes Pech gewesen, daß ich ihm über den Weg gelaufen bin.« Er tätschelte ihren Arm. »Keine Sorge, Heinze kann uns nicht mehr gefährlich werden«, sagte er dabei. »Aber wir müssen überlegen, was wir tun wollen, und zwar so schnell wie möglich.«
Ilsa fragte gar nicht erst, weshalb Heinze ihnen nicht mehr gefährlich werden könne. »Das Unternehmen darf auf keinen Fall abgeblasen werden«, begann sie. »Du kennst Heydrich nicht, wie ich ihn inzwischen kenne. Er ist ein Ungeheuer – ein Ungeheuer der schlimmsten Art, weil er so verführerisch ist. Durch Terror und Großzügigkeit hat er ein ganzes Land korrumpiert, und indem er Leute ans Messer liefert, die allgemein verhaßt sind, ist er bei den Massen beliebt geworden.«
»Leute wie die Juden«, sagte Rick. Das war immer die gleiche alte Geschichte.
»Ja, vor allem die Juden«, bestätigte Ilsa. »Für die wird alles nur noch schlimmer. Heydrich hat mir selbst erzählt, daß sie am Wannsee nichts weniger als die völlige Ausrottung der Juden Europas geplant haben. Sie bauen bereits weitere Lager, diesmal im Osten, in Polen. Und Heydrich ist dafür zuständig! Er brüstet sich damit, als sei das die Krönung seiner bisherigen Laufbahn! Er sagt, daß die Dummköpfe im Westen ihre wahren Absichten noch nicht durchschaut haben und sie diese

nicht glauben werden, falls sie später bekannt werden sollten. Ihr Vorhaben ist zu phantastisch, um glaubhaft zu sein; darauf setzt er.«

Darauf setzen Leute wie Heydrich immer, dachte Rick: auf die Fähigkeit anständiger Menschen, nichts zu sehen, nichts zu hören, nichts zu tun und nichts zu glauben, was sie nicht glauben wollen.

»Ich kann Victor jetzt nicht mehr bitten, sein Unternehmen abzublasen«, fuhr Ilsa fort. »Er träumt seit seiner Flucht aus Mauthausen davon, sich an Heydrich zu rächen. Und dies ist nicht nur Victors persönlicher Rachefeldzug: Reinhard Heydrich zu beseitigen würde bedeuten, Tausenden, vielleicht Millionen von Menschen das Leben zu retten. Was der tschechische Untergrund in bezug auf Vergeltungsmaßnahmen befürchtet ... nun, das sind nur Spekulationen, nicht wahr? Ich meine, wir wissen nicht wirklich, was passieren wird, stimmt's?«

»Seit Guernica läßt sich das ziemlich genau vorhersagen, denke ich«, sagte Rick. Sie waren stehengeblieben.

»Vielleicht hast du recht«, sagte sie, während sie überlegte, wie sie eine dringende persönliche Frage anschneiden konnte. »Es gibt noch etwas, das du wissen solltest.« Sie sah ihn über ihre Sonnenbrille hinweg mit rotgeränderten Augen an. »Heydrich will mit mir schlafen. Er hat's gestern abend versucht. Ich habe ihn nicht gelassen, aber ich weiß nicht, wie lange ich ihn hinhalten kann.« Sie senkte ihren Blick. »Er ist nicht der Mann, der langes Zögern duldet.«

Er fühlte Zorn in sich aufwallen, wie er ihn seit Jahren nicht mehr gespürt hatte. Er hatte ihn nicht gespürt, während er die italienischen Stellungen in Äthiopien mit Granatwerferfeuer überschüttet hatte. Er hatte ihn nicht in Spanien gespürt – nicht nach Guernica, nicht einmal am Ebro. Er hatte ihn nicht gespürt, als die Deutschen in Paris einmarschiert waren, und er hatte ihn nicht gespürt, als er auf dem Bahnhof Ilsas Brief gelesen hatte. Derartigen Zorn hatte Rick erst einmal im Leben gespürt: am 23. Oktober 1935, dem Tag vor seiner endgültigen Flucht aus Amerika. Am Todestag von Lois und Solomon Horowitz. Es wurde allmählich Zeit, daß er der Wahrheit ins Auge sah: Er liebte Ilsa Lund mit jeder Faser seines Herzens.

»Dann müssen wir uns wirklich beeilen«, sagte er nüchtern und setzte sich wieder in Bewegung. Ilsas Weigerung, das wußte er, würde Heydrich erst erregen und dann in Rage bringen; die Nazis waren keinen Widerspruch gewöhnt.

»Ja«, stimmte sie zu, »aber nicht nur meinetwegen. Für Victor und für meinen Vater und für alle Völker Europas. Was sollen wir jetzt tun?«

»Laß mich einen Augenblick nachdenken«, sagte er.

Wenn Heinze etwas von einem geplanten Unternehmen gehört hatte und wenn die Widerstandsbewegung London anflehte, dieses Unternehmen abzublasen, war die Lage ziemlich verfahren. Die Einheimischen bekamen kalte Füße – und das aus sehr gutem Grund: Sie wollten überleben, um ein andermal weiterkämpfen zu können. Aus seiner Sicht war die Gefahr, in der Ilsa jetzt womöglich schwebte, am schlimmsten. Er hatte schon einmal eine Frau, die er liebte, sterben gesehen, weil er sie nicht hatte beschützen können. Der Teufel sollte ihn holen, wenn er das noch einmal zuließ.

Rick ging die Situation in Gedanken durch und versuchte, zu entscheiden, was zu tun war. Victor Laszlo würde sich auf keinen Fall von dem geplanten Attentat abbringen lassen. Für ihn stand zuviel auf dem Spiel, als daß er sich durch eine Kleinigkeit wie die Sicherheit seiner Ehefrau davon hätte abhalten lassen. Aber es mußte irgendeine Möglichkeit geben, alles zu einem guten Ende zu bringen ... es *mußte* eine geben.

Die Nazis konnten herumschreien und mit der Ermordung

der Juden Europas drohen, aber waren sie wirklich dazu in der Lage? Konnten sie damit durchkommen? Rick mußte die Möglichkeit, was Heydrich tun *könnte*, gegen die Wahrscheinlichkeit – nein, gegen die Gewißheit – abwägen, was die Deutschen tun *würden*, wenn er einem Attentat zum Opfer fiel. Vielleicht war es am besten, wenn Reinhard Heydrich *nicht* starb, damit andere weiterleben konnten. Vielleicht hatte der Untergrund recht; vielleicht war es besser, die ganze Sache abzublasen.

Was hatte er vor tausend Jahren in der *schul* gelernt? Daß man sich als Jude nicht einmal aus Lebensgefahr retten darf, indem man das Blut eines Unschuldigen vergießt, daß man keinen Menschen, und auch nicht, wenn es viele wären, dadurch retten darf, daß man einen Unschuldigen einem Mörder ausliefert, daß man auch nicht »eine Seele aus Israel« Mördern ausliefern darf. Jedoch war keines dieser Gebote auf das gegenwärtige Dilemma anwendbar: daß ein Mörder verschont werden mußte, um das Leben zahlloser Unschuldiger zu retten.

Welches war das höhere Gut? War es besser, Heydrich weiterhin Menschen, viele davon Juden, ermorden zu lassen, um das Leben einiger Tschechen, von denen die meisten wahrscheinlich ohnehin Antisemiten waren, zu retten? Oder konnte der Tod des Henkers Tausenden, vielleicht Millionen von Menschen auf Kosten einiger hundert Unschuldiger ein grausiges Schicksal ersparen?

Wie konnte man Menschen retten, die gar nicht gerettet werden wollten? Wie konnte man eine Nation retten, die nicht gerettet werden wollte? Er hatte sich nie sehr als Jude gefühlt, zumindest nicht als gläubiger, aber dies schien der richtige Zeitpunkt zu sein, um damit anzufangen.

Wo waren die Rabbis seiner Jugend jetzt, wo er sie brauchte? Dann fiel Rick wieder ein, wo er war und weshalb es hier keine Rabbis gab, an die er sich hätte wenden können.

Im nächsten Augenblick sah Rick seinen Spielzug glasklar vor sich. Er war so einfach, so schön wie alle wirklich guten Spielzüge. Vielleicht funktionierte er sogar. Mit etwas Glück würde dieser Zug Ilsa schützen und Heydrich mit dem Leben davonkommen lassen, ohne daß irgend jemand davon erfuhr.
»Wir lassen ihn wissen, daß er ermordet werden soll«, sagte er. »Dann haben wir das Überraschungsmoment auf unserer Seite.«
»Was?« rief Ilsa nur mühsam unterdrückt aus.
»Wir müssen dich schützen, dir ein Alibi verschaffen«, sagte er.
»Aber was ist mit dem Unternehmen?« protestierte sie. »Darauf läßt Victor sich niemals ein!«
Ah, richtig: Victor. Er mußte seinen Plan glaubhaft begründen, zumindest Ilsa gegenüber. Was Victor betraf, brauchte er nichts davon zu erfahren.
»Keine Sorge, wir führen das Unternehmen trotzdem durch.« Er sprach weiter, bevor sie Einwände erheben konnte. »Verstehst du das nicht?« fragte er aufgeregt, weil er jetzt einen Ausweg sah, weil dieser Weg frei zu sein schien. »Das ist der älteste Trick überhaupt. Man bringt einen Kerl in Abschußposition, indem man ihm exakt mitteilt, was mit ihm geschehen soll – und dann macht man's!« Er schlug sich mit der Faust in die flache Hand. »Man hat ihn ins Vertrauen gezogen und eingelullt; er bildet sich ein, alles im Griff zu haben, und bleibt ahnungslos. Das funktioniert immer.«
Ihr Blick ließ nur zu deutlich ihre Zweifel erkennen. »Aber dann läßt er seine Männer nach uns fahnden«, wandte sie ein.
»Wenn alles stimmt, was du sagst, fahnden sie bereits nach uns. Verstehst du nicht, Ilsa, daß das unsere einzige Chance ist?«
Wie er es haßte, sie zu belügen! Aber er mußte dafür sorgen, daß Heydrich gewarnt wurde. Nicht nur um Ilsa zu schützen,

obwohl das allein Grund genug gewesen wäre, sondern weil Renault recht hatte: Niemand konnte daran zweifeln, daß der Preis, den das tschechische Volk für die Beseitigung Heydrichs würde zahlen müssen, schrecklich hoch sein würde. Laszlo war bereit, diesen Preis zu zahlen, aber er würde ihn nur einmal zahlen müssen. Die Tschechen würden ihn bis Kriegsende immer wieder zahlen müssen.

Sobald sie Heydrich gewarnt hatten, würde er seine Fahrtroute ändern müssen. So dumm war niemand, nicht mal ein Nazi.

»Weißt du das bestimmt?« fragte sie.

»Verlaß dich darauf«, sagte er. »Harte Kerle wie er glauben nie, daß ihnen was zustoßen könnte.«

»Woher willst du das wissen?«

»Das weiß ich«, antwortete er ruhig, »weil's mir mal passiert ist.«

Er griff nach ihrer Hand, wagte dann aber doch nicht, sie in seiner zu halten. Für Vertraulichkeiten war die Straße nicht der rechte Ort. »Wichtig ist vor allem, dich zu schützen«, sagte er. »Wir müssen es irgendwie schaffen, ihn zu warnen. Ich lasse mir etwas einfallen, wie ...«

Er brabbelte fast, so überstürzten seine Worte sich, als Ilsa ihm gelassen eine Hand auf den Arm legte. »Richard«, sagte sie, »ich weiß genau, was zu tun ist.«

Er verstummte und sah sie prüfend an. Sie war nicht mehr das schüchterne, verwundbare Mädchen, das er in Paris gekannt hatte, sondern eine reife, selbstbewußte, gefährliche Frau. »Wirklich?« fragte er.

Ilsa nickte. Sie hatte den ganzen Nachmittag lang darüber nachgegrübelt, wie sie das Thema Čechův-Brücke anschneiden und ihm auseinandersetzen sollte, wie sie Heydrich auf die ursprüngliche Route zurückbringen wollte. Das war jetzt alles hinfällig. Sie brauchte nichts durcheinanderzubringen, brauchte Victor und Rick nicht zu beunruhigen, brauchte ihnen nichts zu erklären. Dank Ilsas Warnung würde Heydrich glauben, auf der Čechův-Brücke solle ein Attentat auf ihn verübt werden; die Sicherheitskräfte würden dort nach Attentätern Ausschau halten. Unterdessen würde er selbst ahnungslos zur Karlsbrücke und in den Tod fahren. Wie ungemein passend: Der Mann, für den der Tod die Lösung für alles war, würde erfahren, daß er auch für ihn die Lösung war.

Ihr Herz jagte, als sie antwortete: »Ja. Ich werd's ihm selbst sagen. Morgen abend auf der Burg. Er gibt eine Gesellschaft, und ich soll die Gastgeberin sein.«

»Das kannst du nicht! Das wäre verrückt.« Diesmal griff Rick nach ihrem Arm, hielt ihn umklammert. Zum Teufel damit, was sich schickte oder nicht; er hielt ihren Arm fest.

Ilsa schüttelte seine Hand ab. »Ich erzähle ihm alles. Warne ihn, daß ich von einem Plan erfahren habe, ein Bombenattentat auf seinen Wagen zu verüben, wenn er an einem der nächsten Tage zum Dienst fährt. Bitte ihn, vorsichtig zu sein. Flehe ihn an, eine andere Strecke zu fahren. Das müssen wir doch tun, nicht wahr? Um ihn dorthin zu bringen, wo wir ihn haben wollen?«

»Ja«, sagte Rick. »Genau das müssen wir tun. Aber warum mußt *du* es tun?«

»Weil ich ihm am nächsten stehe«, erklärte sie ihm nüchtern. »Ist das nicht der Grund dafür, warum ihr – Victor und du – mich hergeschickt habt? Damit ich mit allen Tricks versuche, in seine Nähe zu kommen? Heydrich vertraut mir.«

»Du darfst das nicht tun«, murmelte er. »Das ist zu gefährlich.«

»Wenn alles stimmt, was du mir gerade erzählt hast, ist das vielleicht unsere einzige Chance – und die einzige Möglichkeit, jeglichen Verdacht von mir abzulenken und dafür zu sorgen, daß unser Vorhaben gelingt.«

Rick machte sich Sorgen. Er war sich bewußt, daß sie jetzt improvisierten, und das war schlecht. Improvisation bedeutete Durcheinander. Improvisation bedeutete Gefahr. Improvisation bedeutete, daß Dinge schiefgingen, und sobald etwas schiefging, ging es für alle schief. Aber was blieb ihm anderes übrig?

Ilsa befand sich in Hochstimmung. Was ihr noch vor kurzem als rauher, gefährlicher Pfad erschienen war, schien jetzt geglättet zu sein. Sie würde Heydrich erzählen, er müsse zu seiner eigenen Sicherheit statt der Čechův-Brücke die Karlsbrücke benützen, und er würde geradewegs in die Falle fahren. Rick hatte recht: Heydrich würde nicht das geringste ahnen; dafür würde sie sorgen. Es war ihr zuwider, Geheimnisse vor Rick und ihrem Mann haben zu müssen. Aber was blieb ihr anderes übrig?

Sie waren vor Ilsas Pension in der Skorepkastraße angelangt und standen sich auf dem Gehsteig wie Fremde gegenüber. »Damals in Casablanca«, sagte sie, »habe ich dich aufgefordert, für uns beide zu denken. Damals bin ich ein anderer Mensch gewesen. Ich bin orientierungslos gewesen; ich habe nicht recht gewußt, was ich wollte. Jetzt weiß ich's. Letztes Mal haben wir uns zu deinen Bedingungen getrennt, Richard. Heute trennen wir uns zu meinen.«

Sie verabschiedeten sich mit einem förmlichen Händedruck und einer steifen Verbeugung. Dann fiel die Haustür hinter ihr zu, und sie war verschwunden.

Rick schlenderte übers Kopfsteinpflaster davon und dachte an Paris. Ilsa dachte nur an Prag.

KAPITEL ACHTUNDZWANZIG

New York, August 1935

So plötzlich, wie sie es verlassen hatte, kehrte Lois Meredith in sein Leben zurück. Drei Jahre waren eine lange Zeit, um jemanden aus der Ferne zu verehren, aber Rick hatte es mühelos geschafft.

Das Geschäft ging gut. Nach Beliebtheit und Umsatz übertraf der nunmehr legale *Tootsie-Wootsie Club* alle anderen ehemaligen New Yorker Speakeasies. Dort gab es die besten Getränke und die beste Musik, das wußte jeder. Rick Balines Laden war das Stadtgespräch. Sogar Damon Runyon hatte dort seinen Stammtisch, seit das *Boll Weevil* zugemacht hatte. Obwohl Rick ihn insgeheim für einen Säufer und Trottel hielt, behandelte er ihn stets zuvorkommend, denn jede Erwähnung der von ihm engagierten Sänger, Tänzerinnen oder Musiker in Runyons Kolumne bedeutete, daß der Umsatz sich praktisch über Nacht verdoppelte.

An diesem speziellen Abend blickte Rick über die Tanzfläche und zählte die Gäste. Das Leben meinte es so gut mit ihm wie nur möglich. Er war in ein Apartment im San Remo am Central Park West umgezogen. Um sein schlechtes Gewissen zu beruhigen, weil er seine Mutter nie besuchte, hatte er sie in einem eleganten Apartmentgebäude in der 68th Street zwischen Madison und Park Avenue untergebracht. Mit Salucci und Weinberg hatte er Frieden geschlossen, obwohl der Italiener zwischendurch immer wieder versuchte, in ihrem Lottorevier zu wildern. Warum jemand sich überhaupt mit Zahlenlotto abgab, war Rick unbegreiflich. Die Fünf- und Zehncentstücke der inzwischen fast völlig schwarzen Einwohnerschaft Harlems waren unbedeutend im Vergleich zu dem Geld, das sich im legalen Nachtclubgeschäft verdienen ließ. Als praktisch einziger Club in Darktown hatte das *Tootsie-Wootsie* das Ende der Prohibition überlebt und florierte weiter. Das einzige Problem bestand jetzt darin, weiße Gäste in die Gegend nördlich der 125th Street zu locken.

Was Solly betraf, lebte er praktisch im Ruhestand. Er wohnte noch immer über Mr. Grunwalds Geigengeschäft, obwohl Mr. Grunwald bereits vor einigen Jahren gestorben und das Geigengeschäft jetzt ein von Farbigen betriebenes Lebensmittelgeschäft war. Rick hatte ihn schon oft gefragt, warum er nicht aus dieser Gegend wegziehe, aber Solomon winkte jedesmal nur ab.

»Soll ich vielleicht an den Grand Concourse umziehen?« pflegte er zu fragen. »Ebensogut könntest du verlangen, daß ich auf die Champs-Élysées ziehe, die nicht so nett und fast genauso weit weg sind. Für Mrs. Horowitz ist das in Ordnung, aber für mich ... ich bin zu verdammt alt, um noch umzuziehen.«

Rick hatte nicht gewußt, daß Irma in die Bronx gezogen war.

»Pfui!« sagte Solly. »Ist schon lange her. Sie liebt Baseball, sie kann zu Fuß hingehen, wenn die Yankees spielen. Aber nicht ich, nicht wenn's ums Leben ginge. Wenn ich vom Grand Concourse zu reden anfange, kannst du mich gleich erschießen. Der Tag, an dem Solomon Horowitz Manhattan verläßt, ist der Tag, an dem er sich 'nen Schwanz wachsen läßt und ihn zwischen die Beine nimmt!«

Damit war die Diskussion beendet.

Trotzdem bewirkte dieses Gerede über Mrs. Horowitz, daß Rick wieder an Lois dachte, obwohl er sich abgewöhnt hatte, das zu tun. Er hatte sich auch abgewöhnt, die *Times* – mit Ausnahme der Veranstaltungskritiken – und die übrigen New Yorker Zeitungen zu lesen. Selbst Winchells Kolumne wurde

für ihn zensiert; alle Hinweise auf Robert Meredith oder seine Frau wurden von Ernie, Abie Cohens Sohn, den Rick zum Restaurantchef ausbildete, sorgsam geschwärzt. Genau wie Rick früher hatte Ernie dunkles Haar und glänzende Augen und schien wie er früher zu glauben, er habe die Welt in der Tasche. Nun, das sollte der Junge ruhig glauben; er würde früh genug das Gegenteil erfahren.
Gelegentlich übersah Ernie etwas, so daß Rick etwas über den scheinbar unaufhaltsamen Aufstieg von Robert Meredith zu lesen bekam. Meredith war kometenhaft vom Anwalt zum Senator des Staats New York und zum (das wurde weithin vermutet) nächsten Kandidaten der Republikaner bei den Gouverneurswahlen aufgestiegen. Seine Gattin Lois hatte an diesem Aufstieg teil, wobei ihre Garderobe immer spektakulärer und die Berichterstattung über ihre Arbeit für wohltätige Zwecke immer lobhudelnder geworden war. Falls die Presse wußte, daß sie in Wirklichkeit die Tochter eines Gangsters war, erwähnte sie diese Tatsache so wenig, wie sie es auch bei den Ehefrauen anderer Prominenter tat – beispielsweise die Frau des Senators aus Louisiana, die ein hochbezahltes Callgirl gewesen war, oder die Frau des Gouverneurs von Ohio, die kokainsüchtig war, oder die ...
Dann sah er sie. Selbst aus einiger Entfernung wußte er, daß sie es war, als sie hereinkam. Er erkannte sie an ihrem Gang, dem Schnitt ihrer Kleidung und ihrem überlegen selbstbewußten Auftreten, noch bevor er ihr Gesicht sehen konnte. Ihr Gesicht, das jetzt noch schöner war, als selbst er es in Erinnerung gehabt hatte.
Sie schritt durchs Gedränge, lachte dabei, wie Rick es kannte, und schien zu schweben, als tanze sie mit Fred Astaire. Ihr schwarzes Haar war zu einem straffen Nackenknoten zusammengefaßt, und an ihrer makellosen Kehle trug sie eine funkelnde Brillantbrosche, die nicht ganz so groß wie das *Ritz*,

aber doch fast so groß war. Ansonsten war sie unverändert: seine Lois, bevor Meredith und O'Hanlon sie ihm weggenommen hatten.
Sie war allein gekommen. Kein Blitzlicht eines Fotografen flammte auf. Ein paar Leute gafften die berühmte Lois Meredith, die Frau des zukünftigen Gouverneurs an, aber in Ricks Laden hatten sie längst gelernt, den Kopf zu senken und den Mund zu halten. Bevorzugte Gäste waren immer die ruhigsten Gäste, und wer in der ersten Reihe vor Jimmie Lncefords Band, Elena Hornblowers Tänzerinnen oder sogar Sam Waters Klavier sitzen wollte, tat gut daran, sich an die Regeln zu halten. Darauf bestand Rick.
»Karl, Tisch vier«, wies er seinen Maître d'hôtel an.
»Sofort«, antwortete Karl. Karl war erst vor kurzem nach New York gekommen; er hatte vor einigen Monaten aus St. Wolfgang in Österreich flüchten müssen, wo er Oberkellner im berühmten *Weißen Rössl* gewesen war. An Tisch vier wurden zwei Mitarbeiter von Oberbürgermeister LaGuardia und ihre Freundinnen (Rick kannte beider Ehefrauen) mit einer Flasche Champagner auf Kosten des Hauses besänftigt und an Tisch acht umquartiert, der auch nicht gerade Sibirien war.
»Guten Abend, Mrs. Meredith«, sagte er.
»Hallo, Rick«, hauchte sie. Ihr Atem war wie zartestes Parfüm. Er hätte ihn die ganze Nacht einatmen können.
»Champagner für zwei«, bestellte sie bei Karl.
»Erwartest du jemand?« fragte Rick sie.
»Du würdest ein Mädchen doch nicht allein trinken lassen, oder?«
»Nicht wenn ich weiß, was gut für mich ist«, antwortete er und setzte sich.
»Vielleicht bin ich gut für dich«, meinte sie.
»Das habe ich früher geglaubt«, sagte er, als Sam zu spielen begann.

Die Beleuchtung wurde heruntergedreht, dann strahlte ein Punktscheinwerfer das Klavier an. Der Club hätte sich den besten Astoria Steinway leisten können, aber aus irgendeinem Grund zog Sam sein altes, zerschrammtes Klavier vor. »Sie ist mein Baby, Boß«, erläuterte er, wenn Rick ihm anbot, ihm einen neuen Flügel zu kaufen, was er praktisch wöchentlich tat. »Ich hab' nicht vor, sie sitzenzulassen und mit 'ner Neuen durchzubrennen.« Dafür hatte Rick kein Verständnis, aber er hielt den Mund. Sams Liebesleben ging nur ihn etwas an.

Sam begann seine Erkennungsmelodie zu spielen, und die Gäste applaudierten. Das Tastengeklimper war das einzige Geräusch im ganzen Laden. Niemand durfte reden, solange Sam Waters spielte. Vor allem nicht, wenn er »As Time Goes By« spielte.

»War das nicht schön?« fragte Lois, als Sam fertig war. Rick bestätigte, es sei schön gewesen. »Es erinnert mich an die gute alte Zeit. Gleich nachdem mein Vater dir die Leitung des Clubs übertragen hatte. Wie ich mich nach dieser Zeit zurücksehne! Damals sind wir so jung gewesen.« Unter dem Tisch drückte sie seine Hand. »Komm, trink noch ein Glas Champagner. Ich bin in Feierlaune!«

Sam spielte jetzt den Gershwin-Song »The Man I Love«.

»Rick, er ist ein Ungeheuer«, sagte sie plötzlich, nachdem sie auf irgendwas angestoßen hatten.

»Nein, er ist ein Politiker«, verbesserte Rick, ohne fragen zu müssen, wer »er« war. »Jedenfalls lese ich das in den Zeitungen.« Er trank einen kleinen Schluck Champagner. »Betrügt er dich?«

Sie nickte langsam.

»Warum sollte er bei dir eine Ausnahme machen? Er betrügt alle seine Wähler.«

Binnen weniger Jahre hatte Rick Baline den letzten Rest seiner jugendlichen Naivität abgelegt und betrachtete die Welt nur noch als Geschäftsfeld, auf dem es Gewinne zu erzielen galt. In dieser Beziehung war er ein wahrer Sohn von Solomon Horowitz, der ihn alles gelehrt hatte; aber er hob den Zynismus seines Mentors auf eine höhere Ebene. Kümmerte Solomon sich um Witwen und Waisen? Rick nicht. Schenkte Solomon den Nachbarskindern, die ihn dann lachend »Mr. Solly« nannten, manchmal Geld? Rick nicht. Lebte Solomon weiter in Harlem, obwohl Harlem sich jetzt grundlegend verändert hatte? Rick nicht. Das richtete sich keineswegs gegen Solly. Es war nur seine Art. Tatsächlich dachte Rick daran, das *Tootsie-Wootsie* wie die übrigen noch existierenden Clubs downtown zu verlagern, um der Schickeria näher zu sein.

Rick hatte viele Bekannte, darunter auch weibliche, aber nur einen Freund: Sam Waters. Einen schwarzen Freund zu haben war nicht einfach, aber auch für Sam war es nicht einfach.

Sam war der beste Angler, den Rick kannte. Ein junger New Yorker lernte nicht viele großartige Angler kennen, aber Sam war unweit der Ozarks aufgewachsen, und wenn es etwas gab, das alle Bewohner der Missouri Ozarks taten, dann war es das Fangen und Verzehren von Katzenwelsen. Sam witterte geradezu, wo ein Wels auf dem Seegrund lag, und bewies dann Engelsgeduld. »Ol' Mister Cat wird bald heißhungrig, Boß«, erklärte er Rick vom Heck des Ruderboots aus, in dem er mit tief in die Stirn gezogenem Hut saß, um seine Augen vor der Sonne zu schützen. »Und wenn's soweit ist, warten wir hier auf ihn.« Einige Minuten später wurde der Wels aus dem Wasser gezogen, entschuppt, filetiert und bis zum Abendessen ins Salz gelegt. Sam kannte wenigstens fünfzig Zubereitungsarten für Welse, eine köstlicher als die andere.

Angelausflüge mit Sam gehörten zu den wenigen Genüssen, die Rick sich gönnte. Der Rest seines Lebens war der Arbeit gewidmet. Offiziell war der Club von 16 Uhr bis vier Uhr morgens geöffnet, aber das war ein frommer Wunsch. Rick kam jeden Morgen um zehn Uhr als erster zur Arbeit, um zu kontrollieren, ob überall gut geputzt war, die Einnahmen zu verbuchen und dann mit seinem Küchenchef das Abendmenü zu besprechen. Und er verließ das Lokal immer als letzter, so daß er manchmal erst bei Sonnenaufgang nach Hause kam. Er brauchte nicht viel Schlaf, und wenn er das Bedürfnis nach weiblicher Gesellschaft hatte, konnte er in Polly Adlers Bordell vorbeischauen und eine oder zwei seiner Favoritinnen besuchen.

Die geschäftliche Beziehung zwischen Polly und Rick beruhte auf Gegenseitigkeit. Sie und ihre attraktivsten Mädchen waren in seinem Laden stets willkommen und wurden auf Kosten des Hauses freigehalten. Es war gut fürs Geschäft, einige der hübschesten Frauen New Yorks ohne männliche Begleitung so an einigen Tischen zu plazieren, daß sie auffallen mußten. Selbst der unbeholfenste Trottel konnte dann hoffen, bei ihnen Glück zu haben – wenn auch nicht umsonst. Rick wiederum war bei Polly jederzeit willkommen; mit Ausnahme seiner Getränke bezahlte er wie jeder andere. Das war ihm lieber.

So war es nicht ungewöhnlich, daß eine schöne Frau durch die Tür seiner Kaschemme hereinkam. Im allgemeinen freute Rick sich, sie zu sehen. Nur bei dieser hier war er sich nicht so sicher.

»Rick, ich liebe ihn nicht mehr«, sagte Lois gerade.

»Wann hast du ihn jemals geliebt?« fragte Rick. Er versuchte, den Laden nebenher im Auge zu behalten, wie er's immer tat, aber das gelang ihm nicht recht.

»Rick, Darling, was soll ich nur tun?«

»Oh, jetzt heißt's ›Rick, Darling‹, was?« fragte er. Karl kam vorbeigehuscht, um ihnen Champagner nachzuschenken. Karl war von Berufs wegen taub. »Das hättest du dir überlegen müssen, als du mit ihm durchgebrannt bist.«

»Dafür kann ich nichts – er ist mit mir durchgebrannt!« sagte sie. »Er hat mich völlig hingerissen. Das weißt du.«
»Stimmt«, bestätigte Rick. »Ich hab's miterlebt. Tatsächlich habe ich auch versucht, dich hinzureißen, aber das ist mir nicht sehr gut gelungen.« Er gab ihr Feuer und zündete sich selbst eine Zigarette an.
Sie inhalierte so tief, als könne die Zigarette ihr das Leben retten. »Daddy wollte, daß ich heirate, das weißt du. Er wollte, daß sein kleines Mädchen jemand wird, aber sieh mich jetzt an!«
»Yeah«, stimmte Rick zu, »sieh dich jetzt an. Du bist nicht jemand, Lois – du bist mit jemand verheiratet. Begreifst du das nicht?«
»Jetzt denkt er daran, als Gouverneur zu kandidieren.«
»Lehman schlägt er nie«, sagte Rick.
»Er glaubt, daß er's kann«, sagte Lois.
»Ich glaube, daß ich angeln kann, aber ich kann's nicht.«
»Oh, Rick«, sagte sie und begann zu weinen.
Daß Frauen in Ricks Club weinten, kam vor, aber er mochte es nicht, wenn sie an seinem Tisch weinten. Er stand auf und zog sie hoch. »Komm«, sagte er, »wir gehen nach hinten in mein Büro.« Karl sah das knappe Nicken, mit dem Rick ihm signalisierte, er solle den Laden übernehmen.
Die beiden gingen in Ricks Privatbüro und schlossen die Tür hinter sich. Lois brach prompt auf der Couch zusammen, auf der Rick gelegentlich tagsüber ein Nickerchen machte.
»Was soll ich bloß tun?« schluchzte sie. »Ich kann ihn nicht verlassen – das würde seine Karriere ruinieren. Das würde Daddy das Herz brechen.«
»Das hättest du dir überlegen müssen, bevor du ihn geheiratet hast«, sagte Rick. »Du bist schon ein großes Mädchen.«
Sie strich ihr Haar zurück, das sich aus den Haarnadeln gelöst hatte und jetzt bis über ihre Schultern fiel.

»Kannst du mir nicht helfen?« Sie öffnete den Verschluß der Brillantbrosche und legte sie auf den Tisch. »Ich hasse dieses Ding«, sagte sie dabei.
»Ich auch«, murmelte er.
Er wollte sich beherrschen, aber das gelang ihm nicht. Sie wollte sich nicht beherrschen, und sie tat es auch nicht. Lois ist schon immer stärker als du gewesen, sagte Rick sich, als er in ihre Arme sank.

KAPITEL NEUNUNDZWANZIG

New York, Oktober 1935

Die Affäre war zwei Monate alt, als Robert Meredith davon erfuhr. Rick wußte, daß dieser Tag irgendwann kommen mußte. Lois und er waren so diskret wie möglich gewesen, aber sie lebten in New York City, dem denkbar schlechtesten Ort der Welt für eine Affäre. Irgendein ungeschriebenes Gesetz bestimmte, daß alles, was man auch tat, jemandem zu Ohren kam, der einen kannte. Das mochte daran liegen, daß die Stadt so riesig war: eine Ansammlung von acht Millionen Schwatzmäulern, die dichtgedrängt zusammenlebten.

Er hatte sich gesagt, ihre Affäre sei verwerflich: nicht nur moralisch – obwohl er daran gewisse Zweifel hegte –, sondern auch beruflich. Auch wenn die Prohibition abgeschafft war, konnte Meredith ihm bei der Konzessionsbehörde große Schwierigkeiten machen, falls er das wollte, und wie Solomon Horowitz auf einen Ehebruch seiner Tochter mit Rick reagieren würde, ließ sich nur vermuten. Rick wußte recht gut, daß der Bund zwischen Lois und Meredith nicht nur eine Ehe, sondern auch ein Friedensvertrag war, dessen Bruch ein Wiederaufflammen der Feindseligkeiten in noch größerem Umfang auslösen mußte.

Das war ein Krieg, den Horowitz und er verlieren würden, weil Solly den Geschmack an der harten Seite des Geschäfts verloren hatte. Dafür war heutzutage fast ausschließlich Tick-Tock Schapiro zuständig. In letzter Zeit hatten sich mehrere schwarze Banden gebildet, die ihm im Zahlenlotto Konkurrenz machten, was ein klarer Verstoß gegen sein Abkommen mit Lilly DeLaurentien war; nach Ricks Informationen steckte die Voodoo Queen hinter mindestens einer dieser Banden. Den Verrückten Russen schien das jedoch nicht zu kümmern; zumindest setzte er nicht seinen Stolz darein, die Übeltäter persönlich zu bestrafen, wie er's in der guten alten Zeit getan hätte. »Das ist jetzt ihr Stadtviertel, Ricky«, sagte Horowitz, als Rick eines Nachmittags dieses Thema anschnitt. »Laß sie mal ran.«

Während Solly nachzulassen schien, blieb Salucci mager und hungrig. Weinberg, der an seiner Rechenmaschine sitzend ihre Gewinne aufaddierte, machte ihn ständig gieriger, bis er davon träumte, die ganze Stadt zu beherrschen. Im Gegensatz zu Horowitz hätte der Sizilianer mit dem Frettchengesicht sich kein Gewissen daraus gemacht, die weiße Herrschaft über Harlem mit brutalsten Mitteln wiederherzustellen – zumindest in bezug auf Laster, mit denen Geld zu verdienen war. Welche Rolle O'Hanlon gegenwärtig spielte, war Rick nicht ganz klar, aber Dion war viel zu clever, um bei einer Fehde zwischen Horowitz und Salucci zwischen die Fronten zu geraten. Wenn jemand sich darauf verstand, aus allem Gewinn zu schlagen, war das O'Hanlon; es gab keine Karte, die ausgespielt, kein Rouletterad, das gedreht, und kein Würfelpaar, das beim Würfeln geworfen wurde, ohne daß er das Ergebnis nicht schon im voraus kannte.

Natürlich war es O'Hanlon, der Robert Meredith von der Affäre erzählte.

Rick erfuhr davon am 22. Oktober 1935. Als an diesem Morgen das Telefon in seinem Büro gedämpft klingelte, nahm er den Hörer nach dem ersten Klingeln ab. Nur sehr wenige Leute hatten seine Privatnummer; trotzdem war er nicht überrascht, am anderen Ende die rhythmisch schwungvolle Stimme des Iren zu hören.

»Mr. Baline?« fragte die Stimme. O'Hanlon nannte ihn niemals »Rick«.

»Wer will das wissen?« fragte Rick.
»Eine freundschaftliche Warnung für Sie, mein Junge«, sagte O'Hanlon. »Ich fürchte sehr, daß Senator Meredith aus Albany nach New York unterwegs ist, um Ihnen einen Besuch abzustatten, der höchst unangenehm werden dürfte.«
Nach dem Zweck dieses Besuchs brauchte Rick nicht zu fragen. »Was kümmert Sie das?« erkundigte er sich.
»Oh, überhaupt nichts«, sagte der irische Gangster. »Ich mag nur nicht miterleben müssen, daß ein junger Mensch wie Sie wegen einer Frau zu Schaden kommt – auch nicht wegen einer, die so attraktiv wie Mrs. Meredith ist. Mit Frauen vergeudet man nur seine Zeit, finden Sie nicht auch? Vor allem, wenn Geschäfte zu machen sind.«
Das fand Rick nicht, aber er ließ O'Hanlon weiterreden.
»Sie wachsen praktisch auf Bäumen, und trotzdem versteht es jede einzelne von ihnen, uns das Gefühl zu geben, sie sei die einzige Frau der Welt: das wertvollste, kostbarste Gut auf der ganzen Erde. Sie wollen uns glauben machen, sie könnten eines Tages selten werden – so wie Schnaps während der Prohibition. Dabei gibt es tatsächlich ein Überangebot an Frauen, wenn man sich als Mann nur dafür entscheidet, sie im richtigen Licht zu sehen.«
»Wieviel wissen Sie?« knurrte Rick.
»Alles, was ich wissen muß.«
Vielleicht bluffte er nur. »Woher wissen Sie so sicher, daß Meredith es auf mich abgesehen hat?« fragte Rick.
»Ich dachte, ein heller Kopf wie Sie hätte das inzwischen rausgekriegt«, sagte Dion. »Kein Zweifel, daß er es weiß, denn war es nicht meine Wenigkeit, die es ihm persönlich erzählt hat?«
Rick drohte das Blut in den Adern zu erstarren. »Wieso haben Sie das getan?«
O'Hanlon lachte halblaut. »Sagen wir einfach, daß ein unbe-

friedigender Status quo mich ein bißchen langweilt und mir unbehaglich ist, so daß ich finde, es war höchste Zeit, daß jemand ein bißchen im Topf herumrührt.«

»Wir müssen miteinander reden.«

»Dion O'Hanlon zu Ihren Diensten. Schließlich geht's für uns beide ums Geschäft.«

»Wann können Sie hier sein?«

»Nicht im Club. Bei Ihnen. Ich bin schon dort. Beeilen Sie sich lieber, wenn Sie wissen, was gut für Sie ist.«

Das ließ Rick sich nicht zweimal sagen. Er dachte flüchtig daran, O'Hanlons Vorschlag, sich zu treffen, könnte dazu dienen, ihn in eine Falle zu locken – aber wozu sollten O'Hanlon oder Salucci seinen Tod wollen? Ihn beseitigen zu lassen, hätte sie der Übernahme von Sollys übrigen Geschäften in Harlem keinen Schritt nähergebracht und nur eben den Bandenkrieg ausgelöst, den sie alle zu vermeiden suchten. Solomon Horowitz wurde zwar älter, aber bestimmt nicht netter. Er konnte O'Hanlon und Salucci noch immer schwer schaden, falls sie sich mit ihm anlegten, selbst wenn es ihnen letztlich gelang, ihn auszuschalten.

Auf der Fahrt zum Central Park West waren Ricks Gedanken in wildem Aufruhr. Er war allein. Abie Cohen hatte mitkommen wollen, weil er Rick auf Anweisung Sollys überallhin begleiten sollte, aber Rick scheuchte ihn mit einer Handbewegung weg. »Ich muß zu meiner Mutter!« rief er, als er davonfuhr. Abie zuckte mit den Schultern und versuchte am zehnten Tag nacheinander, wieder mal das Kreuzworträtsel in der Zeitung zu lösen. Obwohl er schummelte (es war das Rätsel von gestern, und er hatte die Lösung vor sich), kam er nur schleppend voran.

Rick hielt nach genau acht Minuten vor dem San Remo. Er parkte seinen Wagen vor dem Gebäude, wo Mike, der Türsteher, ihn im Auge behalten konnte. Der Liftboy begrüßte ihn,

als er hereinkam. »Sie haben Besuch, Mr. Baline«, teilte er ihm mit.
O'Hanlon wartete höflich vor der Wohnungstür, umklammerte die Krempe seines Huts mit einer Hand und hielt den Sportteil der *Daily News* in der anderen. »Mr. Baline«, sagte er. »Wie reizend von Ihnen, einen Freund an einem ereignisreichen Tag wie diesem in Ihr gastliches Heim einzuladen.«
»Was wollen Sie?« fragte Rick brüsk, während er aufschloß. Er hatte keine Lust, höflich zu sein, und erst recht keine, O'Hanlon einen Drink anzubieten, was ihn aber nicht davon abhielt, sich selbst einen einzuschenken. »Wie kommen Sie dazu, Meredith von Lois und mir zu erzählen? Was zum Teufel soll das?«
O'Hanlon hockte in einem von Ricks Sesseln. Sein Vogelgesicht strahlte rosig sauber, seine Beine waren übereinandergeschlagen, und sein Zweireiher war so gut geschnitten, daß die zugeknöpfte Jacke sogar beim Sitzen keine Falten warf. Falls O'Hanlon sich über Ricks Unverschämtheit ärgerte, ließ er sich nichts anmerken.
»Mr. Baline«, begann er, »ich muß Ihnen etwas beichten.« Rick starrte ihn überrascht an. O'Hanlon sprach weiter. »Sie sollten sich geschmeichelt fühlen. Selbst Padre Flynn drunten in Saint Mike's hat Dion O'Hanlon seit über einem Monat voller Sonntage nicht mehr beichten gehört. Meine Beichte betrifft folgendes: Ich habe einen schrecklichen Charakterfehler. Denn sage ich meinen Freunden nicht immer die Wahrheit, selbst wenn sie anderen meiner Freunde schadet? So scheint es auch diesmal gewesen zu sein. Senator Meredith hat mich gestern abend geradeheraus gefragt, ob die Gerüchte, die er in Albany gehört habe, zuträfen, und ich mußte gestehen, daß sie, sofern ich überhaupt im Besitz zuverlässiger Informationen sei, zutreffend seien – so betrüblich dieses Wissen auch für alle und jeden sein könne.«

»Und jetzt ist er hierher unterwegs«, sagte Rick. »Was hat er vor? Mich zu erschießen?«
»Sie trauen einem hochangesehenen Volksvertreter wie Senator Meredith doch nicht etwa zu, eiskalt einen Mann zu erschießen?« O'Hanlon schüttelte ungläubig den Kopf. »Ich glaube, daß er für so etwas seine Leute hat. Zum Beispiel Lorenzo Salucci. Er und Salucci machen seit einiger Zeit Geschäfte miteinander. Ich habe die beiden natürlich zusammengebracht und von diesem Arrangement angemessen profitiert. Ein Freund in der Legislative ist fast so gut, als hätte man den Oberbürgermeister von New York auf seiner Gehaltsliste. Den ich natürlich trotz allem auch auf der meinen habe.«
»Natürlich«, sagte Rick. Niemand verstand sich besser darauf, überall seinen Vorteil zu suchen, als Dion O'Hanlon.
O'Hanlon ließ seine Stimme zu einem gefährlichen Flüstern herabsinken. »Hören Sie mir gut zu, mein Junge, und merken Sie sich, was ich zu sagen habe. Ihr Boß ist erledigt. Und wissen Sie, warum?« Er beugte sich nach vorn, als habe er ein großes Geheimnis mitzuteilen, wodurch er Rick zwang, etwas näher an ihn heranzutreten.
»Solomon ist erledigt, weil er *nicht hören will*«, zischte der Gangster. »Er beachtet keine Warnung – weder von Freunden noch, was schlimmer ist, von Feinden. Nein, er geht einfach seinen Weg, denselben Weg wie immer, und fühlt sich in seiner vermeintlichen Stärke sicher, die aber in Wirklichkeit nur Arroganz und Unwissenheit ist.«
O'Hanlon setzte sich wieder auf. »Salucci ist jetzt zu stark«, fuhr er ruhig fort. »Glauben Sie mir, wenn ich Ihnen sage, daß Weinberg schon ein Killerteam von Murder Incorporated organisiert hat – zu dem auch jemand aus Ihrer eigenen Bande gehört, wie ich Ihnen leider mitteilen muß –, um den Auftrag zu Ende bringen zu lassen, den diese armen Jungs aus Sizilien vor so langer Zeit angefangen haben. Ist Solomon erledigt,

sind auch Sie erledigt, weil Ihr Rabbi seine Herde so bedauerlich vernachlässigt hat, daß er keinen *minjen*, keine zehn Leute mehr zusammenbringt.«

O'Hanlon betrachtete seine perfekt gepflegten Fingernägel. »In vierundzwanzig Stunden«, sagte er, »gehört der Verrückte Russe der Geschichte an.«

»Was ist mit mir?« fragte Rick.

»Oh, für einen Mann mit Ihren unbestreitbaren Talenten würde ich liebend gern einen Platz in meiner eigenen Organisation finden«, antwortete O'Hanlon, »aber ich löse sie leider auf.«

Das war eine Überraschung.

»Ich steige aus. Gehe in den Ruhestand. Ich habe soviel Geld gehortet, daß meine Familie für Generationen ausgesorgt hat. Amerika ist ein großartiges Land, mein Junge, und ich bin diesem Land aufrichtig dankbar, daß es einen armen jungen Einwanderer wie mich aufgenommen und zum vielfachen Millionär gemacht hat. Für mich wird's Zeit, mir meinen Gewinn von der Spielbank in bar auszahlen zu lassen und mich auf den Heimweg zu machen. Deshalb habe ich mir in der großen Tradition des prachtvoll korrupten Richard Croker aus der Tammany Hall im County Mayo einen kleinen Landsitz gekauft, um dort die Früchte meines langen Lebens in Frieden und Wohlstand zu genießen.«

»Das erklärt noch nicht, warum Sie mich verpfiffen haben«, wandte Rick ein.

»O doch, das tut's, mein Junge«, sagte O'Hanlon. »Ich mag alles nett und ordentlich und kann den Gedanken nicht ertragen, daß in meiner geliebten Adoptivstadt New York nach meinem Abgang blutige Revierkämpfe um die Kontrolle aller Schwindelgeschäfte ausbrechen werden. Ihr Boß ist ein Hitzkopf, und New York ist kein Ort für Hitzköpfe mehr. Wir sind Geschäftsleute, Mr. Baline, und haben Geschäfte zu führen. Wir sind keine Gangster mehr, wir sind sozusagen im

Öffentlichen Dienst tätig und müssen anfangen, uns entsprechend zu benehmen.«

Rick musterte seinen unwillkommenen Gast. »Wieso erzählen Sie mir das alles? Warum lassen Sie uns nicht von Meredith' Leuten erledigen und überlassen Salucci die ganze Show allein?«

»Das ›warum nicht‹ kommt daher, daß ich Sie mag«, antwortete der Gangster. »Mir gefällt Ihr Mumm, mein Junge. Es kommt daher, daß Sie den besten Saloon der Stadt führen – so gut, daß Sie meinen eigenen lieben *Boll Weevil* aus dem Geschäft gedrängt haben ... Sie und das bedauerliche Ende des Noblen Experiments, das für uns alle so profitabel gewesen ist. Es kommt daher, daß Sie auch unter Druck nicht die Nerven verlieren. Tatsächlich, Mr. Baline, erinnern Sie mich sehr an mich selbst, was das größte Kompliment ist, das ich Ihnen machen kann. Sie wissen, daß ich eine Art Connaisseur des Kampfspiels bin«, fuhr O'Hanlon fort, »und ich möchte, daß Sie bei diesem kleinen Wettstreit eine faire Chance haben.« Er griff nach seinem Hut, den er stets so ablegte, daß er ihn mit ausgestrecktem Arm erreichen konnte. Was seine Hüte betraf, war O'Hanlon eitel. »Nun, ich habe gesagt, weswegen ich hergekommen bin, und fühle mich jetzt so absolviert, als hätte ich Father Flynn alles offen bekannt. Ein umfassendes Geständnis ist eine großartige Sache – außer natürlich vor Gericht.«

Er tätschelte Ricks Arm. »Wie Sie wissen, herrscht in diesem Land Pressefreiheit: Jeder darf eine Druckerpresse besitzen und drucken, was er will. Hat er keine Lust, selbst eine Zeitung herauszugeben, kann er sich immer einen oder zwei Journalisten kaufen. Suchen Sie meinen Freund Winchell auf«, riet er Rick. »Geben Sie ihm das hier mit besten Empfehlungen von mir.«

Er gab Rick ein Dossier, das er aus seiner zusammengefalteten

Zeitung gezogen hatte. Rick blätterte darin und stellte fest, daß es Meredith und Salucci betraf. Es enthielt Briefe, Fotos und weitere Unterlagen, die das Ausmaß der beiderseitig profitablen Korruption belegten. Gelangte diese Dokumentation in die Zeitung, war nicht nur der Senator, sondern auch der Gangster erledigt. Damit bot sich ein Spielzug an – der einzige Spielzug, der Solly und ihn am Leben erhalten konnte.

»Warum tun Sie das für mich?« fragte Rick.

O'Hanlon reagierte auf diese Frage mit einem geheimnisvollen Lächeln. »Auch wenn Sie zwangsläufig kein Kirchgänger sind«, sagte er, »hoffe ich doch, daß Sie aus meiner heutigen kleinen Predigt etwas gelernt haben. Die moralische Nutzanwendung lautet: Gib deinem Gegner immer gerade so viele Informationen, daß er sich daraus selbst einen Strick drehen kann. Gib alles preis – bis auf die Kleinigkeiten, die du nicht preisgeben willst und von denen niemand etwas ahnt, bis es zu spät ist.«

O'Hanlon setzte seinen Hut auf und zog ihn tief übers linke Auge, wie er es immer tat. Der Hut war ein prachtvolles Stück aus Haarfilz, genau die richtige Mischung aus Biber und Kaninchen, in einem hellen Blau, das nicht ganz babyblau war. Er trug ihn nur zu besonderen Anlässen.

»Walter schuldet mir mehr, als er je zurückzahlen kann«, sagte O'Hanlon. »Er wird sich um Sie kümmern. Um alles andere müssen Sie sich selbst kümmern. Wenn Sie so clever sind, wie ich glaube, werden Sie wissen, was Sie zu tun haben.« Er musterte Rick lange. »Und falls Sie's doch nicht sind, können Sie sich darauf verlassen, daß Winchell diese Unterlagen trotzdem erhält. Denn ich hasse unerledigte Dinge, mein Junge; für mich sind sie eine Todsünde. Und teile ich nicht mit Mr. Darwin den Glauben an das Überleben der Tauglichsten – unabhängig davon, was die Heilige Mutter Kirche von seinen Theorien halten mag?«

O'Hanlon drehte den Türknopf und trat lautlos auf den Korridor hinaus. »Leben Sie wohl, Mr. Baline, alles Gute für Sie, und möge der Bessere gewinnen«, sagte er, während er in den Schatten des Treppenhauses tauchte. »Ich werde die Zeitungen lesen, aber nicht etwa nur die Witzseite.«

Zwei Minuten später verließ auch Rick seine Wohnung, fuhr mit dem Lift nach unten und sprang in seinen Wagen, der noch vor dem Haus geparkt stand. Keine Viertelstunde später hielt er in der 45th Street vor dem Redaktionsgebäude des *New York Mirror* und stürmte wie ein Verrückter in die Eingangshalle.

»Wo ist Winchell?« brüllte er einen Wachmann an.

»Erster Stock«, sagte der Wachmann. Er hatte schon massenhaft Verrückte ins Redaktionsgebäude stürmen gesehen, und alle wollten zu Winchell.

KAPITEL DREISSIG

Louis Renault war kurz vor Mittag unter dem Namen Louis Boucher ebenfalls im *U tří pštrosů* abgestiegen. Er fragte dort nach Rick, erhielt jedoch die Auskunft, »Mr. Lindquist« sei zum Mittagessen ausgegangen. Er schlenderte wieder hinaus, um die gute Luft zu genießen – und vielleicht das ein oder andere darüber hinaus.

Nach seiner Rückkehr ließ Renault sich in einen Sessel fallen, blickte aus dem Fenster über die Karlsbrücke und die Moldau und analysierte die Lage. Er war nicht zuversichtlich, aber das war schließlich nicht seine Aufgabe. Er fühlte sich leicht benebelt und mehr als lediglich nicht mehr durstig, aber genau das wollte er sein.

Er war mehr denn je der Überzeugung, ihr Plan sei undurchführbar. Eine Bombe in einen fahrenden Wagen zu werfen war in Sarajewo schon einmal versucht worden, aber Erzherzog Franz Ferdinand hatte sein Leben gerettet, indem er sie wegschlug und vor einen anderen Wagen rollen ließ – nur um einige Stunden später, auf dem Weg ins Krankenhaus, wo er die bei dem Bombenanschlag Verwundeten besuchen wollte, von Gavrilo Princip erschossen zu werden. Wer auf die Idee mit der Bombe gekommen war, überlegte Renault sich, hatte nichts aus der Geschichte gelernt. Wie damals in Bosnien hatten die Verschwörer für den Notfall Schützen bereitstehen, die erledigen sollten, was die Bombe nicht geschafft hatte. Aber Renault bezweifelte, daß Reinhard Heydrich sich so kooperativ wie Erzherzog Franz Ferdinand verhalten würde. »Hallo, guter Mann, ja, bitte klettere er doch ins Auto und schieße er mir durch Kaisers Rock mitten ins Herz, so ist's recht!«

Er haßte diesen Auftrag. Er haßte es, Rick in bezug auf sein

Motiv für seine Teilnahme an dem Unternehmen belügen zu müssen. Er haßte das Doppelleben, das zu führen er gezwungen war. Er begann sogar, sich selbst zu hassen – ein beunruhigendes Anzeichen für die Existenz moralischer Skrupel, die er längst abgelegt zu haben glaubte.
Dann dachte er wieder an Isabel de Bononcière. Obwohl er sie nur so kurz gekannt hatte, hatte sie ihn sein ganzes Leben lang verfolgt. Seit der Nacht, in der er untätig zugesehen hatte, wie sie starb, weil er zu feige gewesen war, um sie zu verteidigen, hatte er sich auf seinen glatten Charme, seinen sorgfältig kultivierten Sinn für modische Gelangweiltheit, seine Vorliebe fürs treffende Bonmot, den Schnitt seiner Uniform und den feschen Sitz seiner Mütze verlassen. Vor allem aber war Renault von der ihm verliehenen staatlichen Macht abhängig, die nicht seine eigene war.
Gewiß, er nahm an diesem Unternehmen auf Geheiß der *Résistance* teil. Aber für Louis Renault war dieser Umstand dem unglücklichen Zufall ähnlich, der Mlle. de Bononcière in Montmartre vor seine Tür geführt hatte. Das Schicksal hatte ihm Karten gegeben, die schlimmer gezinkt waren, als er's jemals in einem Kartenspiel erlebt hatte – diesmal jedoch von einer höheren Macht gezinkt. Daher war es nur passend, daß er den Namen Boucher gewählt hatte; falls er sterben mußte, sollte das Gespenst namens Isabel mit ihm sterben.
Die andere Frau, die ihm in diesem Augenblick nicht aus dem Sinn ging, war Annina Brandel, die schwarzhaarige bulgarische Schönheit, die bereit gewesen war, sich ihm zu opfern, damit Jan und sie flüchten konnten. Er wußte, weshalb sie so stark auf ihn gewirkt hatte: Sie strahlte eine Reinheit aus, die er noch nie gesehen hatte. Den meisten Frauen, die in sein Hinterzimmer kamen, widerstrebte ihre Beteiligung an diesem schäbigen Akt, der notwendig war, damit sie bekamen, was sie wollten. Sie waren sich bewußt, daß er ihren Körper

benützte, und schämten sich dieser Tatsache. Aber Annina, das wußte er, hätte sich ihm hingegeben und wäre dabei unbefleckt geblieben. Imstande zu sein, mit dem Teufel zu soupieren und dennoch mit Gott zu gehen – wie wunderbar das sein mußte! Würde er das jemals können?

Ricks manipuliertes Rouletterad, dem Renault so viele Stunden angenehmen, mühelosen Gewinnens verdankte, hatte ihm Annina Brandel geraubt. Sie hatte Louis Renault in Casablanca den Rest gegeben: Die Frau, die ihn endlich dazu gebracht hatte, in den Spiegel zu sehen und das seelenlose Wesen zu erkennen, das er geworden war. Was war aus ihr geworden? Renault hoffte, sie sei schwanger und glücklich in Amerika angekommen. Aber irgendwie hatte er seine Zweifel daran.

Ein leises Klopfen riß ihn aus seinen Tagträumen. Vor seiner Tür stand Rick.

»Mein lieber ...«, begann er, aber Rick legte einen Finger auf die Lippen.

»Schon gut, Louie«, flüsterte er.

Renault schloß die Tür.

»Wir haben nicht viel Zeit«, sagte Rick. »Wir müssen schnell handeln, und wir müssen clever handeln.«

Er trat ans Fenster, um sich davon zu überzeugen, daß niemand auch nur andeutungsweise in ihrer Nähe war. Obwohl der Nachmittag warm war, verriegelte er das Fenster und stopfte Handtücher unter die Zimmertür. Renault zog erstaunt die Augenbrauen hoch. Diese ständige Nachdenkerei deprimierte ihn bloß. Nun würde er sich wenigstens nicht mehr langweilen müssen. Wo Rick war, gab es niemals Langeweile.

»Die Lage sieht folgendermaßen aus«, sagte Rick, der auf einer unangezündeten Zigarette herumkaute. Sie saßen mitten im Zimmer. Für den Fall, daß im Zimmer Abhörmikrofone versteckt waren, lief das Radio auf voller Lautstärke. Die beiden hatten keine Zeit, nach Mikrofonen zu suchen.

»Irgend etwas ist gründlich schiefgegangen. Der tschechische Untergrund will das Unternehmen abblasen, aber dafür ist es zu spät. Ilsa droht Gefahr; ich fürchte, daß die Deutschen ihr auf die Schliche gekommen sind.«
»Was machen wir jetzt?« fragte Renault.
»Wir machen, was wir von Anfang an tun wollten«, sagte Rick. »Wir lassen das Unternehmen selbst platzen.« Er nahm einen langen Zug von seiner kalten Zigarette. »Ilsa will Heydrich alles sagen. Morgen abend. Ins Gesicht. Sie wird ihn warnen, daß er in die Luft gejagt werden wird, wenn er auf der Fahrt zum Dienst über die Karlsbrücke fährt.«
Renault stieß einen leisen Pfiff aus. »Ricky, ich habe Sie für vieles gehalten«, sagte er. »Für einen Betrüger. Für einen Lügner. Sogar für einen Mörder. Aber bis zu diesem Augenblick noch nie für einen Verräter. Ich gratuliere Ihnen!« Es überraschte ihn allerdings nicht wirklich. Er hatte sich schon immer gefragt, wie tiefgreifend Ricks Sinneswandel in Casablanca gewesen sein mochte. War der nicht bloß ein Trick gewesen, um Laszlo loszuwerden und Ilsa für sich allein behalten zu können? Das vermutete Renault, so unchristlich diese Interpretation auch sein mochte. Miss Lund selbst verleitete recht überzeugend zu allen möglichen unchristlichen Interpretationen.
»Reden Sie keinen Unsinn, Louie«, knurrte Rick. »Sie wissen, warum ich das tue; Teufel, Sie haben das Thema als erster angeschnitten.« Er riß wütend ein Streichholz an. »Irgendwas an dieser Sache ist von Anfang an faul gewesen. Ich habe schon Seeforellen gerochen, die nicht so schlimm gestunken haben, obwohl Sam sie nach dem Fang eine Woche lang auszunehmen vergessen hatte, weil er gerade einen neuen Song einstudiert hat.«
Er inhalierte so tief, daß Renault fürchtete, er werde sich die Bronchien versengen. »Sie haben recht gehabt, Louie: Warum

ist es Laszlo so leicht gelungen, aus Mauthausen zu flüchten? Warum haben die Briten ihn und sein zusammengewürfeltes Team mit der schlechtesten Attentatswaffe überhaupt – einer Bombe – ausgerüstet?«

»Erzählen Sie es mir«, forderte Renault ihn auf.

»Darauf gibt's nur eine Antwort, und die Tschechen haben sie endlich auch kapiert. Bei dem Unternehmen geht's überhaupt nicht um Heydrich. Es hängt mit dem Krieg zusammen – mit dem größeren Krieg. Den Briten ist egal, was aus den Tschechen wird. Sie haben Laszlo aus Mauthausen herausgeholt, weil sie ihn brauchen. Weil sie sich ausrechnen, daß sie die Deutschen durch die Ermordung Hedyrichs dazu provozieren können, etwas wirklich Schreckliches zu tun, so daß die Welt dann auf ihrer Seite steht. Verdammt noch mal, Louie, sie sind bereit, Hunderte, vielleicht Tausende von Unschuldigen sterben zu lassen, *bloß damit sie sterben,* um der Welt erneut die Unmenschlichkeit der Hunnen vorzuführen, so daß sie sich wieder auf ihre gegenwärtige Aufgabe konzentriert. Die Tschechen sollen geopfert werden, mein Freund – und wir auch!« Er machte erschöpft eine Pause.

»Was machen wir jetzt?« fragte Renault.

»Wir ziehen die Sache durch«, antwortete Rick. »Ich habe Laszlo bereits mitgeteilt, daß wir übermorgen zuschlagen werden. Wir kreuzen mit voller Bewaffnung auf der Brücke auf. Wir halten die Bombe und unsere Waffen bereit, damit wir uns verteidigen können, wenn Heydrichs Schlägertrupp aufmarschiert und uns schnappen will.«

»Genau das ist das Problem«, wandte Renault ein. »Seine Leute erschießen uns ohne Anruf.«

»Nein, das tun sie nicht«, widersprach Rick. »Erstens wissen sie gar nicht, wen sie suchen. Zweitens erwarten wir sie, was bedeutet, daß wir, sobald wir sie erkennen, die Sache abblasen und trotzdem wie Helden aussehen können. Wir ziehen uns in die Karl-Borromäus-Kirche zurück, benachrichtigen Miles, lassen uns hier rausholen und überleben, um ein andermal weiterzukämpfen. Wenn wir wieder in London sind, können Sie der *Résistance* Bericht erstatten – Sie brauchen nicht zu versuchen, mir etwas vorzumachen, ich kann mir denken, wieso Sie mitgekommen sind – und ihr melden, daß die Briten die verräterischen Schweine sind, für die Ihre Landsleute sie schon immer gehalten haben. Was mich betrifft, machen Sam und ich einen neuen Nachtclub auf. London könnte ein bißchen vernünftiges Nachtleben brauchen.«

Renault lächelte. Der muntere kleine Polizeihauptmann aus Casablanca hatte M. Boucher mit seiner trübseligen Miene wieder völlig verdrängt. »Rick, Sie haben sich selbst übertroffen!« sagte er begeistert. Er lachte selbst über die Melancholie, die ihn vorhin befallen hatte. »Zu den Dingen, die ich an Ihnen immer bewundert habe, gehört Ihre Voraussicht. Sie haben an alles gedacht.«

»Nur an eines nicht«, sagte Rick.

»Ilsa Lund.«

»Richtig.«

Renault dachte nicht daran, seinen Freund darüber räsonieren zu lassen; manche Dinge mußte man einfach Gott überlassen, damit er sie regelte. »Eine Frage: Informieren wir Laszlo und das Team, daß Heydrich seine Verabredung mit uns nicht einhalten wird?«

»Selbstverständlich nicht«, sagte Rick.

»Das bleibt also unter uns? Gewissermaßen als unser kleines Geheimnis?«

Ricks Antwort war ein knappes Nicken.

»Also gut«, sagte Renault forsch. »Es ist schließlich nicht das erste. Aber Sie wissen hoffentlich, daß es durchaus möglich ist, daß bei diesem Spiel keiner von uns gewinnt? Daß wir beide verlieren können?«

»Weshalb sollte ich sonst spielen?« fragte Rick. »Ich hab's satt, mit gezinkten Karten zu gewinnen.«
»Sollte Laszlo rauskriegen, daß Sie gewußt haben, daß Heydrich eine andere Strecke fahren wird, ist weder Ihr noch – das muß ich leider sagen – mein Leben mehr einen ...«
»Einen roten Heller wert«, ergänzte Rick.
»Genau«, stimmte Renault zu. »Was immer das ist.« Er rutschte in seinem Sessel hin und her. »Lassen Sie mich Ihnen einige Alternativen präsentieren, die Sie in Erwägung ziehen sollten. Die erste ist, daß Heydrich die Warnung beachtet, das Attentat fehlschlägt und wir alle heil entkommen und bis ans Ende unserer Tage glücklich in London leben. Das ist eine attraktive, aber unwahrscheinliche Vorstellung.«
»Wieso unwahrscheinlich?«
»Weil die Briten in der Minute Verdacht schöpfen werden, in der wir zurückkommen«, antwortete Renault. »Das perfide Albion verdächtigt alle Länder der Welt, ebenso falsch zu sein wie es selbst. Wir werden von Glück sagen können, wenn sie uns nicht binnen vierundzwanzig Stunden nach der Landung in England an die Wand stellen.«
»Da könnten Sie recht haben.«
»Ich *habe* recht«, sagte Renault. »Jetzt zu Punkt Nummer zwei.« Er fummelte kurz an seinem Zigarettenetui herum, dann bekam er es endlich auf. »Nehmen wir mal an, Heydrich erschiene trotz der Warnung zu seiner Verabredung – von einer gewaltigen Übermacht begleitet. Was tun wir dann?«
»Wir rennen wie der Teufel«, antwortete Rick.
»Und werden von den Deutschen, den Tschechen oder den Briten erschossen«, stellte Renault fest. »Von wem, spielt keine Rolle; das Ergebnis ist das gleiche.«
»Wieso von den Briten?« fragte Rick.
»Darf die Geschichte von einem fehlgeschlagenen Attentat auf einen Nazibonzen bekannt werden? Ich denke nicht.« Er imi-

tierte das Hämmern eines MGs auf einem Gefängnishof. »Möglichkeit Nummer drei: Heydrich fährt über die Karlsbrücke, und wir lauern ihm dort auf, und Laszlo schafft es, seine Bombe in Heydrichs Wagen zu werfen, was unwahrscheinlich ist, und sie detoniert, was noch unwahrscheinlicher ist, und bringt ihn tatsächlich um, was am unwahrscheinlichsten ist. Was dann?«

»Darüber habe ich mir schon seit South Kensington den Kopf zerbrochen«, antwortete Rick. »Nach allem, was Sie gerade gesagt haben, sehe ich keinen Grund, warum die Briten Wert auf unsere Rückkehr legen sollten.«

»Ich auch nicht«, bestätigte Renault. »Das Rettungsflugzeug kommt nicht, wir werden alle aufgespürt und erschossen, und die Briten können abstreiten, etwas von unserem Plan gewußt zu haben. Laszlo und Sie werden gezwungen, Ilsas Schicksal zu beobachten, bevor Sie das Ihre ereilt. Danach werden die Deutschen erst richtig wütend und machen wegen unserer unbedachten Tat ganze Dörfer, vielleicht ganze Landstriche dem Erdboden gleich. Wollen wir das wirklich?«

»Ich will's nicht«, stellte Rick fest, »aber mich hat keiner gefragt.«

Renault beobachtete seinen Freund mit nüchterner Distanz. Obwohl sie im Augenblick das gefährlichste Spiel ihres Lebens spielten, saßen sie zu zweit hier und diskutierten über ihre Chancen, als sprächen sie über ein bevorstehendes Fußballspiel, an dem sie beide eigentlich nur am Rande interessiert waren.

Nun, vielleicht kam es darauf nicht wirklich an. Wie sie aus Prag herauskommen würden, dieser Teil des Plans war Renault schon immer als ein Stück höflicher Einbildung erschienen. Unabhängig davon, ob sie Erfolg hatten oder nicht, niemand auf beiden Seiten des Konflikts würde sie mit offenen Armen aufnehmen oder auch nur zugeben wollen, sie zu kennen. Unabhängig davon, was hier geschah – ob Heydrich starb oder sie, was viel wahrscheinlicher war, auf der Stelle den Tod fanden oder später aufgegriffen und erschossen wurden –, bald würde alles vorbei sein.

»Ricky«, fragte er schließlich, »was würden Sie sich wünschen? Ich meine, wenn Sie bewirken könnten, daß das Ganze genau nach Ihren Vorstellungen ausgeht – was würden Sie sich dann wünschen?«

Rick zündete sich eine Zigarette an, um besser nachdenken zu können. »Vermutlich würde ich hoffen, daß Heydrich stirbt, sonst keinem etwas passiert und wir alle sicher rauskommen und bis an unser seliges Ende glücklich und zufrieden leben.«

Renault lächelte. »Außer Victor Laszlo, meinen Sie.«

»Vielleicht.«

»Von ›vielleicht‹ kann keine Rede sein. Würde ich Sie nicht so gut kennen, würde ich behaupten, Sie hätten die ganze Sache eingefädelt, um Victor Laszlo, nicht Reinhard Heydrich umzubringen.«

Rick stand auf und ging im Zimmer auf und ab. »Aber Heydrich hat den Tod verdient, weil er ein Nazi und ein Mörder und ein Gewaltverbrecher und ein Gangster ist! Wird er nicht beseitigt, müssen Millionen von Menschen entsetzlich leiden. Und trotzdem ...«

Renault äußerte sich nicht zu Ricks Dilemma. Statt dessen sagte er: »In Casablanca – in Ihrem eigenen Café – hat Victor Laszlo Major Strasser etwas erklärt, das mir nicht mehr aus dem Kopf geht: Falls ihm etwas zustoße, würden sich in allen Ecken Europas Hunderte von Männern wie er erheben, um seinen Platz einzunehmen. Gilt das nicht auch für Heydrich? Vielleicht können wir ihn umbringen. Aber andere wie er, sogar weit schlimmere, sind nur allzu gern bereit – begierig! –, seinen Platz einzunehmen. Ich stelle mir gern vor, daß es auf der Welt mehr gute als schlechte Männer gibt, aber im Augenblick ist das eine Wette, die ich nicht so recht würde abschließen wollen.«

»Sie meinen also ...?« fragte Rick.

»Damit meine ich, daß das größere Problem unabhängig davon, wofür wir uns entscheiden und was wir tun, nicht durch unser Handeln gelöst werden wird. Wir können diesen Krieg nicht allein gewinnen, Rick, und wenn wir klug sind, versuchen wir's erst gar nicht. Wir können nur hoffen, hier lebend rauszukommen.«

»Vielleicht haben Sie recht«, sagte Rick. »Die Deutschen haben sich in Europa häuslich eingerichtet, und die Alliierten können sie nirgends angreifen. Den Russen werden an der Ostfront die Zähne eingeschlagen; sie sind schon bis Stalingrad zurückgeworfen worden und können sich anscheinend nicht mehr lange halten. Sind die Nazis erst mal mit ihnen fertig, können sie alle ihre Armeen im Westen aufmarschieren lassen – gegen uns. Die Briten sind auf ihrer kleinen Insel gefangen, die Franzosen haben aufgegeben – nichts für ungut Louis –, und die Amerikaner haben im Pazifik mit den Japsen zu tun.« Er drückte seine Zigarette aus und zündete sich sofort die nächste an.

»Unterschätzen Sie die Russen nicht, mein Freund. Wahrscheinlich stoßen sie nach Berlin vor, bevor dieser Krieg zu Ende ist.«

»Auf der anderen Seite, was können die Deutschen schon ausrichten«, setzte Rick seine Gedanken fort. »Sie können nicht mal den Ärmelkanal überqueren und noch weniger die Briten ausschalten. Teufel, die Engländer geben in London noch immer Abendgesellschaften. Und wenn die Nazis es nicht mal schaffen, den Ärmelkanal zu überqueren, schaffen sie's erst recht nicht, über den Nordatlantik zu kommen.« Er atmete tief durch. »Also ist zumindest Amerika vor ihnen sicher.«

»Aber wohlgemerkt nicht Mitteleuropa«, wandte Renault ein.

»Wo wir uns jetzt befinden.«
»Allerdings«, sagte Rick.
Renaults Verstand arbeitete auf Hochtouren. Nach dem Willen der *Résistance*-Führung in London sollte das Unternehmen Henker fehlschlagen. Den Briten durfte kein Coup wie die Ermordung Heydrichs gelingen. Obwohl er lediglich den Auftrag hatte, das Unternehmen zu überwachen, statt es ausdrücklich zu sabotieren, gelangte er rasch zu dem Schluß, Victor Laszlo müsse an der Ausführung seines Plans gehindert werden. Das war Renault nur recht; so konnte er erstmals mit gutem Gewissen gemeinsam mit Rick Blaine an einem Strang ziehen.
Die übergeordnete Frage lag ihm jedoch schwer auf der Seele: Welches Ergebnis war für Frankreich am besten – nicht für das besetzte Frankreich oder für Vichy-Frankreich, sondern für *la belle France?* Die Tapferkeit, mit der er Major Strasser begrüßt hatte – »Das unbesetzte Frankreich heißt Sie in Casablanca willkommen« –, war nur gespielt gewesen, das wußte er selbst am besten. Er war nicht mehr als ein Kollaborateur, ein Schwächling, ein Mitläufer. Eine Hure.
Eine Hure. Die Art von Frau, die er sein Leben lang verachtet hatte. Die Art von Frau, in die er alle weiblichen Wesen so eifrig zu verwandeln versucht hatte, nur um sein Gewissen zu beruhigen. Er hatte sie dazu gezwungen, mit ihm, dem Feind, zu schlafen, weil er's konnte. Er hatte mit dem Feind geschlafen, weil er's wollte. Weil *er* selbst der Feind war. Nun nicht mehr.
In dieser Nacht schlief er zum erstenmal seit undenklichen Zeiten wieder tief und traumlos.

KAPITEL EINUNDDREISSIG

ERMITTLUNGEN GEGEN SENATOR UND SEINEN GANGSTERFREUND!

lautete am 23. Oktober 1935 die Schlagzeile des *New York Mirror.* Der Artikel stammte von Walter Winchell. Winchell ließ sich nicht oft dazu herab, Nachrichtenstories zu schreiben, aber diese hier war anders. Diese war sensationell.

Wie sieht das Antlitz des Bösen aus? Wer regelmäßig ins Kino geht, glaubt vielleicht, es schon zu kennen: Es gehört einem harten Bursche mit weichem Filzhut und Schießeisen. Aber wenn es das Gesicht des Mannes von nebenan wäre? Ihres besten Freundes oder seines besten Freundes – oder, noch schlimmer, des Kerls, für den Sie bei der letzten Wahl gestimmt haben?
Blitzmeldung! Diese Kolumne hat erfahren, daß Senator Robert Haas Meredith, der weithin als Kandidat der Republikaner bei den bevorstehenden Gouverneurswahlen gehandelt wird, möglicherweise damit rechnen muß, daß seine Beziehungen zu einem berüchtigten Gangsterboß untersucht werden.
Dieser wäre niemand geringerer als Lorenzo Salucci, der beliebteste Dauergast im Waldorf-Astoria. In unserer Stadt gibt es kaum ein berufstätiges Mädchen, das seinen Lebensunterhalt nicht auf irgendeine Weise diesem finsteren, dunkelhäutigen Sizilianer verdankt – der nicht einmal amerikanischer Staatsbürger ist!
Nach den uns vorliegenden Dokumenten stecken Senator Meredith und Lorenzo Salucci – von seinem Adjutanten Irving Weinberg tatkräftig unterstützt – seit Jahren unter einer Decke. Salucci soll mitgeholfen haben, die Senatswahl zu manipulieren, durch die der Republikaner Meredith im sonst überwiegend demokra-

tisch wählenden Staat New York den demokratischen Amtsinhaber aus dem Felde geschlagen hat.
Vielleicht wissen wir jetzt, warum.
Die Unterlagen enthalten eindeutige Beweise für teils jahrelang zurückliegende Korruptionsfälle. Mit seinen Partnern hat Meredith sich durch Prostitution, Kredite zu Wucherzinsen und – vor dem segensreichen Ende der Prohibition – durch Alkoholschmuggel bereichert.
Halten Sie Ihren Hut fest:
Meredith' reizende Gattin, eine geborene Lois Harrow, ist überhaupt keine geborene Lois Harrow. Sie ist im Gegenteil eine geborene Lois Horowitz, die einzige Tochter von Mr. und Mrs. Solomon Horowitz aus der W. 127th Street in Manhattan und dem Grand Boulevard & Concourse in der Bronx. Mr. Horowitz, der ungekrönte Gangsterkönig uptown, ist stolzer Besitzer eines Vorstrafenregisters so lang wie mein Bein. Und das ist ziemlich lang!
Außerdem, so wird uns zugetragen, hat die ehemalige Miss Horowitz ein Techtelmechtel mit dem eleganten, gutaussehenden Rick Baline, dem Besitzer des Tootsie-Wootsie Clubs, eines ehemaligen Speakeasies in Harlem, deren wahrer Besitzer nach Ansicht mancher Leute Solomon der Weise persönlich ist.
Diese Kolumne hat gestern abend versucht, den Senator in seinem Heim in Albany zu erreichen. Uns ist jedoch mitgeteilt worden, Meredith sei »geschäftlich verreist« und wolle keinen Kommentar abgeben. Geschäftlich, ja – aber in welcher Art Geschäften?
Mr. und Mrs. America und alle Schiffe auf See: Halten Sie sich für weitere Enthüllungen bereit!

Rick las den *Mirror* fast emotionslos. Die Sache mit Solly und Lois war ein typischer Trick O'Hanlons, nur um sicherzustellen, daß er ehrlich blieb.
Er saß wartend in seinem Büro. Auf seinem Schreibtisch stand unberührt eine Tasse Kaffee. Er überlegte eben, ob er nicht

doch einen Schluck trinken sollte, als der Summer ihm einen Besucher ankündigte. Seine geladene Pistole Kaliber 45 lag gleich neben der Tasse. Nach ihr griff er, ohne lange zu überlegen. Er steckte sie in seine Tasche.

Die Tür wurde ohne Anklopfen geöffnet. Auf der Schwelle stand Meredith.

»Treten Sie ein, Senator«, forderte Rick ihn so liebenswürdig wie möglich auf. »Ich habe Sie schon erwartet.« Er machte sich keine Sorgen. Er hatte schon viel härtere Burschen als Robert Haas Meredith fertiggemacht. Trotzdem wußte er nicht, was er erwarten sollte: einen aufgebrachten Ehemann, einen ruinierten Politiker oder einen mordlüsternen Verrückten.

Er bekam alle drei.

Der Senator warf sein Exemplar des *New York Mirror* auf Ricks Schreibtisch. Rick wartete darauf, daß er etwas sagen würde. Das tat er prompt. »Was hat das zu bedeuten?« blaffte Meredith. Sein Gesicht war hochrot, seine Krawatte saß schief, und er hatte sich an diesem Tag nicht rasiert.

»Warum fragen Sie das nicht Winchell?« schlug Rick vor. »Der Artikel stammt von ihm. Sie finden ihn drüben in der Redaktion.«

»Ich will nicht mit irgendeinem billigen Zeitungsschmierer reden«, fauchte Meredith. »Ich will mit Ihnen reden.«

»Von mir aus gern, aber machen Sie's kurz. Ich bin ein sehr beschäftigter Mann, Mr. Meredith. Ich habe einen Nachtclub zu führen.«

»Werden Sie bloß nicht unverschämt!«

»Warum hören Sie nicht auf, Konversation zu machen, und sagen mir, was Sie wirklich hergeführt hat? Oder noch besser: Ich sage es Ihnen. Sie sind hier, um herauszubekommen, was ich über die Informationen in Winchells Kolumne hinaus weiß«, stellte Rick fest. »Die Antwort lautet: Ich weiß jede

Menge. Ich weiß alles über Salucci und Sie – auch darüber, wie er Sie mit Mädchen versorgt, wenn Sie heimkommen, um Ihre ›Wählerschaft‹ in New York zu besuchen.« Er blies dem Senator einen Rauchring ins Gesicht. »Ich weiß auch, wie Weinberg Ihre Bücher frisiert, damit Sie den Staat um die ihm zustehenden Steuern betrügen können. Ich weiß auch ... aber wozu fortfahren? Ich weiß alles, und was ich nicht weiß, weiß O'Hanlon garantiert. Ungefähr das einzige, was ich nicht weiß, ist der Grund, warum Sie O'Hanlon anscheinend gelinkt haben, denn das, Freund, ist so schlimm wie den Teufel beim Wetten betrügen.«

Meredith saß ihm gegenüber im Besuchersessel, so daß sie nur noch das glänzende Leder von Ricks Schreibtischplatte zwischen sich hatten. »Sie halten sich für einen ziemlich cleveren Kerl«, stellte er fest.

»Das bin ich«, antwortete Rick. »Sie nicht. Sie sind erledigt, Meredith, und Salucci und Weinberg sind's auch.«

Meredith schnaubte. »Das werden wir ja sehen! An Ihrer Stelle würde ich mir ungefähr ab jetzt Sorgen um Horowitz machen.«

»Tick-Tock und Solly werden mit allem fertig, was eure Jungs gegen sie aufbieten können.«

»Auf Schapiros Loyalität sollten Sie sich nicht allzu sehr verlassen.« Der Senator nahm ruckartig den Kopf hoch. »Wo ist meine Frau?«

»Sie ist mein Mädchen gewesen, bevor sie Ihre Frau geworden ist«, sagte Rick. »Ich kann's nicht ändern, wenn sie beschlossen hat, den früheren Zustand wiederherzustellen.« Er blickte nach nebenan. »Aber wollen wir das die Lady nicht selbst entscheiden lassen? Lois?«

»Ich komme, Rick.«

Lois sah atemberaubend aus. Ihr ebenholzschwarzes Haar war hochgesteckt, ihr Gesicht leicht gerötet. Sie war noch immer die schönste Frau, die beide Männer je gesehen hatten, und Meredith erkannte endlich, daß es töricht gewesen war, sie zu betrügen, töricht, den Zorn ihres Vaters zu riskieren, töricht, O'Hanlon gegen sich aufzubringen, töricht, sich wegen des Nervenkitzels, den ihm das verschaffte, mit Gangstern einzulassen, töricht, seine Heuchelei auf die Spitze zu treiben, wenn er dafür nicht geeignet war, töricht, diesen Leuten zu trauen, die nicht mal sich selbst trauten.

Sie schritt verlockend wie Eva selbst auf die beiden Männer zu. Sie lächelte Meredith an, dann schlang sie Rick Baline ihre Arme um den Hals und küßte ihn so wollüstig, wie sie jemals einen Mann geküßt hatte.

»Willst du zu ihm zurückgehen?« fragte Rick. »Aber wozu? Dein Mann kommt lange hinter Gitter, du behältst das Haus in Westchester, und ich kann anfangen, dich tagsüber zu besuchen, statt mitten in der Nacht zu kommen, wenn er in einem von Saluccis Bordellen ist. Na, was sagst du?«

Er wußte, daß er Meredith nicht hätte verspotten sollen, aber er konnte nicht anders. Robert Haas Meredith verkörperte alles an New York, was er verachtete, weil es ihn verachtete.

Lois' Antwort bestand daraus, daß sie Rick noch heftiger umarmte. »Bitte, Rick, bring mich von hier fort. Laß uns weglaufen, solange wir noch können – weit, weit weglaufen, wo uns niemals jemand findet.«

»Ich denke, das ist Ihre Antwort, Senator«, sagte er.

Er betrachtete Meredith und ersetzte seine patrizischen Züge in Gedanken durch die von Solomon Horowitz. Solly, der so eifrig nach Ehrbarkeit gestrebt hatte – aber zu welchem Preis! Solly, der bereit gewesen war, dafür seine einzige Tochter zu opfern, sein einziges Kind, den einzigen Menschen auf der Welt, den er liebte, wirklich und vorbehaltlos liebte, und den er deshalb zu einem Leben ohne Liebe verdammt hatte. Wie konnte er alles so schrecklich falsch gemacht haben?

Lois hob ihren Kopf von Ricks Brust und sah ihren Ehemann an.
»Ich hasse dich, Robert«, sagte sie. »Ich habe geglaubt, dich zu lieben, ich habe versucht, dich zu lieben, nicht deinetwillen oder auch nur meinetwillen, sondern um meines Vaters willen. Er wollte, daß ich's im Leben einmal besser habe. Also habe ich mir eingeredet, ich sei mit dir glücklich, und das bin ich für einige Zeit auch gewesen, weil ich rauswollte und du mir dazu verhelfen konntest. Aber du hast mich betrogen.«
Sie richtete sich stolz auf. »Ich habe schon bald gemerkt, daß du ein Hochstapler bist. Klar, du hast in einer besseren Gegend gewohnt, du hast dich eleganter gekleidet, und du bist mit Leuten umgegangen, die gutes Englisch gesprochen und gewußt haben, welche Gabel man benützt, und Urlaub in Südfrankreich gemacht haben. Aber ganz tief drinnen sind deine Bande und du auch nicht anders als die Männer gewesen, die ich seit meiner Kindheit bei uns zu Hause hatte ein- und ausgehen sehen. Du hast den Staat betrogen, du hast die Cops bestochen, du hast hochnäsig auf Leute wie meinen Vater herabgesehen, selbst während du mit ihnen Geschäfte gemacht hast. Manchmal hast du sie sogar hinter Gitter gebracht, nur um ihnen zu zeigen, wer der Boß ist.«
Lois bebte vor Zorn. »Habe ich dich verlassen, als mir das alles klar geworden ist? Ich hätte es tun sollen, aber ich hab's nicht getan. Ich habe deine Heuchelei ertragen, und ich habe über deine Hurerei und deine Betrügereien und deine Gaunereien hinweggesehen. Nicht um meinetwillen, sondern um meines Vaters willen. Damit ist jetzt Schluß. Sieh dich doch an!« fauchte Lois mit aller Verachtung, zu der sie fähig war. »Du bist kein Mann! Du bist ein Nichts!«
Meredith stand auf. In seiner rechten Hand hielt er plötzlich eine Pistole. »Ich werd' dir zeigen, wer ein Nichts ist«, sagte er drohend.

Rick hatte einen Arm um Lois gelegt. Sein rechter Arm war frei, aber nicht frei genug. »Stecken Sie das Ding weg, bevor jemand zu Schaden kommt, Senator«, sagte er, während er nach der Fünfundvierziger in seiner Tasche griff.

»Dazu fehlt dir der Mumm, du billiger Ganove«, sagte Lois.

Meredith zielte nur kurz. Er traf Lois mitten in die Brust. Sie war tot, bevor sie über dem Schreibtisch zusammenbrach.

Ricks Gegenschuß fand schnell und treffsicher sein Ziel und beförderte Meredith aus dem Sessel, auf den Fußboden und in die Ewigkeit.

Rick Blaine war plötzlich allein und hielt Lois in seinen Armen wie an jenem endlos lange zurückliegenden Tag, an dem er in der Hochbahn die Second Avenue entlanggefahren war, um seiner Mutter einen *knish* zu kaufen. Nur war er diesmal nicht imstande, sie wiederzubeleben.

Er küßte sie, als Abie Cohen mit seiner Pistole in der Hand hereingestürmt kam. Abie sah Robert Meredith tot auf dem Teppich und Lois Meredith tot in Ricks Armen liegen. »Jesus, Boß«, sagte Abie.

»Sieh nach, ob mit Solly alles in Ordnung ist«, wies Rick ihn an. »Sofort!«

»Er ist oben in der Bronx«, erklärte Abie ihm. »Sobald er heute morgen die Zeitungen gesehen hat, ist er abgehauen.«

»Ist Tick-Tock bei ihm?«

»Keine Ahnung. Tick-Tock hab' ich den ganzen Tag noch nicht gesehen.«

Irgendwas war hier faul. Wie lange brauchte man überhaupt bis zum Concourse? Von Harlem aus konnte die Fahrt selbst um diese Tageszeit nicht länger als zwanzig Minuten dauern; man brauchte nur über die 125th Street zur Third Avenue zu rasen und über die Brücke in die Bronx hinüberzufahren – und schon war man am Grand Concourse im Neuen Jerusalem. Mit gezogener Waffe, wenn es sein mußte.

Rick stand auf und ließ Lois zum letzen Mal aus seinen Armen gleiten. So endete es, wenn man träge wurde, so mußte man für Leichtsinn büßen, so wurde man für Unachtsamkeit bestraft – das alles nur, weil man die Sünde begangen hatte, sich einzubilden, die gute Gesellschaft halte einen für ehrbar. Die gute Gesellschaft war noch immer Mrs. Astors Ballsaal, ganz unabhängig davon, wieviel dieser Ballsaal soff. Die gute Gesellschaft sorgte dafür, daß ihre Töchter eine gute Partie machten, und mußte nicht erleben, daß ihre Ehemänner mit Kerlen wie Salucci und Weinberg im Schlepp die Jagd auf sie eröffneten.

Salucci und Weinberg. Heute war Zahltag. Für beide lief die Uhr ab.

Cohen und Lowenstein und Tannenbaum, jeder mit seiner Gruppe: Abie in die Stadt zur Mott Street, Laz und Pinky auf die West Side, alle im Laufschritt, jeder mit vier bis fünf seiner besten Schützen. Spürt Salucci und Weinberg auf, schießt sofort, legt sie um. Stöbert sie in ihren Schlupfwinkeln auf – in der Mott Street, im Gebiet der alten Five Points, auf der Bowery, notfalls im Penthouse im *Waldorf-Astoria* –, aber stellt sie, erschießt sie und macht euch später Sorgen wegen möglicher Konsequenzen.

Den Safe zu leeren war das einzige, was noch zu tun blieb. Rick hatte das darin aufbewahrte Geld nie gezählt, weil der Gesamtbetrag ihn bisher nichts angegangen war. Das hatte sich jetzt geändert. Er würde Bargeld brauchen, massenhaft Bargeld.

Rick blätterte in den sorgfältig aufgestapelten Hunderterbündeln und stieß einen leisen Pfiff aus. Der Safe enthielt eine halbe Million Dollar, vielleicht sogar mehr. Dieses Geld hatte Solly für Lois zurückgelegt. Jetzt stahl es Rick. Er stopfte es in einen Koffer und stürmte hinaus.

Das letzte, was er von seinem Club sah, waren die Markise

und das Plakat am Eingang, das er erst neulich hatte drucken lassen. Dieses Plakat verkündete: *Heute abend höchstpersönlich – Lunceford und Hupfield, endlich wieder gemeinsam, mit Ihren Lieblingssongs – und dem Hit »As Time Goes By«! Mit Sam Waters am Klavier.*
Sechs Minuten später war er an der Broadway Bridge, was für Manhattan ein neuer Geschwindigkeitsrekord war, den die Cops zum Glück nicht mitbekommen hatten. Rick wollte ihnen nicht erklären müssen, warum er so raste oder was der Koffer mit einer halben Million Dollar im Kofferraum seines Wagens zu bedeuten hatte. Im Augenblick zog er es vor, seine Fünfundvierziger sprechen zu lassen. Falls es dafür nicht schon zu spät war.

KAPITEL ZWEIUNDDREISSIG

Renault hatte keine Zeit verloren, um unter der einheimischen Bevölkerung eine passende Gefährtin zu finden. Als er Rick kurz nach seiner Ankunft im Hotel nicht angetroffen hatte, war er den Laurenziberg hinaufspaziert – die Nachbildung des Eiffelturms zog ihn unwiderstehlich an – und hatte prompt die Bekanntschaft einer jungen Dame namens Ludmilla Maleeva gemacht. Nachdem er sie mit ein paar kleinen Luxusartikeln geködert und ihr vorgeschwärmt hatte, wie der richtige Eiffelturm aussah und wie herrlich Paris im Frühling sei, war es ihm gelungen, sie zu beschwatzen, mit ihm zu schlafen. Sie tat dies an jenem Nachmittag mit Begeisterung, wenn nicht sogar entzückt, denn in M. Boucher kam sie Paris so nahe, wie ihr das gegenwärtig überhaupt möglich war.

Ihre Leidenschaft sparte sie sich jedoch für Karel Gabčík auf, einen jungen Tschechen vom Lande, der nach Prag gekommen war, um hier zu studieren. Ludmilla setzte große Hoffnungen auf Karel – bis die Nazis die Universitäten schlossen. Nach den großen Studentendemonstrationen im September 1941 hatten die Deutschen neun Studenten erschossen und weitere 1200 in Konzentrationslager geschickt. Zum Glück gehörte Karel keiner dieser beiden Gruppen an; aber wie sein älterer Bruder Josef, der nach England geflüchtet war, um von dort aus weiterzukämpfen, blieb er in seinem Haß auf die Deutschen unbeugsam.

Ludmilla verstand nicht recht, was die Brüder Gabčík gegen die deutsche Besatzung hatten. Sie war nicht alt genug, um sich etwas daraus zu machen, ob sie in der Tschechoslowakei oder in Böhmen oder im Großdeutschen Reich lebte, solange sie nur glücklich war. Während im übrigen Europa der Krieg wütete, herrschte in Böhmen Frieden. Ihre schöne Heimatstadt Prag war weder bombardiert noch bei irgendwelchen Kämpfen zerstört worden. Natürlich waren die Lebensmittel rationiert. Aber es gab reichlich zu essen, sogar Fleisch, und das Bier floß weiter in Strömen. Wieviel schlimmer hätte alles sein können!

Trotzdem hatte sie bereits erfaßt, daß Informationen die neue Universalwährung waren. Deshalb hörte sie sehr aufmerksam zu, als Renault, nachdem er fast eine ganze Flasche Becherovka geleert hatte, sich in Andeutungen über eine wichtige Sache erging, die sich bald ereignen werde. Diese Mitteilung würde, dessen war sie sich sicher, Karel begeistern und sie in seiner Achtung steigen lassen. Sie wollte, daß Karel sie so liebte, wie er seine Heimat liebte. Sie stellte sich vor, wie sie Karel einen Tip gab, den er über das Netzwerk seines Bruders weitergeben konnte, was vielleicht dazu führen würde, daß sie eines Tages die Deutschen vertrieben und wie im Märchen glücklich und zufrieden bis an ihr Lebensende miteinander lebten. Der letzte Teil war ein kühner Traum, das mußte sie eingestehen, aber manchmal wurden kühne Träume selbst in Mitteleuropa wahr.

Sie war erst siebzehn, aber sie wußte genug, um zu wissen, daß das, was sie soeben erfahren hatte, sich zu wissen lohnte.

Am nächsten Abend war sie mit Karel in einer Kneipe in Bubeneč am Stadtrand von Prag verabredet. Es machte ihr nichts aus, dort hinauszufahren, um sich mit ihrem Geliebten zu treffen, denn sie trug ein neues Kleid, das der nette M. Boucher ihr gekauft hatte, und ein Paar französische Seidenstrümpfe, die er weiß der Teufel woher hervorgezaubert hatte. Es gefiel ihr, wie die Männer ihr bewundernd nachsahen, als sie die Straße entlangging, wie sie allein ihre weibliche Existenz zu genießen schienen. Ihre üppige Schönheit würde irgendwann verblühen, darüber war sie sich im klaren, aber

Ludmilla war entschlossen, sie sich möglichst lange zu bewahren und ihren Schnitt damit zu machen.

Karel, der mit einigen Freunden an einem Tisch saß, blickte auf, als sie hereinkam. Er sah sofort, daß sie ein neues Kleid trug. Gut, dachte Ludmilla. Soll er sich nur fragen, woher ich dieses Kleid habe. Soll er sich nur fragen, woher ich diese schönen Strümpfe habe. Er soll anfangen, sich mehr für mich als für Widerstand und Revolution zu interessieren.

Er küßte sie, als sie sich neben ihn setzte. Ludmilla gefiel, wie er nach frischem tschechischen Bier und starken Zigaretten schmeckte. Soviel besser als der kleine Franzose, der nicht mal eine einzige Flasche Becherovka schaffte, die jeder Tscheche, der etwas auf sich hielt, vor dem Abendessen leeren konnte – bevor die eigentliche Trinkerei begann.

Ludmilla kam sofort zur Sache.

»Karel«, sagte sie halblaut, »in Prag passiert bald was.«

Karel vermied es sorgfältig, irgendeine Reaktion zu zeigen. »Was denn?« fragte er ruhig.

»Das weiß ich nicht«, antwortete sie. »Was ganz Großes.« Ihre Stimme sank zu einem Flüstern herab. »Eine Bombe!«

Das mit der Bombe hatte sie selbst dazuerfunden, aber es klang gut. In Wirklichkeit hatte M. Boucher überhaupt nichts von einer Bombe gesagt, sondern nur etwas von einem Ereignis gemurmelt, das die Welt erschüttern werde, irgendwas von Waffen und Tod, bis er im nächsten Augenblick eingeschlafen war, so daß sie sich unter ihm hatte herauswinden müssen, dem Schwein. Dabei sollten die Franzosen doch so tolle Liebhaber sein.

»Pst!« Karel zog ihr Gesicht zu sich heran und gab vor, sie zu küssen. »Wer hat dir das erzählt?« flüsterte er kaum hörbar.

Sie sah die Besorgnis in seinen Augen, als sie so dicht vor ihren waren. »Ein Franzose, den ich gestern kennengelernt habe«, gestand sie.

»Hast du mit ihm geschlafen?« fragte Karel, dessen Stimme eher besorgt als eifersüchtig klang. »Hat er's dir dabei erzählt? Im Bett?«
»Ja«, gab sie trübselig zu.
Karel Gabčík war bereit, vorerst über Ludmillas Treulosigkeit hinwegzusehen. Das Unternehmen seines Bruders war viel wichtiger. Konnte sie das Unternehmen Henker meinen? Was denn sonst?
Nach rascher Befragung entschuldigte er sich unter irgendeinem Vorwand, stand vom Tisch auf und lief zu seinem Fahrrad hinaus. Die anderen Männer in der Kneipe sahen, daß Ludmilla allein zurückblieb, und Ludmilla sah sie. Nach einer kurzern Anstandsfrist war sie nicht länger allein.
Karel war eine Stunde lang keuchend gestrampelt, als er das Bauernhaus in Lidice erreichte. Als ersten sah er dort Victor Laszlo, der nachdenklich rauchend zum Himmel aufblickte.
»Pan Laszlo!« rief Karel halblaut. Er brachte es nicht über sich, den berühmten Widerstandskämpfer »Victor« zu nennen.
Laszlo, der in Gedanken versunken war, geruhte schließlich, Notiz von ihm zu nehmen. »Was gibt's, mein Junge?« fragte er.
Falls Laszlo nervös ist, dachte Karel, läßt er sich nichts anmerken. Karel hoffte, er werde so tapfer wie Victor Laszlo sein, wenn es an ihm sein würde, einen gewaltigen Schlag gegen die Unterdrücker zu führen.
Er berichtete atemlos, was Ludmilla ihm erzählt hatte. Sein Respekt vor Victor Laszlo war so groß, daß er keine Einzelheit von Ludmillas Liebelei mit dem Franzosen ausließ, obwohl es ihm peinlich war, darüber zu reden.
Trotz des Aufruhrs, der in seinem Inneren herrschte, dankte Victor dem jungen Mann gelassen für seine Geistesgegenwart und seine Loyalität, die er durch sein promptes Kommen unter Beweis gestellt habe. »Darüber darfst du mit keinem Men-

schen reden, verstanden?« ermahnte er ihn. »Mit niemandem. Und sorg dafür, daß auch deine Ludmilla den Mund hält.«
Der junge Mann schwang sich in panischer Angst auf sein Rad und verschwand in Richtung Großstadt.
Das mußte Renault gewesen sein; nur er kam dafür in Frage. Dieser eitle, angeberhafte, aufgeblasene kleine Narr! Konnte er nicht mal einen Tag lang auf die Freuden weiblicher Gesellschaft verzichten? Nicht mal eine Stunde lang? Der Teufel sollte ihn holen!
Laszlo überlegte angestrengt. Das Unternehmen Henker mußte wie geplant stattfinden; das stand für ihn fest. Er hatte Blaines Nachricht durch einen Kurier der Untergrundbewegung erhalten, und sein Team war bereit, am frühen Morgen aufzubrechen. Sie hatten zuviel Vorarbeit geleistet, um jetzt aufzugeben. Sie hatten alles zu sorgfältig geplant, um sich durch eine unvorsichtige Äußerung aufhalten zu lassen. Sie hatten schon zuviel riskiert, um sich von einem törichten kleinen Franzosen von der ruhmreichsten Tat der neueren tschechischen Geschichte abhalten zu lassen. Morgen früh würde Reinhard Heydrich sterben, so sicher sterben, wie die Sonne aufgehen würde, um Zeugin seines Todes zu werden.

KAPITEL DREIUNDDREISSIG

New York, 23. Oktober 1935

Rick erreichte die Kreuzung zwischen dem Grand Concourse und der McClellan Street einige Straßenblocks nördlich des Bronx County Courthouses und des Yankee-Stadions in erstaunlich kurzer Zeit. Das Apartmentgebäude war ein großer, imposanter, von Reichtum kündender Bau, der stolz die Westseite des breiten Boulevards beherrschte: ein den Immigranten gehörender Teil des amerikanischen Paradieses. Er parkte seinen Wagen vor dem Eingang, ohne sich um hier etwa drohende Gefahren zu kümmern.

Die Tür von Mrs. Horowitz' Wohnung stand sperrangelweit offen. Rick zog seine Pistole und trat über die Schwelle.

Irma Horowitz saß auf der Couch. Ihre Couch war die einzige noch vorhandene Sitzgelegenheit. Der Rest des Raums – sogar der Rest des Apartments – sah aus, als habe ein Wirbelsturm gewütet. Möbel waren umgestürzt, Bilder von den Wänden gerissen, Schubladen ausgeleert und Teller zerschlagen worden. Mitten im Wohnzimmer lag ein Toter mit einer Schußwunde am Hinterkopf. Er lag mit ausgebreiteten Armen und Beinen auf dem Teppich, als habe er sich plötzlich als Kunstspringer im Trockenen versucht. Sein Revolver lag einen Viertelmeter von seiner ausgestreckten rechten Hand entfernt. Im Auge des Sturms saß Irma ruhig da und redete leise mit sich selbst.

»Mrs. Horowitz«, sagte Rick drängend. Er hatte sie nie Irma genannt und wollte auch jetzt nicht damit anfangen. Außerdem wußte er nicht einmal, ob sie ihn überhaupt erkannte. Ihre Augen standen offen, aber sie stierte blicklos geradeaus.

Er beugte sich über die vor Entsetzen starre Frau. »Wo finde ich Solly?« fragte er. Dann fiel ihm ein, daß Irma kein Englisch verstand, jedenfalls nicht viel. »*Wo ist Solly?*«

»*Weg*«, murmelte sie.

»*Wo?*« wiederholte er.

Sie antwortete nicht. Vielleicht wußte sie's nicht. Vielleicht hatte das ihr das Leben gerettet.

Mit geübtem Blick erkannte Rick sofort, was hier passiert sein mußte. Auf der Jagd nach Solly war ein Team von Saluccis Killern in Irmas Apartment eingedrungen. Da es nicht mal Saluccis Jungs eingefallen wäre, eine alte Frau in ihrem eigenen Wohnzimmer zu erschießen, hatten sie sich damit begnügt, das Apartment zu verwüsten und sie zu terrorisieren, bis ihnen das zu langweilig geworden war, und sie wieder gegangen waren, nachdem sie einen der ihren als Wache zurückgelassen hatten. Solly mußte sich irgendwo versteckt haben oder unmittelbar nach dem Killerteam eingetroffen sein. Jedenfalls hatte er offenbar gewartet, bis seine Chancen besser waren; dann hatte er den Wachposten von hinten erschossen und war verschwunden, um seine Rache zu planen.

Er hatte eine ziemlich gute Vorstellung davon, wo Solly jetzt steckte. Nicht angstvoll in irgendeinem Schlupfloch verkrochen, das nicht mal Rick kannte. Auch nicht allein mit einer Sammlung von Waffen und einer Matratze als einzigem Komfort auf der West Side in einer Wohnung im zweiten Stock verschanzt. Nein, wie er Solly kannte, war er in dem ehemaligen Speakeasy beim City College, in dem er sich sicher fühlte.

Tick-Tock war vermutlich bei ihm, und die beiden warteten auf Salucci. Er mußte zusehen, daß er hinkam, bevor es zu spät war.

Für Irma konnte er im Augenblick nicht viel tun. Finanziell wurde sie gut versorgt – aber was war, wenn Solly etwas zustieß? Was war, wenn ihm bereits etwas zugestoßen war? Rick

hatte ein paar tausend Dollar in der Tasche; dieses Geld drückte er der teilnahmslos dasitzenden Frau jetzt in die Hände. Es war nicht viel, aber es würde vorerst reichen müssen. Dann nahm er den Telefonhörer ab und rief zum erstenmal in seinem Leben die Polizei an. Schließlich wußte er nicht, ob Saluccis Killer zurückkommen würden.
Er küßte Irma zum Abschied leicht auf die Wange. Sie beachtete ihn überhaupt nicht. Als er hinausging, wurde ihm mit Schaudern klar, daß sie den Kaddisch, das jüdische Trauergebet, murmelte.
Er raste über den East River nach Harlem zurück.
Die Eingangstür des ehemaligen Speakeasies stand offen, als Rick daran vorbeifuhr. Er sah keine Cops auf der Straße, was bedeutete, daß ein etwaiger Überfall erst vor sehr kurzer Zeit stattgefunden haben konnte.
Augenblick! Irgend etwas stimmte nicht. Etwas an diesem näherkommenden Wagen war verdächtig. Ein Wagen mit vier Insassen, ausschließlich Männer.
Rick fuhr rasch um den Block und parkte abseits der Straße auf einem Parkplatz, wo sein Auto nicht auffallen würde – vor allem Gangstern aus downtown nicht, die Harlem nicht kannten. Er sprang aus seinem Wagen.
Der Wagen, ein großer Chrysler CA Brougham, parkte mit laufendem Motor direkt vor der Kneipe. Sein Fahrer hatte nur Augen für die Eingangstür. Er merkte gar nicht, daß Rick an das heruntergekurbelte Fahrerfenster trat.
Rick knallte dem Mann die Mündung seiner Waffe an den Kopf und drückte ab. Dann spurtete er dicht hinter Saluccis Männern durch die Tür. Vor seinen Augen geschah folgendes:

Solly, der an seinem rückwärtigen Stammtisch saß, griff nach seiner Pistole.
Keine Spur von Tick-Tock.

Die drei Killer zogen ihre Waffen, als sie voranstürmten.
Solly traf den ersten Heranstürmenden ins Gesicht.
Der zweite Mann schoß, ohne stehenzubleiben.
Sein erster Schuß traf Solly in den Hals.
Tick-Tock tauchte aus dem Hinterzimmer auf.
Solly schoß blutüberströmt weiter.
Der zweite Mann ging, von einem tiefen Schuß im Oberschenkel getroffen, zu Boden.
Rick schoß auf den zweiten Mann und verfehlte ihn, weil er schon zu Boden gegangen war.
Tick-Tock riß seine Waffe hoch, zielte damit aber nicht auf die Angreifer, sondern auf Solly.
Der dritte Mann schoß, traf Solly in den linken Arm und drehte sich zu Rick um.
Rick war schneller und holte den Mann mit einem Schuß von den Beinen.
Tick-Tock schoß auf Solly, traf ihn.
Solly sackte auf seinem Stuhl zusammen.
Tick-Tock schoß nochmals.
Solly zuckte, als die letzte Kugel ihn traf.
Rick schoß auf Tick-Tock.
Tick-Tocks Gehirnmasse verteilte sich über die Wand hinter seinem Kopf.
Horowitz lag mit dem Oberkörper auf dem Tisch. Er lebte noch, aber nicht mehr lange.

»... Hundesöhne-Bastarde«, knurrte Solly mit blutverschmierten Lippen, als Rick ihn erreichte. Er hatte Blutblasen vor dem Mund, die auf einen Lungenschuß hinwiesen, der das Ende bedeutete.
Horowitz hatte Mühe, seine Augen auf Ricks Gesicht zu richten.
»Lois«, sagte er mit schwacher Stimme und fragendem

Blick. Rick brachte es nicht übers Herz, ihm die Wahrheit zu sagen.
»Ich kümmere mich um sie, Sol«, versprach er ihm. »Ich passe in Zukunft wirklich gut auf sie auf.«
Solomon Horowitz zuckte noch einmal zusammen, dann starb er in Yitzik Balines Armen.
Rick hielt seinen toten Boß an sich gedrückt. Draußen auf der Straße nahm er undeutlich Stimmengewirr wahr. Vor der Kneipe liefen die Leute zusammen.
Am anderen Ende des langen Raums starrten Gesichter durchs Fenster herein: schwarze Gesichter, auf denen Neugier und Angst im Widerstreit lagen. Rick sah sie ausdruckslos an.
Irgendwo im Raum war ein Stöhnen zu hören. Das war der zweite Mann, der nach seiner Pistole tastete. Er versuchte aufzustehen, aber seine Beine gehorchten ihm nicht mehr. Rick blickte zu ihm hinüber, er kannte ihn jedoch nicht. Er hatte es auch nicht erwartet.
Er ließ Solly behutsam zu Boden sinken. Dann richtete er sich auf und lud seine Waffe nach, während er auf den Angeschossenen zuging.
»Wo ist Salucci?« blaffte er. Die schwarzen Kinder, die durch die offene Tür gegafft hatten, zogen ihre Köpfe ein.
Der Killer hatte seine Pistole fast erreicht, als Rick sie mit einem Tritt wegbeförderte und mit dem Absatz auf die Finger des Mannes trat. Mindestens einer brach knackend.
»Wo ist euer Boß?« fragte Rick, zog den Hammer seiner Pistole zurück und zielte auf den Kopf des anderen.
Der sterbende Killer versuchte, etwas Speichel auf die Lippen zu bekommen, aber das gelang ihm nicht.
»Ich frage dich zum letztenmal«, sagte Rick.
Er spuckte. Rick schoß.
»Ganz wie du willst«, erklärte er dem Toten.
Er verschwand durch den Hinterausgang und war auf dem

Weg zu seinem Auto, als er eine vertraute Stimme hörte. »Mr. Richard«, sagte sie, »hierher!«
Das war Sam am Steuer des zweitürigen Buick-Coupés Series 50, das Rick ihm zu Weihnachten geschenkt hatte. Auf dem Rücksitz saß aufgeregt und ängstlich der kleine Ernie Cohen.
»Nach 'nem Farbigen sucht bestimmt niemand, Boß«, sagte Sam. »Steigen Sie ein, und machen Sie sich klein.«
Rick gehorchte wortlos. Sam gab Gas und fuhr mit quietschenden Reifen an. »Wohin?«
»Möglichst weit weg, Sam«, sagte Rick, der zusammengesunken neben ihm saß.
»Gut«, meinte Sam. »Da wollte ich schon immer hin.«
»Aber erst müssen wir in die Mott Street.«
O'Hanlon in seinem Penthouse in der West 34th Street erledigen zu wollen wäre zwecklos gewesen. O'Hanlon war viel zu clever, um dort herumzusitzen und darauf zu warten, daß jemand auftauchte, um ihn abzuknallen. Nachdem er Unruhe gestiftet hatte, genoß er den Aufruhr bestimmt von irgendeinem sicheren Beobachtungspunkt aus. Verdammt, Rick traute O'Hanlon sogar zu, daß er jetzt im Büro des Polizeipräsidenten in der Centre Street saß, mit dem Chief eine Zigarre rauchte und sich mitfühlend darüber ausließ, wie schwierig es heutzutage sei, Recht und Ordnung zu wahren.
Aber Salucci war nicht so clever und nicht so gut. Das hoffte Rick zumindest.
Er hatte sich getäuscht. Im Straßenblock vor der Mott Street fiel ihm Abie Cohens geparkter Wagen auf. Dann sah er Abie darin sitzen. Abie fehlte ein Auge, der größte Teil seiner Nase und fast alles Blut, das aus seiner durchschnittenen Kehle gelaufen war. Von Abie war keine Hilfe mehr zu erwarten – und von seinen anderen Jungs auch nicht, das wurde Rick schlagartig klar. Die Horowitz-Bande war erledigt.
Rick wollte nicht, daß Ernie seinen Vater so sah, aber seine

Reaktion kam zu spät. Ernie biß sich heftig auf die Unterlippe, aber er weinte nicht. Er war ein tapferer Junge, der nur das Pech hatte, innerhalb von zwei Minuten erwachsen werden zu müssen.

Rick legte seine Hand auf den Türgriff und wollte aussteigen, aber Sam hielt ihn zurück. »Dort dürfen Sie nicht rein, Boß«, sagte er. »Das wäre Selbstmord.«

»Ich bin in der Stimmung dafür, Sam«, sagte Rick.

Vor Saluccis Hauptquartier lungerten einige seiner Jungs herum und hielten Wache. Rick wußte, daß weitere Männer sich drinnen aufhalten würden. Vielleicht gelang es ihm, die Kerle am Eingang auszuschalten, aber wie sollte er auch nur in die Nähe Saluccis kommen, ohne in Stücke geschossen zu werden? Er hatte gesehen, wie James Cagney in *The Public Enemy* versucht hatte, es allein mit einer ganzen Bande aufzunehmen, und wie hatte er geendet? Durchsiebt. Rick sah zu dem Gebäude auf und wußte, daß Salucci irgendwo dort oben war, sich vermutlich gemeinsam mit Weinberg schieflachte und beide bereits dabei waren, das Imperium des Verrückten Russen unter sich aufzuteilen.

Sam hielt Ricks Handgelenk weiter mit seinen kräftigen Pianistenfingern umklammert. »Boß«, sagte er, »in welcher Stimmung Sie sind, ist mir egal, ich laß Sie nicht gehen. Versuchen Sie's trotzdem, müssen Sie mich zuerst erschießen. Daran führt kein Weg vorbei.«

Rick sah zu ihm hinüber. »Was geht dich das an?« fragte er.

»Mein guter Job geht mich was an«, antwortete Sam. »Gute Jobs sind heutzutage schwer zu kriegen, falls Sie's noch nicht gemerkt haben sollten.«

Rick ließ widerstrebend den Türgriff los. »Ich habe keinen Club mehr, Sam. Was bedeutet, daß du keinen Job mehr hast. Also bist du rausgeschmissen, schätze ich.«

Sam schüttelte erneut den Kopf. »Zum Teufel, Boß, das macht

nicht den geringsten Unterschied. Sie kriegen irgendwann 'nen anderen Club. Vielleicht bloß nicht hier, das ist alles.« Er fuhr wieder an. »Und rausgeschmissen bin ich auch nicht. Solange Sie leben, hab' ich 'nen Job – und wenn ich Ihnen bloß Angelunterricht gebe.«

Sie waren um die Ecke gefahren und in östlicher Richtung auf die Delancey Street abgebogen.

»Vielleicht hast du recht, Sam«, gab Rick zu, als ihr Wagen sich der Williamsburg Bridge näherte. Er drehte sich auf seinem Sitz um, blickte auf Manhattan und fragte sich, ob er es je wiedersehen würde.

»Manchmal gewinnen die guten Kerle nicht, Boß«, stellte Sam fest. »Wir sind hier nicht im Kino.«

Kurz bevor sie nach Brooklyn hinüberfuhren, forderte Rick Sam auf, er solle kurz halten. Er sprang aus dem Wagen, öffnete den Kofferraum und den Koffer und stopfte sich alle Taschen mit Geld voll. Dann ließ er die Kofferschlösser zuschnappen. »Steig aus, Junge«, forderte er Ernies Jungen auf.

»Komme ich nicht mit euch?« fragte Ernie.

»Nein. Du bist jetzt der Boß. Du mußt dich um alles kümmern. Vor allem mußt du dich um dich selbst kümmern. Hier, nimm diesen Koffer für mich mit.«

Rick gab Ernie den Geldkoffer. Wonach Salucci seine Leute auch suchen ließ – nach einem Jungen mit einem Koffer würden sie nicht Ausschau halten. »Den bringst du meiner Mutter«, wies er ihn an. »Sieh nicht hinein, nimm ihn einfach und geh. Du weißt doch, wo sie wohnt, nicht wahr?«

Ernie nickte. »East Sixty-eighth.«

»Richtig«, sagte Rick. »Und die sind für dich.« Er gab Ernie tausend Dollar, eine Menge Geld, das unter den Bedingungen der Weltwirtschaftskrise sehr lange reichen würde. »Bring es nicht mit Pferdewetten durch. Geh sparsam damit um. Unterstütz deine Ma. Versuch, in Zukunft ehrlich zu bleiben. Du wirst froh sein, wenn du's tust.«

»Wird gemacht, Rick«, sagte Ernie, der sichtlich mit den Tränen kämpfte. Der Junge war in Ordnung. Rick tätschelte ihm den Kopf, dann schob er ihn in Richtung Third Avenue, wo die Straßenbahn fuhr.

»Noch was, Ernie!« rief er ihm nach. »Kauf meiner Mom einen *knish*, okay?«

Sie fuhren den ganzen Tag durch und erreichten am späten Abend Boston. Am nächsten Morgen kaufte Rick auf seinem Weg zu der Schiffahrtsagentur, bei der er zwei Passagen nach Le Havre buchen wollte, den *Boston American*, eine Hearst-Zeitung, die Winchells Artikel brachte.

ACHT TODESOPFER BEI SCHIESSEREI IM GANGSTERMILIEU

Senator Meredith und sieben weitere
Personen sterben bei Machtkampf zwischen Gangstern

In einem in der Geschichte New Yorks bisher einmaligen Ausbruch von nackter Gewalt zwischen verfeindeten Gangstern sind gestern der erfolgsverwöhnte State Senator Robert Haas Meredith, seine Ehefrau und sechs Gangster in einem Kugelhagel gestorben.

Die Schießereien haben sich an zwei Schauplätzen in Harlem ereignet: im Tootsie-Wootsie Club und in einem Lokal in der Nähe des City Colleges.

Außer Senator Meredith sind dabei seine Ehefrau Lois sowie Solomon Horowitz, der Gangsterkönig von Upper Manhattan und der Bronx, ums Leben gekommen.

In unserer gestrigen Kolumne haben wir berichtet, der Senator werde beschuldigt, über Jahre hinweg in zahlreiche dunkle Geschäfte mit dem Gangster Lorenzo Salucci verwickelt gewesen zu sein.

Wir freuen uns jedoch, heute berichtigen zu können, daß die uns übergebenen Schriftstücke nach Auskunft hochgestellter Informanten in New York und Albany Fälschungen waren, die Yitzik »Rick« Baline, der verärgerte Manager des Tootsie-Wootsie Clubs, bei seinem fehlgeschlagenen Versuch, den Senator zu erpressen, ihm zudem seine Frau wegzunehmen und sich schließlich zum Herrscher über Horowitz' Gangsterimperium aufzuschwingen, in Umlauf gebracht hat.
Die Polizei hat Baline als Hauptverdächtigen für die Ermordung von Mr. und Mrs. Meredith benannt, deren von Kugeln durchsiebte Leichen in Balines Büro im Tootsie-Wootsie Club aufgefunden wurden. Die Polizei vermutet, daß das Ehepaar Meredith dort hingefahren war, um Baline mit den Fälschungen zu konfrontieren, und eiskalt ermordet worden ist.
Baline gilt auch als Hauptverdächtiger im Mordfall Horowitz. Außerdem soll er aus dem Safe des Clubs einen beträchtlichen Geldbetrag gestohlen haben, um seine Flucht finanzieren zu können.
»Wir fassen ihn sehr bald«, versichert Polizeipräsident Thomas J. O'Donaghue zuversichtlich. »Wir jagen ihn wie einen tollwütigen Hund. In diesem unseren großen Land gibt es keinen Ort, an dem er sich sicher wähnen kann.«

Typisch Winchell, dachte Rick: Abie Cohen und den Überfall in der Bronx hat er einfach unterschlagen. Er warf die Zeitung in den nächsten Papierkorb. Mehr brauchte er gar nicht zu lesen.
»Auf welche Namen soll ich die Passagen buchen, Sir?« fragte der Angestellte der Schiffahrtsagentur.
Rick überlegte kurz. Wenn der Komponist Isidore Baline sich als Irving Berlin wiedererfinden konnte, warum sollte er das nicht auch können? Der Vorname Rick stand bereits in seinem Paß, und es würde nicht weiter schwierig sein, zwei der

Buchstaben seines Nachnamens zu vertauschen. »Die erste ist für Mr. Sam Waters«, sagte er. »Die andere für Mr. Richard Blaine. Und ja, ich zahle bar.«

KAPITEL VIERUNDDREISSIG

Am 26. Mai 1942 fand in der Residenz des Reichsprotektors auf dem Hradschin eine glänzende Abendgesellschaft statt. Gefeiert wurden mit diesem Ball die Erfolge der Wehrmacht in der Sowjetunion. In weniger als einem Jahr hatten die deutschen Armeen die Russen auf einer fünfzehnhundert Kilometer breiten Front zurückgeworfen, waren bis vor die Tore Moskaus und Leningrads gelangt und standen bereit, die Rote Armee endgültig zu zerschlagen. Der Krieg im Osten würde sehr bald vorüber sein, und wenn dann ihr Lebensraum gesichert war, konnten die Deutschen sich dem wahren Feind zuwenden: den westlichen Demokratien.

Ilsa sah hinreißend aus. Ihr dunkelblondes Haar fiel bis auf ihre bloßen Schultern, und an einer Halskette trug sie einen spektakulären Brillanten, den Heydrich ihr für diesen Anlaß zur Verfügung gestellt hatte. Ihr knöchellanges Ballkleid mit einem gewagten Rückenausschnitt war scharlachrot.

»Aber am besten steht Ihnen doch sicher Blau, meine Liebe«, sagte Heydrich, als er sie begrüßte.

»Nein, nicht Blau«, widersprach sie. »Niemals Blau.«

Heydrich lachte. »Warum nicht? Blau ist die Farbe Ihrer Augen, die Farbe des bayrischen Himmels, die Farbe des Nordens, die Farbe des Ariers. Außerdem«, fügte er hinzu, »ist Blau auch die Farbe meiner Augen.«

Er stand so dicht neben ihr, daß sie seinen Atem auf ihrer Schulter spüren konnte.

Heydrich hielt ihr Zittern fälschlich für Begehren. »Ja, meine Liebe«, sagte er, »ich fühle es auch.« Er ließ seine Hände über die bloße Haut ihres Rückens gleiten. Diese zarte Haut, die ihn in so kurzer Zeit so vollkommen bezaubert hatte. Dieses

Fleisch, das er noch nicht gekostet hatte – was er jedoch bald, sehr bald nachholen wollte.

»Bitte, Reinhard«, sagte sie und wich ihm mit einer eleganten Bewegung aus. »Sie wollen doch, daß ich möglichst hübsch aussehe, nicht wahr?«

»Natürlich will ich das«, bestätigte er und trat in seiner soldatischen Art einen Schritt zurück, um sie zu bewundern. Was für eine herrliche Frau!

Gewiß, nach deutscher Auffassung waren die Slawen Untermenschen, aber von jeder Regel gab es Ausnahmen, und Tamara Toumanowa verkörperte ganz sicher eine. Außerdem war sie mit diesem Namen nicht wirklich eine Slawin, sondern eine Adlige. Sie konnte sogar ohne weiteres mit Kaiser Wilhelm II. verwandt sein. Als er sie jetzt genauer betrachtete, war er davon überzeugt, mit seiner Theorie vollkommen recht zu haben. Reinhard Heydrich war stolz auf seine Fähigkeit, Angehörige der Herrenrasse zu erkennen, woher sie auch stammen mochten.

Sie war nicht wie andere Frauen. Er fand kein Vergnügen daran, die anderen zu erobern; sie stellten keine Herausforderung dar, weil sie ihm nicht widerstehen konnten. Sie hatten alle Angst vor ihm, weil sie das Schlimmste befürchteten, wenn sie sich ihm verweigerten. Früher hatte er geglaubt, ein unerschöpflicher Vorrat an willigen Frauen müsse die höchste Form des Vergnügens sein, aber dann hatte er rasch den Geschmack daran verloren. Es war nicht anders, als stehe man einem Gegner gegenüber, der sich nicht wehrte, der sich so schnell ergab, daß keine Zeit blieb, seine Niederlage zu genießen, der versuchte, einem die Hand zu küssen, noch während sie zum Schlag gegen ihn erhoben war. Der einem das Vergnügen raubte, ihn zu schlagen. Für solche Leute, gleichgültig ob Männer oder Frauen, hatte der Reichsprotektor für Böhmen und Mähren nur bitterste Verachtung übrig.

Sie waren keine Menschen. Sie waren Tiere und verdienten es, als solche behandelt zu werden.
Tamara hatte ihm jedoch widerstanden. Sie schien keine Angst vor ihm zu haben. Die meisten Frauen, die mit ihm schliefen, taten es wegen seines Amts, nicht wegen seiner Persönlichkeit. Bei ihr könnte das anders sein, vermutete er.
Bevor er sich von Fräulein Toumanowas Schönheit allzu sehr hinreißen ließ, dachte er jedoch wieder daran, daß Deutschland gegen Rußland Krieg führte und sie nach dem Sieg vermutlich wie alle ihre Landsleute würde leiden müssen. Schade, aber leider nicht zu ändern. Außerdem waren die Deutschen angewiesen worden, das Wort »Mitleid« aus ihrem Wortschatz zu streichen. Es war schwach, es war westlich, es war jüdisch. Unbarmherzigkeit mußte das Merkmal der Neuen Weltordnung sein, um zu verhindern, daß die Welt eine geringe Meinung von ihrem Eroberer hatte.
»Sehen Sie den Turm dort drüben?« fragte er, indem er aus dem Fenster über den Burghof zeigte. »Er hat früher als Gefängnis gedient; vielleicht wird es irgendwann notwendig werden, ihn zu reaktivieren. Er heißt Daliborka-Turm nach seinem berühmtesten Insassen, der dort als zum Tode Verurteilter viele Monate lang eingekerkert war, bis über seine Hinrichtung entschieden wurde. Um sich zu trösten, hat Dalibor jeden Tag stundenlang Violine gespielt; er soll so wunderschön gespielt haben – das behauptet die Sage, aber diese Slawen sind so sentimental –, daß Menschen aus der ganzen Stadt gekommen sind, um ihn zu hören. Am Tag seiner Hinrichtung sind Tausende zusammengeströmt, um ihn sterben zu sehen und seinen Tod zu beweinen.«
»Bestimmt«, sagte Ilsa leise, »kann er nicht schöner gespielt haben als Sie.«
»Aber«, fragte Heydrich, »werden am Tag meines Todes so viele weinen?«

Nein, dachte Ilsa, aber sie sagte etwas anderes. »Wir wollen uns diesen erfreulichen Anlaß nicht mit solchen morbiden Gedanken verderben. Müssen wir jetzt nicht unsere Gäste begrüßen?«
Deswegen zog er Tamara allen anderen Frauen vor, die ihm zur Verfügung gestanden hätten. Weil sie sein Genie – jawohl, sein künstlerisches Genie – zu würdigen wußte, was nicht viele andere konnten. Es hatte geheißen – das hatten diese *Juden* in Halle gesagt –, er werde nie gut genug sein. Aber sie hätten ihn jetzt sehen sollen: Herrscher über alles, so weit sein Auge reichte, und mit der schönsten Frau Europas an seiner Seite.
Wie froh er war, sie an diesem wichtigen Abend neben sich zu haben! Zu den hohen Militärs und Parteifunktionären, die kommen würden, gehörten Generaloberst Keitel, Großadmiral Dönitz und Himmler, aber auch dieses österreichische Schwein Kaltenbrunner, das vermutlich noch im Schlaf gegen ihn intrigierte. Die wahren Generale, dachte Heydrich, während er sich davon überzeugte, daß an seinen Uniformknöpfen keine Poliermittelspuren zurückgeblieben waren, hatten leider nicht kommen können. Sie kämpften an der Ostfront: Männer wie Guderian, der Panzergeneral, und von Paulus, der gegenwärtig nach Stalingrad vorstieß – Männer, die den Kampf tatsächlich in die Reihen des Feindes trugen, statt in Berlin umherzustolzieren.
Er betrachtete sein Spiegelbild in seinen Schuhen.
An diesem Abend glänzten die Lichter auf dem Hradschin wie nie zuvor. Beim Abschied behaupteten die Gäste alle, noch nie eine so elegante Gesellschaft erlebt zu haben. Der Reichsprotektor wurde mit Lob überhäuft: wegen seiner illustren Gästeschar (trotz des Kriegs!), der aufgetischten Delikatessen (trotz des Kriegs!), der Eleganz der Damen (trotz des Kriegs!) und vor allem der Schönheit seiner Begleiterin, der geheimnisvollen Tamara Toumanowa, einer Nachfahrin des Herrschers al-

ler Reußen, deren Schönheit in Prag, in Böhmen oder, nach Meinung einiger Gäste (die vielleicht etwas zuviel Champagner getrunken hatten), sogar in ganz Deutschland nicht ihresgleichen hatte.
Wie wundervoll sie heute abend in ihrer scharlachroten Robe aussieht! versicherten ihm alle.
Was seine eigene Kleidung betraf, bevorzugte er Grau.

Vom anderen Ufer der Moldau aus sah Rick Blaine den Hradschin im Lichterglanz. »Amüsiert euch nur, ihr Nazischweine«, sagte er.
»Na, na, Ricky, nicht eifersüchtig sein«, sagte Renault, der eine Gauloise paffte. Wunderbar, dieser Name »Gallierin«, der ihn an sein Lieblingsthema erinnerte. »Bestimmt sind dort oben viele ausgesucht schöne Frauen versammelt. In glücklicheren Zeiten wäre es unsere Aufgabe gewesen, sie hier herunterzulocken.« Er lachte bitter, mehr über sein früheres Ich als über etwas anderes. »Der Gedanke, daß deutsche Hände diese herrlichen Wesen berühren ... ein Verbrechen wider die Natur, wenn Sie mich fragen.«
Aber Renault merkte, daß sein Freund gar nicht zuhörte. »Nun, dann gute Nacht. Achten Sie darauf, daß Sie heute nacht genügend Schlaf bekommen. Ich habe den Verdacht, daß uns morgen ein anstrengender Tag bevorsteht.«
Rick sagte kein Wort, als Renault ging, sondern starrte weiter zur Burg hinauf, bis die letzten Lichter erloschen und alle nach Hause ins Bett gegangen waren.

In dieser Nacht kehrte Ilsa Lund mit Reinhard Heydrich in seine Villa zurück. Ihr blieb nichts anderes übrig.
»Möchten Sie noch etwas trinken?« fragte er, ohne ihre Antwort abzuwarten. Einer der Diener hatte bereits zwei Gläser Champagner eingeschenkt.

Ilsa wollte keinen, aber sie hielt es für besser, jetzt nicht abzulehnen. Auf dem Ball war sie gut zurechtgekommen, indem sie an jedem Glas nur genippt und den restlichen Inhalt unauffällig in den nächsten Blumenkübel gekippt hatte. Sie wußte, daß es darauf ankam, hellwach zu bleiben.
Sie stießen miteinander an. Ilsa überließ es ihm, einen Toast auszubringen. »Auf die schönste Gastgeberin des Reichs«, sagte Heydrich.
»Auf einen wundervollen Ball«, sagte sie, als ihre Gläser sich berührten.
Sie tranken schweigend.
»Noch ein Glas?« fragte Heydrich und winkte dem Diener.
»Nein, danke«, wehrte sie lächelnd ab. »Champagner steigt mir in den Kopf, und ich habe schon zuviel davon getrunken.« Sie warf ihren Sektkelch in den offenen Kamin und hörte befriedigt, wie das Glas zersplitterte.
Heydrich folgte ihrem Beispiel. »Bestes mundgeblasenes Glas aus Rattenberg in der Ostmark.« Er lachte, als er den neuen Namen der Nazis für Österreich benützte. »Wie mühelos wir es zu Staub werden lassen!«
Er ließ sich in einen Sessel fallen und beobachtete Ilsa abschätzend, fast lauernd. Er war ziemlich betrunken und sehr gefährlich. Sie war stocknüchtern und noch gefährlicher.
»Stellen Sie sich ans Fenster, damit ich Ihre Schönheit im Mondschein bewundern kann«, forderte Heydrich sie auf. Er wandte sich an seinen Butler. »Sie können gehen, Ottokar«, erklärte er ihm. »Sagen Sie dem Personal, daß es zu Bett gehen kann. Ohne Ausnahme.« Der Diener hob den Arm zum Deutschen Gruß und verließ, mit einer tiefen Verbeugung, rückwärtsgehend den Raum.
Nun waren sie allein, und Ilsa fühlte sich bei seinem Anblick an einen Jäger erinnert, der seine Beute belauert. »Sehen Sie, wie das Deutsche Reich seinen zukünftigen Führer grüßt?«

»Seinen Führer?« fragte sie leichthin. »Aber Sie wollen doch nicht etwa andeuten ...«

»Nein, nein«, wehrte Heydrich lachend ab, »Adolf Hitler fehlt nichts. Möge er hundert werden! Aber der Führer ist ein weiser Mann, der sich bewußt ist, daß selbst der größte Führer einen Nachfolger braucht. Ich kann mit Stolz sagen, daß er mir Grund zu der Annahme gegeben hat, daß in seinen Augen und seinem Herzen ich dieser Mann bin. Und ich bin entschlossen, mich dieser Ehre würdig zu erweisen. Stellen Sie sich die Riesenchance vor, das ruhmreiche Werk Adolf Hitlers, des größten Feldherrn aller Zeiten, fortzuführen!«

Sie erhaschte ein herablassendes kleines Lächeln und erkannte in diesem Augenblick die ganze Wahrheit: Selbst wenn sie wirklich Tamara Toumanowa gewesen wäre, wenn sie wirklich einer der besten Familien Rußlands angehört hätte, wäre sie in seinen Augen doch nur eine Slawin, eine *Sklavin* gewesen, für die es niemals einen Platz in seiner Welt oder der von den Nazis propagierten Neuen Weltordnung hätte geben können.

Das Fenster stand offen, und die Mainacht war kühl. Ilsa zitterte in ihrer schulterfreien Robe. Heydrich stand auf und schlang einen langen Arm um ihre bebende Gestalt. »Was haben Sie, Schätzchen?« fragte er. »Sie haben nichts zu befürchten. Nicht unter meinem Schutz.«

Ihr war erschreckend klar, was sie antworten mußte. »Oh, das stimmt nicht!« rief sie aus. »Es gibt alles zu befürchten!«

Heydrich lachte sie gutmütig aus, als sei Ilsa ein Kind, das sich im Dunkeln fürchtete. »Aber, aber ...«, begann er – und kam nicht weiter.

»Sie werden Sie ermorden!« rief Ilsa.

»Wer?« fragte Heydrich. Er lachte, als ob er das alles nicht ganz ernst nähme.

»Die Partisanen«, erklärte sie ihm. »Auf Ihren Wagen soll ein

Bombenanschlag verübt werden, wenn Sie morgen zum Dienst fahren. Auf der Čechův-Brücke.«

»Auf der Čechův-Brücke, sagen Sie?« fragte Heydrich mißtrauisch. »Woher sollten sie wissen, daß ich vorhabe, meine bisherige Route zu ändern?«

Dies war der gefährlichste Augenblick. Wie vielen Personen hatte er von seinem Vorhaben erzählt? Falls sie die einzige war, war sie so gut wie tot. Bitte, lieber Gott, betete sie, laß es noch andere Leute geben.

Er riß Ilsa ruckartig zu sich herum. Seine Hände waren auf einmal nicht mehr zärtlich, und von seinen schmalen Lippen war das verächtliche Lächeln verschwunden. »Woher wissen Sie das?« fragte er scharf.

»In Ihrem Büro gibt's eine Verräterin«, behauptete sie. »Eine Frau, die Ihnen nahesteht. Sogar sehr nahesteht.«

Das mußte er glauben. Er *mußte* es einfach glauben.

Sie holte tief Luft. »Eine Frau, die beschlossen hat, Sie zu verraten: Frau Hentgen.« Damit hatte sie alles auf eine Karte gesetzt und konnte nur hoffen, Glück zu haben.

»Unmöglich!« widersprach Heydrich. »Frau Hentgen ist bei mir, seit ich in Prag bin. Sie ist eine bewährte Kraft. Warum sollte sie mich verraten?«

Er sprach mit Überzeugung, aber Ilsa erkannte das Mißtrauen, das in seinem Blick aufzuflackern begann. Sie brauchte es jetzt nur noch weiter anzufachen. »Sie ist neidisch auf Sie. Sie ist eifersüchtig auf mich. Sie ist eifersüchtig auf *uns.*«

»Pah!« schnaubte Heydrich. »Frau Hentgen ist über solch kleinliche Gefühlsregungen wie Eifersucht erhaben. Die sind was für weniger charakterfeste Frauen.«

Ilsa sah ihre Chance und schickte ein stummes Dankgebet gen Himmel. »Trotzdem ist sie eine Frau«, wandte sie ein. »Und Sie sind ein Mann. Der begehrenswerteste Mann des Dritten Reichs.«

Heydrich musterte sie mißtrauisch, während er zu entscheiden versuchte, was er glauben sollte. Sie fühlte, daß er dazu neigte, ihr zu glauben. Er brauchte nur noch einen kleinen Anstoß.

Den gab sie ihm jetzt. »Oh, Reinhard«, sagte sie. »Ich habe bis heute abend nicht gewußt, wie ich Ihnen von meinem Verdacht erzählen sollte. Ich hatte Angst, Sie würden mir nicht glauben. Ich brauchte einen Beweis. Seit heute nachmittag habe ich ihn.«

Sie faltete den Zettel auseinander, den Helena ihr gegeben hatte. »Den habe ich auf ihrem Schreibtisch gefunden. Sie muß ihn in der Eile vergessen haben.«

Der blaue Papagei. Unternehmen Henker. London benachrichtigen. Gefahr.

»Ich habe natürlich sofort Erkundigungen bei unseren Spitzeln eingezogen«, fuhr sie fort. »Obwohl die Einzelheiten noch unklar sind, steht fest, daß das ›Unternehmen Henker‹ ein von London aus gelenkter Attentatsversuch ist, für den in Prag ...«

Heydrichs Faust hämmerte mit solcher Gewalt an die Wand, daß Ilsa zusammenfuhr. »Die verdammte Sau!« brüllte er. »Etwas in dieser Art habe ich schon lange vermutet. Es hat immer wieder undichte Stellen, unerklärliche Sicherheitsmängel gegeben.« Er kniff die Augen zusammen. »Ich denke nur an den fehlgeschlagenen Einsatz im Böhmerwald. Wer hat die Kerle rechtzeitig gewarnt, daß wir kommen?«

Ilsa nahm das Stichwort auf. »Frau Hentgen«, sagte sie.

»Nein.« Heydrich schüttelte den Kopf. »Die Hentgen ist nur ein kleines Rädchen im Getriebe. Diese Verschwörung reicht viel höher hinauf.«

Er marschierte aufgebracht zwischen Tür und Fenster auf und ab. »Kaltenbrunner«, sagte er schließlich, während er heftig den Kopf schüttelte, als könne er sich so von seiner Benommenheit befreien. »Ich hätte wissen müssen, daß den Ostmärkern nicht zu trauen ist. Das sind geborene Verräter. Wenn ich mir vorstelle, daß er heute abend dagewesen ist, um meine Gastfreundschaft zu genießen, an meinem Tisch zu sitzen, meinen Wein zu trinken!«

Ernst Kaltenbrunner: dieser große, häßliche, pockennarbige Killer, dessen Anblick allen verhaßt war. Ein Sadist, von dem bekannt war, daß er seine Opfer gerne persönlich folterte. Der Stellvertreter, der nach dem Posten seines Chefs strebte. Der Mann, der gern Heydrich gewesen wäre.

»Ja, so muß es sein«, sagte sie mit Verschwörermiene. »Kaltenbrunner. Die Hentgen arbeitet mit ihm gegen Sie zusammen. Er haßt Sie und möchte Ihren Posten, aber er ist viel zu sehr ein Schakal, um zu versuchen, ihn Ihnen abzujagen. Deshalb arbeitet er mit den Engländern zusammen. Damit niemand auf die Idee kommt, ihn zu verdächtigen.«

Heydrich stürmte ans Telefon, das direkt mit dem Hradschin verbunden war. Er sprach nicht laut, aber sehr schnell und wütend.

»Ich habe befohlen, die Hentgen zu verhaften«, teilte er Ilsa mit, nachdem er aufgelegt hatte. »Sie wird morgen früh verhört. Gründlich.« Ein bösartiges Lächeln umspielte seine Lippen. »Wer weiß, vielleicht wird in meinem Vorzimmer bald eine leitende Stellung frei.«

»Was ist mit Kaltenbrunner?« flüsterte sie. Daß sie auch ihm alles denkbar Schlechte wünschte, brauchte sie nicht zu spielen.

»An den komme ich nicht ran«, antwortete Heydrich. »Vorläufig noch nicht. Aber bald.«

Er trat an den Barschrank, suchte darin herum und brachte zwei weitere Sektkelche zum Vorschein. Nachdem er mit unsicherer Hand Champagner eingegossen hatte, gab er einen davon Ilsa.

»Darauf müssen wir anstoßen«, sagte er. »Auf die verstorbene Frau Hentgen!« Er legte mit geschlossenen Augen den Kopf zurück und trank sein Glas mit einem Zug leer, so daß Ilsa Zeit hatte, ihren Champagner unbeobachtet aus dem Fenster zu kippen.

Sie trat rasch auf ihn zu, um ihn zu umarmen. »Wundervoll!« rief sie aus.

Zu ihrer Überraschung hob er beide Hände, um sie abzuwehren. »Vielleicht sollte ich Sie auch verhaften lassen«, knurrte er.

»Aber wieso?« keuchte Ilsa. In seinem Blick erkannte sie eine Mischung aus Begierde und Mißtrauen.

»RSHA-Chef bin ich nicht durch Sorglosigkeit und Leichtsinn geworden. Zeugen sollte man immer gründlich verhören. Eine unter meiner Aufsicht verbrachte Nacht täte uns beiden gut«, sagte er und bemühte sich, deutlich zu sprechen.

Er riß sie an sich. Er zerrte an ihrem Kleid, er küßte sie gewalttätig, er ließ seine Hände über ihren Körper gleiten.

Für einen Augenblick sah sie keinen anderen Ausweg, als ihn gewähren zu lassen. Was konnte sie noch tun. Heydrich saß jetzt in der Falle und mußte noch tiefer hineingelockt werden, bis er darin erstickte. Dann dachte sie an Victor. Dann dachte sie an Rick.

Sie schlug ihm mit aller Kraft ins Gesicht. »Schluß damit!« schrie sie. »Halten Sie mich denn für eine Ihrer Nutten?«

Er lockerte seinen Griff. »Sind das nicht alle Frauen?« fragte er hämisch grinsend.

»Wäre ich eine«, fragte sie sanft, »wäre ich bloß eine Nutte, würde Frau Hentgen mich dann so hassen?«

Er äußerte sich nicht dazu.

»Wäre ich bloß eine Nutte, würden Sie mich dann so begehren?«

Heydrich ließ sie los und sank auf die Knie. »Sie sind eine

Hexe«, seufzte er, »die mich verhext hat.« Er lachte verbittert. »Sehen Sie, wie der Reichsprotektor vor Ihnen kniet?«

Sie bemühte sich, ihren Abscheu zu tarnen, während sie ihm übers Haar fuhr.

»Lieben Sie mich?« fragte er.

»Würde ich sonst versuchen, Ihnen das Leben zu retten?« erwiderte sie.

Jetzt erkannte sie, was er in Wirklichkeit war. Die Maske der Bestie war von ihm abgefallen. Ilsa hatte keine Gewissensbisse mehr, wenn sie daran dachte, was mit ihm geschehen würde. Er würde den Gnadentod erhalten.

Sie beugte sich über ihn und hob sein Gesicht zu sich empor. Sein dumpfes Begehren war seine Achillesferse, und wie Paris vor Troja würde sie ihren Pfeil hineinschießen und ihn töten.

Ilsa ließ ihren Pfeil von der Sehne schnellen. »Hinter dem Anschlag steckt ein gewisser Victor Laszlo«, flüsterte sie.

Diese Worte zeigten die gewünschte Wirkung. Die Augen des Reichsprotektors funkelten wieder. »Laszlo!« fauchte er. »Dieser jämmerliche Schwächling. Dieser Feigling, der schon vor dem Klang meines Namens flüchtet! Der die gemeinsten Lügen über mich und das Reich verbreitet und sich dabei als Held fühlt! Den erwürge ich mit meinen bloßen Händen!«

Jetzt verstand sie endlich, weshalb Victor sie immer zu schützen versucht hatte. Und sie empfand eine plötzlich aufflammende Liebe für ihren Ehemann.

Heydrich kam unsicher auf die Beine. Sie fühlte seinen Atem auf ihrem Gesicht, roch sein Rasierwasser, sah seinen Haß und spürte seine Angst, als er sich haltsuchend an sie klammerte.

»Dieser Laszlo ist ein gefährlicher Mann«, stellte Ilsa fest. »Schicken Sie Ihre besten Leute zur Čechův-Brücke. Postieren Sie sie dort, damit sie Ausschau nach ihm halten. Unterdessen fahren Sie und ich morgen über die Karlsbrücke.«

Heydrich führte einen wütenden Boxhieb in die Luft. »Ich

laufe nicht vor ihm weg! Laszlo soll nicht glauben, daß ich Angst vor ihm habe! Der wahre Arier flieht vor niemandem!«

»Sie fliehen nicht«, versicherte sie ihm. »Sie ersparen den Menschen, die Ihnen in Liebe zugetan sind, ein schreckliches Erlebnis. Was macht es schon, ob Sie die Čechův-Brücke übermorgen oder übernächste Woche benützen? Im Tausendjährigen Reich ist das nur ein Wimpernschlag. Sie haben noch ihr ganzes Leben vor sich. Auf Victor Laszlo wartet der ewige Schlaf.«

Sein Blick zeigte Ilsa, daß er sich geschlagen gab. »Lieben Sie mich jetzt«, bat er.

»Nein«, wehrte sie ab. »Jetzt ist nicht die Zeit, zu lieben. Jetzt ist die Zeit, zu hassen.«

Er richtete sich, um Haltung bemüht, auf. »Sie haben recht«, sagte er. »Ein Deutscher muß schwache Empfindungen wie Wollust zugunsten größerer Leidenschaften zurückstellen. Ich werde meine Leute zur Čechův-Brücke schicken. Sie bleiben über Nacht hier und fahren morgen früh mit mir über die Karlsbrücke, damit ganz Prag den Reichsprotektor mit seiner Begleiterin sehen kann!«

Heydrich wünschte ihr steif eine gute Nacht. »Aber seien Sie gewarnt: Werden meine Leute auf der Čechův-Brücke nicht fündig, ist Ihr Leben verwirkt. Und passiert auf der Karlsbrücke etwas Verdächtiges, erschieße ich Sie eigenhändig!«

Er verbeugte sich förmlich vor ihr. »Schlafen Sie wohl, Fräulein Toumanowa.«

KAPITEL FÜNFUNDDREISSIG

Im Morgengrauen des 27. Mai 1942 wirkte die Prager Burg, als sei sie einem der Träume Franz Kafkas entsprungen. Dann fiel Rick ein, daß es gar kein Traum Kafkas, sondern ein Alptraum Kafkas gewesen war. Sein eigenes Erlebnis würde hoffentlich glücklicher ausgehen, aber Rick war nicht optimistisch.

Für Ende Mai war der Morgen ziemlich kühl. Um diese Zeit war hier niemand unterwegs. Es gab keine Autos auf den Straßen, keine unter dem Pflaster rumpelnden U-Bahnen, keine Zeitungsjungen, die Revolverblätter ausriefen, keine farbigen Putzfrauen, die sich todmüde zu ihren Familien heimschleppten, keine italienischen Gemüsehändler, die ihre Ware vor Geschäftsbeginn abspritzten, keine irischen Bahnschaffner, die in frisch gebügelten Uniformen zur Pennsylvania Station und dem Frühzug nach Baltimore unterwegs waren, nicht einmal Cops, die am Times Square müßig mit den Straßenmädchen der Spätschicht schwatzten und hungrig darauf warteten, daß die Bäckereien in einer Stunde aufmachten.

Hier ist alles anders als in New York, dachte Rick. Er hatte plötzlich schreckliches Heimweh.

Als er so dastand und zum Hradschin aufsah, fiel ihm eine Sage ein, die seine Mutter ihm als kleinem Jungen erzählt hatte. Die Geschichte des Golems von Prag, dieses mythischen Geschöpfs des Rabbi Löw, das er im mittelalterlichen Prag zum Schutz seiner Gemeinde ausgesandt hatte. Im Jiddischen bezeichnete *gojlem* auch einen ungebildeten, schwerfälligen Menschen, einen Roboter, einen Tolpatsch. Wie gut alle diese Bedeutungen auf ihn paßten! Schön, von diesem Augenblick

an würde Rick der zu neuem Leben erwachte Golem von Prag sein.
Endlich hatte er eine Sache gefunden, für die es sich zu sterben lohnte. Nur hatte er diesmal nicht die Absicht, es zu tun.

Ilsa wurde von einem von Heydrichs Dienstmädchen geweckt. »Der gnädige Herr ist ungeduldig«, sagte das Mädchen. »Der gnädige Herr ist immer ungeduldig.«
Der Wecker auf dem Nachttisch zeigte genau 7.00 Uhr. Sie würde sich sehr beeilen müssen, um fertig zu sein, wenn sein Wagen um 7.25 Uhr abfuhr. Der Reichsprotektor erschien immer pünktlich – selbst zu seinem eigenen Tod. Sie zog sich hastig an.
Sie mußte wieder ihr Ballkleid von gestern abend tragen. Wenn sie schon sterben mußte, hätte sie lieber etwas Frisches, etwas Reines getragen, sie hatte nicht vorgehabt, in der Villa zu übernachten. Aber vielleicht war es besser so: wenn sie nicht in Blau, sondern in Scharlachrot starb. Sie konnte nur hoffen, daß Victor ihr verzeihen würde, wenn er die Bombe warf. Daß er den Mut dazu haben würde, bezweifelte sie keine Sekunde lang.
Unten marschierte Reinhard Heydrich in der Eingangshalle auf und ab. Im Morgenlicht wirkte sein Teint blasser als je zuvor, mehr wie der eines Leichnams als der eines Lebenden, und seine Augen blitzten nicht mehr wie am Abend zuvor. Aber seine Uniform war frisch gereinigt und gebügelt, und sein Kammerdiener hatte seine Stiefel auf fast unirdischen Hochglanz gebracht. Jeder Zoll ein Nazioffizier.
»Ihr Slawen seid wie Kinder.« Heydrich seufzte. »Ihr habt kein Zeitgefühl, keinen Sinn für Termine. Immer zu spät dran!«
»Ich wollte mich so hübsch wie möglich machen, Reinhard«, sagte sie.

Er schlug sich mit seinem Offiziersstock an den glänzenden Stiefelschaft. »Hoffentlich sind Sie für einen Tag bereit, der interessant werden dürfte«, sagte er. »Können wir fahren?«
Es war 7.31 Uhr. Durch ihre Schuld hatten sie sechs Minuten Verspätung.
Heydrichs Dienstwagen stand mit leise schnurrendem Motor im Hof. Da kein Regen drohte, würde das Verdeck geöffnet bleiben. Die Hände des uniformierten Fahrers lagen auf dem Lenkrad. Ilsa nahm auf dem Rücksitz hinter dem Fahrer Platz. Heydrich setzte sich hinter seinen Leibwächter.
Ihr Herz drohte stillzustehen, als sie hörte, welche Anweisung der Reichsprotektor dem Fahrer gab. »Zum Kirchmayer-Boulevard und über die Čechův-Brücke«, sagte er knapp.
Über die Čechův-Brücke? Das durfte nicht sein! Victor und die anderen würden auf der Karlsbrücke warten. Sie mußte Heydrich dazu bringen, die andere Strecke zu fahren. Aber wie?
»Ich dachte, es würde Sie amüsieren, selbst zu sehen, wie das Reich mit Verrätern umgeht«, sagte er, als der Wagen anfuhr.

»Na, Ricky, wie geht es Ihnen an diesem herrlichen Morgen?« fragte eine Stimme neben ihm, als Rick auf die Straße trat. Das war Renault, elegant wie immer. »Sind Sie für ein, zwei Begräbnisse bereit?«
»So bereit, wie ich nur sein kann«, antwortete Rick. Er tastete seine Taschen fahrig nach Zigaretten ab, bis ihm einfiel, daß er keine mehr hatte, weil er die letzte kostbare Chesterfield mitten in der Nacht geraucht hatte, während er eine alte Alechin-Partie nachgespielt hatte, bei der das Problem daraus bestand, den Gegner aus scheinbar hoffnungsloser Position mit sechs Zügen mattzusetzen. Mit dieser Partie war der Russe 1927 Weltmeister geworden, als er Capablanca geschlagen hatte. Als er Capablanca erledigt hatte.

Rick schnorrte drei Zigaretten von Louis. Mehr würde er nicht brauchen. Danach würde alles viel zu aufgebracht sein, als daß er ans Rauchen denken konnte.
Renault rückte seinen Krawattenknoten zurecht und überzeugte sich davon, daß die Krawatte korrekt saß. Um sie herum erwachte die Stadt zum Leben, Männer und Frauen fuhren, hasteten, schlurften, hinkten, humpelten, stolperten oder schlenderten zu ihrer Arbeit. Der Tag versprach klar und wolkenlos zu werden – genau wie in New York um diese Jahreszeit. Ein gutes Omen, fand Rick.
Ein Wagen bog um die Ecke und setzte Kubiš und Gabčík ab. Die beiden jungen Männer waren als Arbeiter verkleidet: Jan Kubiš als Straßenkehrer, Josef Gabčík als Fernmeldemonteur. Wenn es soweit war, sollte Josef aus seiner erhöhten Position mit der in seinem Werkzeuggürtel versteckten Sten-Maschinenpistole das Feuer auf Heydrichs offenen Wagen eröffnen. Jan hatte Befehl, sich an der Brückenauffahrt zu postieren und den Mercedes von hinten zu beschießen, sobald er vorbeigefahren war.
Rick nickte den beiden tschechischen Patrioten kaum merklich zu, als sie ihre Posten einnahmen. Er hoffte, daß sie nicht zu enttäuscht sein würden, wenn Heydrich nicht aufkreuzte, um sich ermorden zu lassen. Er hoffte, daß sie lebend davonkommen würden. Er hoffte, daß sie nie herausbekommen würden, daß Ilsa und er dem Reichsprotektor den entscheidenden Tip gegeben hatten.
Wo steckte Laszlo? Rick bemühte sich, nicht allzu auffällig nach ihm Ausschau zu halten, aber Victor war nirgends zu sehen. Das war im Grunde genommen zu erwarten, weil Laszlo sich erst in letzter Minute zeigen durfte. Trotzdem hätte er jetzt auf seinem Posten vor dem Clementinum sein müssen, dem riesigen, festungsartigen Komplex aus Kirchen und Gebäuden, der die Altstädter Seite der Brücke beherrschte. Ein

guter Platz für ihn, dachte Rick: Das Clementinum war der Hauptsitz der Inquisition gewesen, und auch als die Jesuiten die Nachfolge der Dominikaner als Inquisitoren angetreten hatten, hatten sie wie schon ihre Vorgänger möglichst viele Prager Juden zwangsweise zum Christentum bekehrt.

Was war, wenn irgend etwas schiefgegangen war? Rick bemühte sich, seiner Phantasie Zügel anzulegen, aber sie ging mit ihm durch. Was war, wenn Laszlo auf der Fahrt von Lidice nach Prag verhaftet worden war? Was war, wenn Ilsa etwas zugestoßen war? Was war, wenn Heydrich nicht auf ihre List reingefallen war und statt über die Botschaft über ihre Überbringerin nachdachte? Hier kam es auf die Sekunde an: Sobald Heydrichs Truppe aufmarschierte, mußte das Team um Laszlo fluchtbereit sein. Aber das Problem war, daß nur Rick deutsche Truppen erwartete. Nur er *konnte* sie erwarten.

Noch schlimmer war nur eine andere Möglichkeit: Was war, wenn Heydrich trotz ihrer Warnung doch über die Karlsbrücke fuhr? Das hätte diesem Nazi ähnlich gesehen. Nun, Rick hatte sein Bestes getan, um das zu verhindern. Alles weitere lag in Gottes Hand.

»So long, Louis«, sagte er. »Auf Wiedersehen auf der Ranch.«

»Ich freue mich schon darauf«, antwortete Renault. »Wo immer die Ranch auch liegen mag.«

Rick nahm seinen Posten in der Brückenmitte ein. Dort würde er nicht auffallen. Auf der Karlsbrücke drängten sich immer Besucher, um die berühmten Statuen zu bewundern – und natürlich dem Reichsprotektor zuzujubeln, wenn er würdevoll langsam über die Moldau zur Burg hinüberfuhr. Rick trug die Rauchbombe in einem kleinen Einkaufskorb versteckt mit sich. Um sie zu tarnen, hatte er an diesem Morgen zwei Laib Brot gekauft und daraufgelegt. Der Duft des noch warmen Brots erinnerte ihn daran, daß er heute kein Frühstück bekommen hatte. Aber dafür war es jetzt zu spät.

Von seinem Platz aus, scheinbar damit beschäftigt, das verwitterte Gesicht irgendeines namenlosen christlichen Märtyrers zu bewundern, konnte Rick die beiden jungen Tschechen und etwas weiter entfernt Louis Renault sehen.
Dann entdeckte er auch Victor Laszlo, der vor dem Clementinum eingetroffen war. Selbst aus der Ferne war seine hohe, schlanke Gestalt unverkennbar, und Rick sah, wie er mit Renault sprach.
Rick warf einen Blick auf seine Armbanduhr. 7.39 Uhr. In einer Viertelstunde würde alles vorbei sein – so oder so.
Als er wieder aufsah, waren Laszlo und Renault verschwunden.
Das gehörte nicht zu ihrem Plan.

»Guten Morgen, Victor«, sagte Renault munter, als Laszlo aus dem Auto stieg, das ihn hergebracht hatte.
»Guten Morgen, Capitaine Renault«, antwortete Laszlo.
Renault fiel sein Tonfall auf. »Irgendwas nicht in Ordnung?« erkundigte er sich besorgt.
»Was soll nicht in Ordnung sein?« fragte Laszlo. Er trug einen langen Staubmantel und hatte seinen Hut zur Tarnung in die Stirn gezogen. Seine Hände waren tief in den Manteltaschen vergraben. »Heute werde ich ein Vorhaben ausführen, von dem ich schon lange geträumt habe. Heute werde ich den Mann vernichten, der mein Land und die Menschen, die ich liebe, vernichten will. Was könnte man mehr verlangen? Würde es regnen und stürmen, würde ich diesen Tag trotzdem für den schönsten meines Lebens halten.«
Renault nickte. »Ja, das kann ich Ihnen nachfühlen.« Er warf einen Blick auf seine Armbanduhr. 7.42 Uhr. Es wurde Zeit, daß sie ihre Posten einnahmen; sie mußten sich sogar beeilen.
Laszlo sprach in seinem beherrschten Tonfall monoton weiter. »Wie können Sie sich anmaßen, mir etwas nachfühlen zu wol-

len? Sie, der bis vor wenigen Monaten im Sold meiner Feinde gestanden hat?«

»Ich glaube nicht, daß wir über das alles ausgerechnet jetzt sprechen müssen«, sagte Renault steif. »Wir haben einen Auftrag auszuführen. Mit viel Glück wird uns das gelingen. Mit Gottes Hilfe werden wir entkommen. Dann bleibt uns noch viel Zeit, das alles in Lidice zu besprechen – oder noch besser in London.«

»Hoffentlich«, sagte Laszlo.

Ilsa versuchte, die Angst in ihrer Stimme zu unterdrücken. »Über die Čechův-Brücke?« fragte sie leise, damit Fahrer und Leibwächter möglichst nichts mitbekamen. »Gestern abend haben Sie ...«

Heydrich fiel ihr ins Wort. »Gestern abend habe ich alles mögliche gesagt, auch vieles, was ich lieber vergessen möchte. Aber heute ist ein neuer Tag – ein Tag schrecklicher Rache und großer Freude!«

Er sah auf seine Armbanduhr. »Meine Männer beziehen jetzt bereits ihre Posten in der Josefstadt. Sie wollen mir doch nicht etwa die Befriedigung rauben, die Gefangennahme und Erschießung Victor Laszlos zu erleben? Ich bin wirklich überrascht, meine Liebe, daß Sie so wenig von mir halten.« Er rieb sich energisch die Hände und sah zum Himmel auf. »Ein herrlicher Tag, nicht wahr, Fräulein Toumanowa?«

»Ja, Herr Heydrich«, bestätigte sie. Außerhalb seines Hauses sprachen sie sich nicht mehr mit Vornamen an. Von jetzt an würde alles streng geschäftsmäßig ablaufen. Auch das mußte sich noch ändern.

Rick stand auf der Karlsbrücke, rauchte die erste seiner von Renault geschnorrten Zigaretten und wartete. Er hoffte, daß er vergebens warten würde. Er hoffte, daß er hier stehen und warten würde, bis Heydrich fünf Minuten Verspätung hatte, damit er aus der Stadt verschwinden, das fehlgeschlagene Attentat nach London melden und sofort das Flugzeug anfordern konnte, das sie abholen sollte. Langeweile: Damit mußte er bestenfalls rechnen. Was ihn schlimmstenfalls erwartete, mochte er sich nicht vorstellen.

7.45 Uhr. Der Verkehr rollte in beiden Richtungen gemächlich über die Karlsbrücke. Auf einem Ufer der Moldau stand die Altstadt mit ihren Giebeln und Türmen. Auf dem anderen Ufer lag die imposante Burganlage des Hradschins. Rick sah nach beiden Seiten die Brücke entlang, ohne etwas Verdächtiges zu erkennen. Nirgends ein großer schwarzer Mercedes mit lebhaft flatternden Hakenkreuzwimpeln. Nur das werktägliche Prag, das seinen Geschäften nachging.

Heydrich sei immer pünktlich, hatte es geheißen. Ehrensache für ihn. Beweis arischer Überlegenheit über die minderen Rassen. Anzeichen unerschütterlichen Selbstbewußtseins. Hier fuhren die Züge pünktlich – und die Amtspersonen auch.

7.46 Uhr.

Vorbild sein.

7.46.30 Uhr.

Immer pünktlich.

7.47 Uhr.

Ha!

Rick hatte sich seine zweite Zigarette angezündet. Er durfte den anderen niemals erzählen, daß er Heydrich gewarnt hatte, um Ilsa zu retten und zahllose Unschuldige in ganz Europa vor dem Tod zu bewahren. Er durfte überhaupt nichts erzählen. Er wollte nur noch heim.

7.47.30 Uhr.

Inhalieren.

7.47.32 Uhr.

Ausatmen.

7.48.30 Uhr.
Es wurde Zeit, den Zyklus wieder von vorne beginnen zu lassen. Eine weitere Zigarette anzünden, die letzte. Das Unternehmen mußte demnächst abgebrochen werden. Inhalieren.

Der Leibwächter war mit Pistole und Sturmgewehr bewaffnet, und unter dem Instrumentenbrett befanden sich Halterungen mit zwei weiteren Gewehren. Heydrich selbst trug zwei Pistolen, an jeder Hüfte eine, und Ilsa wußte, daß er außerdem in seinem rechten Stiefelschaft ein großes Jagdmesser stecken hatte. Komplettiert wurde das Waffenarsenal durch zwei Schrotflinten, die in ihren Halterungen quer zu den Rückenlehnen der Vordersitze leicht zu erreichen waren. Der Reichsprotektor rechnete normalerweise nicht damit, daß seine tschechischen Untertanen Scherereien machen würden, aber er war trotzdem für alle Fälle gerüstet.
Der offene Mercedes wurde schneller, sobald er die nach Prag hineinführende Straße erreichte. Heydrich zog plötzlich eine seiner beiden Luger aus der Pistolentasche und kontrollierte ihr Magazin. »Meine Männer fahnden bereits nach Laszlo«, sagte er. »Sobald sie ihn geschnappt haben, wird er festgehalten, bis wir eintreffen. Dann erschieße ich ihn.« Er zielte mit seiner Pistole auf ein Straßenschild, auf dem PRAHA stand. »Genau so.« Er drückte ab. Das Einschußloch befand sich exakt auf dem Querstrich des ersten Buchstabens A.

7.49 Uhr.
Rick begutachtete den vorgesehenen Tatort nochmals. Auf einer Seite der Brücke arbeitete Jan Kubiš als Straßenkehrer, indem er methodisch einen Fahrbahnstreifen nach dem anderen kehrte. Dieser Teil der Brücke ist wahrscheinlich noch nie so sauber gewesen, dachte Rick, und wird nie wieder so sauber sein. Gabčík hatte unterdessen den Fenstersims eines Gebäu-

des erklommen und gab vor, die Telefonleitungen dort oben zu überprüfen. Während Rick ihn beobachtete, erreichte Josef eine ideale Position: eine breite Fensterbank, von der aus er Heydrichs Wagen mit einem Kugelhagel überschütten konnte. Rick sah wieder zum Clementinum hinüber. Renault war nirgends zu sehen. Merkwürdig, denn Louis hätte jetzt bereitstehen sollen, um auf die Straße zu treten, sobald der Mercedes abbog. Natürlich würde er heute nicht abbiegen, aber außer Louis und ihm wußte das niemand.

Wo zum Teufel steckte Renault?

Ein Blick auf seine Armbanduhr. Zehn Sekunden vor 7.50 Uhr. Keine Spur von Heydrich. Ricks Uhr ging richtig. Er wußte, daß sie richtig ging. Sie mußte richtig gehen.

Er begann aufzuatmen.

Da war Renault!

Er konnte die elegante kleine Gestalt auf dem Gehsteig in der Nähe des Clementinums stehen sehen. Dicht hinter ihm stand Victor Laszlo. Auch er war unverkennbar, obwohl er sich halb im Schatten befand. Laszlo schien Renault etwas ins Ohr zu flüstern. Louis schüttelte heftig verneinend den Kopf. Worüber diskutierten die beiden?

7.51 Uhr. Kein Heydrich.

7.52 Uhr. Kein Heydrich.

Rick atmete langsam aus.

7.53 Uhr. Kein Heydrich.

7.54 Uhr. Kein Heydrich. Nur noch eine Minute, dann war das Unternehmen geplatzt.

Rick angelte in seiner Tasche nach einer weiteren Zigarette und zog die Hand leer wieder heraus, als von jenseits der Moldau kriegerische Musik an seine Ohren drang.

»Wo bleibt er?« fragte Laszlo mit gepreßter Stimme. »Er kommt nicht? *Warum* nicht?«

»Tut mir leid«, sagte Renault über seine Schulter hinweg mit soviel *savoir-faire*, wie er nur aufbringen konnte, »das weiß ich auch nicht.«

Louis stand auf der Karlovastraße auf dem Gehsteig, um auf ein Zeichen von Kubiš hin auf die Křižovnickástraße hinaus und vor Heydrichs Wagen zu treten, wenn er zur Brücke hin abbog. Heydrich hatte bereits vier Minuten Verspätung; kein Deutscher war jemals vier Minuten zu irgend etwas zu spät gekommen. Das bedeutete, daß Ricks Warnung die gewünschte Wirkung gehabt hatte, daß Heydrich doch über die andere Brücke gefahren war, daß ihr Unternehmen fehlgeschlagen war – lauter Ereignisse, auf die er gehofft hatte, und nur eines stand noch aus: lebend aus Prag herauszukommen.

Als Renault auf seine Armbanduhr sah, rückte ihr Minutenzeiger auf 7.55 Uhr vor. Die festgesetzte Frist war um. »Unser kleines Rendezvous mit dem Schicksal scheint geplatzt zu sein«, meinte er. »Wie schade!«

Er fühlte, wie Laszlo hinter ihm auf und ab ging. »Das kann nicht sein«, knurrte Victor. »Nicht jetzt.«

»Ich denke, wir haben vereinbart, das Unternehmen abzublasen, falls unser Freund sich auch nur eine Sekunde länger als fünf Minuten verspätet«, erinnerte Renault ihn, indem er auf seine Armbanduhr deutete.

»Nein«, sagte Laszlo. »Er kommt noch. Ich weiß, daß er kommt.«

»Ich bin sicher, daß er nicht kommt«, widersprach Renault. Es wurde Zeit, dieses Spiel zu beenden. Er wollte nur noch fort von hier, bevor sie alle verhaftet und erschossen wurden. Er wollte davongehen, wurde jedoch brutal in den Schatten des Clementinums zurückgerissen. »Sie haben es sehr eilig, von hier zu verschwinden, nicht wahr, M. Renault?« sagte Laszlo. »Ich frage mich, woher Sie so bestimmt wissen wollen, daß unser Mann nicht kommt. Aber vielleicht wissen Sie mehr als ich?«

Laszlo packte seinen Arm fester. »Ich habe längst erfahren, was Sie diesem dummen Mädchen gegenüber ausgeplaudert haben. Anfangs habe ich das für bloße Geschwätzigkeit gehalten. Aber jetzt denke ich anders darüber.«

Er drehte Renault ruckartig zu sich herum. Die beiden Männer standen sich im modrigen Halbdunkel des alten Gebäudes gegenüber. »Deswegen kommt Heydrich nicht, stimmt's? Weil Sie ihn gewarnt haben. Ich habe Sie schon immer in Verdacht gehabt, aber jetzt weiß ich die Wahrheit: Sie sind ein Verräter!«

Bevor Renault widersprechen und versuchen konnte, seine Ehre zu verteidigen, drückte Victor Laszlo ihm die Mündung seines Revolvers an die Brust. »So gehen wir mit Verrätern um«, sagte er und gab einen einzigen, durch Renaults Kleidung gedämpften Schuß ab.

Es war 7.56 Uhr. Während Louis blutend auf dem Pflaster lag, hörte er Marschmusik. Dieses Stück hatte er in Casablanca schon oft gehört, wenn irgendein Nazibonze die Stadt besucht hatte – den »Hohenfriedberger Marsch«, ein von Friedrich dem Großen komponiertes Symbol des kaiserlichen Deutschland. Wem dieser musikalische Gruß galt, war unschwer zu erraten.

»*Mon dieu!*« keuchte Renault. Er hatte seit endlos langer Zeit nicht mehr gebetet und versuchte noch, sich daran zu erinnern, was als nächstes kam, als er starb.

KAPITEL SECHSUNDDREISSIG

Als sie sich dem Zentrum der Altstadt näherten, konnte Ilsa in der Ferne gedämpfte Musik hören. Wie widersinnig sie klang! Ihr Herz jagte, als sie sich mit gespielter Begeisterung an Heydrich wandte. »Wie wundervoll!« rief sie aus. »Wer spielt dort?«

Heydrich blickte auf sie herab. »Das ist meine Militärkapelle, die von der Burg heruntergekommen ist, um Ihnen auf meinen Befehl ein Ständchen zu bringen«, antwortete er. »Sie konnte natürlich nicht wissen, daß ich meine Meinung heute ändern würde.«

Heydrich war jetzt im Wagen aufgestanden, denn sie näherten sich dem Altstädter Ring, dem zentralen Platz dieses Stadtteils. Auf den Gehsteigen hatten sich eine Menschenmenge versammelt, um den Reichsprotektor leibhaftig vorbeifahren zu sehen. Er stand hoch aufgerichtet und mit erhobenem rechten Arm neben Ilsa. Als sie vorbeifuhren, blieben viele Passanten stehen, um den großen Mann ehrfürchtig anzugaffen, und Ilsa konnte hören, daß aus der Menge »Heil Hitler« gerufen wurde.

»Sehen Sie, wie mein Volk mich liebt?« fragte er stolz.

»Nicht mehr als ich!« rief Ilsa verzweifelt aus und ergriff seine linke Hand. »Und wenn Sie mich auch lieben, müssen Sie mir den Anblick von Victor Laszlos Tod ersparen. Ich bin nur eine schwache Frau, die vor Blut und Schmerzen zurückschreckt, und würde Sie nicht auf der Čechův-Brücke durch irgendein Anzeichen von Schwäche blamieren wollen.« Ihre Stimme klang drängend besorgt. »Und sollte Ihnen dort irgend etwas zustoßen, ich könnte es nicht ertragen! Bitte! Ich flehe Sie an!«

7.56 Uhr. Der Wagen fuhr über den Platz. Von hier aus konnten sie auf die Pařížskastraße abbiegen, um durch die Josefstadt zur Čechův-Brücke weiterzufahren, oder auf der Platněřskástraße die Moldau erreichen und am Clementinum links und an der Karlsbrücke rechts abbiegen, um in den Tod zu fahren.

»Bitte, Reinhard«, sagte sie. »Wir wollen über die Karlsbrücke fahren. Lassen Sie mich die Musik hören und mich in Ihrem Ruhm sonnen. Ich bin eine Närrin gewesen, daß ich letzte Nacht die Liebe eines Mannes wie Sie zurückgewiesen habe. Das weiß ich inzwischen. Heute nacht wird alles anders, das verspreche ich Ihnen. Lassen Sie alle erschießen – aber nicht vor meinen Augen. Ich bitte Sie!«

Ilsa, die Heydrichs Hand weiter umklammert hielt, sah zu ihm auf.

Der Reichsprotektor blickte stur geradeaus.

Die Musik wurde lauter.

Ilsa gelang es, heimlich einen Blick auf ihre Armbanduhr zu werfen. Sie hatten schon sechs Minuten Verspätung.

Heydrich drückte leicht ihre Hand, während er seinem Fahrer einen knappen Befehl erteilte. »Einer schönen Frau den Anblick des Todes eines Verbrechers zu ersparen, ist wahre deutsche Ritterlichkeit«, behauptete er.

Der Mercedes fuhr geradeaus weiter.

»Danke, Reinhard«, sagte Ilsa aufatmend. Sie fing unwillkürlich an zu lachen, leicht benommen, hysterisch, als die in ihr angestauten Angstgefühle sich schlagartig lösten.

Sie bogen nach links auf die Křižovnickástraße ab.

Ilsa wollte gerade noch etwas sagen, als sie ein leises, kaum wahrnehmbares *plop* hörte.

Heydrich schnüffelte mit seiner langen, schmalen Spürhundnase instinktiv nach Korditgestank. Er kannte diesen Ton, er kannte diesen Gestank, und er wußte, was beide bedeuteten.

Er versuchte mit einem Ruck, seine linke Hand aus ihrem

Griff zu befreien. Zugleich ließ er die rechte Hand sinken und machte sich daran, seine Pistolentasche aufzuknöpfen.
»Was war das?« fragte Ilsa. Sie hielt weiter seine linke Hand umklammert, um ihn aus dem Gleichgewicht zu bringen. Falls sie jetzt sterben mußte, war sie dazu bereit. Sie wünschte sich nur, der Tod möge schnell kommen.
»Ein Schuß«, antwortete er.

Noch bevor Rick den Schuß hörte, sah er Renault auf dem Gehsteig zusammenbrechen. Er wußte sofort, daß sein Freund tot war. Um ihn trauern konnte er jetzt nicht. Dafür war später reichlich Zeit. Oder, je nach den Umständen, auch nicht.
Er setzte sich in Bewegung und rannte, so schnell er konnte, über die Brücke in Richtung Clementinum.
Vor sich sah er einen großen offenen Mercedes nach links zur Karlsbrücke abbiegen. Heydrichs Wagen. Der Teufel sollte den Kerl holen! Konnte er keine ernste Warnung befolgen? Schneller, schneller! Er kam der Kreuzung vor der Karlsbrücke näher. Er hatte sie schon fast erreicht. Diesmal durfte er nicht zu spät kommen. Diesmal bitte nicht!
Er sah Louis in einer Blutlache tot im Rinnstein liegen.
Er sah Heydrich hinten in seinem Wagen stehen. Seine rechte Hand tastete nach der Pistole, seine Nüstern waren wie die eines wilden Tiers gebläht, seine weit aufgerissenen Augen suchten die Straßen nach Anzeichen von Gefahr ab.
Er sah Jan Kubiš, der Schaufel und Besen fallenließ und seine Pistole zog.
Er sah Josef Gabčík mit seiner Maschinenpistole in den Händen auf der Fensterbank.
Er sah Victor Laszlo, der seinen Staubmantel abwarf, auf die Fahrbahn trat und sich der linken Seite des Wagens näherte. Er hielt die Bombe in der Hand.

Rick war jetzt an der Straßenkreuzung. Der Mercedes bog eben in Richtung Brücke ab. Victor befand sich genau dahinter. Rick befand sich genau davor.
Dann sah er noch etwas, womit er nicht gerechnet hatte. Auf dem Rücksitz hinter dem Fahrer saß eine Frau. Ilsa Lund.
Sie saß in einer scharlachroten Robe neben dem Reichsprotektor und umklammerte seine linke Hand.
Rick zögerte. Nach Heydrich war sie der letzte Mensch, den er hier zu sehen erwartet hatte.
Laszlo blieb in Bewegung. Falls er bei dem unerwarteten Anblick seiner Frau in Heydrichs Wagen Überraschung oder sonst irgendein Gefühl empfand, war ihm das nicht anzusehen.
Der offene Wagen bog im Schrittempo auf die Brücke ab. Laszlo war nur noch wenige Meter von ihm entfernt.
»Nein!« rief Rick aus und spurtete auf ihn zu.
»Victor!« schrie Ilsa. »Beeil dich!« Sie zerrte so kräftig an Heydrichs Hand, daß er fast das Gleichgewicht verloren hätte.
Heydrich hatte seine Pistole gezogen. Rick glaubte, er werde Laszlo erschießen. Statt dessen zielte er damit auf Ilsa.
Bevor Fahrer und Leibwächter reagieren konnten, hechtete Rick in den Wagen.
Rick prallte gegen Heydrich, als der andere eben abdrückte. Sein Schuß verfehlte Ilsa.
Im selben Augenblick sprang Laszlo aufs Trittbrett und warf die Bombe ins Wageninnere.
Zehn ...
Rick stürzte sich auf die Bombe, die vor dem Rücksitz auf dem Wagenboden umherrollte. Victor erfaßte sofort, was Rick vorhatte. »Verschwinden Sie!« brüllte er und kletterte in den Wagen. Heydrich zögerte leicht verwirrt, weil er nicht wußte, welcher der beiden Männer im Augenblick der gefährlichere war.

Neun ...
Ilsa war entsetzt. Warum versuchte Rick, ihren Mann daran zu hindern, Heydrich zu liquidieren? Warum versuchte er, *sie* daran zu hindern? »Rick!« rief sie empört.
Acht ...
Rick hörte Schüsse fallen, als Kubiš und Gabčík das Feuer auf die Uniformierten auf den Vordersitzen eröffneten. Und er hörte den Leibwächter stöhnen, als er von mehreren Schüssen getroffen wurde. Glas zersprang, Holz splitterte, und Leder platzte auf. Blut floß.
Sieben ...
Heydrich warf sich herum und schmetterte Rick den Griff seiner Pistole auf den Kopf. Rick ging zu Boden. Heydrich wollte gerade erneut zuschlagen, als Laszlo ihn von der anderen Seite zu fassen bekam.
Sechs ...
Ricks ausgestreckte Hände suchten den Wagenboden verzweifelt nach der Bombe ab. Er wußte, daß ihm nicht mehr viel Zeit blieb. Seine rechte Hand fand nicht die Bombe, sondern Ilsa.
Fünf ...
Der von einem Feuerstoß aus Gabčíks MP getroffene Kopf von Heydrichs Fahrer explodierte förmlich. Seine Uniformmütze flog sich überschlagend davon und segelte unpassenderweise wie ein Papierflugzeug über die steinerne Brüstung in die Moldau.
Vier ...
»Los, komm!« brüllte Rick und riß Ilsa hoch.
Drei ...
Laszlo hielt Heydrichs Hals mit einer Hand umklammert und drückte ihm mit der anderen Hand die Mündung seiner Pistole in den Leib. Heydrich hatte ein Messer gezogen.
Zwei ...

»Victor!« rief Ilsa.
»Spring!« brüllte Rick.
Victor schoß Heydrich in den Unterleib. Heydrich stach Victor ins Herz.
Eins ...
Rick riß Ilsa mit sich aus dem Wagen und hielt sie mit beiden Armen fest an sich gedrückt, während er versuchte, sich rollend und wälzend so schnell und so weit wie möglich von dem Wagen zu entfernen.
Null.
Die Detonation hob den Mercedes hoch und wirbelte ihn wie ein Kinderspielzeug durch die Luft. Rick prallte mit dem Kopf aufs Pflaster und riß seine Hände hoch, um sein Gesicht zu schützen. Aus dem Augenwinkel heraus sah er Ilsa bewegungslos am Fuß der Steinbrüstung liegen.
Vom Himmel regnete es Glas und Metall. Nach dem Gestank von brennendem Gummi verbreitete sich rasch der widerwärtige Geruch von verbranntem Fleisch.
Dann ein weiterer Knall, als der Benzintank explodierte. Rick beeilte sich, von dem brennenden Wrack wegzukommen. Er mußte sich aufrappeln, mußte Ilsa erreichen.
Vor sich sah er eine von Heydrichs Pistolen liegen, die bei der Detonation aus dem Wagen geschleudert worden war. Rick griff danach, wie ein Ertrinkender einen Rettungsring ergreift. Die Waffe in seiner Hand fühlte sich gut an – wie in der guten alten Zeit.
Jemand riß ihn hoch: Kubiš. Während er seinen linken Arm um Rick gelegt hielt, schoß er mit der rechten Hand weiter auf den brennenden Wagen.
»Ilsa«, keuchte Rick.
»Diese Nazihure!« fauchte Jan.
Rick drückte ihm Heydrichs Luger in die Rippen. »Ilsa«, befahl er ihm. »Sofort!«

Es herrschte allgemeines Durcheinander. Rick sah wieder die Karlsbrücke entlang. Die Militärkapelle war auf die Gehsteige der Brücke zurückgewichen. Ein Sicherungstrupp trabte die Fahrbahn entlang: nicht vollzählig, aber dafür im Laufschritt. Kugeln pfiffen an ihren Köpfen vorbei. Gabčík erwiderte das Feuer. Soldaten gingen zu Boden. Der Junge schießt verdammt gut, dachte Rick anerkennend; den hätten wir brauchen können – damals, vor langer Zeit.
Nur noch wenige Schritte, dann hatte er Ilsa lebend und bei Bewußtsein vor sich. Er zog sie hoch.
»Victor!« schrie Ilsa und wollte zu dem brennenden Wagen laufen. »Wo bist du?«
Rick hielt sie mit Gewalt zurück. »Er ist tot«, sagte er. In dem demolierten Mercedes konnte er den Leichnam gerade noch ausmachen. Heydrichs Messer steckte ihm in der Brust, und er starrte mit offenen Augen blicklos zum Himmel hinauf.
Zum ersten Mal sah er Victor Laszlo mit friedlich entspanntem Gesichtsausdruck.
Ilsa versuchte, klar zu denken. »Du hast versucht, Victor aufzuhalten! Du hast versucht, uns zu sabotieren! *Warum?*«
Sie schlug ihm mit aller Kraft ins Gesicht. Das schmerzte mehr als alles, was er jemals erduldet hatte.
»Du Schwein! Du hast meinen Mann umgebracht!« kreischte Ilsa ihn an.
Sie trommelte jetzt mit beiden Fäusten gegen seine Brust und deckte seinen Kopf mit einem Hagel von Schlägen ein. Er hörte das Schrillen von Polizeipfeifen, Sirenengeheul und lautes Gebrüll. Viel Zeit blieb ihnen nicht mehr.
Ricks Faust traf ihre Kinnspitze. Ilsa sank bewußtlos in seine Arme. Er warf sie sich über eine Schulter und rannte davon, so schnell er konnte: weg vom Tatort, weg von den Soldaten, weg vom Fluß, weg von den Leichen und weiter zur Kirche. Ausgerechnet in eine Kirche.

Hundert Meter vor sich sah er Kubiš und Gabčík. Sie flüchteten zu unterschiedlichen Kirchen. Ilsa und er in die Karl-Borromäus-Kirche, die dem Schutzheiligen der Beamten und Diplomaten geweiht war; die Tschechen in die orthodoxe St.-Cyrill-und-Method-Kirche, die Apostel der Slawen.
Der Reichsprotektor für Böhmen und Mähren lag ausgestreckt auf dem Pflaster. Auf den ersten Blick konnte Rick nicht feststellen, ob er noch lebte oder tot war. Dann sah er sein rechtes Bein zucken und hörte ihn leise um Hilfe rufen. Heydrichs Zeigefinger schien noch den Abzug seiner Pistole zu betätigen, aber seine Hände waren leer. Rick dachte daran, ihn zu erschießen, wo er lag, aber dafür war die Zeit zu knapp. Gott mochte sich seiner annehmen, wenn er es für richtig hielt. Falls nicht, konnte er gleich zur Hölle fahren, wohin er gehörte.
Die tschechische Bevölkerung war zu verwirrt, um irgend etwas zu unternehmen. Niemand versuchte, sie aufzuhalten. Bisher wußte niemand recht, was eigentlich passiert war. Das erinnerte Rick an einen Überfall in einem Restaurant in der Bronx. Alle hatten ihn gesehen, aber trotzdem wußte keiner, was er tatsächlich gesehen hatte.
Auf der Flucht kamen sie an Louis Renault vorbei. Noch im Tod wirkte der kleine Mann so adrett wie im Leben. »So long, Louis«, sagte Rick. »Es war eine verdammt wunderbare Freundschaft. Wollte Gott, sie hätte länger gedauert!«
Die Kirche war ganz in der Nähe. Ihr Portal stand offen, um sie aufzunehmen. Sie schafften es, hineinzukommen. Hinter ihnen fiel das Tor ins Schloß.
»Kommt mit«, sagte ein Geistlicher.
Ilsa wachte auf. »Kannst du gehen?« fragte Rick.
Ihr Kampfgeist war erloschen. »Ich glaube schon«, antwortete sie im Tonfall eines Menschen, der nicht fassen kann, daß er noch lebt.

Ilsa hatte einen Schuh verloren. Jetzt streifte sie auch den anderen ab und ging barfuß. Ihr scharlachrotes Ballkleid war mit Blut getränkt. Heydrichs, natürlich – und Victors.
In der Ferne hörte er Sirenen. In der Ferne glaubte er Schreie zu hören. In seinem Kopf hörte er die Stimmen der Toten. Auch Victor Laszlo gehörte jetzt zu diesem Chor.
Der Geistliche führte sie durch die Sakristei, eine Treppe hinab und in die Krypta mit den Gebeinen von Heiligen, Märtyrern und so vielen anderen, die einfach nur Pech gehabt hatten, die für ihren Glauben gestorben, seinetwegen ermordet worden oder schlicht nur zur unrechten Zeit am unrechten Ort gewesen waren. Aus der Krypta führte ein Fluchtgang in einen zweiten unterirdischen Gang, der unter der Straße verlief. Wie tief unter der Straße, konnte Rick nicht beurteilen. So ähnlich stellte er sich die New Yorker Pell Street vor – ohne die Heiligen und Märtyrer, dafür mit chinesischer Küche. Rick war noch nie in der Pell Street gewesen, aber andererseits hatte er auch nicht erwartet, sich in der Gesellschaft verehrter christlicher Toter wiederzufinden. Er hätte nie geglaubt, in Prag auf eine Chinatown zu stoßen.
Am Ende des Fluchtgangs führte eine Treppe zur Straße hinauf.
»Geht's wieder?« fragte Rick Ilsa. Sie gab keine Antwort. Sie starrte ihn nur mit dem ungläubigsten Blick an, den er je bei einem Menschen gesehen hatte.
»Warum hast du das getan?« fragte sie verbittert.
»Später«, stieß er hervor.
»Ich hasse dich«, sagte sie.
Dann hatten sie die Straße erreicht. Oben wartete ein kleiner Lieferwagen, auf dessen Ladefläche sie kletterten. »Legt euch hin«, wies der Geistliche sie an, »und bleibt liegen.« Nachdem Fahrer und Beifahrer sie mit den auf der Ladefläche gestapelten leeren Kartoffelsäcken zugedeckt hatten, fuhr der Liefer-

wagen langsam an und rumpelte in Richtung Lidice aus der Stadt.

Rick und Ilsa lagen unter den Säcken versteckt und hielten sich wie ein Liebespaar in den Armen. Niemals hatten sie sich weiter voneinander entfernt gefühlt.

KAPITEL SIEBENUNDDREISSIG

Rick und Ilsa hatten Glück. Jan Kubiš und Josef Gabčík schafften es nie mehr, nach Lidice zurückzukommen. Die Nazis überraschten sie in der Krypta der St.-Cyril-und-Method-Kirche. Dort fand zu diesem Zeitpunkt eine Zusammenkunft des tschechischen Untergrunds statt, bei der hundertzwanzig Widerstandskämpfer auf Nachricht über den Ausgang des Attentats warteten.

Die tschechischen Patrioten kämpften tapfer, aber sie waren den Angreifern an Zahl und Feuerkraft unterlegen. Sie schossen auf die Deutschen, als sie die Treppe herunterkamen, schossen auf sie, als sie durch Löcher drangen, die sie in den Fußboden der Kirche gesprengt hatten, schossen auf sie, bis sie keine Munition mehr hatten, und kämpften dann mit Messern, Steinen und bloßen Händen weiter, bis sie schließlich doch der deutschen Übermacht erlagen. Die beiden letzten Widerstandskämpfer, die nur noch zwei Kugeln hatten, reichten sich die Hände, küßten sich zum Abschied, schossen aufeinander und brachen inmitten der Heiligen und Märtyrer tot zusammen.

Dem Nachrichtendienst der Nazis gelang es schließlich, Jan und Josef unter allen Leichen ausfindig zu machen. Die Geistlichen wollten die Toten mit Weihwasser besprengen, aber das ließen die Deutschen nicht zu. Sie schnitten Jan und Josef die Köpfe ab und steckten sie auf die Spitzen aufgepflanzter Bajonette, die sie durch die Straßen bis zur Karlsbrücke trugen. Dort banden sie die Bajonette mit den Köpfen an den Armen des heiligen Nepomuk und der heiligen Luitgard fest und ließen sie dort, bis die Vögel des Himmels, die der heilige Franziskus so geliebt hatte, ihnen die Augen und Nasen weggepickt hatten; sie ließen sie dort aufgesteckt, bis nur noch zwei Totenschädel übrig waren. Dann zertrümmerten die Nazis die beiden Schädel mit Gewehrkolben und warfen die Knochensplitter als Fischfutter in die Moldau.

Die Leichen hackten sie mit Äxten und Beilen in Stücke. Dann hoben sie im Schutz der Nacht in ungeweihter Erde auf dem Feld eines Bauern eine Grube aus und warfen die Leichenteile hinein. Sie bedeckten sie mit ungelöschtem Kalk, und sie bedeckten sie mit Erde, und sie spuckten auf die Erde und urinierten darauf. Die Leichen der anderen verbrannten sie im Konzentrationslager Theresienstadt, dem nicht weit von Prag entfernten Musterlager, das das Rote Kreuz als einziges besichtigen durfte.

Der bei Josef Gabčík gefundene Ausweis zeigte ihnen, daß er aus Lidice stammte.

Victor Laszlos Leichnam wurde nie mehr gesehen.

Reinhard Tristan Eugen Heydrich, Reichsprotektor für Böhmen und Mähren, Gastgeber der Wannsee-Konferenz und Architekt der Endlösung, litt noch acht Tage lang. Die Druckwelle hatte ihm das Rückgrat gebrochen. Große Teile seines Gesichts, auch seine Adlernase, auf die er so stolz gewesen war, waren zerstört. Bombensplitter und die Roßhaarfüllung der Sitze waren in seinen Körper eingedrungen; diese Wunden entzündeten sich und eiterten. Der Bauchschuß, den Victor Laszlo ihm unmittelbar vor seinem eigenen Tod beigebracht hatte, gab ihm schließlich den Rest. Die besten Ärzte des Reichs waren nicht imstande, die Blutung zum Stillstand zu bringen oder seine Schmerzen zu lindern. Am 4. Juni 1942 starb Reinhard Heydrich. Er war achtunddreißig Jahre alt – genauso alt wie Rick Blaine.

In Berlin ordnete Adolf Hitler eine einmonatige Staatstrauer an.

In Prag gingen fünfzigtausend tschechische Sympathisanten

auf die Straße, um gegen diesen Terrorakt der westlichen Alliierten zu protestieren.
Heinrich Himmler schwor, ss und Gestapo würden nicht ruhen, bis alle Schuldigen bestraft seien. Hinter dicken Brillengläsern und einem schwächlichen Schnurrbart versteckt las er die Rede ab, die Goebbels ihm geschrieben hatte. »Die deutsche Gerechtigkeit«, verkündete er, »wird schnell und schrecklich sein.«
Als neuer Chef des Reichssicherheitshauptamts erklomm Ernst Kaltenbrunner eine weitere Sprosse der Karriereleiter. In der Nacht, in der Heydrich starb, holte er die Gestapo-Akte seines ehemaligen Vorgesetzten aus seinem Privatsafe und verbrannte sie. Er brauchte sie nicht mehr.
In Prag durchsuchten ss-Männer Heydrichs Dienstzimmer auf der Burg gründlich und beschlagnahmten alle vertraulichen Akten, die den überlebenden Angehörigen der Hierarchie des Dritten Reichs hätten gefährlich werden können. Einer von ihnen warf Heydrichs unbezahlbare Violine zu Boden und zertrampelte sie mit seinen erst an diesem Morgen blankgeputzten Stiefeln. Dann warf er die Bruchstücke aus dem Fenster, das auf den Daliborka-Turm blickte.
Als erste hatten die Juden zu leiden. Wenige Stunden nach dem Anschlag auf Heydrich kam der Befehl, aus Theresienstadt sofort dreitausend Juden nach Auschwitz zu überstellen. Aus Auschwitz kam niemals jemand nach Theresienstadt zurück.
Nach dem Bombenanschlag ließ Goebbels fünfhundert der noch in Berlin lebenden Juden verhaften. Als Heydrich, starb wurden 152 von ihnen zur Vergeltung hingerichtet. Niemand sagte ihnen, warum sie umgebracht wurden.

Weder Rick noch Ilsa wußten von diesen Ereignissen. Sie waren in dem Bauernhaus in Lidice, erholten sich von ihren Ver-

letzungen und warteten auf das versprochene englische Flugzeug. Sie wußten nicht, wann es kommen würde. Sie wußten nicht, ob es kommen würde. Sie konnten nur hoffen, daß die Engländer ihr Versprechen halten würden.
Am dritten Tag kam Karel Gabčík, um Rick zu besuchen. Karel versuchte, seine Gefühle zu beherrschen, als er berichtete, was sich in Prag ereignet hatte. »Heydrich lebt«, sagte der junge Mann. Im nächsten Augenblick verlor er die Fassung und begann zu schluchzen. »Er hat schwere Verletzungen ... angeblich ist sein Rückgrat gebrochen. Aber er ... er lebt noch ...«
»Hoffentlich unter großen Schmerzen«, sagte Rick. »Die hat keiner mehr verdient als er.«
»Was ist, wenn er nicht stirbt?«
»Welchen Unterschied macht das schon? Wir sind so oder so dran. Was hast du vom Untergrund gehört?«
»Nichts.«
Nichts – das war alles, was sie bisher gehört hatten. Wo blieb das versprochene Flugzeug? Es hätte starten sollen, sobald die Meldung von dem Attentat in London eingegangen war. Major Miles mußte längst davon erfahren haben. Eine mögliche Erklärung für das Ausbleiben des Flugzeugs war das nach wie vor sonnige Wetter. Sonnenschein war für normale Flüge gut, aber für Geheimeinsätze schlecht: Sie brauchten tiefhängende Wolken, damit ein leichtes englisches Flugzeug unbeobachtet einfliegen und vor allem wieder zurückfliegen konnte.
Rick hatte Ilsa seit ihrer Ankunft nicht mehr gesehen. Sie war im Obergeschoß des Bauernhauses untergebracht, und als er sich nach ihr erkundigt hatte, war ihm gesagt worden, es gehe ihr soweit gut – sie habe schmerzhafte Prellungen erlitten und stehe nach den Ereignissen auf der Karlsbrücke noch unter leichtem Schock, sei aber ansonsten unverletzt. Sie wollte ihn nicht sehen.
Einige Tage lang hatte Rick ihren Wunsch respektiert. Heute

war es ihm egal. Er klopfte an der Tür ihres Zimmers. »Ich bin's«, sagte er halblaut. »Wir müssen miteinander reden.«
Hinter der massiven Eichentür herrschte nur Schweigen.
»Ilsa?«
Rick legte sein Ohr ans Schlüsselloch. Er konnte ganz leise Atemzüge hören.
Er fühlte sich sterbenselend, als er wieder hinunterging.

Am achten Tag kam die Nachricht, Heydrich sei seinen Verletzungen erlegen. Karel Gabčík überbrachte sie, als sie beim Abendessen saßen.
»Der Reichsprotektor ist tot!« verkündete Karel ohne Vorrede. »Unsere Namen werden in die Geschichte eingehen.«
Rick konnte Karels Triumph nicht recht teilen. »Da wäre ich mir nicht allzu sicher«, warnte er den jungen Mann. »Die Geschichte neigt dazu, vieles zu vergessen. Sie findet immer irgend etwas anderes, das ihr wichtiger erscheint.«
Sie aßen schweigend weiter. Ihre Kost – Brot, Käse und kalter Schweinebraten – war einfach. Ricks Gefühle waren es nicht.
»An deiner Stelle wäre ich auf Unannehmlichkeiten gefaßt«, erklärte er Karel Gabčík. »Hast du schon was über uns gehört? Über das Flugzeug?« Damit meinte er Ilsa und sich. Damit meinte er die versprochene Abholung. Damit meinte er, daß er endlich von hier wegwollte.
»Nein«, sagte Karel.
Wo zum Teufel blieb das Flugzeug? Oder war das lediglich ein weiteres Täuschungsmanöver? Das endgültig letzte?
Ilsa aß allein in ihrem Zimmer. Er hatte sie noch immer nicht zu Gesicht bekommen.

Am neunten Tag wartete Rick Blaine noch immer auf das Flugzeug und versuchte weiter, mit Ilsa zu sprechen. Er wurde in beiden Punkten enttäuscht.

Der zehnte Tag war nicht anders als der neunte. Er begann, die Hoffnung zu verlieren. Er hatte sein Leben lang mit raffiniertem Doppelspiel zu tun gehabt und dabei stets den kürzeren gezogen. Major Miles hatte er nur halb getraut, wie er aller Welt nur halb traute. Verdammt, nach allem, was passiert war, hätte er an Stelle der Engländer auch kein Flugzeug losgeschickt. Laszlo, Renault, Kubiš und Josef Gabčík waren alle tot. Rick Blaine und Ilsa Lund lebten vielleicht noch irgendwo, aber sie waren Ausländer, kleine Leute, entbehrlich.
Spät abends klopfte er an Ilsas Tür. Er wußte nicht, wohin er sich sonst wenden, mit wem er sonst reden sollte.
Zu seiner Überraschung machte Ilsa die Tür einen Spalt weit auf. »Was willst du?« fragte sie verbittert.
Er konnte ihr Gesicht nicht sehen, nur ein rotgeweintes Auge und eine Haarsträhne, die ihre Tränen nicht ganz verdeckte.
»Dir alles erklären«, antwortete er.
»Du kannst mir erzählen, was du willst, du kannst Erklärungen vorbringen, solange du willst, ich glaube dir kein Wort«, wehrte sie eisig ab.
»Da irrst du dich. Laß mich wenigstens versuchen, dir alles zu erklären.« Er mußte weiterreden, sie irgendwie dazu bringen, ihm zuzuhören. »Warum hast du überhaupt in seinem Wagen gesessen? Das ist nie vorgesehen gewesen. Was hätte ich deiner Ansicht nach tun sollen, als ich dich gesehen habe? Hätte ich zulassen sollen, daß Victor dich umbringt? Ich bin darauf gefaßt gewesen, vieles zu tun, Ilsa – aber Augenzeuge deiner Ermordung zu werden, hat nicht dazugehört.«
Sie machte die Tür langsam etwas weiter auf. Rick wußte nicht, ob das eine Einladung zum Hereinkommen oder nur eine Aufforderung zum Weiterreden war. Er sprach weiter.
»Ich habe lange geglaubt, wir würden den Anschlag wie geplant durchführen«, stellte er fest. »Ich hatte Victor versprochen, ihm zu helfen, und das ist mein Ernst gewesen. Ein Teil

meines Ichs hat das wirklich *gewollt.* Um deinetwillen, wenn schon aus keinem anderen Grund.«

Ilsa schwieg weiter.

»Als du mir erzählt hast, daß die Widerstandsbewegung London angefleht hat, das Unternehmen aufzugeben, ist mir eingefallen, daß Louie gesagt hatte, er habe den Verdacht, die Briten, denen er nie getraut habe, hätten Victor zu diesem Einsatz gedrängt – nicht weil sie Heydrichs Tod wollten, sondern um die Deutschen zu provozieren und die Tschechen wieder zum Kampf aufzustacheln. Tatsächlich haben sie das mir gegenüber mehr oder weniger offen zugegeben.«

»Weshalb hätten sie das tun sollen?« fragte sie.

»Politik«, antwortete er. »Schlichte altmodische Machtpolitik. Darum ist es bei diesem Unternehmen gegangen. Darum geht es immer. Wir bilden uns vielleicht ein, in unseren eigenen kleinen Welten Königinnen und Könige zu sein, Ilsa, aber für diese Leute sind wir nur Bauern, die bedenkenlos geopfert werden können.« Ihm fiel das versprochene Rettungsflugzeug ein. Obwohl er die Hoffnung, es werde noch kommen, schon fast aufgegeben hatte, wollte er sich das nicht anmerken lassen.

Auf einmal wurde die Tür ganz geöffnet, und Rick sah Ilsa nicken. »Vergeltungsmaßnahmen«, sagte sie. »Darüber hat Heydrich am letzten Abend seines Lebens gesprochen.« Ihre Stimme stockte. »Falls ihm etwas zustoße, werde ihre Rache schrecklich sein, hat er gesagt.«

»Jetzt machen sie Ernst, fürchte ich«, sagte Rick. Er merkte, daß er noch immer auf dem Flur stand, der nicht der rechte Ort für das Gespräch war, das sie dringend führen mußten. »Darf ich reinkommen? Es gibt noch viel, was du erfahren solltest.«

Sie ließ ihn ein, schloß die Tür hinter ihm und bot ihm einen Stuhl an. Sie zog einen anderen Stuhl heran uns setzte sich neben ihn. Rick erzählte ihr, welches Ende Jan und Josef und ihre Kameraden in der Kirche gefunden hatten. Er tastete nach einer Zigarette, aber dann fiel ihm ein, wo er seine letzte geraucht hatte. Renault hatte sie ihm geschenkt, kurz bevor alles passiert war. Zum Teufel mit Zigaretten – in seinem Sarg steckten schon genügend andere Nägel.

»Wir sind offenbar reingelegt worden, wie Louie von Anfang an vermutet hat«, fuhr er fort. »Die Engländer denken nur an sich selbst; ihnen geht's nur darum, diesen Krieg heil zu überstehen und Hitler zu besiegen. Dazu ist ihnen jedes Mittel recht. Und warum auch nicht? Sie sind schließlich auch nur Menschen.« Rick zuckte mit den Schultern. »Wie wir anderen auch.«

»Aber was ist mit der Sache?« fragte Ilsa, deren Blick weicher geworden war. »Die Sache, an die wir alle geglaubt haben?«

»*Sie* sind die einzige Sache, an die sie glauben«, erklärte er ihr. »Genau wie wir die einzige Sache sind, an die ich glaube.«

»Victor ist für seine Überzeugung gestorben«, stellte Ilsa nachdrücklich fest.

»Er ist bereit gewesen, auch dich dafür sterben zu lassen. Ich nicht. Das ist der Unterschied zwischen uns beiden gewesen, nehme ich an.«

»Ich bin bereit gewesen, notfalls dafür zu sterben.«

Rick schloß sie impulsiv in die Arme. »Das konnte ich nicht zulassen. Ich habe lange geglaubt, sterben zu wollen, wegen etwas, was vor vielen Jahren geschehen ist. Dann bin ich dir begegnet. Du hast mir mein Leben zurückgegeben, Ilsa. Ich dachte, ich hätte es verloren, aber du hast mir das Leben zurückgegeben. Allerdings hatte mein Leben einen Preis: deines.«

Endlich war der Augenblick gekommen, Lois Meredith' Gespenst für immer und ewig zur Ruhe betten.

»Ich kann nicht ohne dich leben, Ilsa. Ich habe geglaubt, es zu

können. Ich hab's weiß Gott versucht. Aber ich kann's nicht. Nicht nach Paris. Nicht nach Casablanca. Nicht jetzt. Und auch in Zukunft nicht.«
»Oh, Richard«, murmelte sie, während er sie an sich drückte. »Weißt du, wie sehr ich dich liebe?«
Sie klammerten sich verzweifelt aneinander, als seien sie die letzten Überlebenden der Menschheit. »Ich dachte, du haßt mich«, flüsterte er.
»Nein«, hauchte sie. »Die Zeit des Hasses ist vorüber.«
»Du hast recht«, sagte er, als er ihren Kopf hob, um sie zu küssen.

Am selben Abend überbrachte Karel Gabčík ihnen die Nachricht, am kommenden Morgen um fünf Uhr werde ein englisches Flugzeug auf der Wiese eines Bauernhofs sechs Kilometer außerhalb von Lidice landen. Ilsa und er sollten pünktlich dort sein und sich zum Einsteigen bereithalten. Das Flugzeug würde exakt fünf Minuten lang warten; verspäteten sie sich, würde es ohne sie starten.

Sie schraken hoch, als draußen Männer brüllten. Rick war sofort hellwach und auf den Beinen.
»Aufstehen, Ilsa!« drängte er. »Wir haben's eilig!«
Deutsche SD-Männer fuhren mit zehn Lastwagen durchs Dorf und schossen auf alles, was sich bewegte.
Karel Gabčík kam hereingestürmt. »Los, mitkommen!« rief er.
»Karel, du bringst Miss Lund zum Flugzeug.« Rick drehte sich nach Ilsa um und drückte ihr seinen Colt Kaliber 45 in die Hand. »Die kannst du vielleicht brauchen. Ich bleibe hier.« Er griff nach einem Gewehr.
»Nein, das tust du nicht«, widersprach Karel. »Dies ist unser Kampf, nicht deiner.«

Rick wollte Einwände erheben, aber der junge Gabčík schob sie bereits aus dem Zimmer, aus dem Haus und in ein bereitstehendes Auto. Sobald sie eingestiegen waren, fuhr der Wagen an.

»Erzählt's der Welt!« hörte Rick Karel noch rufen. »Die Welt soll erfahren, was hier geschieht. Laßt es sie nicht vergessen!« Seine Worte gingen im Hämmern eines Maschinengewehrs unter.

Der Kampf um Lidice war vorbei, ehe er richtig begonnen hatte. Den überrumpelten Dorfbewohnern blieb nichts anderes übrig, als sich zu ergeben. Ein zwölfjähriger Junge versuchte wegzulaufen. Er wurde auf der Flucht erschossen. Eine alte Bäuerin wollte beim Anblick der Soldaten flüchten. Ein deutscher Scharfschütze schoß sie in vollem Lauf nieder.

Die Deutschen ordneten an, alle Männer über sechzehn Jahre hätten sich in der Scheune des Bauern und Bürgermeisters Horák zu versammeln. Dann wurden sie in Zehnergruppen ins Freie geführt und erschossen. Wer sich nach der ersten Salve noch bewegte, bekam eine Pistolenkugel in den Kopf, aber das war kein Gnadenschuß oder Barmherzigkeit, sondern allein Bösartigkeit. So starben 172 Männer aus Lidice, unter ihnen auch Karel Gabčík.

Sieben der Frauen wurden nach Prag verschleppt und auf dem Burghof im Schatten des Daliborka-Turms erschossen. Vier Frauen, die schwanger waren, wurden in Prager Krankenhäuser eingeliefert; als ihre Kinder zur Welt kamen, wurden die Neugeborenen ermordet. Ihre Mütter kamen wie die übrigen 195 Frauen des Dorfs in das Konzentrationslager Ravensbrück nordwestlich von Berlin.

Die Kinder von Lidice wurden im Konzentrationslager Gneisenau ärztlich untersucht, erhielten neue Namen und kamen zu deutschen Familien, um als richtige Arier aufzuwachsen.

Die Deutschen brannten das nunmehr unbewohnte Dorf nieder und sprengten seine Ruinen mit Dynamit. Dann schafften sie schweres Pioniergerät heran und machten Lidice dem Erdboden gleich.

Der klapprige Wagen, in dem Rick und Ilsa saßen, brachte sie in halsbrecherischer Fahrt zum Landeplatz des englischen Flugzeugs. Aber sie waren nicht allein. Ein deutscher Kübelwagen mit hinten aufgebautem MG war ihnen aus dem Dorf gefolgt. Er war schneller, kam stetig näher, und sein MG gab kurze Feuerstöße ab.

»Duck dich!« rief Rick. Er hielt nur Heydrichs Luger in der Hand, die bei solchen Schußweiten nutzlos, aber immerhin noch besser als gar nichts war. Einer seiner Schüsse traf den linken Scheinwerfer, aber der Kübelwagen holte trotzdem unerbittlich auf. Ein weiterer Schuß traf die Windschutzscheibe, die nicht einmal zersplitterte.

Die Deutschen hatten sich jetzt eingeschossen, und ihre MG-Garben durchsiebten das Heck des Fluchtwagens.

Rick wünschte sich seinen schnellen Buick, Sam am Steuer und Abie Cohen und alle guten Jungs, die er daheim in New York nicht hatte retten können, als Verstärkung.

Dann wurde vor ihnen das Flugzeug sichtbar: eine zweimotorige Maschine, deren Pilot die Motoren aufheulen ließ. In der offenen Seitentür waren Männer zu sehen. Rick konnte nur hoffen, daß sie bewaffnet waren.

Ihr Wagen raste geradewegs auf das Flugzeug zu. Keine halbe Minute mehr, dann würde er die Maschine rammen.

»Sobald wir halten, rennst du los«, wies Rick Ilsa an. »Mach dir um mich keine Sorgen. Sobald du an Bord bist, sollen sie starten. Hast du verstanden?«

»Ich verlasse dich nicht.«

»Hier hat's schon genügend tote Helden gegeben«, knurrte er. Der Wagen hielt schleudernd. »Lauf!«

Ilsa sprang aus dem Auto und rannte los. Rick ließ sich aus dem Wagen fallen und kam schießend hoch.
Aus dem Augenwinkel heraus konnte er beobachten, wie Ilsa das sichere Flugzeug erreichte. Er schoß weiter, um das gegnerische Feuer möglichst auf sich zu ziehen.
Rick schätzte die Entfernung zwischen sich und dem Flugzeug ab: ungefähr zehn Meter und weiter zunehmend. Die Maschine hatte sich in Bewegung gesetzt.
»Verschwinde!« forderte er den Fahrer auf. Hergebracht hatte sie ein Junge von höchstens vierzehn Jahren, der aber wie ein Profi gefahren war. Er hatte es verdient, zu überleben. Der Junge schüttelte den Kopf.
»Hau ab!« blaffte Rick. Er verschoß die beiden letzten Kugeln, traf irgend jemanden und spurtete hinter dem Flugzeug her.
Der Junge trat das Gaspedal durch und ratterte auf einem in den Wald führenden Weg davon.
Die Meter verschwanden unter seinen langen Schritten, einer nach dem anderen. Um Rick herum ließen die Einschläge kleine Erdfontänen aufspritzen. Diesmal wurde das Feuer aus dem Flugzeug erwidert: Aus der Seitentür ragte die Mündung eines Sturmgewehrs, das die Deutschen unter Feuer nahm.
Er war fast am Ziel.
Eine Kugel traf die Rückseite seines linken Beins dicht über der Kniekehle. Er stolperte und wäre beinahe gestürzt.
»Rick!« schrie Ilsa gellend laut. Er sah sie an der offenen Tür des Flugzeugs, bis zwei unsichtbare Hände sie zurückrissen, während die Maschine weiterrollte.
Er schaffte es, sich auf den Beinen zu halten, aber er hatte bereits kostbaren Boden verloren. Das Flugzeug wurde schneller, der Kugelhagel dichter. Nur noch zwei Meter, verdammt noch mal!
Eine Kugel streifte seine rechte Hand, und er ließ die Luger

fallen. Zum Teufel damit, sie war ohnehin leergeschossen. Noch einen Meter.

Er glaubte zu spüren, wie der Schütze in dem Fahrzeug hinter ihm sorgfältig zielte, um ihm den Fangschuß zu geben.

Hände ausstrecken, ein Stoßgebet gen Himmel schicken. Nach dem Händepaar greifen, das sich ihm aus der Seitentür des Flugzeugs entgegenreckt. Fingerspitzen ... Handflächen ... berühren ... ergreifen ... umklammern ...

Im Inneren des Flugzeugs blitzte Mündungsfeuer auf, während der unverkennbare Schuß einer Handfeuerwaffe zu hören war. Als Rick mitbekam, daß jemand auf die Deutschen hinter ihm schoß, traf eine weitere Kugel seine rechte Schulter dicht unter dem Schulterblatt. Er fühlte den Knochen zersplittern. Aber dieser Schlag warf ihn nach vorn – gerade weit genug, daß jemand ihn packen und hochreißen konnte. Seine Füße verließen den Boden, und für einen Augenblick glaubte er zu fliegen.

Er war nicht mehr da, als die nächste für ihn bestimmte Kugel einschlug. Sie prallte von der Flugzeugtür ab, die zugeknallt wurde, unmittelbar nachdem er in die Maschine gezogen worden war und unmittelbar bevor das Flugzeug mit aufheulenden Motoren beschleunigte, rasch schneller wurde und die Entfernung zu dem Kübelwagen vergrößerte, bis es endlich den Boden verließ und davonflog – weg von Lidice, weg aus dem Protektorat, weg aus dem Großdeutschen Reich und zurück in die Freiheit. Rick lag auf dem Boden und versuchte herauszubekommen, welche Teile seines Körpers noch funktionierten. Er schaffte es, den Kopf hoch genug zu heben, um Ilsa ansehen zu können. Sie lehnte an einem stämmigen Schotten, der schützend einen Arm um ihre Schultern gelegt hatte, und hielt in der rechten Hand noch immer Ricks Pistole, die er ihr in dem Bauernhaus gegeben hatte – und mit der sie ihm jetzt das Leben gerettet hatte. Ihr Schuß hatte den

Deutschen gerade rechtzeitig daran gehindert, sorgfältig zu zielen.
Er begegnete ihrem Blick. Ilsas Gesichtsausdruck – Angst, die sich allmählich in Sorge und jetzt in Freude verwandelte – sagte mehr als tausend Worte. Als sie sah, daß er sich bewegte, war sie sofort bei ihm und hielt ihn wie ein Baby in den Armen. Rick lag benommen da, wollte auf keinen Fall sterben und kämpfte erstmals seit Jahren darum, es auch nicht zu tun.
Ein Mann beugte sich über ihn. Ein Mann, den er erkannte. Ein Mann, den er nie wiederzusehen erwartet hatte.
»Guten Morgen, Mr. Blaine«, begrüßte Major Sir Harold Miles ihn. »Willkommen an Bord. Freut mich, daß Sie beide wieder auf englischem Boden sind.« Der Major lächelte zufrieden und zündete sich eine Zigarre an. »Meinen Glückwunsch zu Ihrem erfolgreichen Unternehmen.«
Rick starrte ihn nur an. »Miles, Sie Schweinehund«, krächzte er schließlich.
»Mein lieber Junge«, antwortete der Major gelassen, »den muß immer irgend jemand spielen. Schließlich herrscht Krieg, nicht wahr?«

KAPITEL ACHTUNDDREISSIG

Sieben Monate später bestiegen Rick Blaine und Ilsa Lund ein weiteres Flugzeug. Dieses brachte sie nach Casablanca. Auf der Passagierliste standen die beiden als »Mr. und Mrs. Richard Blaine«. Sam Waters flog ebenfalls mit.

»Weißt du bestimmt, daß du mitkommen willst?« hatte Rick ihn gefragt.

»Wie oft wollen Sie mich das noch fragen, Boß?« hatte Sam abgewehrt. »Was soll ich sonst tun. Den Rest meines Lebens hier verbringen? Es wird Zeit, daß ich ein paar neue Songs einstudiere und endlich die versprochene Gehaltserhöhung kriege.«

»Du kannst jederzeit nach New York zurück, das weißt du. Nach dir fahndet dort keiner mehr, falls sie's überhaupt jemals getan haben.«

»Nach 'nem Farbigen wird nie gefahndet, Mr. Richard. Das hab' ich Ihnen schon damals erklärt, und ich glaub' nicht, daß sich daran viel geändert hat.« Sam schlug Rick mit seiner kräftigen Hand auf die Schulter. »Außerdem ist das *Tootsie-Wootsie* bestimmt nicht mehr das, was es mal war.«

»Wir auch nicht, Sam«, sagte Rick. »Wir auch nicht.«

Rick bewegte sich mit Krücken fort. Seine Schulterwunde war gut verheilt, so daß er seinen Arm wieder frei bewegen konnte, aber die Kugel, die in seinem linken Bein steckengeblieben war, hatte die Kniescheibe zertrümmert. Die Chirurgen sagten, er werde zwar sein Leben lang hinken, aber er werde wieder gehen können. Nur mit dem Tanzen sei es vorbei.

Ilsa und Rick hatten trotzdem geheiratet. Sam war der Trauzeuge. Major Miles spielte den Brautvater.

Ihre Hochzeitsnacht gehörte den grundsätzlichen Dingen.

Im November waren die Alliierten in Nordafrika an Land gestürmt, hatten drei Brückenköpfe gebildet und das Afrikakorps quer durch Algerien nach Tunis zurückgetrieben. Für die Deutschen war das der Anfang vom Ende, das wußte jeder – nur sie selbst nicht. Typisch, sagte Rick sich: Der Reingelegte merkt's immer zuletzt.

Die Franzosen hatten Seite an Seite mit den Amerikanern und den Briten gekämpft, während sie Rommel kreuz und quer durch *l'Algérie française* getrieben und zuletzt ganz aus Nordafrika verjagt hatten.

Casablanca war einer der alliierten Brückenköpfe. In London hatten Mr. und Mrs. Blaine den Fortgang der Invasion höchst aufmerksam verfolgt.

Drei Tage nach der Besetzung der Stadt hatte Rick sich an Ilsa gewandt. »Denkst du, was ich denke?« hatte er sie gefragt.

Sie tat es.

Das war das mindeste, was Seiner Majestät Regierung für sie tun konnte. Rick, Ilsa und Sam kehrten rechtzeitig zu Weihnachten 1942 nach Casablanca zurück.

Abgesehen von einigen Kriegsschäden hatte die Stadt sich in dem einen Jahr ihrer Abwesenheit nicht verändert. Kurz bevor ihr Flugzeug landete, starrte Ilsa gespannt aus dem Fenster. »Sieh nur, Richard, dort steht es! Es ist noch da!«

Er konnte sogar das Reklameschild ausmachen. Ferrari hatte es nicht abnehmen lassen: RICK'S CAFÉ AMÉRICAIN. Selbst mit ein paar Einschußlöchern sah es besser aus denn je.

Alle kamen zu *Rick's*. Das würden sie auch in Zukunft tun.

Rick, Ilsa und Sam gingen vom Flugplatz zu Fuß zum Café. Das war nicht weit. Das war zu schaffen.

Das Lokal war geschlossen, aber die Tür stand offen.

Nicht allzu schlimm, dachte Rick, als er die Kneipe prüfend betrachtete. Nach Schlägereien an der Bar hat sie manchmal schon schlimmer ausgesehen.

Drinnen trafen sie Carl an, der über den Büchern saß. »Wie lange können wir's uns leisten, geschlossen zu haben, Carl?« fragte Rick ihn.
Carl sah zu ihm auf, als sei er nie weggewesen. Carl sah aus, als sei er nie weggewesen. Seine Hamsterbacken schwabbelten noch immer, wenn er redete, und seine Augen blitzten humorvoll.
»Herr Rick«, antwortete er, »zwei Wochen – vielleicht drei.«
»Nenn mich nicht ›Herr‹ irgendwas, Carl«, verlangte Rick.
»Ja, Mr. Rick«, sagte Carl. »Willkommen daheim. Und Sie, Miss Lund.«
»Für dich Mrs. Blaine«, sagte Rick.
»Ja, Mr. Rick«, antwortete Carl strahlend. Falls er eine Frage dazu hatte, blieb sie unausgesprochen. »Meinen Glückwunsch!«
»Wo ist Ferrari?«
»Mit den Amerikanern weg.« Carl schmunzelte. »Sie wissen ja, wie gern er auf Nummer Sicher geht.«
»Was ist mit Sascha?«
»Der hat heute frei. Oder haben Sie das schon vergessen?«
»Nein, nein«, antwortete Rick. »Wo sind Emil und Abdul?«
Carl zuckte mit den Schultern. »Wohin hätten sie schon gehen sollen?«
»Hast du Champagner auf Eis?«
»Soll das ein Witz sein?« fragte Carl und hastete davon, um ihn zu holen.
Sams Klavier war achtlos in eine Ecke geschoben worden. Es war staubig, aber ansonsten unbeschädigt.
»Ein paar der alten Songs, Sam«, schlug Ilsa vor.
»Du weißt, welchen sie meint«, sagte Rick.
Sie lächelte ihr strahlendes Lächeln, dem kein Mann jemals widerstehen konnte. »Du erinnerst dich noch daran, nicht wahr? Dann spiel's, Sam. Spiel ›As Time Goes By‹.«

Er spielte es.
Ilsa machte einen ihrer Koffer auf. Sie griff hinein und zog etwas heraus. Dann hielt sie es hoch, damit Rick es sehen konnte.
Es war ihr blaues Kleid, das sie im *La Belle Aurore* getragen hatte.
»Soll ich's anziehen?« fragte sie ihn.
»Nicht jetzt«, antwortete er. »Warte, bis wir wieder in Paris einziehen. Vielleicht nicht schon nächstes oder übernächstes Jahr. Aber bald. Wir haben Zeit. Wir haben Zeit wie Heu.«
Carl ließ den Champagnerkorken knallen und schenkte vier Gläser voll. Sogar Sam trank diesmal mit.
Nun war ihre Story endlich keine Geschichte mehr ohne Schluß.
»Paris werden wir immer haben«, sagte Ilsa. Sie schlang Rick ihre Arme um den Hals und küßte ihn, bis ihr die Luft ausging.
»Cheers«, sagte Rick und hob sein Glas.
»Ich seh' dir in die Augen, Kleiner«, sagte Ilsa Blaine.

Ausblenden

NACHWORT

Jeder kennt *Casablanca*. Jeder liebt *Casablanca*. Darin liegen die Herausforderung und die Gefahr für einen Autor, der einen Roman über *Casablanca* schreibt.
Meine Lösung hat daraus bestanden, das Leben der Personen der Handlung vor und nach den Ereignissen des Films (der nur drei Tage und zwei Nächte dauert) zu schildern und Rick Blaine, Ilsa Lund, Victor Laszlo und andere in einen größeren geschichtlichen Kontext zu stellen, ohne irgendeinen Aspekt des Originaldrehbuchs »romanhaft« aufzuarbeiten. Dazu muß man sich den Film vorn und hinten verlängert vorstellen, damit die epische Breitwandversion sichtbar wird, in der die in *Casablanca* geschilderten Ereignisse nur den Mittelteil der Story bilden.
Die Grundlage für das Filmdrehbuch war das von Murray Burnett und Joan Alison 1940 geschriebene Bühnenstück *Everybody Comes to Rick's*, das 1941 von Irene Lee, einer scharfäugigen Lektorin bei Warner Bros., für zwanzigtausend Dollar gekauft wurde. Adaptiert, umgemodelt, entwickelt und angepaßt wurde das Stück in Hollywood von nicht weniger als sieben Drehbuchautoren, hauptsächlich von dem Autorenteam der Zwillingsbrüder Julius und Philip Epstein (von denen die meisten witzigen Bemerkungen stammten), Howard Koch, der die politische Bedeutung der Geschichte stärker herausarbeitete, und Casey Robinson, der als erster vorschlug, die Person der Lois Meredith, einer geschiedenen Amerikanerin mit lockerem Lebenswandel, in die strahlende norwegische Heldin Ilsa Lund zu verwandeln.
Da das Drehbuch von *Casablanca*, wenn auch unabsichtlich, von einem Komitee geschrieben wurde, ist der Film bei Ci-

neasten für seine ungelösten Probleme und offengebliebenen Fragen berühmt. Warum kann Rick nicht nach Amerika zurück? (Nach Julius Epsteins Aussage versuchten die Brüder vergeblich, sich einen Grund dafür einfallen zu lassen.) Wohin will der tschechische Patriot Victor Laszlo wirklich, als sein Flugzeug nach Lissabon startet? Warum sollten die Deutschen Transitvisa anerkennen, die offenbar von General de Gaulle unterschrieben waren? Warum erschießt Strasser Laszlo nicht einfach bei ihrer ersten Begegnung?

Für einige dieser Fragen gab es meiner Ansicht nach auf der Hand liegende Antworten. Da eines der Merkmale Rick Blaines seine zynische Ehrlichkeit ist, habe ich mich dafür entschieden, seine Renault gegebene Antwort – »Es war eine Kombination aus allen dreien« –, als der Polizeihauptmann ihn scharf fragt, weshalb er nicht nach New York zurückkehren könne, und als mögliche Gründe eine Unterschlagung, eine Liebesaffäre und einen Mord nennt, für bare Münze zu nehmen. (Major Strasser kommt der Wahrheit nie näher als mit der Äußerung: »Die Gründe sind unklar.«) Laszlos wahres Reiseziel läßt sich ähnlich leicht erklären, weil die tschechische Widerstandsbewegung ihr Hauptquartier Ende 1941 in London hatte. Die problematischen De-Gaulle-Unterschriften bleiben am besten unerklärt – bis auf die Anmerkung, daß sie in Bühnenstück und Drehbuch von General Weygand stammen sollen. Im allgemeinen basiert die gesamte Handlung von *Für immer Casablanca* jedoch auf Dialogen oder Hinweisen im Drehbuch, die bei näherer Betrachtung die einzig logische Erklärung dafür sind, was in dem Film *Casablanca* passiert.

Bei früheren Versuchen, *Casablanca* fortzuschreiben oder den Filmstoff umzugestalten, ist der Fehler gemacht worden, eine Reprise der Handlung am selben Ort zu versuchen oder wesentliche Charakterzüge der Hauptpersonen zu verändern –

oder sogar beides. Warner Bros. plante schon 1943 eine von Frederick Stephani geschriebene Fortsetzung unter dem Titel *Brazzaville*. Stephanis Drehbuch, das nie aus dem Planungsstadium herauskam, schilderte Rick und Renault als schon immer für die Widerstandsbewegung tätig und negierte damit Renaults politischen Wandel und Ricks persönliches Opfer: zwei der Handlungselemente, die *Casablanca* zu einem Dauererfolg haben werden lassen.

Bei seinem Versuch, 1988 selbst eine Fortsetzung zu schreiben, verlegte Howard Koch die Handlung in die nächste Generation und erfand einen unehelichen Sohn Ricks und Ilsas, der nach Marokko zurückkehrt, um zu versuchen, Aufschluß über das Schicksal seines Vaters zu erhalten. In der Fernsehserie *Casablanca*, die 1955/56 sieben Monate lang lief, sitzt Rick Blaine für immer »als ein nordafrikanischer Nothelfer« in seinem *Café Américain* fest, wie Aljean Harmetz in ihrem 1992 erschienenen Buch *Round Up the Usual Suspects* festgestellt hat. In einer weiteren Fernsehversion trat David Soul als Rick auf; sie lief 1983 nur drei Wochen lang.

Zum Glück enthält das Drehbuch reichlich Hinweise, die nicht nur den Charakter der Hauptpersonen, sondern auch die Richtung betreffen, in die ihr Leben sich zu dem Zeitpunkt bewegt, an dem wir sie in *Casablanca* kennenlernen. Unter enger Anlehnung an die eigenständige Welt des Originals – das seinerseits viel enger mit den zeitgeschichtlichen Ereignissen verknüpft war, als man bei oberflächlicher Betrachtung vermuten könnte – erschien es mir möglich, eine glaubhafte, überzeugende Geschichte über das Schicksal von Rick, Ilsa, Laszlo et al. zu erzählen, die neu und interessant zugleich war, während sie den Ausgangsstoff peinlich genau respektierte.

Daß der Ausgangsstoff ein Film ist, läßt sich nicht leugnen oder umgehen. Niemand, der dieses Buch liest, kann es vermeiden, sich Humphrey Bogart als Rick, Ingrid Bergman als

Ilsa, Paul Henreid als Laszlo oder Dooley Wilson als Sam vorzustellen. Daher habe ich von dem vorhandenen Material Gebrauch gemacht und sogar ausgewählte Filmdialoge in meinen Roman übernommen – teils als Huldigung, teils aus dramaturgischer Notwendigkeit und teils, um den Leser wissen zu lassen, daß auch der Autor an diesem Scherz beteiligt ist. Ricks zynische Bemerkungen, Laszlos idealistische Ausführungen, Sams kluger Empirismus und Ilsas Leidenschaft und Verwirrung haben alle ihre Quelle in *Casablanca*.
Deshalb habe ich versucht,

1. Entsprechungen zwischen den Personen des Romans und ihren Vorbildern auf der Leinwand herzustellen – manchmal durch Beschreibungen und manchmal durch einfache Auslassungen. Beispielsweise wäre es unsinnig gewesen, Rick Blaine als blond, Victor Laszlo als klein oder Sam Waters als weiß zu schildern: Bogart, Henreid und Wilson sagen uns etwas anderes. Weil die meisten Leser sich gut an *Casablanca* erinnern, habe ich versucht, meinen Personen Dialoge zu schreiben, die an das Drehbuch erinnern, und dabei ihre äußerliche Beschreibung auf ein Minimum zu reduzieren.
   Eine Sache, die ich aus *Casablanca* übernommen habe, ist das ständige Rauchen und Trinken fast aller Personen. Im Film ist in praktisch jeder Szene ein Drink oder eine Zigarette zu sehen – genau wie in *Für immer Casablanca.* Ein Verhalten, das heute als unsozial und selbstzerstörerisch gilt (Bogart ist 57jährig an seinem Alkohol- und Tabakkonsum gestorben), sehen wir vielleicht kritisch, aber vor einem halben Jahrhundert waren die hier getreu dargestellten gesellschaftlichen Sitten von unseren völlig verschieden. Außerdem hat diese Vierzig-Zigaretten-am-Tag-und-Drei-Martinis-zum-Mittagessen-Generation damals nicht nur

die Weltwirtschaftskrise überwunden, sondern auch den Zweiten Weltkrieg gewonnen.

2. Entsprechungen zwischen der Handlung meines Romans und den historischen Ereignissen herzustellen. Der Film selbst strotzt von Verweisen auf die Zeitgeschichte – tatsächlich basieren die Grundzüge der Handlung auf damals aktuellen Ereignissen. In diesem Buch war es vernünftig, die neue Handlung an Ort und Zeit des Films anknüpfen zu lassen, das heißt an die Zeit nach Pearl Harbor für die gegenwärtige und New York City vor 1935 für die vergangene Geschichte. Als Tscheche muß Victor Laszlo in Wirklichkeit nach London – nicht nach New York – wollen. Außerdem muß er das Attentat auf Reinhard Heydrich planen, der im Krieg als einziger hoher Nazi von den Alliierten ermordet wurde, weil das die einzige bedeutsame Tat der tschechischen Widerstandsbewegung war.

Die umstrittenste Anwendung dieser Philosophie dürfte jedoch meine Behauptung sein, Rick Blaine sei ein aus East Harlem stammender jüdischer Gangster und Speakeasywirt namens Yitzik Baline gewesen. Aber gehen wir einmal die Beweise durch: Aus dem Drehbuch erfahren wir, daß Rick im Jahre 1941 37 ist; ein junger Mann ist er also zwischen 1922 und 1935 gewesen – ungefähr zur Zeit der Prohibition in Amerika. Er steht politisch links (was sein Kampf in Äthiopien und gegen Franco beweist). Sein bester Freund ist ein Schwarzer. Er versteht sich darauf, mit Schußwaffen umzugehen. Er führt einen Nachtclub. Er verschwindet aus New York, kurz nachdem am 23. Oktober 1935 Dutch Schultz (das Vorbild für Solomon Horowitz), »der Bierbaron der Bronx« und einer der letzten großen jüdischen Gangster und Nachtclubbesitzer, ermordet worden ist. In einer frühen Filmszene äußert Ugarte, Rick – der eben einen angeberhaften Deutschen aus dem

Spielsaal des *Café Américain* befördert hat – sehe aus, als habe er »das [sein] ganze[s] Leben lang gemacht«. Rick antwortet: »Wieso denken Sie, daß ich's nicht getan habe?« Darüber hinaus gibt es weitere Beweise. Murray Burnett, der Autor des Bühnenstücks, bestand sein Leben lang darauf, er habe sich selbst als Rick Blaine gesehen und diese Figur als eine Projektion seiner eigenen Sehnsüchte und Phantasien gestaltet. »Rick – ein harter Bursche, mürrisch, der Mann, der niemanden brauchte – war der Mann, der Burnett sein wollte«, schreibt Harmetz in *Round Up the Usual Suspects.* Die meisten Drehbuchautoren – tatsächlich die meisten Kreativen –, die mit *Casablanca* zu tun hatten, waren Juden, darunter die Brüder Epstein, Koch, Jack Warner, Hal Wallis, Michael Curtiz und der Komponist Max Steiner. Außerdem war es in Hollywood lange üblich, jüdische Figuren als WASPs zu tarnen. Und bis Bogart die Hauptrolle in *The Maltese Falcoon* erhielt, spielte er bei Warner Bros. eine Reihe ethnischer Gangstertypen, häufig als Rivale von Jimmy Cagney, dessen irische Abstammung unübersehbar war.

3. Entsprechungen zwischen Namen, Daten, Orten und so weiter, die mit *Casablanca* in Verbindung gebracht werden, und der Romanhandlung herzustellen. Dazu einige Beispiele:
   a) Die Gestalt der Lois Meredith als Ricks erste, tragisch verlorene Liebe. »Lois Meredith« war die ursprüngliche Protagonistin in *Everybody Comes to Rick's.* Sie war ein Flittchen und eine Abenteuerin, weit weniger sympathisch als die tugendhafte Norwegerin, in die sie verwandelt wurde.
   b) Der Gebrauch des Pseudonyms »Tamara Toumanowa« als Ilsas Deckname in Prag. So hieß die russische Ballerina, die den Drehbuchautor Robinson dazu inspirierte,

Ilsa Lund zu erschaffen. Die Toumanowa, die später Robinson heiratete, machte sogar Probeaufnahmen für diese Rolle.

c) Der Name »Baline« als Rick Blaines wahrerer Name. Wie in dem Roman steht, war das der eigentliche Name von Israel (Isidore) Baline, besser als der Komponist Irving Berlin bekannt, dessen Musik die damalige Zeit durchdringt und definiert. Die Ähnlichkeit ist zu frappierend, um ganz zufällig zu sein, und ich glaube, daß Murray Burnett die Baline/Blaine-Parallele irgendwo im Hinterkopf gehabt hat, als er das Stück geschrieben hat. Leider ist Burnett im September 1997 gestorben, so daß sich das nicht mehr feststellen läßt.

d) Die Verwendung des Namens »Laszlo Lowenstein« für einen von Solomon Horowitz' Gangstern. Das war der wirkliche Name von Peter Lorre (allerdings mit »ö« geschrieben), der Ugarte spielte.

e) Der Name »Irma Horowitz« für Solomons Frau. Im richtigen Leben war Irma Solomon Jack Warners erste Frau.

f) Die Einführung von Herman Hupfield, des Komponisten von »As Time Goes By«, als Hauskomponisten von Ricks *Tootsie-Wootsie Club*.

g) Der Film *High Sierra* mit Bogart in der Hauptrolle, dessen Werbung Rick und Sam auf dem Londoner Leicester Square sehen. Auch dieser Film, der im gleichen Jahr wie *The Maltese Falcoon* herauskam, wurde von Hal Wallis produziert und von jemandem namens Burnett geschrieben: in diesem Fall von dem Romanautor W. R. Burnett, der zuvor *Little Cesar* geschrieben hatte, dessen Hauptrolle von Edward G. Robinson gespielt wurde, der eigentlich Emanuel Goldberg hieß und ... nun, Sie verstehen, worauf ich hinauswill.

h) Die Verwendung vieler der berühmtesten Zitate aus dem Film, entweder wörtlich oder in abgewandelter Form, die ein neues Licht auf ihre Bedeutung oder ihren Ursprung wirft. Für den *Casablanca*-Kenner sind sie unübersehbar. Ich habe es jedoch für unumgänglich gehalten, mir »Ich seh' dir in die Augen, Kleines« für den Schluß des Buchs aufzuheben und die Worte nicht Rick, sondern Ilsa in den Mund zu legen.

Wie Rick Blaine werden manche Leser sich fragen, weshalb die Alliierten nicht gleich Adolf Hitler statt seines Untergebenen Reinhard Heydrich zu beseitigen versuchten. Tatsächlich war in der Haager Landkriegsordnung von 1907 völkerrechtlich verbindlich festgelegt, daß kriegführende Mächte nicht versuchen durften, die Staatsoberhäupter oder Regierungschefs des Gegners zu ermorden (ein Prinzip, an das die Vereinigten Staaten sich noch heute halten). Aus heutiger Sicht vergißt man leicht, daß die Schrecken der Endlösung 1942 noch in der Zukunft lagen und Hitler, was auch geschehen mochte, nur als der deutsche Führer, nicht als das Ungeheuer, als das wir ihn jetzt kennen, gesehen wurde.
Einige nebensächliche historische Freiheiten, Ergänzungen und Verkürzungen finden sich in meiner Schilderung des Attentats auf Heydrich. In Wirklichkeit wurde der Reichsprotektor für Böhmen und Mähren nicht auf der Karlsbrücke, sondern auf dem Kirchmayer-Boulevard das Opfer eines Bombenanschlags. Im übrigen ist meine Schilderung seines schrecklichen und schmerzhaften Todes jedoch größtenteils ebenso zutreffend wie die der entsetzlich blutigen Vergeltungsmaßnahmen.
Ein abschließendes Wort: Obwohl dieser Roman in den dreißiger und vierziger Jahren spielt, ist er Ende der neunziger Jahre geschrieben worden. Deshalb war es wichtig, den Ak-

tionsbereich mehrerer Figuren, vor allem den Ilsas und Sams, zu erweitern, ohne dabei Glaubwürdigkeit zu opfern. Dramaturgisch gesehen muß Ilsa mehr als nur ein Lustobjekt sein, um das Rick und Laszlo konkurrieren, aber sie kann sich keine MP schnappen und anfangen, Nazis zu erschießen. Ebenso muß die Stimmung von Sams Dialog, der im Drehbuch an Dialekt grenzt, erhalten bleiben, aber ich habe keinen Grund gesehen, ihm kein weit reicheres Innenleben zu geben, als in *Casablanca* sichtbar ist – von seiner wichtigen, sogar entscheidenden Rolle bei Ricks Aktivitäten in der New Yorker Rückblende ganz zu schweigen.

Mit dem doppelten Ende wollte ich nicht nur die bittersüße Atmosphäre des Films heraufbeschwören (Rick und Ilsa verfolgen wieder unterschiedliche Ziele), sondern auch einen Schuß Zynismus hinzufügen (Major Miles gratuliert ihnen zu dem erfolgreichen Unternehmen) und die Liebenden endlich auf die einzig mögliche Weise zusammenführen.

Abspann, danach ausblenden.

DANKSAGUNG

Für immer Casablanca basiert auf dem Theaterstück *Everybody Comes to Rick's* von Murray Burnett und Joan Alison sowie auf dem 1942 von Warner Bros. gedrehten Film *Casablanca*, Drehbuch Julius J. und Philip G. Epstein und Howard Koch, Produktion Hal B. Wallis und Regie Michael Curtiz. Jede Danksagung muß zwangsläufig bei ihnen beginnen.
Ebenfalls zu Dank verpflichtet bin ich den Drehbuchautoren, deren Beiträge unerwähnt geblieben sind: Casey Robinson, aber auch Aeneas McKenzie und Wally Kline (die den ersten Entwurf geschrieben haben) und Leonore Coffee; Irene Lee Diamond, die das Theaterstück gekauft hat; Steven Karnot, dem Lektor bei Warner Bros., der die filmischen Möglichkeiten des Bühnenstücks gesehen und herausgearbeitet hat, und Jack Warner, dem Präsidenten von Warner Bros., der es immer verstanden hat, sich für etwas Gutes energisch einzusetzen – was er dadurch bewiesen hat, daß er 1943 bei der Verleihung der Academy Awards auf die Bühne gestürmt ist, um Wallis den Oscar für den besten Film wegzuschnappen.
Ich danke auch Humphrey Bogart, Ingrid Bergman, Paul Henreid, Claude Rains, Arthur »Dooley« Wilson, Leonid Kinsky (Sascha) und S. Z. Sakall (Carl), deren Schauspielkunst ihren Figuren Leben, Persönlichkeiten und Stimmen gegeben hat, denen ich lauschen konnte.
Ich danke Maureen Egen, Präsidentin von Warner Books, die mir dieses Projekt vorgeschlagen hat. »Was würden Sie davon halten, einen Roman über *Casablanca* zu schreiben?« hat sie mich eines Tages beim Mittagessen gefragt, und der Leser hat gerade meine Antwort gelesen.
Ich danke meiner Frau Kathleen, unseren Töchtern Alexandra

und Clare, meinen Kollegen und Studenten an der Boston University und meinem Rabbi in Hollywood, dem Produzenten Daniel Melnick, für seine gelassene, professionelle Unterstützung. Mein Dank gilt auch der leider verstorbenen Martha Duffy, über ein Jahrzehnt lang meine Redakteurin bei dem Nachrichtenmagazin *Time*, deren scharfer Intellekt mich auf jedem Schritt dieses Weges begleitet hat.

Abschließend vielen Dank an meine Lektorin Susan Sandler, deren sorgfältige, analytische und liebevolle Arbeit an meinem Manuskript das Profil der Handlung und der Personen zugespitzt und geschärft hat; ich bin froh, von allen Lektorats-Kaschemmen der Welt ausgerechnet in ihre gekommen zu sein.

März 1998
Lakeville, Connecticut

Prag
N
0
200 m
HRADCANY
(HRADSCHIN)
Hradschin
(Prager Burg)
St.-Veits-Dom
Loreto
St.-Niklas-
Kirche
Kloster
Strahovec
Kirche
Maria-Victoria
MALÁ STRANA
Petřín
adion
Na valech
Badeniho
U prašného mostu
Milady Horákové
Mariánské hradby
Jelení
U Brusnice
Chotkova
Kanovnická
Valdštejnská
Thunovská
náměstí
Loretánská
Nerudova
Malostranské
Josefská
Parléřova
Vlašská
Tržiště
Mostecká
Karmelitská
Karlsbri
Hroznová
Na Kampě
Strahovská
Čertovka
Újezd
Všehrdova
Říční
Vítězná
most Legií
Chaloupeckého
Vaníčkova
Zborovská
Janáčkovo nábřeží
Jezdecká
Šermířská
Elišky Peškové
Arbesovo
nám.
Drtinova
Štefánikova
Holeckova
Na Hřebenkách
Jiráskův
V botanice
Matoušova
Preslova
Nábřežní
Kartouzská
Lidická
Plzeňská
Nádražní
Radlická
Svornosti
Hořejší nábřeží
Mozartova
Vltavská